I0277270

MISSION
DES
SOUVERAINS

PAR L'UN D'EUX

QUATRIÈME ÉDITION

PARIS
CALMANN LÉVY, ÉDITEUR
ANCIENNE MAISON MICHEL LÉVY FRÈRES
RUE AUBER, 3, ET BOULEVARD DES ITALIENS, 15
A LA LIBRAIRIE NOUVELLE

1884
Droits de reproduction et de traduction réservés

MISSION
DES
SOUVERAINS

10794. — PARIS. IMPRIMERIE A. LAHURE
9, rue de Fleurus, 9

MISSION

DES

SOUVERAINS

PAR L'UN D'EUX

QUATRIÈME ÉDITION

PARIS

CALMANN LÉVY, ÉDITEUR

ANCIENNE MAISON MICHEL LÉVY FRÈRES

RUE AUBER, 3, ET BOULEVARD DES ITALIENS, 15

A LA LIBRAIRIE NOUVELLE

1884

Droits de reproduction et de traduction réservés

PRÉFACE

J'expose avec confiance ces pages au plein jour de l'opinion publique.

Dictées par l'amour du bien, elles renferment ma pensée comme souverain chargé d'âmes et de destinées, et je crois cette pensée salutaire.

Ma personne, pour le moment, n'importe pas, et ne sortira de l'anonyme que pour entrer en acte, s'il y a lieu d'agir dans le sens que j'indique.

Cette divulgation d'une nouvelle doctrine gouvernementale est déjà, par elle seule, un acte gros de faits à venir, si le besoin de vérité, de justice et de paix sociale qui me l'a dictée, est aussi général que je le pense, à tous les degrés de nos hiérarchies.

Depuis le *livre du Prince*, le machiavélisme le plus noir a souvent passé, à juste titre, pour être le conseiller secret des rois.

J'ai voulu en quelques pages mettre sous les yeux des peuples et de leurs chefs un nouveau livre d'État : celui du machiavélisme de la lumière.

C'est pourquoi lisez, jugez, approuvez ou blâmez : j'écouterai approbations et blâmes, et si les premières dépassent en nombre les seconds, leur chiffre me dira que j'ai bien fait, et qu'il faut se mettre à l'action.

Une pareille action ne saurait avoir le caractère d'une réaction européenne, ni les mystères d'une *sainte alliance*.

Avant les cabinets, c'est l'opinion publique seule qu'il faut aborder premièrement.

C'est là qu'est la grande force, le seul levier capable de soulever l'Europe de l'ornière sanglante qui la conduit en Amérique.

Si la volonté générale de l'Europe se reconnaît dans cette œuvre, l'accomplissement en est facile.

Nous ne serons alors que les premiers agents d'une irrésistible puissance, sans laquelle notre pouvoir, plus ou moins habile à conserver ce qui est, demeure impuissant à créer ce qui pourrait être.

C'est donc à l'opinion qu'il appartient de répondre, si mes vœux ont formulé les siens.

Elle a pour le faire des voies légales, pratiques et sûres : comités, adresses, délégations au chef de l'État, dans chaque État.

Si cette pression morale sur les gouvernements acquiert une intensité suffisante, les pouvoirs publics européens devront, par nous, se concerter et agir souverainement pour une fin commune, autre que la conservation de nos droits menacés de diverses manières.

Puis, ce sera aux ministres et aux nations d'entrer en scène et de préparer le pacte fédéral et les institutions destinées à le garder.

Aujourd'hui, plus nominaux que réels, les souverains ne sont que les gardiens d'une trêve armée qui ne leur permet pas les œuvres de la paix.

Conservation, destruction : tel est le dualisme qui limite brutalement la souveraineté, d'où toute réforme pourrait procéder.

C'est un cercle fatal qui nous étreint, souverains et peuples, et que nous ne pouvons briser tous que par une sincère entente commune, préparée par un grand effort intellectuel et moral.

Depuis le traité de Westphalie ou plutôt depuis le Congrès d'Arras, le gouvernement général de l'Europe est un véritable état de siège, dont nous sentons vainement l'écrasante inanité.

Tant que ce système subsiste, aucune conception générale de gouvernement digne de nos temps n'est applicable, aucune action généreuse dans le sens des grands mobiles de la Société, des grands intérêts de la Civilisation, n'est pratique.

Sujets de la force, notre seule politique possible est de nous en saisir, sous peine d'en être saisis; et notre seule activité pratique est une compétition diplomatico-militaire, interdynastique et internationale, dont le triomphe toujours éphémère coûte aussi cher, à tous les points de vue, que la défaite.

Valois, Wasa, Bourbon, Hapsbourg, Orange, Romanoff, Hohenzollern, Bonaparte, etc., nous tendons à rééditer périodiquement la même histoire, sans grand profit pour nous-mêmes, ni pour l'Europe; nous tournons dans le même manège, dans le même champ clos féodal, qu'ensanglantent nos ambitions rivales, nos combats judiciaires, donnant aux peuples le spectacle d'une rixe de gladiateurs qui leur prouve par de perpétuels exemples que l'anarchie préside à nos rapports comme aux leurs.

C'est la vie, diront les naturalistes, la vie avec ses luttes instinctives et ses compétitions passionnées.

Cependant l'état propre de l'homme n'est pas cet état de nature, mais l'État Social.

Dans chaque État, les passions et les instincts subissent le frein des lois civiles; et les États d'une même famille sociale, ceux de la Chrétienté, ne sauraient sans danger demeurer longtemps encore moins contraints, dans leurs rapports mutuels, à la justice et à l'équité, que les individus.

Chrétiens dans notre vie privée, civilisés dans nos habitudes domestiques, devrons-nous donc éternellement n'échanger entre nous, dans nos relations fonctionnelles, comme souverains, qu'une politique antichrétienne et barbare, instinctive et féroce, faite de ruse diplomatique, de violence militaire, et dont nos codes nationaux repoussent et poursuivent l'immoralité, quand nos sujets la pratiquent entre eux ?

Nulle intelligence, nulle conscience ne peut répondre affirmativement; mais il est plus facile de réprouver le mal que d'en connaître exactement les profondeurs, les causes, et de pouvoir y remédier.

La Maison européenne, la Chrétienté étant ainsi bâtie, nous sommes forcés d'en subir le *statu quo*, faute d'un meilleur plan et d'ouvriers pour la rebâtir.

Nous n'en sommes, malgré les apparences, que les premiers locataires, les plus exposés.

Pendant que la guerre permanente règne en haut, la révolution sape les fondations, et nous accule de plus en plus à la conservation matérielle de nos droits dynastiques et des droits de l'Etat, à l'intérieur, de nos droits nationaux au dehors.

Pour le moment, en effet, et tant que la loi de nos rapports est ce qu'elle est, nous ne pouvons faire mieux qu'opposer une conservation matérielle au matérialisme de la destruction, aussi longtemps que les peuples ont assez de bon sens pour rester dans la logique de leur histoire et nous en confier l'application.

Mais nous ne devons pas nous dissimuler qu'ils peuvent cesser d'avoir ce bon sens, pour leur malheur sans doute, mais pour le nôtre aussi.

Le matérialisme gouvernemental, et il remonte haut dans l'Histoire, tend partout, dans notre siècle positiviste, à réduire l'État à une sorte de machine anonyme, si bien montée par nous qu'elle semble pouvoir fonctionner d'elle-même, sans principe de vie politique.

Tel est, à proprement parler, le fond de la conception latine du gouvernement auquel les Occidentaux donnent le nom assez chimérique de république.

La France, sous ce rapport, ne varie pas, depuis Danton jusqu'à M. Gambetta.

Il est douteux que les peuples tirent jamais des républiques ainsi comprises, un autre avantage qu'une suppression apparente de la liste civile; et il en résulte, pour eux, une série d'inconvénients politiques et sociaux, internes et externes, inutiles à relever ici.

Mais supposons un instant que les volontés nationales, plus ou moins surprises par la dogmolâtrie athéologique, par l'archaïsme universitaire, des soi-disant républicains, puissent supprimer partout la vie à la tête des États et réduire ceux-ci à leur simple automatisme administratif : l'Europe en sera-t-elle plus à l'abri de la guerre permanente qui est sa loi générale, les nations européennes échapperont-elles davantage à toutes les conséquences de l'état de siège européen?

Toutes les déductions de l'Histoire prouvent le contraire.

Si la Révolution, considérant la destruction de ce qui est comme un moyen de faire place à ce qui doit être, avait en réserve un plan réalisable, répondant à la création d'un ordre de choses meilleur, la République, outillage monarchique sans monarque, pourrait prétendre à réaliser une certaine économie de transition.

Tel n'est pas le cas.

Bien plus civile que politique, œuvre de demi-lettrés absolument dépourvus de toute science sociale, la Révolution n'a rien qui doive nous effrayer outre mesure; et je crois, au contraire, ses exemples faits pour nous rassurer sur notre utilité pratique et nous démontrer que les vraies réformes ne peuvent venir que de nous.

Cette révolution n'est qu'une poussée bruyante d'une certaine partie, non satisfaite, des classes moyennes, sur des cadres créés par nous, et beaucoup trop satisfaisants pour qu'on les supprime.

A l'avant-garde des autres nations, la France est pour nous tous un théâtre d'observation dont les expériences portent leurs enseignements et leurs conclusions.

La Monarchie y est évincée, mais l'État y resté intact, tel que Louis XI l'a médité, tel que Richelieu l'a voulu, tel que Colbert l'a créé.

Nul ne songe à le détruire, chacun ambitionne de l'occuper.

La Révolution fait la poussée; la République organise la substitution; un fauteuil remplace le trône; la couronne ne disparaît que pour faire place à un chapeau; au sceptre succède une canne, en attendant un sabre, et tout est dit.

Pourtant, par moments, la Révolution semble se faire plus menaçante, et de civile qu'elle est, elle paraît, sous le nom de socialisme, vouloir revêtir un certain caractère antisocial.

Sentant vaguement le néant pratique de sa dogmolâtrie, de son athéologisme universitaire, elle essaie d'y remédier en poussant ses archaïsmes jusqu'aux extrêmes; mais, impuissante à rien créer, elle renouvelle de vieilles histoires, se divise contre elle-même, et oppose à l'État traditionnel, la Commune, tradition du moyen âge et des Étienne Marcel.

Que nous annonce cette réédition non corrigée ?

Le voici :

Une nouvelle poignée de demi-lettrés, trouvant que la politique est la carrière de ceux qui n'en ont pas, s'improvisent les interprètes des dernières classes pour les exploiter à leur profit.

L'Europe s'effraie, et elle a tort.

Laissons passer ces saturnales renouvelées des Romains, et concluons.

Ce n'est encore qu'une nouvelle poussée tendant à une nouvelle substitution.

Tout ce monde peu nombreux, oisif, inexpérimenté, plus

despotique que jamais nous ne le fûmes, ne veut gouverner *ex abrupto* que pour être quelque chose d'officiel : président, ministre, tribun, colonel de garde nationale, maire, commissaire de police, sergent de ville ou garde champêtre.

Chaque demi-bachelier paresseux se sent en poche une lettre de change sur les fonds publics.

La fonction visée, l'oripeau poursuivi, à grand renfort de phrases sonores, ne sont que le symbole de l'émargement au budget.

Ce que je viens de dire aboutit à ce qui suit :

C'est qu'il en serait ainsi partout, en Allemagne comme en France, en Russie comme en Allemagne, en Autriche, en Angleterre, partout en un mot.

Car toutes nos nations organisées sur le même plan, ayant érigé sur ce plan l'État, ne peuvent avoir que ce genre de république, sous peine de n'avoir pas de républicains.

En définitive, ce sera toujours l'état de siège national au dedans, mais plus grossier, plus gros de discordes civiles; et ce sera plus que jamais l'état de siège européen planant sur toutes les nations du continent, mais plus lourdement et avec des résultats plus sanglants et plus onéreux.

Car la politique sérieuse est une science faite de tact et d'expérience, une synthèse pratique de connaissances nombreuses, de traditions et de prudence, et tout cela ne s'improvise ni par des suffrages démagogiques, ni par des discours, ni par de soi-disant changements de gouvernement.

Les États républicains d'Europe se heurteraient encore plus brutalement que sous nos vieux étendards, et enfantés par le vent populaire, ils engendreraient les plus désastreuses tempêtes.

Nos liens de famille modèrent encore un peu la loi de ruse et de violence qui nous gouverne tous, le choc diplomatico-militaire de nos États armés les uns contre les autres.

Toutes les réformes réelles sont venues de nous, et je crois que nous seuls pouvons désarmer la guerre et organiser la paix publique, si nous savons, forts de la volonté de nos peuples, faire passer à l'État Social nos pouvoirs généraux européens, et fonder sur ses véritables bases l'Empire de la Civilisation.

Telle est notre vraie raison d'être, notre réserve supérieure d'utilité, la mission qui lie nos destinées à celles des nations et qui, seule, comme le prouvera ce livre, est la conclusion pratique des gestations sanglantes mais progressives de notre vieille Europe et de son histoire.

AVANT-PROPOS

Le lecteur, après avoir lu la préface, ira sans doute aux conclusions, puis se demandera, en feuilletant le milieu du volume, si j'ai voulu faire un livre d'Histoire, pourquoi et à quoi bon.

Cet avant-propos va au-devant de cette question.

Si j'avais donné les conclusions seules, on eût pu regarder la Constitution européenne que je propose, comme une œuvre théorique, ce qui n'est pas.

Constituer socialement un ensemble, c'est en lier les parties par des institutions fondées sur leurs bases communes.

Ce lien, ces institutions, ces bases, l'Histoire seule pouvait les indiquer exactement, sous peine de procéder *a priori*, en dehors des conditions de méthode et de science, d'observation et d'expérience, plus nécessaires encore dans une création de ce genre que dans toute autre.

C'est l'observation des expériences sociologiques, dont l'Histoire est la nomenclature, qui m'a conduit, depuis plus de vingt ans, aux conclusions que je livre au lecteur.

Pourquoi ne pas lui livrer aussi le résumé de mon travail préalable sur le GOUVERNEMENT GÉNÉRAL DE L'EUROPE, depuis Jésus-Christ?

Tout esprit libre et sincère verra ainsi que ma méthode d'observation enchaîne les unes aux autres des expériences certaines, et que cette méthode est intégrale, scientifique, sans sectarisme d'aucune sorte, sociale, en un mot, comme son objet.

J'indique dans le chapitre premier, les principes réels et fort simples d'où je pars, non *a priori*, mais toujours d'après mon observation exacte des expériences des peuples.

Les faits démontrent ensuite la scrupuleuse exactitude de ces principes, sous les yeux du lecteur, et le douzième chapitre n'est qu'un total, une somme, dont je donne d'avance loyalement les membres, avec le moyen d'en vérifier l'addition.

DIVISION DES CHAPITRES

CHAPITRE PREMIER
DÉFINITIONS

République. — Monarchie. — Théocratie. — Force morale du Christianisme. — Impossibilité de la République et de la Monarchie radicales dans la Chrétienté. — Dangers en Asie et en Afrique. — Tempéraments représentatif, constitutionnel. — Emporocratie. — Empire. — Longévité comparée des gouvernements. — La Religion. — Les Cultes. — L'Église. — L'État Social. — L'État. — L'Autorité. — Le Pouvoir. — Les Ancêtres. — Notre Ancêtre.

CHAPITRE II
L'ÉGLISE JUSQU'AUX PAPES

Ses phases : Société secrète, République démocratique, puis aristocratique, à tempérament constitutionnel et représentatif. — Origines de la hiérarchie ecclésiale. — Asservissement de la Religion à la Politique. — Diarchie d'églises. — Caractère monarchique de la papauté. — Son rôle dans l'unité italienne sous Théodoric.

CHAPITRE III
LA PAPAUTÉ EN FORMATION

Son rôle vis-à-vis de l'empire d'Orient. — La papauté est un Impérialat. — Elle n'est pas un Souverain Pontificat. — Comment elle pourrait l'être. — L'excommunication. — Le Catholicisme. — L'Orthodoxie. — Politique impériale des papes. — Pépin, Charlemagne. — Diarchie européenne d'empires, conséquence de la diarchie d'églises impériales. — Ignorance organique et sociale, pontificale et politique de la papauté et de Charlemagne.

CHAPITRE IV
LA PAPAUTÉ RÉVOLUTIONNAIRE

Renouvelle vis-à-vis de l'empire carlovingien sa conduite vis-à-vis de l'empire grec. — Réponses de l'épiscopat. — Caractère de la révolution féodale. — Combats judiciaires, sources de nos guerres européennes. — La légalité et la légitimité monarchiques devant la papauté.

CHAPITRE V

LA FÉODALITÉ A ROME

Ses conséquences à Rome même. — Ses conséquences dans l'empire ecclésial des papes. — Insurrection des évêques contre les papes. — Insurrection des papes contre les empereurs germains. — Comparaison de la papauté avec les anciens Pontificats. — Césarisme du saint Siège. — Sa politique impériale dans l'église romaine. — Comment elle entend la réforme de l'Église. — Hildebrand. — Grégoire VII.

CHAPITRE VI

LES PAPES EMPEREURS ET LES CROISADES

Ignorance gouvernementale de la papauté. — La municipalité romaine. — Son archaïsme républicain. — Analogie avec l'archéologie césarienne des papes. — Néant gouvernemental et social des Croisades. — Caractère antireligieux et antisocial des papes dans le gouvernement général. — L'invasion mongolique et le gouvernement général.

CHAPITRE VII

DIARCHIE DES EMPIRES EN OCCIDENT

Origine des monarchies divisionnaires ou royales. — Leur fonction générale dans la Chrétienté. — Leur tactique particulière en Espagne, en France, en Angleterre. — Procès féodaux entre dynastes. — Monarques de France et d'Angleterre. — Impuissance et chute de la papauté comme gouvernement général. — Guerre de Cent ans. — Congrès d'Arras. — La République européenne.

CHAPITRE VIII

LA RÉFORME DANS L'ÉGLISE LATINE

Caractère pseudo-républicain des Conciles de Constance et de Bâle. — Réponse monarchique des papes. — Despotisme des dynastes. — Nullité du saint-empire. Le Césarisme des papes recommence. — Réponse des nations et des dynasties non latines. — Luther. — Caractère politique du protestantisme dans la République européenne.

CHAPITRE IX

RÉACTION IMPÉRIALE DES PAPES

Aspect de l'Universelle Église. — Ses divisions en cultes hostiles. — Nullité religieuse de la papauté. — Erreurs de la critique française, depuis Montesquieu jusqu'à M. Lanfrey. — Démonstration de ces erreurs. — Caractère de la réaction européenne, impériale et latine, depuis le Concile de Trente.

CHAPITRE X

TRIOMPHE DE LA RÉPUBLIQUE EUROPÉENNE

Henri IV de France. — Élisabeth d'Angleterre. — Leur projet de gouvernement général. — Le Code des Nations. — Richelieu et Mazarin en Europe. — Le Congrès de Westphalie. — Son caractère irréligieux et antisocial. — Armées permanentes. — Diplomatie. — Fonctionnarisme. — Anarchie gouvernementale de l'Europe. — Ses conséquences dans les nations. — Révolution française. — Napoléon 1er.

CHAPITRE XI

L'EUROPE AU DIX-NEUVIÈME SIÈCLE

Résultats du Congrès de Westphalie. — Congrès de Vienne. — Gouvernement diplomatique de l'Europe. — Athéisme, immoralité et illusion de ce gouvernement. — La Russie, l'Angleterre. — Unité de l'Italie et de l'Allemagne. — Leurs conséquences générales et nationales. — Réouverture possible des questions de race. — Révolution. — Danger du continent tout entier. — Nécessité d'en constituer le gouvernement général sur la base des nationalités. — Les souverains actuels.

CHAPITRE XII

CONCLUSIONS ET CONSTITUTION EUROPÉENNE

Le triple Conseil européen. — Conseil des Communes, économique ou emporocratique. — Conseil des États, judiciaire et politique. — Conseil des Églises, théocratique et social. — Gouvernement Général de la Chrétienté. — L'Empire de la Civilisation et l'Islam. — La Chrétienté et Israël. — Les Mongols. — La Synarchie européenne et ses conséquences dans les nations. — Adieu au lecteur.

GOUVERNEMENT GÉNÉRAL

DE

L'EUROPE

CHAPITRE PREMIER

DÉFINITIONS

République. — Monarchie. — Théocratie. — Force morale du Christianisme. — Impossibilité de la République et de la Monarchie radicales dans la Chrétienté. — Dangers en Asie et en Afrique. — Tempéraments représentatif, constitutionnel. — Emporocratie. — Empire. — Longévité comparée des gouvernements. — La Religion. — Les Cultes. — L'Église. — L'État Social. — L'État. — L'Autorité. — Le Pouvoir. — Les Ancêtres. — Notre Ancêtre.

Dans ces recherches sur les origines du droit commun et du gouvernement général de l'Europe, nous aurons à prononcer souvent les noms de république, de monarchie, de théocratie.

Il importe de déterminer l'exacte et rigoureuse signification de ces noms, sans procéder par abstraction idéologique, comme on ne l'a que trop fait, depuis Platon jusqu'à Montesquieu, mais par l'observation et par l'expérience traditives, dont l'Histoire est le procès-verbal.

Comme notre but est tout autre que de nous tromper nous-même en sacrifiant à la mysticité politique des autres, nous ne reculerons pas devant la scientifique vérité.

Les formes de gouvernement que nous avons à définir, d'après leurs caractères historiques, sont pures ou mixtes, radicales ou composées, selon que leur titre nominal est, ou n'est pas l'expression de leur principe propre et du moyen par lequel il doit tendre à réaliser sa fin.

RÉPUBLIQUE

Le principe de la République pure est la Volonté populaire.

La fin que se propose cette volonté est la liberté illimitée des citoyens.

Le moyen par lequel ce principe tend à réaliser cette fin est l'égalité juridique, sans distinction de plans, sans hiérarchie de fonctions.

La condition radicale, l'organisme typique correspondant à l'emploi de ce moyen, est la nomination directe des magistrats par le peuple assemblé en masse, sans représentants ni délégués, en un mot, sans intermédiaires.

La garantie de cette forme de gouvernement, est l'esclavage domestique, l'asservissement civil, agricole ou militaire du plus grand nombre, l'exil ou l'ostracisme politique.

Athènes réalisa ce type réel de la République; mais l'éclat dont elle brilla ne doit pas faire illusion, car il est emprunté à des institutions théocratiques importées en Grèce, de Phénicie et surtout d'Égypte : mystères d'Orphée, rites de Delphes et d'Éleusis, Amphictyons, etc.

La liberté des citoyens avait, dans cette république, l'esclavage pour garantie, et personne n'était à l'abri de cette redoutable et perpétuelle menace.

C'est ainsi que, si Nicétès n'avait pas racheté la liberté de Platon, ce vulgarisateur de Pythagore, malgré sa métaphysique fantaisiste sur la République, aurait dû limiter ses vertus républicaines à la stricte pratique de ses devoirs d'esclave, sous peine du fouet, de la torture et du pal.

Carthage eut également une République pure, avec la Terreur comme ressort, dans la statue de Moloch, et l'esclavage des Numides, comme base et piédestal, comme support et garantie de la liberté.

Fondée par des brigands, ancien bourg de l'Étrurie théocratique, Rome, plus grossière qu'Athènes, plus brutale encore que Carthage, se conforma également à la donnée de la République radicale, quoique avec certains tempéraments, que lui imposèrent les débris de la royauté et de la théocratie, dont elle essaya vainement d'effacer l'influence et le souvenir.

C'est ainsi que le Souverain Pontife romain, avec son collège de douze grands prêtres, était armé d'un pouvoir assez considérable pour suspendre et dissoudre les assemblées populaires; et lorsque l'opinion travaillée par le pyrrhonisme cessa d'accorder à la Religion la foi, au Souverain Pontificat le crédit nécessaire à sa fonction, la patrie de Cincinnatus était devenue celle de Sylla, et Jules César allait mettre sur sa tête la tiare et la couronne impériale.

Rome républicaine, pour rester libre, ne se contenta pas de l'esclavage domestique; elle asservit encore l'Europe, et une partie de l'Afrique et de l'Asie.

Dans la Chrétienté, il n'y a jamais eu de république réelle.

Le gouvernement des villes d'Italie, de Flandre, de Hollande, ne fut républicain que de nom.

En réalité représentatif, le système de ces villes fut municipal ou emporocratique, parfois les deux ensemble, comme sont plus ou moins aujourd'hui l'Angleterre, les États-Unis, la Suisse et comme voudrait être la démocratie bourgeoise de France, sans pouvoir y arriver, pour des causes inutiles à dévoiler ici.

MONARCHIE

Quand Montesquieu, après avoir dit que le principe des républiques était la vertu, a prétendu que celui des monarchies était l'honneur, il a pensé soit en courtisan des rois et des peuples, soit comme l'eût fait aujourd'hui M. Prudhomme, mais non pas comme Montesquieu.

Le principe de la Monarchie pure est l'énergie de son fondateur, c'est-à-dire du plus fort et du plus heureux, si l'on entend par ce mot le plus favorisé par le destin.

La fin que se propose la Monarchie pure est l'Autocratie.

Le moyen par lequel ce principe tend vers sa fin est la centralisation de tous les pouvoirs, dans la personne du monarque.

La condition juridique indispensable à l'emploi de ce moyen, est que la loi émane directement du despote, sans représentants ni délégués royaux, autres que des greffiers, des juges et des exécuteurs.

La garantie de cette forme de gouvernement est le meurtre légal : car dans les conditions d'anarchie publique qui nécessitent et permettent la fondation de la Monarchie pure, pour sauver l'unité de la vie nationale, il faut être maître de la mort.

La monarchie pure régna chez les Assyriens; les Cyrus, les Attila, les Gengis-Khan, les Timour, en portent le caractère réel.

Dans la Chrétienté, il n'y a jamais eu de monarchie réelle, dans le sens absolu de ce mot.

Dans chaque pays chrétien tendant à l'unité, l'autocratie a bien été le but des dynastes, car sans ce but ils n'auraient pas eu de mobile d'énergie assez puissant pour créer et conserver l'unité nationale.

Mais, quoique la plupart d'entre eux n'aient pas plus méconnu les moyens et les garanties du despotisme que leurs prédécesseurs asiatiques, ils n'ont pas pu en user radicalement d'une manière suivie.

THÉOCRATIE

Le principe de la Théocratie pure est la Religion.

La fin qu'elle se propose est la culture universelle des consciences et des intelligences, leur union et leur paix sociale.

Le moyen par lequel ce principe tend vers sa fin est la tolérance de tous les cultes et leur rappel à leur principe commun.

La condition nécessaire à l'emploi de ce moyen est l'assentiment libre des législateurs et des peuples à l'efficacité pratique de la science et de la vertu du sacerdoce et de son fondateur.

La garantie de cette forme de gouvernement est la réalisation incessante de la perfection divine par le continuel développement de la perfectibilité humaine : Éducation, Instruction, Initiation, Sélection des meilleurs.

Avant le schisme d'Irshou, l'Asie, l'Afrique, l'Europe entière furent gouvernées par une théocratie, dont toutes les religions d'Égypte, de Palestine, de Grèce, d'Étrurie, de Gaule, d'Espagne, de Grande-Bretagne, ne furent que le démembrement et la dissolution.

Cette théocratie, nettement indiquée dans les annales sacrées des Hindous, des Perses, des Chinois, des Égyptiens, des Hébreux, des Phéniciens, des Grecs, des Étrusques, des Druides et des Bardes celtiques, et jusque dans les chants de l'extrême Scandinavie et de l'Islande, cette théocratie, dis-je, fut fondée par le conquérant celte que célèbrent le Ramayan de Walmiki et les Dyonisiaques de Nonus.

C'est grâce à cette unité première dont on retrouve partout des traces positives, et dont les anciens temples conservaient la tradition, que nous voyons encore, dans Damis et dans Philostrate, Apollonius de Thyane, contemporain de Jésus-Christ, aller converser successivement dans tous les centres religieux du monde et avec tous les prêtres de tous les cultes, depuis la Gaule jusqu'au fond des Indes et de l'Éthiopie.

De nos jours, la Franc-Maçonnerie, charpente et squelette d'une théocratie, est la seule institution qui porte ce caractère d'universalité, et qui, à partir du trente-troisième degré, rappelle un peu, quant aux cadres, l'ancienne alliance intellectuelle et religieuse.

Moïse, initié à la science du sacerdoce d'Égypte où, depuis le schisme d'Irshou, régnait une théocratie mixte, voulut sauver de la dissolution religieuse et intellectuelle quelques livres sacrés renfermant d'une manière extrêmement couverte la science fondamentale de cette ancienne unité.

C'est pourquoi ce grand homme fonda cette théocratie d'Israël dont la Chrétienté et l'Islam sont les colonies religieuses.

La Chrétienté n'a jamais eu de théocratie, soit pure, soit mixte, parce que la Religion chrétienne, représentée par des églises rivales, dès le cinquième siècle, et subordonnée par sa constitution démocratique à une forme politique oscillant entre la République et l'Empire, n'a jamais pu, comme culte, atteindre à l'unité intellectuelle, à l'enseignement scientifique, à l'éducation, à la sélection et à l'initiation qui sont la garantie de la Théocratie.

Les moyens nécessaires de cette forme de gouvernement : *tolérance de tous les cultes, leur rappel à leur principe commun*, n'ont jamais pu être employés, ni dans les conciles généraux des premiers siècles, ni dans les conciles partiels qui ont suivi la séparation de l'église grecque et de l'église latine, ni par la papauté qui, vu sa situation partitive et politique dans la Chrétienté, n'a pu, malgré tous ses efforts, faire œuvre que de pouvoir clérical et sectaire, ce qui est tout le contraire de l'Autorité théocratique.

Néanmoins la puissance intellectuelle et morale de Jésus-Christ est tellement grande, tellement théocratique, que, même réduite à la purification de l'esprit et de la conscience individuels, sans pouvoir agir religieusement sur ses sacerdoces divisés et, par eux, sur les institutions générales de l'Europe, elle a cependant déterminé, dans le monde chrétien, la force universelle d'opinion qui repousse les chaînes du démagogue, les instruments de mort du despote, rend impossible l'établissement, soit de la République absolue, soit de la Monarchie radicale, et paralyse ainsi tout gouvernement politique réel.

Honneur et gloire en soient éternellement rendus à Jésus-Christ !

Cependant, hâtons-nous de le dire, ce qui n'est pas possible dans la Chrétienté, l'est partout ailleurs.

Les races de l'Afrique, celles de l'Asie surtout, bien que contenues par l'Islam, tant que les Turcs possèdent Constantinople, sont dans les conditions qui permettent l'établissement de la Monarchie pure.

Et qu'on ne croie pas que les armes matérielles de notre civilisation, que nos systèmes modernes de guerre, nous soient exclusivement acquis : ils se prêtent, au contraire, le mieux du monde, aussi bien au tempérament disciplinaire de ces races qu'aux invasions par masses profondes dont elles sont coutumières, dès qu'un despote assez énergique les rassemble et les soulève.

Ce n'est pas un million, mais vingt millions d'hommes armés et entraînés à l'européenne, que les efforts réunis des peuples d'Afrique et d'Asie, soutenus par l'Islam et l'empire chinois peuvent lancer, à un moment donné, sur l'Europe divisée contre elle-même.

Reprenant sa route habituelle des côtes d'Afrique en Italie et en Espagne, d'Italie et d'Espagne vers le cœur de l'Occident, du Caucase jusqu'à l'Atlantique, ce déluge humain peut de nouveau crouler, balayant tout sur son passage.

Le gouvernement général de l'Europe la prédispose plus que jamais à toutes les conséquences de ce retour de mouvements périodiques qu'il est possible de prévoir à de certains indices soit apparents, soit secrets.

Divisés entre eux, sans lien religieux ni juridique réel, les États européens seraient, les uns contre les autres, les premiers auxiliaires des envahisseurs.

Le mercantilisme est prêt à fournir les armes, pourvu qu'on les lui paie, et on le fait, et il sait bien faire parvenir à destination canons, fusils, boulets, balles et poudre.

La compétition coloniale, la rivalité des États, la jalousie des peuples chrétiens, donneront de plus en plus tous les instructeurs, toutes les instructions militaires nécessaires.

Chaque nation européenne, pourvu que le mal soit éloigné d'elle, ne bougera certainement pas pour en sauvegarder celle pour laquelle il sera immédiat ou prochain; elle se réjouira au contraire dans sa sécurité, sans prévoir sa catastrophe finale, car dans la politique internationale des gouvernements dits chrétiens tous les sentiments immoraux et, par conséquent, anti-intellectuels, sont les seuls autorisés à se produire.

Quant au ressort capable de propulser, des deux autres continents sur le nôtre, cette formidable balistique des déluges humains, il se trouvera sûrement, comme autrefois, dans l'indomptable énergie d'un Asiatique et d'un Africain capables d'une monarchie absolue et d'un gigantesque et sombre dessein propre à transporter l'âme fatidique de leurs races.

De tels rois n'hésiteront pas plus que par le passé devant les conséquences de leur principe politique.

La Monarchie simple et pure se montrera de nouveau en eux, exécutrice radicale des arrêts du destin, fauchant les têtes des familles impériales et royales détrônées, rasant par le feu des pays entiers, égorgeant les grands, forçant les petits à marcher dans ses armées, se gorgeant de nos biens, et pour venger leurs peuples de l'immoralité de l'Europe coloniale, changeant nos métropoles en un monceau lugubre de pierres et d'ossements calcinés, noyant dans le sang nos nations, ou les dispersant aux quatre coins de l'Asie et de l'Afrique.

L'Europe chrétienne n'a plus de force politique à opposer à ces calamités, la République pure et la Monarchie simple y étant également impossibles en raison de l'immoralité nécessaire de leurs garanties.

Pour ces motifs, comme pour beaucoup d'autres, il nous faudra chercher, en dehors de la politique, le lien possible des nations européennes.

Nous devons parler maintenant du tempérament par lequel on essaie, depuis si longtemps, de remplacer en Europe les garanties de la Monarchie et de la République réelles : le lecteur a déjà deviné qu'il s'agit des institutions représentatives.

INSTITUTIONS REPRÉSENTATIVES

On a dit que l'idée des représentants était moderne : c'est une des erreurs de notre temps.

Comme chaque paysan croit son village plus beau que tous les autres, et flatte son orgueil local en attribuant à son clocher une suprématie sur tous les clochers voisins, ainsi ceux mêmes d'entre nous qui prennent sur eux d'enseigner les autres sont souvent paysans sous ce rapport, et répugnent à sortir, par la pensée, de leur temps et de leur milieu, pour observer et juger sainement ce qu'ils condamnent d'avance.

La politique est vieille comme le monde, et partout, comme dans tous les temps, ses moyens ont été conformes à ses besoins.

Renouvelées des formes gouvernementales des anciens Celtes autochtones, de la primitive Église, et avant elle du néo-celtisme scandinave d'Odin qui détermina le système féodal des Goths, les institutions représentatives semblent s'adapter aussi bien à la République qu'à la Monarchie.

Cependant elles ne tempèrent ces gouvernements politiques qu'en les paralysant à la fois dans leurs principes, dans leurs moyens et en éloignant sans cesse leurs fins.

En effet, la volonté démagogique ne peut pas être représentée, sans être absente des deux pouvoirs législatif et exécutif.

De même, l'énergie du despote ne peut pas se déléguer, sans se reléguer derrière un parlement ou une cour de justice.

Dans le premier cas, il n'y a plus de république pure, puisque l'oligarchie représentative, et non le peuple seul, légifère et gouverne, nomme les magistrats, et limite la liberté de tous et de chacun.

Dans le second cas, il n'y a plus de monarchie pure puisque l'oligarchie représentative, et non le monarque seul, légifère, partage le gouvernement, et, soit sous la poussée de sa propre ambition, soit sous celle des factions, peut frapper de la loi et de la mort le roi lui-même, dépouillé de l'usage exclusif du moyen et de la garantie de sa fonction.

Dans les monarchies bâtardes, ou représentatives, ces deux forces, la volonté du démagogue, l'énergie du monarque, se combattent perpétuellement d'une manière latente ou déclarée.

Dans les républiques bâtardes ou constitutionnelles, le duel se passe entre la démagogie et l'oligarchie représentative ; mais le dualisme y est toujours déclaré.

Il faut de deux choses l'une, que le roi et l'oligarchie représentative, dans la monarchie constitutionnelle, l'oligarchie et sa tête, si elle en a une, président, stathouder, protecteur, dans la République bâtarde, puissent, si la situation géographique de leur pays s'y prête, lâcher leur démagogie sur des colonies maritimes ou la lancer dans des conquêtes militaires.

Dans le premier cas, la République comme la Monarchie tendent à l'Emporocratie, c'est-à-dire à la prédominance des intérêts économiques, considérés comme mobiles de gouvernement.

Dans le second cas, la République comme la Monarchie inclinent vers l'Empire, si la conquête militaire des peuples étrangers dure, et se change, par conséquent, en domination politique.

Tyr, Carthage, Venise, Gênes, Milan, Florence, l'Espagne, le Portugal, la Hollande, l'Angleterre furent emporocratiques, quelles que fussent d'ailleurs les bases républicaines ou monarchiques de ces puissances.

Rome, et après elle, la plupart des puissances continentales qui dictèrent dans l'Europe chrétienne les traités généraux, après avoir fondé les unités nationales, tendirent également à l'Empire : l'Angleterre pendant la guerre de Cent ans, l'Espagne et la France pendant les guerres d'Italie ; l'Espagne, la France, l'Autriche, la Suède, pendant la guerre de Trente ans; la France soi-disant républicaine pendant les guerres de la Révolution.

Dans l'Emporocratie comme dans l'Empire, le problème politique de l'alliance impossible des deux principes de la Monarchie et de la République, ou de l'oligarchie constitutionnelle et de la volonté populaire, est ajourné, mais non résolu, jusqu'au moment où les colonies échappent à l'Emporocratie, les conquêtes à l'Empire, et où le gouvernement est réduit au dualisme de sa vie intérieure, sans pouvoir bénéficier d'une diversion donnant au dehors un libre exercice aux volontés, une satisfaction aux énergies.

Nous avons assez défini pour le moment les termes de Théocratie, de Monarchie, de République, ainsi que les institutions représentatives et l'Emporocratie : il ne nous reste plus qu'à définir l'Empire.

EMPIRE

Son caractère monarchique spécial est de dominer à la fois plusieurs gouvernements, républiques ou royautés, plusieurs peuples et même plusieurs races.

C'est ainsi que Walmik, le poète épique indien, nous représente Ram comme se servant de la forme politique impériale, afin de réaliser par la suite sa théocratie.

C'est ainsi également qu'Homère, dans une mesure beaucoup plus restreinte, nous représente son Agamemnon comme l'empereur de tous les rois et de tous les peuples de la Grèce.

C'est ainsi, enfin, qu'Alexandre, Jules César, Charlemagne, Charles-Quint et Napoléon Ier régnèrent sur les peuples, sur les races qu'ils conquirent et sur leurs gouvernements qu'ils se soumirent.

C'est ainsi qu'aujourd'hui le gouvernement emporocratique d'Angleterre règne impérialement sur plusieurs races et sur plusieurs États d'Europe, d'Amérique, d'Asie, d'Afrique et d'Océanie.

Comme on le voit par ce qui précède, l'Empire réel se prête, comme l'emporocratie et les institutions constitutionnelles, à des formes politiques extrêmement variées; car ayant à régir des dominations et des races multiples, il ne les unit sous son pouvoir qu'à la condition, soit d'en respecter jusqu'à un certain point les institutions propres, soit de déployer une force militaire qui exclut les bénéfices que l'État impérial a droit d'attendre de ses colonies.

Dans l'Europe actuelle, les autres gouvernements qui portent le titre d'empire, le font d'une manière pour ainsi dire honorifique, mais sans caractère impérial réel, à l'exception de la Sublime Porte et de l'empire de Russie.

Toutes les formes de gouvernement que nous venons de caractériser se rapportent à l'une des trois grandes divisions de la vie sociale : Religion, Politique, Économie.

A la Religion se rapporte la Théocratie, à la Politique correspondent la République et la Monarchie pures ou mixtes, à l'Économie répond enfin l'Emporocratie.

Dans les annales du Genre Humain, c'est la Théocratie pure qui apparaît le plus rarement, parce qu'elle exige, de la part de son fondateur, un génie, une sagesse, une science exceptionnels, des circonstances favorables très peu communes et des peuples assez éclairés pour la supporter.

La longévité des gouvernements théocratiques est extrême.

L'Égypte, les Indes, la Chine de Fo-Hi, Israël même, malgré la lourde charge que lui fit porter à travers les siècles Moïse, en faisant des Hébreux les gardiens des sciences secrètes de l'antique unité, tous ces gouvernements vécurent plusieurs milliers d'années et donnèrent au monde tous les enseignements qui sont aujourd'hui le patrimoine commun de la Civilisation.

Quoique ayant dans l'Histoire une longévité moins longue, les royautés et les empires durent plus longtemps que les républiques, qui dépassent rarement quelques siècles.

Cette différence dans la durée des États tient au plus ou moins de force que renferme leur principe de vie.

La sagesse et la science n'ont véritablement part au gouvernement des sociétés que dans la Théocratie seule.

Dans la Monarchie, l'énergie intellectuelle et morale du fondateur laisse toujours son œuvre livrée à tous les hasards, lorsqu'il n'est plus là pour la diriger : elle est à la merci de la faiblesse et de l'imbécillité des successeurs et, par suite, des factions et de la rentrée en scène du principe républicain.

Dans la République, le principe de vie est plus faible encore, bien que la volonté populaire, si bruyante et si mouvementée, puisse donner l'illusion de la force.

Le caractère de cette volonté est de se diviser incessamment contre elle-même, d'engendrer factions sur factions, et de mettre sans cesse l'État en péril.

Aussi tout l'art des législateurs d'Athènes, de Rome, de Carthage et de Tyr consista-t-il, pour donner à leur œuvre quelques siècles de vie, à la doter, à l'entourer d'institutions empruntées à d'autres régimes que la République, et dont la grandeur suppléât pour un temps à l'incurable médiocrité politique des masses.

Il n'entre pas dans le cadre de cette étude de rechercher comment et pourquoi ces différentes formes de gouvernement se succèdent dans la vie des peuples, et nous terminerons ce chapitre des définitions en caractérisant différentes expressions qui reviendront souvent dans le cours de ce livre : la Religion, le Culte, l'Église, l'État, l'Autorité, le Pouvoir.

La différence entre la Religion et le Culte est facile à sentir : le nom de Religion indique le lien par excellence, celui qui réunit ou tend à réunir tous les hommes indistinctement, tous les peuples, toutes les races, toutes les sociétés humaines, dans un même principe et dans une même fin.

Le Culte, au contraire, indique une chose particulière, un

système de culture humaine devant se prêter aux exigences de son propre champ d'activité.

La Religion est une dans son essence ; les cultes sont et doivent demeurer différents dans leurs formes.

L'Église, pour les Chrétiens, exprime dans son acception la plus générale la Religion de Jésus-Christ, ou du moins la Société de tous les individus et de tous les peuples chrétiens.

Les églises, au contraire, correspondent à la définition que nous avons donnée des cultes.

L'État Social exprime, soit la Société humaine tout entière, soit une de ses divisions religieuses comme la Chrétienté, Israël, Islam.

Quant à l'État, son caractère propre est l'organisme impersonnel et hiérarchique des pouvoirs publics.

L'Autorité proprement dite n'appartient jamais à la force.

La politique en est essentiellement dépourvue, et il n'appartient qu'à la Religion seule de prêter au principe, soit monarchique, soit républicain, un reflet d'autorité, par la consécration solennelle, soit du pouvoir monarchique, soit des pouvoirs de la nation.

Pour rendre plus sensible la différence du Pouvoir et de l'Autorité, je prendrai pour milieu d'observation la Famille.

Le père exerce le Pouvoir sur ses fils, la mère et le grand-père l'Autorité.

Dès que cette dernière, tout intellectuelle, toute morale, emploie directement la force, soit dans la Famille, soit dans la Société, elle se perd en se confondant avec le Pouvoir.

Dans les sociétés antiques, et grâce à l'influence pratique dont y jouissait la Religion, l'Autorité appartenait aux morts, ces légataires sociaux dont vivent les vivants : aussi, depuis l'Étrurie jusqu'à la Chine, retrouve-t-on le culte des Ancêtres comme étant la source même de l'Autorité dans la Famille comme dans la Société, et le mot prêtre signifie l'Ancien.

Dans la Chrétienté, l'Ancêtre commun est Jésus-Christ, et c'est de lui seul que procèdent la Religion, l'Église, l'Autorité, en un mot, tout ce qui constitue essentiellement l'unité intellectuelle et morale de la Société chrétienne.

C'est pourquoi, dans le chapitre suivant, nous allons rechercher historiquement comment s'est constitué dès l'origine l'État Social déterminé par la mission de Jésus-Christ.

CHAPITRE II

L'ÉGLISE JUSQU'AUX PAPES

Ses phases: Société secrète, République démocratique, puis aristocratique, à tempérament constitutionnel et représentatif. — Origines de la hiérarchie ecclésiale. — Asservissement de la Religion à la Politique. — Diarchie d'églises. — Caractère monarchique de la papauté. — Son rôle dans l'unité italienne sous Théodoric.

Avant de se fragmenter en églises rivales et hostiles, grâce auxquelles la Religion chrétienne fut subordonnée à la politique géographique des cléricatures d'Occident et d'Orient, puis des empereurs et des races, et enfin des rois et des nations, avant d'être ainsi sectarisée, ruinée dans ses moyens d'exercer sur le Gouvernement général de l'Europe toute puissance intellectuelle et, par suite, toute action théocratique, l'Église porta quelque temps le caractère de l'universalité évangélique, autrement dit du catholicisme chrétien.

Il ne nous appartient pas de toucher ici aux formes intérieures du culte, ni à l'initiation secrète des premiers disciples de Jésus, ni aux pouvoirs spirituels que les apôtres transmirent à leurs successeurs, mais seulement de relever, dès eur origine, les formes organiques que revêtit la Société chrétienne.

Ces formes ne furent point religieuses, mais politiques et d'emprunt.

Chaque fidèle, comme membre de l'Église, avait, par l'élection, force et valeur d'unité ecclésiale : c'était la République; mais c'était aussi, dans l'Empire romain, la révolution.

Ces allures démocratiques s'expliquent facilement, si l'on songe à la nature des milieux sociaux, dans lesquels s'opérèrent tout d'abord les missions et les témoignages.

Ces milieux furent les masses populaires des ports de mer, les classes inférieures de la société polythéiste, les déshérités ou les vaincus des juridictions impériales de Grèce, d'Italie, des Gaules, d'Espagne et des côtes d'Afrique et d'Asie.

L'association des malheureux s'étendit rapidement des rives de la Bretagne à celles de l'Euphrate, saisie d'une confuse mais immense espérance de vérité, de justice, d'égalité civile et de paix politique et sociale.

Le Polythéisme portait encore pompeusement la tiare pontificale à Rome, à Éleusis, en Égypte, en Perse, et les classes supérieures s'en montrèrent longtemps les conservatrices jalouses.

A Jérusalem également, le Souverain Pontife ou Grand Prêtre porta la tiare jusqu'à la destruction de la Ville sainte, que suivit la dispersion des tribus et, par conséquent, l'anéantissement de la tribu sacerdotale de Lévi, la ruine et l'extinction du sacerdoce en Abraham.

Il y avait, on le voit, trop de souverains pontifes et trop de grands prêtres dans le monde civilisé pour que l'idée en fût opportune et la fonction admissible dans la Société chrétienne.

Aussi la démocratie et la République demeurèrent-elles les formes de l'Église, tant que celle-ci garda son caractère de société secrète, laïque et non officielle.

La discipline et la hiérarchie durent néanmoins s'établir, sous la pesée des persécutions et sous les nécessités mêmes du développement de l'association; mais d'après quel type et quel modèle de gouvernement : c'est ce qu'il importe d'établir d'une manière très précise.

Les formes hébraïques, chères à saint Pierre, eussent conduit droit à la Théocratie pure, mais amené du même coup une guerre déclarée aux institutions romaines de l'Empire.

L'Église rejeta l'organisation moïsiaque, et se moula dans les formes civiles du monde romain, en commençant par les bases où, dans les municipalités, l'esprit démagogique vivait encore.

Depuis Tibère, le frein monarchique avait serré, au sommet de l'État, tous les rouages des pouvoirs publics, mais cette action constrictive avait passé au-dessus des petites institutions locales, sans s'y faire immédiatement sentir.

Chaque cité avait sa *curie*, où se décidaient à l'élection les affaires du municipe et la nomination des administrateurs locaux, parmi lesquels un *curateur*.

Chaque cité eut pour les Chrétiens sa *cure*, où se décidaient à l'élection les affaires de la *paroisse*, circonscription des égaux, avec le conseil des *anciens*, telle est la signification du mot *prêtre*, présidé par un *curateur* ou *curé*, ce dernier nommé par l'évêque, à la demande de toute la paroisse.

La première circonscription civile qui régissait impérialement les municipes était la province, puis, au-dessus des cent dix-sept provinces, s'élevaient les seize diocèses impériaux.

L'association des Chrétiens intervertit cet ordre, pour ne pas porter ombrage à l'Empire, en établissant avec lui un parallèle de gouvernement.

Le diocèse rassembla les paroisses, la province ecclésiastique rassembla les diocèses.

La circonscription diocésaine fut administrée par l'*évêque* ou *épiscope, surveillant;* la circonscription provinciale par l'*évêque métropolitain*, l'*archevêque, surveillant général*.

Au-dessus des diocèses civils s'élevaient les quatre préfectures impériales.

L'Église eut également ses grands centres : Jérusalem, Constantinople, Rome, Carthage, etc., dont les évêques prirent les titres, en Orient, de *patriarches*, en Occident, de *primats*, à Rome, d'évêque des évêques, mais sans que ce titre entraînât aucune prérogative, aucune supériorité, aucune suprématie.

Ces noms n'avaient d'autre signification que celle de caractériser l'importance territoriale des diocèses considérés comme circonscriptions, l'importance politique des villes envisagées comme sièges apostoliques ou métropoles ecclésiastiques.

Dans l'Empire, Rome et son territoire cadastré jusqu'à cent milles des murs, formait un diocèse civil.

Il eût été surprenant que le diocèse chrétien de Rome n'eût pas été marqué, dans la personne de son évêque, d'un titre honorifique en rapport avec l'orgueil local de la Ville de proie, d'où les aigles romaines avaient fondu sur les nations.

C'est dans ce sens purement diocésain qu'il est parlé de l'église romaine dans les *apologies* de Minutius Félix, de Justin, de Clément d'Alexandrie, de saint Irénée, sans aucune mention d'autorité pontificale.

Tertullien le premier s'en occupe, en raillant l'évêque de Rome de tenir à des titres sans conséquence.

Plus tard saint Cyprien s'adresse à l'évêque de Rome comme à la tête d'un des centres du monde chrétien, il le traite encore de *collègue,* et saint Firmilien, en réponse à ses réflexions sur l'ingérance d'Étienne dans les élections du diocèse de Carthage, lui écrit *qu'il est indigné de l'orgueil insensé de l'évêque de Rome qui prétend être, en son évêché, l'héritier de l'apôtre Pierre.*

Quant au nom de *pape*, il était donné par les fidèles comme un surnom, en signe d'affectueuse familiarité, soit aux curés en Orient, soit aux évêques en Occident.

En résumé : *primats, patriarches, archevêques, évêques,* tous les membres de l'épiscopat étaient égaux, élus par les fidèles, institués par leurs collègues de la même province, confirmés par le métropolitain.

Telles sont les règles du quatrième canon du concile de Nicée, et l'on voit, dans les lettres de Sidoine Apollinaire, qu'elles étaient, au cinquième siècle encore, observées fidèlement, et que les élections d'évêques étaient toutes populaires.

Ainsi, la discipline et la hiérarchie de l'Église se constituèrent d'une manière politique et non théocratique comme on l'a faussement répété, en empruntant leur forme de gouvernement aux milieux impériaux qu'elles devaient régir, et qui la régirent au contraire, en soumettant l'Église, sa doctrine, sa direction, à tous les inconvénients des démagogies.

Quant aux ordres monastiques, ils se moulèrent sur les *gens*, les *clientèles* romaines, ainsi que sur les associations des esséniens en Orient, des pythagoriciens sur le littoral grec et italien.

Pendant la période républicaine de l'Église, ces ordres furent exclusivement laïques : un abbé seul était admis à la tête de chaque confrérie, et le couvent ne voulait relever que de lui, sans intromission de l'évêque diocésain.

Les conciles de Chalcédoine, 451, d'Agde, 506, d'Orléans, 511, 553, donnèrent raison aux évêques, en leur soumettant les monastères : la centralisation impériale commençait.

En 787, un canon du second concile de Nicée investit les abbés du droit de conférer les ordres inférieurs aux moines de leurs couvents : avec la centralisation politique des pouvoirs de l'Église, sa cléricalisation, si l'on me permet ce mot, s'accomplissait.

Ainsi, le pouvoir central s'emparait de toutes les forces libres à l'origine, et, considérant les ordres monastiques comme ses milices, les faisait rentrer dans les cadres de son armée cléricale.

Tant que dura l'Église catholique chrétienne, son ensemble à hiérarchie élective eut pour gouvernement général les assemblées représentatives, *conciles œcuméniques* pour la totalité des diocèses, *conciles provinciaux* dans chaque province.

Telle est, en Europe, l'une des origines du système représentatif, des délégations, des députations et du jury, l'autre origine se trouve chez les Goths dans les *mall*, ainsi que dans les *rachim burgi* et les *ahrimanni* de l'organisation scandinave et néo-celtique d'Odin.

Telles furent les formes gouvernementales de l'Église pendant sa période de création.

Comme on le voit, elle tenta de paralyser par le tempérament constitutionnel l'influence démagogique de sa constitution républicaine.

Ainsi, en dehors de toute théocratie, Jésus-Christ demeurant seul en fonction théocratique, la Religion nouvelle tendit à l'universalité, en se saisissant des formes mêmes de la civilisation romaine; ainsi elle appela tout l'ancien monde à la purification morale, offrant à l'assentiment volontaire des masses sa pureté virginale toute meurtrie par l'engrenage des grands pouvoirs politiques dont elle allait se saisir et être saisie.

La ruine et la dissolution de la Société et de la Civilisation furent conjurées de cette manière par le Théocrate de Bethléem et le Souverain Pontife du Calvaire.

Mais la situation territoriale des évêques les inclinait politiquement, celui de Rome à la dictature et à l'impérialat de l'Église, ceux des autres diocèses à l'oligarchie et à l'aristocratie.

A mesure que les dons des laïques enrichirent l'épiscopat en biens-fonds et mobiliers, cette tendance s'accusa davantage, et il suffisait d'un empereur ayant le moindre éclair du génie monarchique pour la favoriser et s'en servir comme moyen de gouvernement.

C'est ce que fit Constantin qui jugea son siècle en politique habile, et sut être despote pour exécuter avec force ce que les circonstances indiquaient de faire.

Quant à la foi religieuse, il n'en faut pas chercher la moindre en lui, et nous avons affaire dans sa personne à un monarque radical et nullement à un théocrate.

Meurtrier de son frère, de son fils, de sa femme, son caprice fut sa seule règle, sa volonté, sa seule loi.

Il mit la main sur l'Église, et celle-ci n'étant point une théocratie, mais une république moulée sur des cadres impériaux, ne mit pas la main sur lui.

Pendant qu'il se faisait encore décerner dans les temples polythéistes les honneurs de l'apothéose, la mitre étrusque des souverains pontifes sur la tête, pendant qu'il sollicitait néanmoins du grand prêtre d'Éleusis l'admission aux mystères que celui-ci lui refusait avec indignation, en lui ordonnant les épreuves expiatoires, il se faisait nommer par l'Église *évêque extérieur* et donner de l'encensoir dans les basiliques.

Il n'était ni catéchumène, ni baptisé, qu'il convoquait et présidait les conciles, tranchait et décidait les questions de dogme, se constituait l'arbitre suprême des évêques et les déposait à son gré.

L'Église l'a mis dans son ciel parmi les *bienheureux:* il fut dans tous les cas un très heureux despote sur cette terre, et joua son jeu monarchique d'une manière assez fortunée pour n'avoir point d'autorité théocratique à y redouter au-dessus de son pouvoir gouvernemental.

Cet exemple montre que les questions de dogme aussi bien que les formes politiques de l'Église furent à la merci, en bas, de l'influence démagogique, en haut, de l'influence impériale, et nous ne l'oublierons point dans nos conclusions; mais n'oublions pas non plus, à partir de ce moment, que la Théocratie, comme forme de gouvernement, va rester jusqu'à nos jours hors de cause en Europe, absolument en réserve dans la personne de Jésus-Christ.

Le seul enseignement théocratique qui va élaborer les

éléments sociaux de la Chrétienté sera la morale de l'Évangile, tendant à la purification de l'individu considéré comme atome du corps social.

Quant au prétendu enseignement intellectuel que, dans les conciles, la volonté populaire, l'aristocratie épiscopale, et plus tard, la monarchie des papes voudront tour à tour imposer sous le nom de dogmes aux Chrétiens, il sera entaché d'anarchie et d'irréalité scientifique, et, loin d'opérer en unifiant religieusement les intelligences, il tendra de plus en plus à les diviser, à faire naître et à multiplier les schismes et les sectes, et à détacher du Christianisme même, ou tout au moins des cultes chrétiens, les esprits cherchant ailleurs les règles de la certitude.

En vain, devenue officielle, l'Église confondant la domination avec la Religion, le Pouvoir avec l'Autorité, voudra-t-elle imposer par la force son enseignement dogmatique : l'expérience des siècles lui répondra par la constitution de toutes les sciences, de tous les arts, de toutes les lois, au mépris de ses anathèmes, de ses excommunications et de ses violences.

Encore une fois, dans cette marche des faits, ce n'est point la Théocratie ni la Religion qui seront en cause, mais seulement l'absence de sagesse et de science à laquelle sont condamnées toutes les institutions politiques vivant d'expédients temporels.

De sorte que toute une partie de la mission de Jésus-Christ, celle qui regarde la législation de l'esprit humain, l'action intellectuelle sur les institutions générales et les pouvoirs publics, restera absolument réservée jusqu'à ce jour, pendant que la purification morale s'accomplira partout dans les individus, grâce à l'enseignement évangélique des plus humbles prêtres secondés par les mères de famille.

Grâce à Constantin, la Religion du Christ devint un culte

officiel, et le clergé commença à former une classe politique privilégiée, l'Église un des rouages principaux de l'État.

Sentant tout le parti qu'il pouvait en tirer, l'empereur combla l'épiscopat, l'autorisa à se constituer arbitre en matière civile, exempta les clercs des charges civiles et de l'impôt foncier, les autorisa à recevoir des legs, et leur donna la jouissance de quelques bribes du domaine impérial.

Désormais, la tête de l'Église était l'empereur, comme il avait été la tête du Polythéisme, depuis que César s'était saisi de la tiare du Souverain Pontife étrusque.

Les successeurs de Constantin héritèrent de sa situation de gouverneur de l'Église, et, comme le culte chrétien était devenu la propriété politique de l'État, le Polythéisme fut persécuté comme l'avait été le Christianisme, et le sang des gnostiques et des pythagoriciens inonda les rues d'Alexandrie.

Mais la tiare étrusque tomba du front impérial, dès que celui-ci cessa de recevoir les honneurs de l'apothéose qui ne furent plus rendus qu'à Jésus-Christ.

Soutenu par la vanité des municipes et des fantômes du passé politique de son diocèse, l'épiscopat de Rome, dès que la localisation de l'empire à Byzance lui laissa une liberté d'allures à contrôle lointain, releva peu à peu la tiare, la mit sur sa tête subrepticement, timidement d'abord, en s'essayant peu à peu à s'attribuer exclusivement le nom de pape et la fonction de Souverain Pontife.

C'est ainsi que, dans l'Église même, s'accomplit le coup d'État dictatorial qui, en Occident, en fit une monarchie cléricale, à la grande protestation des évêques.

Du même coup, la catholicité et l'orthodoxie primitive se déchirèrent et cessèrent d'exister, car l'épiscopat grec ne voulut pas suivre la primauté latine dans cette voie nouvelle et la condamna sous différents prétextes, depuis Photius et Cérularius jusqu'à nos jours.

Brisée dans son unité ainsi que dans sa puissance comme autorité intellectuelle, l'Église fut remplacée par deux églises politiques, appliquées sur deux centres impériaux et personnifiant, dans un double clergé, deux races rivales et historiquement ennemies.

Ces deux églises plantèrent ainsi, en pleine politique, deux drapeaux hostiles qui perdirent, en s'opposant, toute signification réelle.

L'Orthodoxie arborée par l'église grecque, le Catholicisme arboré par l'église latine, ne pouvaient exister que par l'assentiment concordant de toute la Chrétienté, et ne furent plus qu'un souvenir ou qu'une espérance du moment qu'on adjoignit à l'orthodoxie l'épithète de grecque, au catholicisme celle de romain.

Le seul qualificatif qui, dans la Chrétienté, convienne juridiquement à la réalité que doivent exprimer ces mots, est celui de chrétien : Catholicisme orthodoxe, chrétien.

Il ne suffit pas de ramasser une tiare pour exercer le Souverain Pontificat; et l'évêque de Rome, étant données les formes politiques de l'Église et son plan diocésain, ne pouvait exercer que la dictature et l'Impérialat sur les diocèses de l'Occident.

Les papes atteignirent assez facilement ce but par les expédients éternels de la politique monarchique : subordination des conciles, diminution de la fréquence des assemblées provinciales, suppression de ces assemblées, action directe de domination sur l'oligarchie et l'aristocratie épiscopales, institution d'une cour exécutive à Rome même et d'ambassadeurs représentant cette cour sous le noms de légats.

Telle fut, copiée sur l'Empire même, cette tactique des papes; et toutes les dynasties européennes ont suivi à peu près la même marche avec plus ou moins de succès.

Quant à la volonté populaire, soit qu'elle se défende directement ou par des oligarchies représentatives, elle a moins de force continue que le principe monarchique, et ce dernier, on le voit, a facilement raison des institutions et des organes dans lesquels elle se cantonne : *Conciles généraux* ou *provinciaux*, *Cortès* ou *Communéros*, *Champs de Mai* ou *Communes*, *Wittenagemots* ou *Parlements*, *Malls*, *Sénats* ou *Diètes*, *Mir*, *Vollost* ou *Vetché*.

Par cela même qu'elle était d'essence monarchique et non théocratique, politique et non religieuse, la papauté tendit forcément à la centralisation de tous les pouvoirs, à la suppression de toutes les libertés, à la subordination de toutes les institutions des diocèses latins.

Et, étant données les formes démocratiques et républicaines empruntées par l'Église à l'État romain, la papauté était forcée d'agir ainsi, sous peine de ne pas être.

Néanmoins, impératrice du clergé d'Occident, elle affecta tout d'abord de rester la sujette soumise de l'empereur d'Orient, tant qu'elle le sentit fort, et qu'elle n'eut pas de force armée à lui susciter pour l'en frapper.

Ce jeu politique d'opposer militairement les puissances entre elles, ne fut nullement inventé par les dynastes, comme le prétendent les apologistes de l'Équilibre européen et du soi-disant droit public de 1648, de 1815 et de l'époque actuelle.

Ce désastreux moyen de gouvernement fut manié tout d'abord par les grands papes italiens avec autant d'habileté que de persévérance, et, hâtons-nous de le dire, il était la condition même, la garantie de leur empire.

Cependant les commencements de cette politique, qui devint plus tard celle de la diplomatie et du Gouvernement général en Europe, furent des plus humbles.

Saint Léon, pour vaincre la résistance des évêques et des conciles de Gaule à l'envahissement de son pouvoir, implore l'aide de l'empereur Valentinien III qui le couvre comme sujet, ce qui lui permet d'agir comme pape sur les évêchés et les métropoles du monde gallo-romain.

Sous Théodoric et sous ses Ostrogoths ariens, nous allons voir la papauté aux prises avec une situation italienne absolument analogue à celle du temps présent : c'est pourquoi je vais entrer dans quelques détails.

Civilisateur de premier ordre, chrétien arien, ancien élève des écoles de Byzance, roi de nom d'abord, puis empereur d'Occident, Théodoric eût fait honneur à l'Europe contemporaine.

Profondément chrétien autant que philosophe, n'employant, comme plus tard saint Louis, la force militaire qu'après avoir épuisé tous les moyens de persuasion, mais autrement tolérant que ce dernier, Théodoric reconstitua l'unité de l'Italie, et la gouverna mieux qu'aucun de ses propres empereurs ne le fit jamais.

Ses envoyés partout présents, frappant de mort les juges prévaricateurs, firent partout régner la justice.

L'industrie, le commerce, l'agriculture, les arts réapparurent et fleurirent sous son énergique impulsion, et la Péninsule, juridiquement réunie, centre d'un nouvel empire, éprouva une sensation de grandeur, de paix, de prospérité, qu'elle n'avait jamais eue et qu'elle n'aura plus.

Arien, cet empereur traita avec respect la papauté naissante aussi bien que les ruines de la grandeur romaine, et s'il supprima toutes les assemblées néo-celtiques des Goths, si, dans les municipes latins, il nomma lui-même les décurions, c'est qu'il savait son métier d'empereur.

Cependant, quoique ne reconnaissant pas de Souverain

Pontificat, il laissa au peuple et au clergé de Rome la libre élection de leur évêque, confirma les immunités des églises, défendit contre les ariens les catholiques romains ; mais religieusement d'accord avec lui-même, plus logique en cela que saint Louis, il montra la même tolérance et accorda la même protection aux Juifs.

C'est lui qui écrivait à leurs rabbins : « Soyez sans crainte pour les vôtres. Un sage n'impose point un culte, car la foi est la manifestation même de la liberté des consciences. »

Sous la main immédiate d'un despote de cette valeur, chef politique d'une communion tolérante, tête juridique de l'unité italienne, la papauté était réduite à la subordination vis-à-vis de l'État italien.

Aussi se garda-t-elle d'agir directement contre Théodoric ; mais ce que Rome ne pouvait faire, Byzance l'accomplit.

L'empereur Justin Ier persécuta l'église arienne en Orient.

Cette église s'étendait d'Asie jusqu'en Espagne, et, vu sa tolérance, s'assimilait facilement les peuples et jusqu'aux Israélites, en respectant leurs coutumes et en laissant leur langage subsister dans la liturgie comme dans les Écritures.

Théodoric vit dans la persécution de ses coreligionnaires, tout un plan politique, et il n'eut pas tort.

Ses sujets italiens et catholiques romains s'agitant, il leur interdit de porter les armes, somma l'empereur Justin de s'arrêter sous peine de représailles terribles, accusa de complicité plusieurs consulaires, et fit incarcérer et exécuter dans la Tour de Pavie Boëce et le préfet Symmaque.

Mais Théodoric était trop sincèrement chrétien pour que l'exercice de ces terribles sanctions de la Monarchie laissât en paix sa conscience ; il mourut de désespoir l'année suivante.

On voit encore à Ravenne le tombeau colossal de ce grand homme.

Le droit civil romain, devenu droit public virtuel, lui doit beaucoup.

Il contribua de toute son énergie à faire adopter à tous les peuples ariens la loi romaine presque pure, qu'il avait étudiée lui-même à la cour de Zénon.

L'édit qui porte son nom, la loi des Visigoths, la loi des Burgondes ou loi Gombette, la loi de Rotharis ou des Lombards, le Fuero Juzgo, codes civils et criminels, en faisant pénétrer les principes de la législation romaine dans les races conquérantes, améliorèrent beaucoup la condition des vaincus.

Presque tous les articles de la loi salique qui subit la même influence ont trait à la répression des abus de la force victorieuse, violences contre les gens, attentats contre les propriétés.

Il n'est pas indifférent de remarquer ici que, pendant que la constitution politique de l'Église l'empêchait d'accomplir l'enseignement et la mission intellectuels que comporte et commande la morale de l'Évangile, la pensée théocratique de Jésus-Christ trouvait, sous ce rapport, un instrument parfait dans le testament de la civilisation romaine, dans ce droit romain qui deviendra pour l'Europe le droit public.

Ainsi, pendant que la papauté, croyant relever la tiare, ne ceignait en effet que la couronne impériale, et allait être forcée à la politique, à la domination, et à révéler à tous les peuples européens les secrets du césarisme, de la centralisation des pouvoirs, de la diplomatie militaire et de la constitution des États, la vraie mission intellectuelle des gouvernements, leur raison juridique puisée aux sources de l'équité s'élaboraient et s'exerçaient en dehors de l'Église.

Quant à l'unité de l'Italie rétablie par Théodoric, la papauté sentit immédiatement que toute sa politique d'impérialat clérical en était frappée d'impuissance, étouffée et paralysée.

Toute la suite de l'Histoire européenne prouve que l'unité juridique de la Péninsule fut implacablement condamnée par la cour de Rome, aussi bien que la juridiction impériale de Byzance. Nous allons voir le saint Siège se forger, en Gaule, une épée pour frapper l'empire d'Orient, son maître, dans ses droits sur l'Italie, exterminer dans ce pays la domination des ariens, démembrer la Péninsule en cent juridictions diverses pour les opposer entre elles et les dominer, et enfin s'acharner pendant des siècles à briser l'épée impériale dont elle se sera servie : l'empire carlovingien, devenu germain et consacré par elle sous le nom de saint empire romain de la Germanie.

CHAPITRE III

LA PAPAUTÉ EN FORMATION

Son rôle vis-à-vis de l'empire d'Orient. — La papauté est un Impérialat. — Elle n'est pas un Souverain Pontificat. — Comment elle pourrait l'être. — L'excommunication. — Le Catholicisme. — L'Orthodoxie. — Politique impériale des papes. — Pépin, Charlemagne. — Diarchie européenne d'empires, conséquence de la diarchie d'églises impériales. — Ignorance organique et sociale, pontificale et politique de la papauté et de Charlemagne.

Je traite un peu longuement ces questions d'origines et je crains d'en fatiguer l'attention du lecteur; mais plus ces bases sont éloignées de nous, plus il importe d'y porter la lumière pour y saisir la superposition des faits généraux, pour y suivre, assise par assise, les fondations de la Chrétienté, et pouvoir, à la fin de ce livre, édifier la Constitution européenne d'une manière pratique qui soit la conclusion même des faits accomplis.

Tout ce qui suit va vérifier historiquement les principes posés dans le chapitre des définitions, parce que ces principes ne sont nullement métaphysiques, mais réels, et tels que l'Histoire du Genre Humain nous les montre expérimentalement en acte dans la vie, dans l'organisme et dans le jeu des différents gouvernements que comporte l'État Social de l'Homme.

L'empire de Constantinople, comme plus tard l'empire carlovingien, se considérait comme le suzerain temporel de Rome : c'est pour cela qu'interprète des sentiments locaux de cette dernière, la politique des papes visant à l'Empire universel, par voie de domination, se joua perpétuellement de ces deux empires.

On a beaucoup critiqué les fautes des empereurs d'Orient, leurs mœurs, leur faste, leur formalisme et leur cérémonial; mais je n'ai à relever en eux que la fonction générale qu'ils ont exercée, pendant mille ans, comme Gouvernement public d'une moitié de la Chrétienté, au bénéfice de l'Europe, et avec plus ou moins d'énergie monarchique.

Cette fonction se résume ainsi : fusion du sentiment chrétien avec les éléments juridiques de l'ancienne civilisation, protection du foyer principal de cette civilisation devenue chrétienne, contre les barbares sur le Danube, contre les civilisations asiatiques de religion différente.

Avant que l'Occident n'entreprît, sous l'impulsion intéressée des papes, ses Croisades aussi folles que désastreuses, les rives du Danube, la Dacie, la Thessalie, l'Epire, la Macédoine, les isthmes, la frontière de l'Euphrate, furent hérissés par les empereurs d'Orient de milliers de forteresses qui seront défendues, tant que cela sera nécessaire au travail des conciles, à celui des légistes, à l'édification de la papauté et de l'empire d'Occident, ainsi que des dynasties qui constitueront les nationalités, et sous l'égide desquelles s'ouvriront les temps modernes.

Nous avons dit, dans notre introduction, que la force du droit public appartient au pouvoir qui défend les intérêts les plus généraux.

Cette force juridique était certainement dans l'impérialat de Constantinople, quand Zénon cherchait à remédier aux vices démagogiques de la constitution de l'Église, aux passions populaires qui exploitaient les stériles questions de dogme ; quand cet empereur, par son *édit d'union*, forçait à l'unité les sectateurs de l'évêque de Rome et ceux d'Eutichès ; quand Justinien éditait le code avec les institutes, le digeste et les authentiques ; quand Héraclius résistait à Kosroës et que le patriarche Sergius offrait au défenseur de la Chrétienté toutes les richesses de l'Église pour soutenir sa guerre sacrée ; quand enfin, cent ans avant l'Hégire, l'empire et l'église d'Orient appuyaient le Négus et l'évêque d'Abyssinie contre les Arabes, et opposaient le monument de la Saona à la Kaaba de la Mecque.

Constantinople a bien mérité de la Chrétienté, et celle-ci devra s'en souvenir dans sa constitution définitive, dont ce livre n'a d'autre but que de mettre à nu les principes latents.

Avant de quitter cette ville où se résumèrent, pour se donner à l'Europe entière, l'esprit de la législation romaine et la morale évangélique, il nous reste à définir la signification gouvernementale intérieure de l'Empire.

Synthèse de la raison et de la force légale des intérêts généraux, le gouvernement impérial est seul maître absolu des offices publics; seul il les confère ou les retire à tous les degrés de la hiérarchie civile et militaire.

Chaque officier public n'est que l'expression vivante d'une fraction de l'ordre unitaire abstrait, et sa personne ne vaut qu'en raison de l'impersonnalité même de la fonction qu'il exerce; il n'a pas plus la propriété de la province qu'il gouverne que le gouvernement de sa propriété privée.

C'est l'État, en un mot, corps spirituel de la Société.

Théodoric, puis Charlemagne, puis ses successeurs impériaux de Germanie, puis les dynastes, reçurent tous de l'empire d'Orient la notion et la pratique de l'État; mais la civilisation actuelle eût été certainement hâtée de plusieurs siècles si, au lieu d'encourager et de consacrer ce mouvement organique, la papauté ne s'était acharnée, pendant tout le moyen âge, à le contrarier et à l'anéantir, en déchaînant contre lui le matérialisme gouvernemental avec la révolution féodale.

C'est que la papauté elle-même, inclinée malgré elle à exercer non le Souverain Pontificat, mais l'Empire, et visant à la domination universelle, ne représenta en Europe qu'une puissance révolutionnaire, dès qu'elle s'affirma comme un État proprement dit.

Il importe au plus haut point, dans l'intérêt de l'Europe présente et future, de relever exactement, dans le vif même des origines, sur quel plan, sur quelles bases va s'édifier et s'exercer la fonction des chefs de l'église, et pourquoi elle sera en dualisme perpétuel avec toute monarchie prépondérante exerçant en Europe le Gouvernement général et le Droit public.

Avec l'empire de Constantinople, l'Église maîtresse des mœurs est la servante obligée de la loi.

L'empereur est chrétien comme individu, mais, quoique à la tête de l'Église, il n'est, comme empereur, aucunement chrétien, puisque sa fonction de premier magistrat est purement juridique, et que l'Église manquant d'une doctrine intellectuelle et sociale, scientifique et pratique, n'a pas su faire la corrélation religieuse du droit romain et de l'organogenèse gouvernementale de l'État avec l'enseignement chrétien.

Le titre d'évêque extérieur, donné à Constantin, le consacre comme despote sans l'autoriser comme magistrat chrétien.

Ce titre le met hors de pair vis-à-vis des conciles et de l'épiscopat, et le laisse en réalité évêque supérieur, sans enseignement spécial, sans initiation propre, et fonctionnellement athée.

Ainsi la loi séparée de la foi, sans concordance avec elle, laisse l'athéisme gouvernemental présider à toute la formation des doctrines de l'Église et voué, sans arbitrage possible, sans médiation pratique, au dualisme de la monarchie pure et de la démagogie.

Constantin ne mit l'Église dans l'État que pour ne pas mettre la Religion au-dessus de sa tête; il se saisit, dans le culte officiel, d'un instrument de police phsychologique, et s'il se l'asservit par des bienfaits, ce fut pour éviter de le servir comme principe gouvernemental.

Dans le diocèse de Rome, l'Évêque des évêques voyait de loin ces faits et en jugeait mieux la signification et la portée que s'il eût été sous la main immédiate de l'empereur, et forcé, comme fonctionnaire ecclésiastique, de subir directement la loi du premier magistrat.

Les théologiens, quelque peu pratique que soit leur théologie, y puisent cependant des habitudes intellectuelles et spéculatives qui les inclinent facilement à la politique.

Le schème politique de la papauté fut vite arrêté pour toujours, et ce fut la géographie ethnique qui en fournit les bases et en donna le plan.

Empêcher à tout prix l'unité juridique de l'Italie, afin de n'avoir pas de dépendance légale et immédiate à subir, chasser de la Péninsule une domination et une race par une autre, ériger en Occident un empire rival de celui de Constantinople, déchaîner contre cet empire à peine créé la plus épouvantable révolution qui ait jamais menacé l'État Social, frapper tour à tour toutes les dynasties qui essayèrent d'arracher l'Europe à ce chaos, régner souverainement sur les ruines de la Chrétienté : tel fut le résultat politique auquel la papauté fut condamnée par son plan local d'érection, comme fonction monarchique, voulant tout dominer d'une manière indépendante, du haut de sa petite municipalité romaine qu'elle ne put jamais gouverner.

Riche et bienfaisante autour d'elle, la papauté s'appliqua tout d'abord à se conquérir l'affection des Italiens; quand elle en fut assez sûre pour lutter contre les Grecs, vers la fin du septième siècle, le pape Sergius II commença la Révolution.

Suffisamment affermi dans son impérialat du clergé latin, soutenu par les municipes, par le sénat de Rome, par l'esprit de la race péninsulaire qui personnifiait en lui ses souvenirs et ses espérances de grandeur, Sergius secoua le joug des conciles, et, pour se dérober aux droits de l'Empire, opposa entre eux l'esprit des deux races rivales.

C'est pourquoi il refusa de se soumettre aux canons du concile *in trullo*.

L'empereur Justinien II ordonne qu'on enlève l'évêque rebelle et qu'on le lui amène ; mais celui-ci avait tout prévu.

Rome se soulève, l'Exarchat s'insurge, Venise s'affranchit, les soldats impériaux, pour la plupart italiens, n'obéissent pas aux ordres de l'empereur.

En 726, nouveau soulèvement des Romains contre l'exécution, dans les provinces d'Italie, de l'édit de l'empereur Léon l'Isaurien en faveur des iconoclastes.

A la façon des carbonari modernes, les papes faisaient agir ; ils n'agissaient pas encore directement.

En 727, par exemple, Grégoire II protestait onctueusement de sa soumission à l'Empire ; il traitait d'*excellent maître* l'exarque de Ravenne, et écrivait au duc impérial de Venise :

« Nous reconnaîtrons toujours pour nos maîtres, nos grands empereurs Léon et Constantin, et nous voulons, avec le secours de Notre-Seigneur, demeurer inviolablement attachés à leur service. »

Pendant ce temps, Vénitiens, Italiens de l'Exarchat, Lombards, Francs, étaient politiquement travaillés, Luitprand gagné, la famille d'Héristal préparée pour l'empire d'Occident, et, malgré les belles protestations ci-dessus, Grégoire II, sûr de ses forces, entre, peu de temps après, directement en scène et écrit à Léon l'Isaurien ce qui suit :

« J'invoque Jésus-Christ, chef de l'armée céleste. Qu'il
» vous envoie un diable pour la destruction de votre
» corps... Réfléchissez, tremblez, repentez-vous : de pieux
» barbares brûlent de venger l'Église... Magistrat, vous tenez
» le glaive de la justice : je tiens un glaive encore plus terri-
» ble, celui de l'excommunication. »

L'exécution suit la menace : Rome chasse le préfet de

l'empire; à la tête de ses Lombards ariens, Luitprand anéantit la domination grecque dans l'Exarchat ; mais monarque, Luitprand entend travailler pour sa monarchie et non pour celle du pape, aussi vient-il tranquillement mettre le le siège devant Rome, pour recommencer, par le centre, l'unité de l'Italie.

Ce n'était pas le compte de Grégoire II qui, pour éloigner cet allié incommode, fait une volte-face vers Byzance, en attendant que Grégoire III assène sur la tête de la monarchie lombarde et sur l'unité italienne, l'épée sanglante des Francs.

Cette politique, œuvre de monarchie radicale, effrayait dès l'abord et révoltait la sainteté des meilleurs papes.

Porté à l'épiscopat de Rome, malgré lui, par le sénat, par le peuple et le clergé de l'ancienne Ville de proie, Grégoire II, le premier des politiciens déclarés du saint Siège, avait écrit à l'empereur Maurice en le suppliant de ne pas confirmer son élection; sachant le rôle qui l'attendait, il s'était enfui, caché, hors de Rome ; et quand enfin il se vit pape, malgré toutes ses répugnances de chrétien, il dit ces mémorables paroles qui confirment tout mon chapitre des définitions, tout ce qui précède, tout ce qui va suivre :

« L'épiscopat, le mien surtout, est l'office d'un prince
» temporel, plus que celui d'un pasteur d'âmes. »

Le même politicien, si profondément religieux comme individu, devint forcément, comme pape, le premier César déclaré du clergé latin, et commença à exercer d'une manière sanglante cette fonction purement monarchique.

Embarrassée par les aspects multiples de la papauté, la critique historique a pris le parti, soit de fausser l'Histoire pour tout justifier, soit de s'attaquer à l'institution même, au nom du rationalisme et des autres églises, soit de s'en prendre, l'Histoire à la main, à la personne de certains papes à mœurs scandaleuses.

Aucune de ces méthodes n'est la nôtre.

Nous ne sommes ni l'apologiste, ni le critique systématique de la papauté et des papes, mais, simplement, nous relevons, l'Histoire sous les yeux, et en ne prenant nos informations historiques qu'aux sources les plus impartiales, nous relevons, dis-je, les plans séculaires sur lesquels ont porté les fonctions publiques qui, en Europe, ont tendu à exercer le Gouvernement général et à faire œuvre de droit commun.

C'est pourquoi nous ne faisons aucun cas de la critique qui s'est acharnée à la personne même des papes.

Les fautes, les crimes même se retrouvent partout et à tous les degrés hiérarchiques dans la lugubre Histoire de notre Humanité, mais ne prouvent absolument rien que notre infirmité commune et la nécessité de tous les secours de la Religion, des lois, de la morale, de la hiérarchie sociale, pour redresser, dans toute sa hauteur, notre nature qui ne tend par elle-même qu'à l'abaissement dans ses instincts.

Par ses dérèglements Jean XXII, par ses concussions Boniface IX, par ses crimes Alexandre Borgia, ont prouvé qu'ils étaient indignes, non seulement de la tiare, non seulement de l'ordination sacerdotale, mais simplement de la vie civile, comme tout misérable qui attente à la pudeur, à la propriété, à la vie humaine ; et leurs crimes n'ont rien prouvé de plus.

Cette critique grossière des personnes manque d'autant plus son but, qui est de frapper l'institution, que ceux d'entre les papes qui ont exercé avec le plus d'énergie despotique, avec le plus de violence dictatoriale, leur fonction monarchique, ont tout justement été les plus intelligents, les plus moraux, les plus sages, les plus saints, témoins Grégoire II et Grégoire VII, pour ne citer qu'eux.

Quant à l'institution et à la fonction de la papauté en elle-même, tout ce que les orthodoxes grecs les protestants, les rationalistes, en ont écrit, est également vain, quant au sujet qui nous occupe, et peut se résumer comme il suit :

« La papauté ne devait pas être ; aux termes du droit ca-
» tholique et de l'orthodoxie de la primitive Église, elle est
» une usurpation.

» C'est en vain qu'elle a voulu se justifier après coup par
» les *fausses décrétales* : ces pièces ont été forgées au
» huitième siècle par Isidore Mercator.

» Les vraies décrétales, celles de Denis le Petit, rédi-
» gées dans le courant du cinquième siècle, œuvre de
» recherches laborieuses et sincères, ne trouvent pas de
» pape proprement dit, avant Sirice, c'est-à-dire avant la
» fin du quatrième siècle.

» L'époque où Mercator écrivit ses fausses décrétales, fut
» marquée, à Rome, par un système arrêté et complet de fal-
» sifications justificatrices, destinées à fausser complètement
» l'Histoire, l'enseignement du clergé latin, ainsi que celui
» des fidèles de l'église romaine : *rédaction de la prétendue*
» *donation de Constantin, charte apocryphe faussement*
» *attribuée à Louis le Débonnaire, etc.*

» Appuyée sur ces pièces mensongères, la papauté en a
» fait la base du droit public spécial qu'elle a voulu imposer
» à l'Europe, la source même des guerres et de l'anarchie
» intergouvernementales qu'elle a suscitées, ainsi que des
» déchirements sanglants de l'esprit et de la conscience pu-
» blics, qui ont abouti, dans l'Église, aux sectes, dans tous les
» États occidentaux et septentrionaux, aux partis et aux
» guerres civiles. »

Je suis loin de nier ce qui précède ; et ce réquisitoire dit tout ce que la critique des historiens, soit rationalistes, soit orthodoxes grecs, soit protestants, peut exprimer de plus fort contre l'institution de la papauté et du Souverain Ponti-ficat ; mais comme ce livre est l'inexorable expression de l'incorruptible Vérité, et non celle d'aucun sectarisme, quel qu'il soit, je dois répondre à tout ce qui précède que ce réquisitoire ne déboute en rien l'institution papaline du droit public civil, ni la fonction Souverain Pontificale du droit religieux dans l'Église universelle.

S'agit-il du droit public civil : il faut d'abord nous dire ce qu'il est, d'où il vient, quels intérêts publics il règle, quels sont ses magistrats et ses sanctions.

J'ai montré plus haut que la Chrétienté politique date de Constantin et est due à cet empereur, de même que le Christianisme religieux déterminant l'État Social chrétien, date de Jésus-Christ.

En reconnaissant le Christianisme comme culte officiel, Constantin lui accorda les bénéfices du droit et de la légalité publics, non seulement dans l'esprit de la cité antique et de l'Empire, mais dans la liberté propre, que les institutions chrétiennes avaient de se développer séculairement, à la guise et au gré des Chrétiens.

Le droit de l'Empire était civil, sa légalité, politique ; l'un et l'autre, testaments de la cité antique, étaient l'expression légale des volontés de la Société polythéiste de Rome, d'Athènes, de Byzance, et réglaient les rapports des citoyens entre eux, comme avec l'État impérial.

Exécuteurs testamentaires de ce droit et de cette légalité, premiers magistrats, depuis la centralisation césarienne, les empereurs avaient pour sanction juridique l'exercice des pouvoirs impériaux de l'État.

C'est au nom de ce droit et de sa légalité que le gouverneur romain de la Judée essaya à maintes reprises, comme il est facile de le voir dans l'Évangile, de soustraire Jésus-Christ qui lui apparaissait comme un sage et un juste, à la condamnation acharnée dont le Souverain Pontife de Jérusalem voulait le frapper.

En vain Pilate essaya-t-il d'arracher Jésus à la mort en invoquant directement le peuple hébreu de Jérusalem, par voie de suffrage universel direct : travaillé par Caïphe, le peuple sauva Barabbas, et condamna Jésus-Christ.

Pilate ne pouvait faire plus, sans outrepasser l'esprit du droit public romain, qui commandait aux préfets et gouverneurs impériaux de laisser les nations subordonnées à l'Empire juger elles-mêmes, avec leurs propres lois, leurs propres nationaux, tant qu'il ne s'agissait pas de crime contre le gouvernement impérial, ni contre ses agents.

Si plus tard saint Paul échappa à la juridiction hébraïque de Jérusalem, ce fut en se référant à César, et en se réclamant de son titre d'*honestior* et de citoyen romain.

C'est le bénéfice de ce droit public que Constantin donna au Christianisme, en l'acceptant comme culte officiel, et que Théodose poussa à l'extrême, en excluant tout autre culte de l'Empire, sous les incitations déjà intolérantes de l'ignorance chrétienne, qui, par cela même, tendait déjà à fausser et à sectariser l'esprit du droit romain.

C'est encore le bénéfice de ce droit que le sentiment universalisateur de Jésus-Christ, servi par les cadres mêmes de l'Empire universel des Césars, tendra à faire appliquer aux vaincus des conquérants barbares à travers tous les essais juridiques que nous avons nommés : loi Gombette, édit de Théodoric, loi des Visigoths, loi de Rotharis, Fuero Juzgo, loi salique.

C'est encore ce même droit qui inspirera les 1125 articles des 65 capitulaires de Charlemagne, et, par suite, la législation des dynastes, et le semblant de droit public impérial dans lequel la papauté aura fait avorter l'œuvre carlovingienne que remplacera en 1648 la loi dite de l'Équilibre européen.

C'est encore l'influence universalisée de ce même droit, qui, dans les traités de Westphalie, donnera en Europe force de légalité publique aux Églises et au libre exercice des cultes protestants.

C'est toujours ce même droit, qui se résumera au dix-neuvième siècle dans le code Napoléon, et qui donnera, en France et dans l'empire européen français, force de légalité à tous les cultes, ceux de Moïse, de Mahomet et d'Hiram y compris.

C'est enfin ce même droit qu'à la fin de ce livre, je proposerai aux souverains comme aux nations d'avoir sous les yeux et de prendre pour base, pour régler légalement leurs rapports, leurs contestations, leurs procès généraux ou partiels, autrement que par la dangereuse continuation du mensonge et de la ruse diplomatiques, et que par l'immoral exemple de la force et du meurtre militaires, conduisant au vol des territoires et à la spoliation des États et des peuples.

Il est de l'essence même du droit, qui, par l'Équité, tient à la Religion et à la Théocratie pure, d'être impartial pour tous et d'étendre universellement cette impartialité.

C'est pourquoi il a successivement prêté sa force de légalité aux différentes formes politiques qu'a revêtues le culte chrétien, du jour où le pouvoir du magistrat impérial, sanctionnant les faits accomplis et répondant aux vœux d'un groupe considérable d'intérêts publics, a confirmé civilement ce culte, comme premier officier légal, et en a fait ainsi l'un des départements administratifs de l'État.

Il nous reste à examiner maintenant si la république de la primitive Église était plus fondée en droit commun que la dictature cléricale des papes.

Tout lecteur impartial qui m'aura suivi attentivement aura d'avance répondu non à cette question.

Non, évidemment, puisque la forme magistrale impériale était elle-même le développement d'une dictature, depuis César jusqu'à Constantin, depuis Constantin jusqu'à Charlemagne, depuis Charlemagne jusqu'à Charles-Quint, depuis Charles-Quint jusqu'à Napoléon Ier.

L'Église primitive, à cause de ses origines démagogiques, n'ayant pu avoir de doctrine intellectuelle ni sociale précise, et n'ayant pas été capable, par conséquent, de tirer de son propre fonds, de son propre sacerdoce, ses formes organiques, avait dû les emprunter ailleurs.

Or, ayant modelé toutes ses bases, toute sa hiérarchie, sur les plans municipaux et sur les circonscriptions territoriales et juridiques de l'Empire, il n'y avait, en droit commun, aucune espèce de raison valable pour qu'elle ne poussât pas la similitude et la copie jusqu'au sommet hiérarchique, c'est-à-dire jusqu'à la tiare étrusque que Jules César avait mise sur sa tête.

Et si Constantin n'osa pas imiter César, en se déclarant effrontément le Souverain Pontife des Chrétiens, aussi bien que des Polythéistes, je ne vois pas en quoi le droit commun se refusait à ce qu'un empereur des clercs d'Occident, à ce qu'un évêque romain relevât cette même tiare.

Rien ne se perd dans l'ordre social, ni les petites fonctions ni les grandes, à plus forte raison la plus haute ; tous les siècles sont solidaires, ainsi que toutes les religions, toutes les lois, toutes les sociétés.

Ce qui a été sera, et l'ordre social toujours le même, au fond, quels que soient les progrès qui s'accomplissent dans l'esprit public et dans ses manifestations, résumera éternellement sa plus haute autorité dans la fonction Souverain Pontificale.

La faute de la papauté ne fut pas de relever cette fonction, mais de n'avoir pas la science ni la sagesse sociales nécessaires pour l'exercer réellement, et non d'une manière absolument fictive.

C'est pourquoi, à peine les papes ont-ils accompli ce coup d'État, que, bien que se croyant Souverains Pontifes, ils ne sont en réalité et juridiquement que les Césars romains de leur clergé.

Dès lors il y a deux empereurs au lieu d'un, et, tête de l'Église latine, le pape est amené par la force de sa situation et de son plan juridique, comme de sa fonction même, à dire à l'empereur :

« Magistrat, vous tenez le glaive de la justice ; chef de mon
» clergé, je tiens le glaive de l'excommunication. »

La question demeure purement politique et, si l'empereur n'est pas de taille à réaliser dans l'Europe entière la Monarchie universelle, le Droit public européen n'a rien à dire.

Il nous reste à examiner si la papauté, comme institution, est condamnable au nom du droit religieux.

Pour répondre à cette question, interrogeons ce droit, mais où le prendre ?

Toutes les églises actuelles de la Chrétienté sont sectaires ou sectarisées, hostiles entre elles, politiquement asservies aux États, antireligieusement opposées entre elles, sans lien, sans foi commune, admise et reconnue par elles comme les unissant.

C'est pourquoi aucune n'a qualité d'équité, de sincérité, de vérité religieuse vis-à-vis d'aucune autre ; et c'est au principe universel du droit théocratique chrétien, c'est à la personne même de Jésus-Christ qu'il faut directement remonter pour juger, en esprit religieux, cette grave question.

En effet, dans l'état actuel des églises, il n'y a d'universellement juridique vis-à-vis d'elles, tant au point de vue catholique qu'au point de vue orthodoxe, que Jésus-Christ même qui, seul, exerce au-dessus de la Chrétienté tout entière la fonction de Grand Juge théocratique.

Ses volontés testamentaires sont constituées dans l'Ancien comme dans le Nouveau-Testament, dans sa prière, dans sa promesse, dont aucun culte n'est proscrit, pas plus le papalin qu'aucun autre sur toute la face de la terre.

Sa puissance canonique a été transmise avec pouvoirs de consécration aux apôtres et par ceux-ci aux évêques.

Tels sont les seuls principes de droit théocratique que renferme le Christianisme, et ils correspondent exactement à la définition que j'ai donnée de la Théocratie pure.

Aux termes de ce droit, et de ce droit seulement, qu'est le pape? Un évêque.

Qu'est-il aux termes du droit commun proprement dit? Un pape.

Si c'est le droit commun et la raison publique que les rationalistes invoquent pour combattre l'institution de la papauté comme usurpatrice et illégale, ils se trompent de droit et de raison.

Le droit commun théorique reconnaît toute institution comme légale du moment qu'elle existe, et lui accorde les bénéfices de son universelle impartialité, comme la cité polythéiste le faisait pour tous les cultes.

Si c'est le droit religieux que les rationalistes, les protestants et les orthodoxes grecs invoquent contre la papauté, il n'appartient qu'aux évêques de résoudre la question, comme juges armés des pouvoirs judiciaires de Jésus-Christ.

Sous ce dernier rapport, le pape est du moins spirituellement autorisé comme évêque du diocèse de Rome, et temporellement constitué comme primat archi-épiscopal d'Italie.

Le point de droit théocratique reste donc absolument et exclusivement réservé à l'assemblée totale et sans aucune exception des évêques de tous les cultes chrétiens, constituée en tribunal des pairs.

Personne ne peut dire d'avance quelle serait la décision de ce tribunal, le seul fondé des pouvoirs théocratiques nécessaires pour se prononcer sur l'existence ou la non existence de l'institution de la papauté et du Souverain Pontificat.

Et il n'est nullement probable que la réponse fût négative, en présence surtout d'un véritable Souverain Pontife, non plus romain, mais européen, qui, consacrant toutes les institutions existantes de l'Europe actuelle, depuis le tribunal des évêques et des chefs d'État, jusqu'aux Églises nationales et aux États nationaux, se ferait l'exécuteur testamentaire de la promesse de Jésus-Christ nettement et scientifiquement définie.

Quand Grégoire II menaçait l'empereur grec Léon l'Isaurien, il se trompait singulièrement sur la force du glaive d'excommunication qu'il croyait tenir entre les mains.

Jésus-Christ n'excommunia personne, pas même saint Pierre qui le renia trois fois, pas même Judas qui le vendit pour trente deniers, pas même le Souverain Pontificat hébraïque qui, au mépris des principes de la Théocratie, le condamna à mort, et, par cela même, en mourut.

La conscience générale des Chrétiens, à mesure qu'elle s'éclaire, n'aime ni n'approuve ces anathèmes, ces excommunications, ces colères, ces violences, armes de la faiblesse et de l'impuissance irritées.

D'ailleurs, si le glaive de l'excommunication est compatible avec la pensée théocratique de Jésus et la notion de la véritable Autorité religieuse, le pape romain, s'opposant au magistrat impérial du droit public, s'opposait aussi au chef politique de l'église grecque ; c'est pourquoi il n'avait plus dans la main que l'ombre du glaive dont il s'apprêtait à se servir, ou tout au plus que sa poignée.

La lame brisée en deux n'avait plus force d'universalité, et canoniquement le pape ne pouvait rien frapper directement en dehors du diocèse de Rome.

L'épiscopat, privé de sa force totale, par le fait même de la dictature latine des papes, était territorialement désuni par la dualité politique de Rome et de Byzance, par la dualité ethnique de la race latine et de la race grecque.

L'Église, le Catholicisme, l'Orthodoxie n'existaient plus.

Telle est la situation de la papauté vis-à-vis de l'empire d'Orient, telle sera également sa situation sectaire et révolutionnaire vis-à-vis de ce saint empire romain, qu'elle se ménage, et dont la diplomatie moderne dira avec raison qu'il ne fut ni saint, ni empire, ni romain.

L'empire carlovingien, dont le pape aura soin que le centre reste éloigné de Rome, sera également appuyé sur une race différente, sur un plan territorial différentiel, et laissera au dictateur épiscopal du clergé latin le libre jeu qui lui est nécessaire, en écrasant perpétuellement la nationalité italienne et toutes ses tentatives d'unité.

La fonction pontificale sera, comme je l'ai prouvé, hors de cause, dans ce dualisme purement politique, où deux empires, l'un clérical, l'autre laïque, posés d'une manière antiscientifique sur des plans faux, ne pourront se soutenir qu'en tombant perpétuellement l'un sur l'autre et en s'écrasant, ivres de domination tous deux, dans le sang de la race italienne et de la race germaine.

Quoi qu'en aient pu dire les diatribes passionnées des sectaires, la Religion ne sera pas, non seulement compromise, mais même engagée dans cette épouvantable bataille où tout sert de prétexte aux questions de races pour se disputer la préséance politique.

La lutte épouvantable dont le moyen âge sera perpétuellement le théâtre n'affaiblira qu'une politique cléricale sectaire d'un côté, qu'une magistrature de droit public fragmentaire de l'autre, et, au lieu d'une seule dualité, dans le Gouvernement général de l'Europe, il y en aura deux, sorte de quaternaire d'oppositions et d'anarchies, déchirant la Chrétienté en deux églises et deux empires.

A mesure que nous approchons de la fondation de l'Empire d'Occident, le nombre des conciles provinciaux diminue.

En Gaule, le cinquième et le sixième siècle comptent soixante-dix-neuf conciles; le septième siècle n'en compte plus que vingt, la moitié du huitième siècle, sept seulement.

La dictature pontificale rassemblait tous les pouvoirs, toutes les énergies du clergé, et agissait directement, par ses légats, sur les maires d'Austrasie, contre les rois légitimes mérovingiens, sacrés solennellement plusieurs siècles auparavant.

Le travail des légats aboutit enfin à la déposition du roi Childéric, tondu, emprisonné dans le couvent de Sithieu, mort trois ans après.

Son fils Thierry fut interné dans le monastère de Fontenelle, et la royauté mérovingienne précipitée ainsi dans les oubliettes monacales, par ordre du pape, dit Éginhard.

L'usurpateur Pépin, sacré par l'archevêque de Mayence, le fut derechef par le pape.

Étienne II vint lui-même en Gaule couronner son œuvre, et il craignait tellement qu'on ne dérangeât les combinaisons du saint Siège relativement aux *pieux barbares* et à la bonne épée dont il voulait frapper l'empire grec et la monarchie lombarde, qu'il fulmina d'avance l'excommunication contre tout homme qui, dans l'avenir, prendrait part à l'élection d'un roi des Francs qui ne descendrait pas directement de son élu.

Retenons bien ce qui précède; nous verrons plus tard la papauté dépouiller la famille d'Austrasie de l'Empire, pour donner la couronne à un autre usurpateur : Hugues Capet.

Pépin réalisa l'ancienne menace de Grégoire II, et, dans ses deux campagnes d'Italie, frappa la monarchie lombarde et, du même coup, l'empire grec, dont le pape était le sujet.

Il enleva à l'empire l'Exarchat et la Pentapole qu'il donna à Étienne II, désormais prince temporel.

Copronyme protesta en vain; il savait parfaitement d'où le coup de grâce lui venait, et ne voulait pas que l'évêque de Rome échappât à sa juridiction; mais la diplomatie de ses ambassadeurs échoua devant les refus de Pépin.

Ce dernier mort, ses deux fils Charles et Carloman restent et, avec eux, une grave question de succession : trois ans après Carloman n'est plus.

En résumé, la politique des papes vient de gagner plusieurs points d'une importance extrême : le maniement des couronnes sous prétexte de religion, une monarchie guerrière au service de ses ambitions, la défaite des droits de l'empereur d'Orient sur le nord-est de la Péninsule, la spoliation de cet empereur au profit du saint Siège, l'écrasement de l'unité italienne.

Telle est l'origine des choses, telle est aussi leur fin, et nous ne devons pas omettre, dans les conclusions de ce livre, tous ces graves enseignements historiques, sur lesquels nous n'insistons ainsi que pour montrer aux hommes religieux de notre temps la nécessité d'une absolue séparation des questions religieuses réelles d'avec les questions politiques.

Au point où nous en sommes, on se demandera sans doute ce que sont devenus les serments de Grégoire II :

« Nous reconnaîtrons toujours pour nos maîtres nos grands
» empereurs et nous voulons avec le concours de Notre-Sei-
» gneur demeurer inviolablement attachés à leur service. »

Tout lecteur impartial verra une fois de plus que ni la Religion, ni la Théocratie, ni le Culte de Jésus-Christ ne sont en cause ni en question dans cette politique effrénée, mais seulement la dictature cléricale des papes.

Cette dictature cependant va trouver dans Charlemagne une énergie monarchique de premier ordre, exerçant d'une manière radicale les moyens et les garanties du despotisme pur.

Aussi, momentanément, la situation de la papauté va être identique à celle de l'Église sous Constantin.

Destruction des volontés populaires, anéantissement de leurs assemblées, centralisation de tous leurs pouvoirs, meurtres militaires et dispersion des peuples indépendants, implacabilité vis-à-vis des rebelles, conquêtes sans motif et sans autre but que la domination pour la domination : telle fut la politique de Charlemagne.

Nous n'avons plus devant nous le génie vraiment civilisateur du sage Théodoric, ce précurseur de saint Louis, inspiré par la tolérance de l'église arienne, conquérant terrible aussi, mais quand il avait épuisé toutes les armes intellectuelles et morales.

L'homme, les temps, les milieux sont autres, et derrière le fils de Pépin, l'église qui l'inspire est Rome.

Dans Charlemagne, se dresse contre elle-même le génie de la barbarie.

Bûcheron des forêts humaines d'Odin, pendant toute sa vie il brandit constamment contre les peuples la cognée de la guerre emmanchée du bâton pastoral de la papauté : c'est le Charles-Quint du huitième siècle.

Les missionnaires sont ses éclaireurs et ses agents secrets, et ses cinquante-trois expéditions sont autant d'hécatombes.

Saxons, Danois, Slaves, Bavarois, Avares, Sarrasins, Lombards, Grecs, Thuringiens, Bretons, partout, il frappe en pleine chair humaine ; partout, il est envahisseur, sans avoir eu tout d'abord à craindre, ni à châtier d'invasion.

Les moines romains le précèdent ; le clergé romain le suit ; et le sombre despotisme de l'ancien esprit de Rome, devenu clérical, rayonne et s'appesantit sur les peuples écrasés par cet homme de proie.

Pour lui, comme pour la monarchie espagnole, à partir de Ferdinand II, le catholicisme romain est un instrument de centralisation politique, une police, une étreinte, une contrainte, qu'il se garde bien de subir, mais dont il brise les âmes, après avoir brisé les corps des nations.

Il enlève à leur patrie dix mille familles saxonnes, et les disperse, jetant les unes en Belgique, les autres en Suisse, et distribuant leur territoire aux évêques, aux abbés, aux prêtres, aux moines, ses garnisaires psychologiques.

Il égorge, à Verden, quatre mille prisonniers, et, de l'Elbe au Wéser, en 798, épuise le sang, sans tarir l'indomptable vigueur de cette race.

Le Christianisme est enseigné à coups de hache; l'oubli d'une communion, d'une confession, d'un jeûne, est puni de mort.

La Saxe n'oubliera rien, et, sept siècles après, elle enfantera contre Rome un nouveau Witikind, victorieux cette fois: Luther.

Du haut du trône pontifical, le pape s'est constitué le ministre des affaires étrangères et le préfet de police européen du despote.

Adrien lui signale les coalitions que la brutalité de ses conquêtes a soulevées, coalitions remarquables, où la loi instinctive de l'Équilibre européen résiste déjà à la Monarchie universelle.

L'âme de la résistance était Byzance, qui soulevait, contre le bras séculier du pape, les Lombards, les Bavarois, les Avares, les Saxons et jusqu'aux Arabes en Italie et en Espagne.

Quant aux familles souveraines, même la sienne, Charlemagne ne les épargne pas plus que les peuples; mais, la plupart du temps, les monastères sont contre elles ses armes sèches.

Vengeur de Waïfre assassiné, Hunald, le vieux duc d'Aquitaine, meurt tué; Didier, roi des Lombards, au couvent; les fils de Carloman, neveux du Despote, sont tondus, incarcérés dans un monastère et dépouillés de leur royaume d'Austrasie.

Suivi de ses pieux barbares, bandes avides et féroces, il s'empare de l'ancien Ring d'Attila, et vole à ce voleur les dépouilles opimes du monde.

Ainsi se fondent les empires, du droit qu'a l'énergie d'un seul de faire force à l'unité de législation, par l'unité de domination.

Rudes laboureurs de l'État Social, les conquérants y promèneront ainsi la charrue sanglante de la guerre, tant que la politique seule, œuvre des passions et des instincts, le régira, tant que la science et la sagesse, la justice et l'équité n'en auront pas organisé le Gouvernement général, au nom du Théocrate qui en a engendré en Judée l'invincible principe.

Charlemagne défricha toute l'Europe centrale, et les événements ont assez prouvé que ce ne fut, en définitive, ni au profit de son empire, ni à celui de la dictature cléricale des papes.

Certainement, l'un et l'autre, l'empereur des laïques, comme l'empereur du clergé d'Occident, croyaient, chacun, ne travailler que pour lui-même, et, sans cette conviction, ils n'auraient point agi.

Mais si la force de centralisation opère en eux, n'oublions pas que leur empire a deux foyers comme une ellipse, deux centres organiques d'où rayonnent deux administrations appartenant à deux races ennemies, la latine et la germanique : de sorte que la situation des papes vis-à-vis de Byzance recommence sur de nouveaux plans absolument semblables.

N'oublions pas non plus que, si la papauté courbe momentanément la tête sous l'énergie souveraine qu'elle a déchaînée, elle la relèvera, quand cette énergie ne sera plus là ; et que, n'étant nullement en fonction théocratique, mais césarienne, elle est vouée à un duel éternel avec l'empire qu'elle vient de créer.

C'est pourquoi, à la circonférence de l'ellipse à deux foyers impériaux, au pourtour de l'empire germano-latin de Charlemagne, la force centrifuge, huit siècles plus tard, aura affranchi Venise, l'Espagne, le Portugal, la France, l'Angleterre, les Pays-Bas, la Suède, le Danemark, l'Allemagne du Nord, qui viendront, au centre même du vieil empire abaissé dans la Maison d'Autriche, accomplir la pensée fédérale de Byzance, en proclamant en Westphalie la loi de l'Équilibre, en attendant celle de l'Équité que je proposerai dans mes conclusions.

Charlemagne sut régir ses conquêtes, et voulut se montrer aussi puissant comme législateur que comme guerrier.

Le peuple qu'il vient de créer au centre de l'Europe le voit aussi infatigable comme magistrat que comme justicier.

Ses assemblées, ou diètes plénières, sont de vrais conciles laïques, mais où lui seul représente tous les pouvoirs sans exception, type du gouvernement que la papauté voulait imposer à l'église latine, mais que la résistance de l'épiscopat jusqu'aux conciles de Constance et de Bâle, ne lui permettra d'atteindre complètement qu'au concile de Trente.

Les chroniqueurs comptent trente-cinq diètes ou assemblées du conseil général de l'empereur.

On y voit accourir, de toutes les provinces de l'empire, les hommes libres, les leudes, les évêques, les comtes, les missi dominici calqués sur les légats.

Charles leur expose les projets de lois qu'il a élaborés depuis la dernière diète, écoute leurs avis purement consultatifs, et promulgue ses capitulaires.

L'ancien droit romain, quoique défiguré par son passage à travers les barbares, poursuit son œuvre dans les 1125 articles de ce code.

C'est sous cette inspiration, et non sous celle de la papauté, que le législateur luttait de toute la force de son énergie contre la tendance des officiers publics à rendre leur charge possessive, contre celle des bénéficiers à rendre leurs bénéfices personnels et allodiaux.

Ainsi, au centre même d'où l'ancien lieutenant de Mithridate, le Scandinave Frighe, dit Odin, assemblait, au nom de son culte néo-celtique, les avalanches des races qu'il précipitait sur Rome, le nouvel empereur balbutiait confusément, mais avec une incroyable puissance d'activité, un droit public laïque inspiré par le testament de la civilisation romaine, et cherchait à fonder l'organisation hiérarchique et impersonnelle de l'État, qui, seule, eût pu empêcher tous les maux de la féodalité.

Ici encore, la papauté romaine, comme auparavant l'église grecque, manqua totalement de science sociale, de doctrine organique, et n'exerça nullement toute la vie intellectuelle dont le Christianisme est susceptible.

Ce n'était pas l'empereur seul qu'il fallait sacrer, c'était surtout le Droit complètement rédigé en code depuis près de quatre siècles.

Il n'y avait qu'à en demander un exemplaire à Constantinople.

Les empereurs Léon IV, Constantin V, l'impératrice Irène, Nicéphore, Léon V, eussent été fiers que Charlemagne les associât ainsi au côté civilisateur de son œuvre.

Mieux que personne, ce dernier aurait senti la force morale, la vie que ce droit pouvait donner à sa création, en entourant de la garde et de la sanction des armes la loi et les juges consacrés par l'épiscopat.

Mais, tout entière à un formalisme anthropomorphique, à une politique masquée de domination personnelle, la papauté avait d'autres soucis que d'apprendre l'organo-genèse des sociétés pour la mettre en pratique.

D'ailleurs, Charlemagne voyait la politique des papes de trop près, et la comblait de trop de biens temporels pour lui accorder la moindre autorité religieuse ou intellectuelle sur lui-même.

Il s'en servait pour gouverner, mais lui-même demeurait sans gouverneur, et n'acceptait point de gouvernement.

Sous ce rapport, il traitait le saint Siège comme le firent plus tard tous les empereurs forts jusqu'à Charles-Quint et à Napoléon 1er, sans parler des dynastes royaux, saint Louis y compris.

« J'ai pris place parmi les évêques comme arbitre, j'ai vu
» et, par la grâce de Dieu, arrêté ce qu'il convient de croire. »

C'est ainsi qu'écrivant au clergé, Charlemagne annonce qu'il donne force de loi à l'orthodoxie grecque contre l'église romaine dans la question de l'iconoclastie.

La papauté annulera, il est vrai, sa décision ; mais quand le lion sera mort, laissant pour lui succéder un mouton, quand Louis, tâté par le clergé, aura, au *Champ du Mensonge*, été déclaré *débonnaire*, quand ses fils auront été soulevés et armés contre lui par le pape, lui-même traité comme l'on sait, et son empire démembré.

Comme tous les politiciens, quelle que soit d'ailleurs leur force, Charlemagne ne fit qu'une œuvre personnelle et viagère, sans sagesse ni science véritable, sans institution générale suffisante pour braver après sa mort, soit les imprévus de l'avenir, soit l'imbécillité toujours à prévoir des successeurs.

Fondée au nom d'un principe que la qualité d'évêque rendait moins personnelle dans les papes, la papauté, tout en restant soumise aux personnalités italiennes de son plan territorial, de son municipe, ainsi qu'à son mode d'élection et de recrutement, avait du moins une âme de vie, un ressort continu que la mort du César de l'église latine pouvait atteindre, mais non briser.

Comme Charles-Quint, comme Napoléon Ier, Charlemagne n'était pas religieux dans le sens intellectuel et social de ce mot ; aussi ne sut-il voir dans la papauté que le pape, c'est-à-dire le premier fonctionnaire de son empire après lui, son propre principe politique l'inclinant à ne voir dans l'empire que l'énergie de l'empereur.

Aussi n'a-t-il jamais même conçu la pensée que la papauté, comme institution, pût et dût être posée sur des bases réelles et non politiques, et servir à d'autres fins sociales qu'à lui donner, avec de belles cérémonies, du prestige, avec son armée cléricale, de la force vis-à-vis des peuples.

Mais du même coup, comme Charles-Quint, comme Napoléon I", Charlemagne resta limité à la fortune momentanée de sa vie, et son œuvre au destin de sa propre énergie.

Ce n'est cependant pas l'intelligence qui manquait à ce rand homme, mais l'enseignement spécial, l'Initiation dont le génie lui-même ne peut se passer pour créer œuvre qui dure.

Son secrétaire Éginhard, ses évêques, Alquin, Leidrade, Théodulf, lui apprennent ce qu'ils savent; mais la science est à Constantinople, et Rome se garde bien de l'y chercher.

Charles a les soucis élevés d'une âme forte et haute; pendant qu'il rédige les coutumes de ses peuples, leurs annales poétiques, il s'entoure aussi de linguistes de l'Orient et des écoles mahométanes d'Espagne versés dans la connaissance de l'hébreu, de l'arabe et du syriaque, et sentant vaguement la nécessité d'une traduction nouvelle, il arrête longtemps avec eux son attention sur les deux Testaments.

Il en résulte ce passage curieux d'un de ses capitulaires :
« Nous avons, Dieu aidant, rectifié les livres de l'ancienne et
» de la nouvelle alliance, altérés par des copistes igno-
» rants. »

Charlemagne, sans plus de fruit, agissait comme Constantin, c'est-à-dire en chef de l'église.

Ce fait montre suffisamment combien peu la papauté exerçait réellement le Souverain Pontificat.

C'est pourquoi l'empereur bâtit son empire au hasard, faute des sciences théocratiques que le vulgaire confond à tort avec la théologie, et que Rome et Byzance, enterrées dans la routine de l'anarchie intellectuelle et démagogique de la primitive Église, ignoreront jusqu'à nos jours, malgré le développement laïque des sciences humaines et des sciences naturelles.

Dans cette absence totale de connaissance des principes et des lois de l'Univers et de l'État Social, la géométrie des plans hiérarchiques devra rester aussi méconnue que l'algèbre organique des fonctions ; mais la Vérité outragée s'en vengera, en ne prêtant aucune force de réalité à l'Empire et au Souverain Pontificat.

C'est ainsi que, malgré toutes ces dépenses de génie, d'énergie, d'efforts si puissants des deux côtés, l'œuvre des pontifes et des empereurs n'aboutira qu'à un souverain pontificat et à un empire irréels, branlant sur des bases tronquées, et forcés, comme je l'ai dit plus haut, de tomber l'un sur l'autre pour se soutenir en s'écrasant mutuellement.

L'Empire réel est une des formes de gouvernement les plus difficiles à réaliser, à cause de sa grandeur même et de sa complexité basique, qui doit réunir sous une même domination des peuples différents, des races rivales, des dominations secondaires toujours enclines à un morcellement, à un démembrement qui peut les rendre personnelles, possessives et héréditaires.

Nulle part la structure et l'organisation de l'État ne doivent être plus savantes, la loi plus forte et mieux sanctionnée par les armes, mieux autorisée par la Religion.

Nulle part le culte ne doit être plus séparé de la politique proprement dite, plus identifié avec les mœurs et les libertés publiques de chaque peuple et de chaque race.

Mais, lorsque Adrien Ier appela, en 773, Charles en Italie, son unique but était de briser la monarchie lombarde, et de rattraper le misérable domaine de l'Exarchat.

De son côté, le fondateur de l'empire crut la question italienne réglée, parce qu'il avait dépouillé Didier et mis la couronne de Lombardie sur sa propre tête, pendant que le titre de Patrice lui assurait déjà la souveraineté sur Rome et sur tous les territoires concédés au saint Siège.

La papauté avait un maître immédiat, l'empire un ennemi intime.

N'ayant pas d'autre doctrine que le formalisme anthropomorphique, la papauté crut renverser la position, en attirant son maître à l'idée du sacre impérial, pour le subordonner, en le couronnant.

Éginhard raconte que Charles tenait médiocrement à ce cérémonial : il flairait un piège sous cet appeau.

Cependant, comme, sans en avoir le titre, Charlemagne exerçait la fonction impériale, la logique du fond entraîna celle de la forme.

La représentation arrêtée d'avance, pendant que Charles débarrassait son protégé d'une conspiration de son municipe, eut lieu à Rome en 800.

C'était pendant les fêtes de Noël, commencement de l'année chez les anciens Celtes, moment cher à tous les peuples néo-celtiques de l'ouest, du nord et du centre de l'Europe.

La foi des nations attendait de Rome la lumière de sagesse et d'amour, l'universelle bénédiction de l'intelligence et de l'âme de Jésus-Christ, un État Social vrai et juste sur cette terre, l'*adveniat regnum tuum*.

Pendant ce temps, la petite conspiration de Grégoire II triomphait dans Adrien Ier, et jouait à l'empire grec le tour d'une contrefaçon occidentale, qu'elle allait, quelques années plus tard, révolutionner et briser dans le sang des peuples.

Pour le moment, ce rude point d'appui d'avance condamné par la position césarienne des papes, permettait au saint Siège d'affirmer sa puissance et sa résistance vis-à-vis de l'épiscopat grec et de ses *excellents maîtres*, les empereurs de Constantinople.

Juridiquement et fonctionnellement, voici ce qui avait lieu.

Empereur réel, grâce à sa seule énergie, Charlemagne ne recevait avec la couronne que ce que lui avait déjà donné son épée, rien de plus; et il n'était pas homme à penser autrement.

Il voulait bien faire le jeu de la papauté vis-à-vis de l'empire et du patriarchat grecs, car c'était le sien ; mais il n'était pas d'humeur à se laisser jouer dans son propre gouvernement.

Aussi, la cérémonie du couronnement n'entraîna-t-elle pour lui ni l'idée, ni le fait, ni le droit d'une suprématie de son protégé sur sa suzeraineté de protecteur, mais le contraire.

Patrice, roi, empereur, seul il est, à Rome, législateur, maître et magistrat suprême ; et, comme tel, il confirme l'élection du pape et la contrôle.

La dictature papaline de l'église latine est prisonnière de l'empire d'Occident ; l'église dictatoriale romaine n'est encore qu'un rouage du nouvel État.

L'évêque du diocèse de Rome, en même temps primat d'Italie, possède en vain, dans son diocèse comme dans la Péninsule, d'immenses biens : aux termes du droit public de l'Empire, il n'en a pas plus le gouvernement politique et personnel que les missi dominici, les ducs, les comtes, les barons de l'empire n'ont le gouvernement de leurs domaines privés.

De plus, la raison d'état de l'empire ne peut pas plus admettre que la papauté ait la propriété politique des diocèses de l'église latine, ni leur centralisation administrative, que les légats impériaux, les ducs, les comtes, les viguiers et les centeniers, celle des circonscriptions administratives.

Autrement, ce serait la Révolution et non l'État, la Féodalité et non l'Empire, l'anarchie et non l'ordre rationnel, la dissolution et non la formation d'une Société et d'une Civilisation.

CHAPITRE IV

LA PAPAUTÉ RÉVOLUTIONNAIRE

Renouvelle vis-à-vis de l'empire Carlovingien sa conduite vis-à-vis de l'empire Grec. — Réponses de l'épiscopat. — Caractère de la révolution féodale. — Combats judiciaires, sources de nos guerres européennes. — La légalité et la légitimité monarchiques devant la papauté.

La papauté comprit qu'elle était prise au piège qu'elle avait elle-même suscité, et elle n'hésita pas devant la Révolution.

L'Empire fut condamné par elle comme forme magistrale d'un droit commun, aux termes duquel le pape restait soumis à la loi publique.

La déclaration de guerre civile fut faite, d'une manière voilée d'abord, en 816 et en France, par le pape Étienne IV qui dit à Louis le Débonnaire ces paroles :

« Je te donne la couronne parce que tu me garantis la » libre jouissance de mes droits. »

Ainsi le Justiza des cortès d'Aragon dira plus tard au roi, le jour de son couronnement :

« Nous qui valons plus que toi, nous voulons bien nous » soumettre à ton gouvernement, si tu maintiens nos privilè- » ges, et sinon, non. »

Dans la pensée du pape, ainsi que le prouve la suite de l'Histoire, le premier de ces droits est de se débarrasser de la juridiction impériale de Louis, comme Grégoire II a foulé aux pieds celle de Léon l'Isaurien.

Quand il parle ainsi, Étienne IV a déjà fait œuvre révolutionnaire, en se laissant élire et consacrer, sans attendre la confirmation impériale.

Un an après, le pape Pascal Ier en fait autant.

L'empereur envoie à Rome deux officiers impériaux : ils sont égorgés dans le Latran.

Sept ans après, le pape Eugène II est élu et se passe à son tour de la sanction de l'empereur.

Plus énergique que son père, Lothaire, associé à l'empire, en relève le droit et impose à la ville de Rome ce serment :

« Je jure de me refuser à reconnaître tout pape dont l'é-
» lection ne sera pas conforme aux canons, et dont la consé-
» cration n'aura pas été précédée, de la part de l'élu, du ser-
» ment à l'empereur, tel qu'Eugène II vient de l'écrire. »

Trois ans après l'avènement d'Eugène II, Grégoire IV est élu et subit le droit de l'Empire ; mais la vengeance va éclater bientôt dans la révolution armée.

Tout est mis en branle par Grégoire contre la loi publique, représentée par Louis le Débonnaire : l'armée cléricale, moines, prêtres, abbés, évêques en tête, la Révolution en armes, les propres fils de l'empereur en avant, et au milieu de ces parricides, dans leur propre camp, le pape lui-même, Grégoire IV, en personne.

Abandonné par ses soldats, vaincu sans combat, insulté par ses enfants, Louis, j'allais dire le roi Lear, est traîné dans l'église de Saint-Médard, où les évêques lui arrachent les insignes de sa dignité, et l'affublent de la robe de bure des pénitents.

Arrêtons-nous sur cet acte, et résumons les précédents.

Ainsi, en droit religieux, de 715 à 731, dans Grégoire II, de 731 à 741 dans Grégoire III, de 816 à 844 dans Étienne IV, dans Pascal Ier, dans Eugène II, dans Grégoire IV, la papauté, à la face des peuples chrétiens, sur les plus hauts sommets hiérarchiques de la Chrétienté, brisait les tables de l'ancien et du nouveau Testament, et foulait publiquement aux pieds les quatrième, cinquième, septième et huitième commandements de Dieu.

Ainsi, loin de réaliser, en quoi que ce fût, le principe et la fin de la Théocratie, elle ruinait l'Autorité sociale et religieuse, dans l'Église, dans l'État, dans la Famille, cette même Autorité que son mauvais génie territorial, son mauvais ange ethnique, le Satan des sept collines, le démon romain et césarien de la domination lui avait fait confondre avec le Pouvoir politique.

Et cela s'accomplissait, faute de science, et, par suite, de sagesse théocratique.

Les vertus, la foi même des papes les poussaient à être les initiateurs des crimes publics et de l'athéisme social; car, encore une fois, ils défendaient une fonction sacrée, mais érigée sur un plan sacrilège, d'où l'esprit de race chassait l'esprit religieux, d'où l'unité matérielle et sectaire d'une église excluait l'universalité intellectuelle de l'Église, d'où la dictature cléricale bannissait jusqu'à la notion morale du Souverain Pontificat.

Successeurs des anciens consuls, les élus pontificaux de la municipalité de Rome étaient régis par ses instincts locaux, par le mirage de ses souvenirs, par le vertige passé de ses passions asservissantes qui leur criaient : « *Orbem regere memento.* »

Aussi les triomphes de la papauté ne traînaient plus seulement devant la populace romaine les princes de la terre vaincus, asservis, enchaînés, comme du temps des Césars, mais les principes mêmes de la Religion chrétienne et de l'État Social du Christ.

La nuit tomba d'où devait venir le jour, le chaos d'où devait sortir la création, et la Révolution s'élança de cette cime des hiérarchies, vers laquelle, pendant le sacre de Charlemagne, les peuples nouveau-nés regardaient, attendant le **Royaume de Dieu**.

La Féodalité se rua d'en haut, démembrant l'Empire, déchirant le droit public, proclamant la prévarication universelle des pouvoirs : bris de la loi supérieure à tous, usurpation de la propriété des offices du gouvernement, des hommes et des territoires, multiplicité et hérédité des tyrannies, liberté illimitée des grands, asservissement des hommes libres, meurtre, vol, brigandage à l'état permanent.

Du même coup, les invasions recommencèrent : Normands au nord, Hongrois à l'est, Sarrasins au sud ; car, dans le mal comme dans le bien, les lois secrètes des sociétés se tiennent et s'enchaînent de telle sorte que le premier anneau attire tout jusqu'au dernier.

Une partie de l'épiscopat de France pressentait ce que je viens d'exprimer dans le chapitre précédent, quand, pour arrêter Grégoire IV dans sa guerre à Louis le Débonnaire, des évêques menacèrent le pape de le frapper d'excommunication, quand, défendant Lothaire contre Nicolas Ier, des évêques encore, Gonthier, Adventius, Teutgaud, fulminaient sur le pape l'anathème, quand Gonthier faisait éclater à Rome même, sur le tombeau de saint Pierre, sa protestation terminée par une malédiction de la dictature cléricale de Nicolas, quand Hincmar, au nom de tous les évêques des Gaules, addressait à Adrien II ses épîtres véhémentes, où il le sommait de ne se point mêler du gouvernement du royaume.

Ainsi la papauté, en soulevant cette terrible indignation des évêques, avait suscité la Révolution féodale dans l'église latine comme dans l'empire d'Occident.

Cette révolution aboutit au matérialisme gouvernemental et à la multiplicité des dominations personnelles, les plus épouvantables dont l'Histoire fasse mention.

Le démembrement de l'empire indien après le schisme d'Irshou n'engendra pas lui-même une telle anarchie.

La signification réelle de la féodalité fut l'usurpation par chaque officier public de la propriété et du gouvernement des territoires et des hommes compris dans la circonscription de son office, absolument comme si, aujourd'hui, les membres administratifs de chacun des États européens se constituaient souverains, sans Gouvernement général, indépendants les uns des autres, depuis les ministres jusqu'aux gouverneurs, aux préfets et aux maires, et comme si les membres de la hiérarchie militaire se déclaraient dans nos nations les propriétaires, soit des provinces, soit des départements, et les gouvernaient, chacun pour son compte, en transmettant comme un héritage cette propriété et cette charge à leurs enfants.

C'était le mal antisocial auquel l'État a pour but de porter remède; c'était la généralisation jusqu'au dernier des comtes, barons, viguiers et centeniers, de l'œuvre subversive que, vis-à-vis de l'Empire et en Italie, la papauté poursuivait pour son compte.

Mais de même que les pontifes, d'ailleurs non héréditaires, mais élus, avaient à compter dans leurs domaines, non seulement avec l'empereur au-dessus d'eux, mais avec les municipes italiens au-dessous, l'aristocratie usurpatrice, les officiers publics de l'Empire avaient à se mesurer avec les municipalités ou communes, ou avec les hommes libres.

Les municipalités, dans les domaines de la papauté, restèrent les maîtresses locales des papes, qui ne purent jamais les régler qu'en appelant à eux le bras séculier des empereurs germains et plus tard des autres dynastes.

Les hommes libres, au contraire, furent facilement asservis par l'aristocratie usurpatrice, partout où ils n'avaient pas comme en Italie, en Espagne et en Angleterre d'institutions suffisamment fortes : municipes, communeros, communes, pour se garantir, sauf toutefois ceux qui eurent assez d'énergie vitale pour entrer dans le commun brigandage et se tailler, l'épée au poing, leur place dans l'aristocratie nouvelle.

La purification morale de ce matérialisme et de cette anarchie ne pouvait s'opérer que dans la guerre étrangère, et celle-ci, à travers l'universelle rupture de l'État impérial, fit irruption partout avec les invasions.

Contre les Normands, les Sarrasins, les Hongrois, la France, l'Espagne, l'Allemagne se hérissèrent de châteaux, et subirent le régime qui, dix mille ans auparavant, avait divisé les Celtes autochtones en hommes de guerre et en hommes de travail.

Les traces juridiques de ce régime antérieur se trouvent partout, depuis l'Irlande jusqu'à Ceylan, où Ram l'y porta, depuis les souvenirs du droit irlandais, renfermé dans la loi de Bréhon, jusque dans le code de Manou.

Les différences étaient cependant grandes, car, chez les Celtes primitifs, l'homme de travail resta libre, et il n'y eut d'asservis que les prisonniers de l'homme de guerre.

Au pied du château du seigneur, gardien militaire des gorges et des vallées contre l'étranger, d'abord, mais brigands locaux ensuite, s'étendirent les vassaux et les vavassaux liés avec le suzerain par une réciprocité d'obligations, dont le service militaire formait le fond.

Après le service militaire, la fiance ou assistance de justice, tant dans le conseil et le jugement devant le suzerain, que dans l'exécution.

Ensuite, la troisième obligation connue sous le nom d'aides, réglant d'une manière peu précise, et conséquemment très arbitraire, les questions d'impôt, sous la forme de dons soi-disant volontaires.

Je n'entre dans ces détails que pour arriver à l'institution de la justice féodale qui, partout abolie dans les nations actuelles de l'Europe, subsiste encore entièrement au-dessus d'elles, dans le Gouvernement général de la Chrétienté présente.

Le principe de la justice féodale, le jugement par les pairs, remonte encore, lui aussi, par les coutumes germaniques, à l'organisation néo-celtique du législateur scandinave Frighe ou Fridulf, contemporain de Jésus-Christ, et connu sous le nom d'Odin.

Par cette filière, cette justice remonte aussi aux anciennes habitudes des Celtes primitifs.

L'appel, soit en défaut de droit, soit en revision de jugement, était fait par le vassal devant le suzerain de son seigneur; mais — et voici le point qui mérite attention — les seigneurs eux-mêmes, dans leurs contestations entre eux, se réservaient le droit d'appel, soit à la guerre privée, soit au combat judiciaire en champ clos.

Une sorte de droit public déterminait les lois qui réglaient ces deux ordres d'appels en juridiction supérieure, et dont nos guerres et nos duels sont la barbare continuation.

Dans les souvenirs poétiques des peuples celto-scandinaves, depuis les *sagas* jusqu'aux rapsodies rassemblées et dénaturées sous le nom d'Ossian, on retrouve encore l'ancienne filiation de ces coutumes anté et antichrétiennes.

Nous reviendrons, à la fin de ce livre, sur le caractère féodal et barbare des guerres modernes, sur la nature antisociale du Gouvernement général de l'Europe contemporaine, et sur la nécessité de dénouer les procès, soit interdynastiques, soit internationaux, d'une manière conforme aux principes du droit romain, du Christianisme, ainsi qu'aux intérêts publics de la Civilisation européenne.

Ainsi, moins d'un siècle après le couronnement de Charlemagne, après le sacre fictif et mensonger de ce magistrat européen, se constituèrent en Italie, en France, en Allemagne des myriades de juridictions indépendantes, tandis qu'avec le gouvernement de l'empire la juridiction publique démembrée allait se battre, en Allemagne et en Italie, contre la révolte perpétuelle de la papauté.

Le temps des dynastes, l'heure des rois réels et des despotes dompteurs n'était pas venue, et, sous des fantômes de royautés, la République universelle des hommes libres, tous seigneurs, avec l'esclavage agricole et domestique à sa base, triomphait dans ses instincts de liberté illimitée, brisait toutes les institutions générales, soit civiles, soit politiques, ne reconnaissait aucun pouvoir législatif supérieur à chaque suzerain, affirmait tous les droits de l'Homme libre de ce temps, et infirmait naturellement tous ses devoirs brisés.

Nous verrons au dixième siècle les dynastes occupés à empêcher ces républicains féodaux de détrousser les voyageurs, de faire de la fausse monnaie, et ainsi de suite.

Les évêques et les abbés, de leur côté, devinrent les suzerains de leurs diocèses et de leurs monastères, prirent les titres de ducs et de comtes, et ceignirent la cotte de mailles sous la robe.

En 1063 encore, pendant les fêtes de Noël, nous verrons l'abbé mitré de Fulde et l'évêque d'Hildesheim, l'épée au poing, se disputer, en pleine église, la préséance, et s'administrer de tels coups, que l'autel en sera couvert de sang, et que l'empereur en manquera être massacré.

Le matérialisme de la domination profita tellement à la féodalité cléricale, qu'elle arriva à posséder en Allemagne le tiers, en Angleterre le quart, en France le cinquième du territoire total de ces pays.

Chaque évêque et chaque abbé féodal suivit l'exemple des dictateurs romains de l'église latine, arrondit ses domaines le plus possible, et les défendit à coups d'épée, quand les excommunications et les anathèmes ne suffisaient pas.

A la base de cet édifice, effrayante cathédrale humaine,

monument d'iniquité, dont le pape, toujours frappant l'empereur, occupait le sommet, étaient les tenanciers libres, roturiers, manants, vilains, puis, au-dessous, les mainmortables.

Ce sont eux qui, reprenant avec passion l'étude du droit romain, aideront en Occident les dynastes à abattre l'aristocratie, et leur fourniront le formidable appui des Communes.

Au-dessous des mainmortables encore, s'étendent, lamentables, les esclaves de cette république à liberté illimitée, les pauvres serfs.

Ce sont ces classes qui exerçaient alors toute la vie économique, se liguaient par les hanses depuis Nantes jusqu'à Novgorod, bâtissaient les cathédrales et les châteaux, forgeaient les armes et les armures, pratiquaient le commerce, l'industrie, l'agriculture, et portaient, jusqu'à l'écrasement des âmes et des corps, le poids de cette république de cape et d'épée, de cet athéisme et de ce matérialisme sociaux.

Parmi ces classes, parqué dans ses quartiers spéciaux, habillé d'une manière injurieuse, périodiquement pressé comme une éponge, volé et massacré, Israël faisait la banque comme autrefois à Babylone, et, du Danube au Guadalquivir, regardait s'agiter ces dominations effrénées de prêtres et de soldats, avec cette humilité du dehors qui n'empêche pas les réflexions du dedans.

Reconstituée secrètement par ses rabbins, l'association israélite mesurait sous cette oppression la grandeur de son avenir par celle de son passé.

Les débris des connaissances n'avaient pour refuge que le recueillement des monastères; et, en dehors d'Israël et de l'église d'Orient, le seul point de l'Europe où la vie intellectuelle ne fût point éteinte, où les sciences n'étaient pas menacées de l'excommunication, de l'anathème et des bûchers, était Cordoue sous ses khalifes.

Du haut du saint Siège, les foudres dites spirituelles tonnaient contre cette Espagne, contre les chiffres arabes, contre les mathématiques, l'algèbre, la chimie de Geber, la mécanique, œuvres de Satan, en un mot contre tous les rayons solidaires de l'éternelle Vérité.

L'esprit des ténèbres régnait.

Les guerres féodales partout multipliées s'étendaient de donjons en donjons, épargnant les seigneurs bardés de fer, décimant les manants sans armures, écrasant d'exactions les tenanciers libres, les mainmortables et les serfs.

Avec la loi publique, la morale publique avait disparu, et les auteurs qui vivaient en ce temps en racontent l'universelle iniquité.

Impuissant à empêcher le déchaînement général des crimes, le clergé instituait la trêve de Dieu qui défendait le meurtre et le vol..... du jeudi soir au lundi suivant; mais du lundi au jeudi, la République féodale rattrapait si bien le temps perdu, quand toutefois elle respectait cette trêve, qu'en moins d'un siècle, on compte quarante famines ou pestes, et que souvent les populations affamées mangent de la chair humaine.

C'est parmi les moines surtout que le sentiment des maux publics et de leurs causes se fit vaguement jour tout d'abord ; ils sentirent dans les couvents que le premier mal était l'ignorance.

Le moine Gerbert fut l'expression la plus marquante d'un certain réveil intellectuel, et c'est parmi les Musulmans d'Espagne qu'il alla puiser les quelques éléments d'études scientifiques qui lui donnèrent sur son temps une sorte de magique ascendant.

Précurseur d'Hildebrand, avant de devenir pape sous le nom de Sylvestre II, il continua néanmoins l'œuvre subversive et anti-impériale des Grégoire II et des Grégoire IV, en préparant, sous Jean XVI et sous Grégoire V, la conspiration qui porta à la dynastie carlovingienne le coup de grâce.

Si, et ce n'est pas douteux, il fit œuvre d'habile politique, ainsi que de bon Français, en couronnant dans Hugues Capet la révolution féodale, pour l'anéantir, il est impossible d'accorder à cet acte le moindre caractère théocratique ni religieux, au point de vue du Gouvernement général de la Chrétienté.

C'est sur le mot d'ordre du futur Sylvestre II, agissant pour Grégoire V, que le 1ᵉʳ juillet 987, les évêques et seigneurs du duché de France placent sur le trône le plus grand propriétaire féodal du pays.

C'était élire le plus grand usurpateur, le premier révolutionnaire, au point de vue du Gouvernement général et du Droit public qui, légalement, resteront impériaux jusqu'au dix-septième siècle.

Hugues Capet est sacré par Adalbéron, archevêque de Reims.

Déjà, en 922, chef des rebelles, Robert, duc de France, avait été sacré roi à Reims, aux dépens de la dynastie légitime représentée par Charles III.

Après Robert, le duc de Bourgogne, Raoul, avait également été sacré et venait d'emprisonner Charles III au château de Péronne, où ce descendant de Pépin mourut.

Hugues le Grand, père de Hugues Capet, continuateur et chef de ces rébellions féodales, avait été arrêté dans sa guerre contre le souverain légal, Louis IV, par le concile d'Ingelheim, et frappé d'une excommunication dont le pape Étienne VII avait approuvé les motifs.

Le concile d'Ingelheim et le pape Étienne VII continuèrent, au dixième siècle, la politique que le saint Siège avait adoptée au huitième ; et leur excommunication, en frappant le père de Hugues Capet, tombait sur un révolutionnaire, et défendait le Gouvernement général et le Droit public, un peu tard il est vrai.

Mais Hugues Capet était-il moins révolutionnaire que son père ?

Comment accorder le sacre de 987 avec le sacre de 752 ?

Sur qui retombe l'excommunication fulminée d'avance en 754 par Étienne II, en France même, « contre quiconque dans l'avenir élirait un roi des Francs qui ne descendrait pas directement de Pépin » ?

La postérité de Pépin n'était pas éteinte, son sang n'était nullement tari : le frère de Lothaire, Charles, grand-duc d'Occident, père de trois mâles, vivait et protestait les armes à la main contre l'usurpateur ; mais il fut livré par l'évêque de Laon, et la mort lui ferma la bouche dans les cachots de la Tour d'Orléans.

La vérité est que le futur Sylvestre II, agissant pour Grégoire V, ou plutôt par ce dernier, frappait de mort la dynastie carlovingienne, comme Zacharie et Étienne II avaient, moins de trois siècles auparavant, condamné la dynastie mérovingienne.

Ne voulant pas de Droit public, et encore moins de Gouvernement général qui en garantit l'exécution, les meilleurs papes, ceux qui défendaient le mieux la papauté, étaient voués au sacrilège public, en frappant ainsi dans ses sources toute légitimité monarchique.

L'hypocrisie gouvernementale, l'espèce de mysticité qui accompagne les fausses doctrines de la légitimité, sont un des plus grands dangers qui puissent émasculer le principe monarchique et compromettre aux yeux du vulgaire ce qu'il appelle la Religion.

Au fond de ces doctrines creuses, à la confection desquelles se sont ingéniés les de Bonald et les de Maistre, il y a ce que nous venons de dire : la papauté fonctionnant vis-à-vis des gouvernements monarchiques ou autres, avec la morale et la politique d'une loge de carbonari, ceci sans préjudice aucun pour le rôle religieux des papes comme évêques.

Ces sacrilèges publics n'étaient certainement pas le caractère théocratique ni religieux de la fonction sacrée que les papes croyaient avoir revêtue.

Voyez les plus grands d'entre eux, les plus vrais, les plus éclairés, les plus forts, Grégoire II, Grégoire IV, Étienne II, Sylvestre II : ils cherchent, saisissent, exercent un pouvoir sur les couronnes, un gouvernement sur les gouvernements ; mais ce pouvoir, ce gouvernement, sont tellement peu théocratiques, que plus ils s'exercent en Occident, plus aussi l'Autorité, cette force immédiate de la Vérité, s'en montre absente, plus l'esprit révolutionnaire s'y montre présent.

Le sacre de Hugues Capet ne peut pas plus faire autorité que le sacre de Pépin, si l'on se place au point de vue du Gouvernement général et du Droit public européens, qui, du temps de Pépin, étaient impérialement représentés à Byzance, royalement en France par la dynastie mérovingienne.

Du temps de Hugues, le droit public est représenté impérialement par Constantin VIII d'Orient, et par le chef du saint empire romain et de la nation germanique Otton III, et royalement en France par le grand-duc Charles que nous venons de voir livrer à la prison et à la mort par l'évêque de Laon, puis par Hugues Capet lui-même.

Voilà, au point de vue de la légalité, la situation usurpatrice de cette nouvelle dynastie.

Examinons maintenant la question nébuleuse de la légitimité ?

Sont-ce les mérovingiens, les carlovingiens ou les capétiens qui sont légitimes?

Il est évident que le sacre de Hugues Capet n'est pas plus légitime que légal, puisque l'excommunication fulminée d'avance par Étienne II tombe à la fois sur l'archevêque de Reims, Adalbéron, sur les évêques et abbés du duché de France assemblés pour soutenir une usurpation aussi illégale bu'illégitime, et enfin rebondit et éclate sur la tiare de Grégoire V et de Sylvestre II lui-même, et tonne contre la papauté.

La vérité la voici : toujours forcée par son plan local et sa fonction césarienne d'exercer un pouvoir révolutionnaire qui était juste le contraire de l'Autorité théocratique, la papauté, sans plus de souci réel de la légitimité que de la légalité, cherchait ses instruments royaux, là où elle pouvait se faire des créatures dociles ; et, sentant mieux que personne que le seul principe réel des monarchies est l'énergie du monarque, c'était avant tout cette énergie dont elle voulait se saisir, quand il lui importait de frapper soit l'empire d'Orient, soit le saint empire romain de Germanie, soit les Lombards, soit ses propres évêques tournant à l'oligarchie républicaine.

CHAPITRE V

LA FÉODALITÉ A ROME

Ses conséquences à Rome même. — Ses conséquences dans l'empire ecclésial des papes. — Insurrection des évêques contre les papes. — Insurrection des papes contre les empereurs germains. — Comparaison de la papauté avec les anciens Pontificats. — Césarisme du saint Siège. — Sa politique impériale dans l'église romaine. — Comment elle entend la réforme de l'Église. — Hildebrand. — Grégoire VII.

Sylvestre II, après ce coup d'État, eut deux soucis : noyer l'empire d'Orient dans le mouvement des Croisades, empêcher l'empire d'Allemagne de se reconstituer d'une manière réelle sous l'énergique impulsion des Otton, en érigeant en France une dynastie royale nouvelle, et directement attachée au saint Siège.

A Rome même, les conséquences de la féodalité avaient rejailli sur le point de départ de cette révolution.

Le cadavre du pape Formose est déterré et jeté dans le Tibre, par ordre du pape Étienne VI.

Étienne VI est pendu dans sa prison.

Étienne VIII est poursuivi et balafré au visage par la populace.

Jean X est étranglé.

Jean XI meurt en prison.

Jean XII est massacré.

Crescentius proclame la république romaine.

Jean XXII a les mains coupées, les oreilles tranchées, les yeux arrachés des orbites.

Pendant ce temps, l'aristocratie épiscopale tonnait contre

Rome, et l'évêque d'Orléans s'écriait au concile de Reims :
« Celui qui est sur ce siège pontifical est un antéchrist, s'il manque de charité, une idole, s'il n'a pas plus d'autorité que de sagesse.

» Si quelqu'un se lève et nous dit que le diocèse de Rome est le juge de tous les autres diocèses, qu'il commence par mettre à Rome un pape infaillible. »

De leur côté, les ordres dont les abbés rivalisaient les évêques, comme les démocraties et leurs tribuns jalousent les castes nobiliaires et leurs oligarchies, méditaient le relèvement de l'Impérialat pontifical ébranlé par la ruine de l'Empire.

Nous avons vu le moine Gerbert commencer ce mouvement que d'autres moines continueront.

De 999 à 1003, Sylvestre II, pour réunir tous les pouvoirs de l'Église par voie dictatoriale et dans un but commun, souffla partout l'idée des Croisades à travers les évêques, les abbés et les ordres latins.

C'était en effet un moyen politique habile que de jeter la révolution féodale et ses républiques anarchiques, n'importe où et le plus loin possible, pour débarrasser le terrain de l'Impérialat des papes, et reconstituer en liberté l'œuvre de leur dictature ; mais le moment n'était pas encore venu.

L'église grecque et l'empereur de Constantinople comprirent néanmoins ce dont les menaçait ce beau zèle pour la conquête des lieux saints, qui ne furent du reste jamais conquis d'une manière durable.

Aussi, en 1053, le patriarche Cérularius signifia à l'église latine une rupture définitive, en prenant le dernier prétexte dogmatique venu, celui de Photius.

Pendant que ces trames s'ourdissaient sur la Chrétienté, les papes, comme primats d'Italie et comme évêques de Rome, voyaient se redresser devant eux le saint empire romain, depuis Conrad jusqu'à Otton Ier, qui releva la lourde couronne de Charlemagne, depuis Otton jusqu'à Henri III, dont la puissance suscita la politique d'Hildebrand, et avec elle, la plus épouvantable guerre du moyen âge.

Il était inévitable qu'Otton Ier, en relevant la couronne de Charlemagne, rétablît, du même coup, les droits de l'Empire sur Rome, sur l'élection des Pontifes, sur la direction politique du clergé.

En 962, il se fit sacrer à Rome par Jean XII, renouvela le pacte Carlovingien, ressaisit comme souverain magistrat toutes les prérogatives du Droit public qui font rentrer l'église latine dans l'empire germain, ainsi que la haute main de justice sur les territoires du saint Siège.

Les Romains jurent de lui obéir; mais il est à peine parti de Rome, qu'ils chassent Jean XIII et nomment un préfet et douze tribuns.

La papauté momentanément n'est plus ; la fonction absente laisse voir à nu le plan local et sacrilège sur lequel elle a été érigée, comme un arbre abattu que l'on bouge, laisse voir dans son sillon une vie animale grouillante.

Les Romains renomment Jean XII déposé; Otton fait condamner Jean XII par un concile qui nomme Léon VIII.

Les Romains chassent Léon VIII et nomment Benoît V; Otton replace Léon VIII et désigne pour lui succéder Jean XIII.

Les Romains exilent Jean XIII ; les troupes d'Otton ramènent Jean XIII qui fait déterrer et couper en morceaux le dernier préfet romain, et pendre haut et court les douze tribuns.

Je demande au lecteur attentif si la Religion, la Théocratie, le Souverain Pontificat sont et peuvent être en jeu ou même en question dans cette écœurante bagarre.

Elle ne prouve qu'une seule chose : le plan sacrilège sur lequel la fonction pontificale s'est établie, et ne peut absolument pas s'exercer.

Cette situation montre à vif des passions politiques, des

instincts ethniques poussés jusqu'à la rage et jusqu'à la folie, et qui ne veulent pas que, sous un prétexte quelconque, une race soit maîtresse de l'autre, ni s'avouer leur déchéance historique.

Ce n'est pas à l'empereur que les Romains font cette guerre locale, mais au Saxon résidant en Germanie ; ce n'est pas au pape qu'en veut l'empereur saxon, mais à la politique romaine qui en fait son arme, son drapeau antigermain, son instrument et son symbole révolutionnaires, dès qu'il cesse d'être dictatorial.

Ce même empereur, dont nous venons de voir la petite municipalité romaine exercer la patience germanique, vient de servir l'église latine avec autant d'énergie impériale que Charlemagne lui-même, et cette église lui doit les évêchés de Posen, de Magdebourg, de Brandebourg, d'Havelberg, de Meissen, de Naumbourg, de Mersbourg, de Schleswig, de Ripen, d'Aarus et de Prague.

Ce n'est donc pas plus le culte particulier latin que la Religion chrétienne dans son essence, que la Théocratie, dans son principe ou dans sa forme, qui sont en cause ou en acte dans cette bataille perpétuelle.

Si l'empereur germain est fort, le pape est le sujet de l'empire, soumis à son gouvernement et à son droit ; mais ce même pape est nommé par des Romains, dont il est le principal personnage local, et ces derniers, froissés dans leur orgueil ethnique, tendent à se soulever contre le pape.

Du même coup, la papauté est réduite, soit à faire échec à l'empereur pour satisfaire l'orgueil des Romains, soit à faire écraser cet orgueil par l'empereur.

Si l'empereur germain est faible, les papes ne sont forts qu'à la condition d'être rebelles à l'Empire, d'incarner en eux tous les instincts locaux, toutes les passions ethniques, toutes les revendications politiques de la race et de la ville qui les régit, et de les résumer en un seul instinct, en une seule passion, en une suprême revendication ayant pour forme la dictature, l'impérialat de la municipalité romaine sur toutes les races, sur toutes les couronnes, sur tous les diocèses, sur tous les droits, sur toutes les lois : « *Orbem regere memento.* »

Dans le second cas comme dans le premier, adieu l'esprit religieux, la pratique théocratique de la fonction Souverain Pontificale, dont l'asservissement à la politique passionnée ne fait que changer de forme et d'origine géographique, que la race dominatrice soit au delà ou en deçà des Alpes, à Aix-la-Chapelle ou à Byzance, à Pavie ou à Rome, dans l'empereur, dans le roi d'Italie ou dans le pape lui-même.

Si l'empire eût été italien, le plan sur lequel repose la papauté eût été plus sacrilège encore, plus antithéocratique, plus antireligieux, plus antipontifical.

Le césar militaire d'Italie eût fait tôt ou tard comme Jules César lui-même, et mis la tiare sur sa tête, pour mettre le Souverain Pontificat sous ses pieds.

Les papes le sentirent tellement qu'ils condamnèrent, dès Théodoric, l'unité de l'Italie à ne jamais s'accomplir, tant qu'ils auraient un glaive étranger sous la main.

Car, de deux choses l'une, ou l'Italie eût été un empire tendant à la domination universelle, et la tiare son emblème impérial et purement politique, ou la Péninsule eût pris la forme monarchique royale, et tôt ou tard, les évêques, les souverains et les peuples des autres pays n'auraient plus voulu reconnaître dans le pape qu'un primat d'Italie, comparable à l'archevêque de Cantorbéry, primat d'Angleterre, à celui de Reims ou de Paris, primat de France, etc.

Dans le monde antique, le Souverain Pontificat de Rome n'avait d'action directe que sur Rome même et la race péninsulaire.

En Grèce, le Grand Prêtre d'Éleusis n'avait d'action directe que sur les temples grecs.

En Judée, le Souverain Pontife n'avait d'action directe que sur le peuple hébreu.

En Égypte, le chef des collèges sacerdotaux de Memphis, de Thèbes, de Saïs, d'Héliopolis, n'avait d'action directe que sur les Égyptiens.

En Gaule, le chef des collèges des druides et des druidesses n'avait d'action directe que sur les Celtes de Gaule.

Dans la Grande-Bretagne, en Irlande, dans le pays de Galles, en Écosse, dans la Scandinavie, en Islande, mêmes situations, mêmes plans.

Tous les Pontifes de tous ces peuples n'étaient en réalité que des primats, depuis le schisme d'Irshou et le démembrement politique de l'Empire universel de Ram.

Tous ces sacerdoces néanmoins communiquaient de l'un à l'autre par leurs éléments les plus éclairés, par leurs initiés, depuis l'Islande jusqu'au fond des Indes, mais d'une manière purement religieuse, et où la domination politique n'avait absolument rien à voir.

Je pourrais citer des preuves sans nombre de cette unité religieuse, de cette fraternité entre tous les initiés des différents cultes, parvenus à l'Initiation suprême; mais je crains de fatiguer le lecteur par des longueurs, pour le moment inutiles.

La situation du Souverain Pontificat romain dans l'Universelle Église de Jésus-Christ était toute différente, et subordonnait, comme nous l'avons vu, cette auguste fonction au césarisme romain des papes, dès que ceux-ci avaient assez d'énergie monarchique pour jouer dans l'Europe occidentale un rôle prédominant.

Ce qui précède va bientôt éclairer la grande et politique figure du moine toscan Hildebrand dressée, dans toute sa hauteur ethnique, sur les chefs politiques des autres races, dans toute sa rigidité plébéienne de moine et de dictateur, sur les évêques de tous les diocèses occidentaux.

L'aristocratie épiscopale demandait depuis longtemps une réforme ; mais elle entendait par là qu'on purifiât le saint Siège et qu'on décentralisât les pouvoirs usurpés par la papauté.

La démagogie monacale voulait également une réforme ; mais elle ne comprenait pas qu'elle s'exécutât autrement qu'aux dépens de ses maîtres diocésains et directs, les évêques, et au bénéfice de la centralisation césarienne des papes.

Les vœux libéraux de l'aristocratie oligarchique des évêques avaient été formulés dans toute leur force par les Arnoul, les Adalbert, les Romuald, les Dunstan, etc.

Les vœux égalitaires de la démagogie monacale étaient proférés dans toute leur violence par son tribun Pierre Damien.

Les papes sérieux, nommés sous le contrôle et l'influence des empereurs Henri III et IV, venaient de répondre en partie aux vœux de l'épiscopat : le saint Siège était purifié.

Mais, du même coup, il allait encore une fois centraliser impérialement ses pouvoirs, et, secondé par les moines, faire rentrer les évêques, comme simples généraux de brigade, dans les rangs de l'armée cléricale romaine, comme simples préfets, dans la hiérarchie impériale de l'église latine.

Le courant de l'opinion était avec les moines plus pauvres, plus remuants, plus ardents, plus bruyants, parlant haut et fort et partout, rapportant tout au saint Siège.

Pour isoler l'épiscopat des influences et des attaches laïques et territoriales, l'arme disciplinaire était trouvée : la simonie.

C'était un mot n'exprimant rien du tout, mais se prêtant d'autant mieux à toutes les suspicions, à toutes les délations, à toutes les exécutions sommaires des légats et de la cour césarienne de Rome.

J'engage ceux des politiciens et des hommes religieux de l'Occident et du centre de l'Europe actuelle qui cherchent à résoudre le délicat et difficile problème des rapports de l'église romaine avec chaque État, à se souvenir de mes définitions des formes de gouvernement, en lisant ces lignes, et de lire lentement.

Jamais l'expérience historique ne se laissera plus nettement saisir par l'observation.

Ils verront la réforme sincèrement voulue par les meilleurs évêques, par les moines les plus convaincus, par les papes les plus purs et les plus grands, aboutir, non pas à une évolution progressive du culte, à un développement de ses principes moraux et intellectuels, à une manifestation de sa puissance comme Autorité théocratique purement sociale, mais à une régression des surfaces, à un resserrement disciplinaire des formes, à une concentration d'énergie passionnée, dont la manifestation se bornera, à Rome et en Europe, à une affirmation suprême de pouvoir politique tendant à une monarchie universelle.

Voici pourquoi :

L'église romaine est un État politique du genre monarchique impérial, et, comme tel, devant dominer, au nom d'une race et d'une tradition de race, plusieurs races, plusieurs peuples constitués, soit en empires fragmentaires, soit en unités divisionnaires ou royautés, soit en républiques fictives, municipales, communales, emporocratiques ou autres.

L'église romaine n'est pas un État théocratique ni religieux bien que la Religion en soit le prétexte, et elle n'est pas telle, parce que sa constitution romaine et impériale l'empêche de l'être ; et elle est impériale politiquement, parce qu'elle est romaine, parce qu'elle est partitive ou sectaire dans l'Universelle Église du Christ, fragmentaire ou ethnique dans la Chrétienté.

Il lui est absolument impossible de faire socialement œuvre religieuse, comme Autorité catholique orthodoxe, dans le Christianisme vivant, dans l'Universelle Église, et elle est réduite, étant romaine et politique, à n'agir, dans la Chrétienté, que comme pouvoir impérial et violent, quand elle agit, soit sur elle-même, soit sur les puissances qu'elle occupe impérialement par ses évêques, et qu'elle ne peut pas ne pas vouloir dominer ainsi, dès qu'un pape suffisamment énergique la domine.

Nous pouvons maintenant continuer, et laisser s'accomplir l'enseignement des faits.

Le tribun monastique Pierre Damien prêchait la pauvreté, le retour aux mœurs de la primitive église, le renoncement des évêques, des prêtres, des abbés, au mariage, aux biens temporels, au monde, à la terre, thème sentimental et abstrait, antipratique, et par conséquent peu religieux, parce qu'il est peu réalisable, et antisocial.

Quand Pierre eut assez monté l'opinion avec toutes ses déclamations idéologiques qui, pratiquement, n'aboutissaient qu'à satisfaire la haine des moines contre les évêques et à faire le jeu temporel de Rome, la papauté l'arrêta court, en le nommant évêque lui-même, puis cardinal pour compléter la signification finale de son mouvement.

De peur qu'il ne bronchât de la langue ni du pied, on le garda mitré, éteint sous son chapeau, prisonnier dans sa robe rouge, à portée de la main, à Ostie, bouche close.

Quand Cicéron a parlé, César peut venir, et il est là, au Latran, Toscan et moine, dans Hildebrand, se gardant bien d'apparaître trop tôt en pleine lumière et la tiare étrusque sur la tête.

Longtemps, à Rome même, l'humble robe à l'obscur capuchon de bure garde l'ancien charpentier invisible aux puissances.

Il les subjugue de la pensée, avant de les asservir à sa tonitruante personnalité.

L'aigle plane inaperçu dans la nue, avant de se laisser voir fondant, ailes et serres ouvertes, sur la proie; l'orage couve ténébreux, avant d'éclater en éclairs et en foudres.

Plusieurs papes créés par lui sont ses lieutenants, ses aides de camp, les instruments de ses opérations et de ses étapes préliminaires.

Grâce à Pierre Damien désormais écrasé par ses grandeurs, les évêques et les prêtres, sous l'épée de Damoclès du jour, la simonie, rentrent peu à peu dans l'obéissance passive.

Ce ne fut pas sans peine toutefois, témoin la bataille sanglante entre les troupes pontificales et celles des évêques italiens, nantis de l'antipape Honorius II par l'empire, qui pressentait quelque chose de peu catholique.

L'épiscopat sentait également que la réforme déclamatoire de Damien allait aboutir à mettre dans la main des papes tout le temporel des diocèses : c'est bien ainsi du reste qu'Hildebrand le comprenait, et la victoire lui resta.

Année par année, ce puissant génie monarchique poursuit son œuvre préparatoire sous le couvert de ses créatures pontificales.

Son armée cléricale est peu à peu remise en ordre.

Les légats, ses aides de camp, sont partout en mouvement.

En Angleterre, parmi les Normands de la Conquête, en Espagne, en France, en Allemagne, en Danemark, en Pologne, en Russie, en Bohême, en Hongrie, en Italie, près de la comtesse Mathilde, près de Guiscard et de ses soudards de sac et de corde, partout, sont des agents sûrs, partout la volonté du César invisible est présente.

A Rome même, les papes achèvent sous ses yeux les derniers travaux de défense, le camp retranché, le plan de bataille nécessaire à son irruption définitive, comme Impérator de l'attaque, sur toutes les lignes où se déploie la stratégie de ses gigantesques ambitions.

En Italie, l'épée des Normands branle dans le pommeau pontifical : en 1053, les Normands se déclarent vassaux directs de Léon IX, et le saint Siège, en retour, proclame la légitimité de leurs conquêtes.

A Rome, les élections pontificales ont, pour électeurs, le peuple, le clergé, et sont, de plus, soumises au droit de contrôle et de confirmation de l'empire : en 1059, le pape Nicolas II fait voter au Latran par un concile choisi pour la circonstance, l'exclusion des électeurs soit laïques, soit clercs ordinaires, prêtres, abbés, évêques.

Seuls, les membres de la cour pontificale, cardinaux-prêtres, cardinaux-évêques, prendront désormais part à l'élection des papes, et ces derniers devront être, de préférence, choisis parmi le clergé du territoire romain.

Au clergé et au peuple, ces décrets dictatoriaux et purement italiens ne laissent que le droit d'approuver l'élection, sans l'improuver ; à l'empereur et à ses représentants, ils n'accordent que le droit d'être officiellement et honorifiquement informés du fait accompli, mais non celui de l'infirmer.

Après avoir forgé ce précédent, pour le rendre juridique, Hildebrand en fait essayer la solidité par Alexandre II qui est élu conformément à ces décrets.

Le peuple et le clergé romains laissent faire, et les voilà bridés pour le moment.

Henri IV est mineur, et l'empire laisse passer ; et voilà le Gouvernement général et le Droit public joués aussi, temporairement du moins.

Il n'est pas indifférent de résumer ces opérations préliminaires : asservissement et expropriation temporelle de l'épiscopat, suppression des libertés électorales, rupture du ban juridique de l'empire, mépris du Droit public, travail sourd de toutes les monarchies, renversement de la dynastie légitime et légale d'Angleterre, au profit d'une brutale conquête suscitée directement par Rome, création en Italie même d'une garde militaire de bandits normands au service direct de la papauté.

De même, issues d'un fief taillé dans le démembrement révolutionnaire de l'empire carlovingien, les monarchies royales d'Occident s'érigeront par des moyens semblables, et poursuivront l'universalité de leur domination.

Ainsi, elles mettront, dans leur propre pays, la main sur les institutions libres de la noblesse et des mainmortables, et tendront à leur substituer le tribunal autocratique de leur propre cour.

Je n'insiste sur ces détails que pour mettre à nu les principes et les ressorts cachés, et montrer d'une manière irréfutable que la papauté est bien une monarchie politique et rien que cela.

C'est du reste le seul moyen de prouver que la Religion n'est nullement responsable de cet état de choses, ni la Théocratie, ni le Souverain Pontificat, toujours hors de cause et dans l'impossibilité, non seulement de se manifester, mais encore d'être compris par ceux mêmes qui croyaient l'exercer.

Mais, nous l'avons dit et nous ne nous lasserons pas de le répéter, l'origine et la forme impériales de la Monarchie des papes ayant pour principe leur énergie despotique, les forcent à exercer violemment un pouvoir destructeur de toute autorité.

C'est pourquoi nous allons voir Rome forcée de briser le gouvernement général et le droit public de l'empire germain, son rival, ainsi que d'écraser, sous ses coups et sous ses armes spéciales de gouvernement, toutes les monarchies royales sans exception.

Nous verrons ensuite comment, mis en demeure par cela même d'exercer sur la moitié de la Chrétienté un Gouvernement général et un Droit public quelconques, l'État impérial des papes va faire face à cette lourde responsabilité, depuis Hildebrand jusqu'à Boniface VIII.

Pendant douze ans encore, sous Alexandre II, Hildebrand gouverne et attend.

Enfin, en 1073, le capuchon et la robe de bure tombent, et dans la robe blanche, la tiare étrusque en tête, le glaive de l'excommunication et les éclairs de l'anathème dans la bouche, le plus grand des papes, Grégoire VII, apparaît debout, sa race toscane dans le cœur, sur toutes les puissances, sur toutes les races de l'Europe.

Il annonce à la noblesse d'Espagne que toute la Péninsule bérique est à lui, c'est-à-dire à saint Pierre, et impose, comme suzerain, son tribut sur toutes les terres conquises, ou qui le seront dans l'avenir.

Il somme le roi de France, Philippe Ier, de renoncer au crime de simonie, ce qui signifie réellement de ne pas s'attacher ni gouverner ses évêques, ses abbés et ses prêtres.

Il menace de ses armes spirituelles ce même roi, et a du moins la franchise de l'avertir officiellement qu'elles frappent aussi sûrement qu'une révolution, dont acte.

Il rappelle à Guillaume le Normand qu'il lui a donné l'Angleterre, et qu'en échange, il entend que Guillaume lui paie sa dîme, le denier de saint Pierre, ce qu'en vrai Normand, Guillaume ne s'empresse pas d'exécuter de très bonne grâce.

A Suénon, roi de Danemark, il offre un nouveau royaume.

A Démétrius de Russie, il arrache le sien, en lui disant : « Ton fils me le demande. »

A Wratislas, roi de Bohême, il impose son tribut comme suzerain.

Au roi de Hongrie, qui vient de recevoir légalement son fief de l'empereur Henri, il écrit :

« Tu ne peux pas rester roi, si tu ne déclares pas que tu
» tiens ton royaume, non de l'empire, mais de la papauté. »

A Henri IV, empereur d'Allemagne, qui, à la tête des villes libres, soutient la guerre légitime et légale du Gouvernement général et du Droit public contre l'oligarchie républicaine et révolutionnaire des seigneurs féodaux, il ordonne de suspendre immédiatement les hostilités, et cherche à cet Allemand une querelle d'Italien, la querelle des Investitures.

Il le somme par légat d'avoir à comparaître, à Rome même, pour y rendre compte de sa conduite privée.

Henri IV, Magistrat public européen au même titre que Constantin et Charlemagne, convoque au synode de Worms vingt-quatre évêques qui déposent solennellement Grégoire VII.

Du même coup, la municipalité romaine se réveille, et, contre son César pontife, suscite un Brutus local.

Censio, préfet de Rome, insurge la population ; et, pendant la nuit de Noël 1076, se rue à Sainte-Marie-Majeure où le pape officiait, l'arrache à l'autel, déchire ses vêtements pontificaux, et va le jeter dans un cachot.

Guibert, archevêque de Ravenne, est aussitôt nommé pape.

Mais fugitive est cette victoire, et l'indomptable énergie du charpentier toscan n'est pas abattue pour si peu : les libertés publiques et les libertés locales vont subir de nouveau le joug de ce monarque césarien.

Délivré de prison, Grégoire VII chasse Guibert, fulmine de toutes ses foudres à la fois, et une bulle d'excommunication va frapper l'empereur d'Allemagne, le déclare déchu comme rebelle au saint Siège, et proclame ses parents, ses amis, son armée, ses sujets, absolument dégagés de leurs devoirs et de leur serment de fidélité.

Heureux de cette diversion, les rebelles contre qui Henri soutenait sa guerre, Souabes, Saxons, Bavarois, le duc de ces derniers, Welf, qu'Henri lui-même avait créé, se réunissent en diète à Tribur, et somment l'empereur, sous peine de déchéance, d'aller se faire absoudre à Rome.

Ce vaillant empereur, toutes proportions gardées, fut traité au château de Canossa par Grégoire VII avec plus d'humiliation que Vercingétorix, sous les murs de Gergovie, par Jules César.

Le Toscan tint le Franconien, trois jours et trois nuits, corde au cou, pieds nus dans la neige, et, brisant une hostie en deux, il jura sur une des deux moitiés qu'il était innocent des crimes dont le concile de Worms l'avait chargé, et somma Henri IV de faire le même serment sur l'autre moitié, au sujet des crimes dont lui, Grégoire VII, l'accusait.

Soit politique, soit respect religieux pour le Pain sanglant du Calvaire, le soldat germain se refusa à un pareil serment, et se soumit à tout.

Mais dans son âme et conscience, il savait à quoi s'en tenir : empereur, il était le vaincu d'un empereur, et ne songeait plus qu'à sa revanche.

Pendant ce temps, les légats, malgré la soumission d'Henri, encouragent les rebelles d'Allemagne, les poussent à élire Rodolphe de Souabe, acceptent cette élection.

Mais l'étoile romaine décline, et la fortune des deux empereurs, Henri IV et Grégoire VII, va changer.

En 1080, la bataille de Volksheim rend au vaincu de Canossa l'Empire : il dépouille Mathilde de ses biens, prend Rome, nomme pape l'archevêque de Ravenne, Clément III; et Grégoire n'est sauvé des mains de son vainqueur, après de sanglantes batailles, que par Robert Guiscard.

En 1085, Hildebrand expire chez ses Normands en disant :

« J'ai aimé la Justice, j'ai poursuivi l'Iniquité, c'est pour-
» quoi je meurs en exil. »

Arrêtons-nous sur cette parole, chapeau bas devant cette impériale énergie, vaincue par un destin plus heureux que le sien.

Avec ce grand homme, va descendre dans l'ombre, l'élévation suprême de la papauté, le génie souverain de sa domination, l'aigle fulgurant qui porta son pouvoir à son zénith, et dont le dernier cri, en mordant la poussière du tombeau, est encore celui d'une âme de conquérant qui sent avec sa vie se briser la loi de sa conquête.

Vingt et un ans plus tard, Henri IV, dépossédé par les Normands, vassaux du saint Siège, par ses propres fils parricides que déchaîna et arma contre lui le pape Urbain II, mourait à Liège de misère, peut-être de faim, en s'écriant :

« Mon Dieu! vengeance sur mon fils, l'empereur parricide. »

Le pape Grégoire VII, l'Empereur Henri IV, également grands tous deux, également tragiques dans leurs fonctions opposées et rivales, ont résumé leur vie entière et l'esprit de leur lutte, l'un dans une dernière amertume de César et de Justicier terrestre, l'autre dans un suprême appel à la justice de Dieu.

Dans le fond des choses, c'étaient deux dominations, deux patries, deux empires, qui criaient ainsi, l'un par l'autre frappés, dans cette grande âme italienne, comme dans cette grande âme allemande.

CHAPITRE VI

LES PAPES EMPEREURS ET LES CROISADES

Ignorance gouvernementale de la papauté. — La municipalité romaine. — Son archaïsme républicain. — Analogie avec l'archéologie césarienne des papes. — Néant gouvernemental et social des Croisades. — Caractère antireligieux et antisocial des papes dans le Gouvernement général. — L'invasion mongolique et le Gouvernement général.

Urbain II, comme empereur clérical latin, n'avait plus qu'une mesure violente à tenter : précipiter sur l'Orient l'avalanche humaine de son empire, et ainsi fut dit le dernier mot de la domination romaine des papes.

Toute leur histoire depuis, et malgré Boniface VIII, qui révèlera plus tard l'essence réelle de son gouvernement en se montrant à l'Europe revêtu des ornements impériaux et précédé de deux glaives, ne sera pourtant qu'une déchéance et une défaite successives.

Malgré tous les efforts d'Urbain II, malgré toute l'énergie qu'il déploya pour ressaisir tous les arrêts de Grégoire VII, l'œuvre de ce grand homme fut à jamais frappée de mort par ce même Henri V, qu'avait armé le saint Siège, par ce même parricide qui, empereur, eut l'énergie et la raison de sa fonction.

En 1162, le concordat de Worms attribua à l'empereur la juridiction politique des évêchés et des évêques, au pape la juridiction purement ecclésiastique; et l'église latine, politiquement isolée du saint Siège romain, tendit, dès lors, à se morceler en autant d'églises qu'il devait se fonder d'États.

Malgré la ruse, malgré la force qu'employèrent les papes pour frapper l'empire germain, les royautés naissantes, et les noyer dans le désordre insensé des Croisades, le triomphe de l'ordre laïque et celui de l'Universelle Église du Christ, furent dès lors assurés, tant dans le Gouvernement général que dans le Droit public de la Chrétienté.

Les conclusions de ce livre prouveront, je l'espère, que ce triomphe ne portera tous ses fruits que si, accompli au profit ultérieur de notre civilisation, de nos nations, sous l'égide du Christianisme, il est consacré d'ici au commencement du vingtième siècle, par l'autorité théocratique et purement sociale de tout l'épiscopat européen, pape en tête, avec Jésus-Christ lui-même comme Souverain Pontife céleste, et non saint Pierre, l'apôtre Porte-Épée.

Le projet des Croisades fut inspiré à Sylvestre II, pendant le séjour et les études scientifiques qu'il fit chez les Musulmans d'Espagne.

Grégoire VII généralisa ce projet et celui des Ordres militaires; mais la réalisation n'eut lieu que depuis Urbain II jusqu'à Innocent IV, depuis 1095 jusqu'à 1229.

Le système des Croisades était la conséquence forcée de la situation impériale que, depuis Grégoire II, la papauté s'efforça de prendre dans le Gouvernement général de l'Europe, sous la poussée locale et laïque de l'esprit romain.

Les papes tendaient à ne considérer les souverains que comme leurs lieutenants militaires; et ils commencèrent réellement les Croisades, dès qu'ils purent faire jouer épée contre épée, race contre race, souverain contre souverain.

Charles Martel et Pépin furent leurs premiers aides de camp contre les Mérovingiens d'abord; contre l'Italie, l'Arianisme, ainsi que contre la monarchie unitaire des Lombards ensuite; contre l'empire et l'église grecque enfin.

Charlemagne fut leur croisé définitif contre l'empire d'Orient et son église, dont il les rendit définitivement indépendants ; contre toute l'Europe qu'il soumit ensuite à leur dépendance, depuis le nord de l'Espagne jusqu'à la Bretagne, depuis l'Atlantique jusqu'à la Pologne, depuis la Saxe jusqu'au Bénévent.

Les papes, eux du moins, ne pouvaient pas juger autrement les mouvements généraux de l'église latine ; et Grégoire VII eut le premier le courage de dire à tous les souverains toute la pensée de ses devanciers.

Ceux-ci n'ont pas plus tôt créé l'empire de Charlemagne que, de peur de le subir, ils déchaînent contre lui la croisade révolutionnaire et armée de la Féodalité ; et quand la révolution féodale est complète, mais les atteint eux-mêmes en détachant d'eux les aristocraties épiscopales, ils sacrent et croisent, contre cette révolution, des rois, sans se soucier des familles royales antérieures et légitimes.

Hildebrand paraît alors, et croise toute son armée cléricale contre tous les souverains de l'église latine qu'il assujettit à son autocratique domination, contre l'empereur de Germanie, contre le roi légitime d'Angleterre dont il donne à Guillaume le royaume, contre l'Italie, dont il donne à Guiscard un lambeau.

Après lui encore, Adrien IV autorise une croisade qui se poursuit aujourd'hui même, en donnant l'église indépendante d'Irlande aux primats de l'Angleterre, et cette île tout entière au roi anglais Henri II.

Les Croisades proprement dites ne furent que la proclamation publique de cet impérialat violent.

Depuis Urbain II, elles eurent lieu partout, en Orient, contre l'Islam, qu'elles rendirent plus fort, et qu'elles suscitèrent contre Constantinople.

Les Croisades eurent lieu encore contre l'empire byzantin qu'elles rendirent plus faible, qu'elles conquirent, et contre l'église grecque, qu'elles spolièrent.

Au Nord, les Croisades s'accomplirent sous la croix rouge et la croix noire de l'Ordre des Porte-Glaive et de l'Ordre Teutonique, contre les Provinces baltiques et aussi contre l'église grecque, forte, en Russie, depuis Iaroslaf.

Au Midi, les Croisades se poursuivirent contre les Albigeois, dont l'église était un rameau détaché de l'église grecque; en Espagne, contre l'Islam, mais aussi contre l'Arianisme et contre les rituels goths et mozarabiques.

Si cette politique d'exécution militaire, de levées en masses des légions féodales, de conquêtes armées, représente, dans le Gouvernement général de l'Europe, autre chose que l'esprit politique de l'ancien césarisme romain, je demande à quels caractères spécifiques se reconnaît l'Empire.

Mais si, peu soucieux d'exactitude scientifique dans l'observation des expériences séculaires qu'accomplissent, pour l'enseignement de tous, les institutions humaines, on continue à regarder cette politique des papes romains comme théocratique et comme religieuse, parce qu'ils sont papes et portent une tiare, au lieu d'une couronne de lauriers, je répondrai que, par cela même qu'ils ont une politique quelconque, dans le sens moderne de ce mot, ils n'exercent en rien la Théocratie ni la Religion réelle, dont le caractère primordial est de rendre la politique inutile, en ne se souciant que de l'organisation sociale.

L'Histoire va nous dire quel est l'esprit d'organisation sociale dont la papauté fit preuve, de la fin du onzième siècle au commencement du douzième, quand le crédit que lui prêtait la foi chrétienne lui mit dans les mains toutes les forces réunies du nord, du centre, de l'ouest et du midi de l'Europe.

Le caractère propre du génie dans tous les ordres possibles de ses manifestations est de réaliser de grandes fins avec les moindres moyens.

Jésus conquit une moitié du monde avec une poignée de disciples.

Mahomet conquit militairement presque toute l'autre moitié avec trois cents hommes tout d'abord.

La politique romaine des papes, au contraire, avec des moyens immenses, n'atteindra qu'à des fins nulles, et, loin de donner la vie à ce qu'elle voudra dominer, elle ne pourra lui donner que la mort.

Pour les colonies religieuses d'Israël, et j'entends par ces colonies la Chrétienté et l'Islam, la possession de Jérusalem avait une exceptionnelle importance, dont un Souverain Pontife réel n'eût pas manqué de connaître toute la religieuse et sociale signification.

Là, et là seulement, il eût pu rallier à lui — au nom du Père, Israël et l'Islam—au nom du Fils, toutes les églises chrétiennes, — au nom du Saint-Esprit, toutes les religions de l'Asie, dont la plus ancienne, celle des Mages, était venue saluer, genou en terre, Jésus-Christ dans son berceau.

La papauté eût fait ces choses, si elle eût pu les concevoir et les vouloir, et elle les eût conçues et voulues, si elle eût été en fonction théocratique et religieuse.

Ainsi, pendant le temps qu'elle mit, de la fin du onzième siècle au commencement du treizième, à faire tuer inutilement des millions d'hommes et à ne créer que des ruines, elle eût organisé l'Europe, l'Asie et l'Afrique religieusement et socialement, dans une civilisation telle que celle de nos jours n'en peut même pas donner l'idée.

Jérusalem venait de tomber des mains civilisées et tolérantes des khalifes de Bagdad et du Caire dans les poings barbares, fermés sur le sabre, des Turcs du Kharisme.

Les pèlerins qui revenaient chaque année de Palestine agitaient les peuples par leurs récits.

L'Histoire prouve qu'Urbain II ne vit dans ces signes du temps qu'une occasion de faire plus sûrement en Occident sa petite guerre à l'empereur d'Allemagne.

Pour opérer, en faveur du saint Siège et dans ce sens, une profitable diversion politique, pour relever le crédit impérial de la papauté, il laissa prêcher le tribun monastique Pierre l'Ermite, et agiter devant les âmes chrétiennes les saintes évocations des lieux saints.

Le ressort vivant de la foi souleva la Chrétienté.

Tout l'Occident en masse se leva, depuis les nobles jusqu'aux serfs, depuis les vieillards et les femmes jusqu'aux petits enfants, depuis les saints jusqu'aux bandits.

Jérusalem ! Jérusalem ! tel était le cri qui sortit, après le concile de Clermont, de plusieurs millions de poitrines humaines, où palpitaient autant d'âmes chrétiennes, comme soulevées de terre par l'âme de Jésus-Christ, et sentant vaguement que cette céleste puissance d'amour les entraînait et les appelait vers quelque chose d'immense et que le Souverain Pontife saurait leur dire.

Si un pape romain avait, en effet, pu ressentir au cœur et à la tête la flamme sacrée, l'inspiration d'un Souverain Pontife réel, il eût rapporté à Jésus-Christ seul ce colossal mouvement, il l'eût compris, il l'eût organisé socialement, il eût plié les rois devant l'empereur, les aristocraties nationales devant les rois, et, lui-même, la tiare en tête, la croix en main, il eût pris le commandement de l'expédition.

Urbain II resta tranquillement à Rome, à continuer le jeu du saint Siège sur l'enjeu des intérêts occidentaux, sa petite politique révolutionnaire contre l'empereur, contre les rois, et laissa se ruer dans la mort ces millions d'êtres vivants qui, eux aussi, auraient pu lui dire en passant :

Ave, Cæsar ! Morituri te salutant !

L'avalanche humaine qui partit ne fut qu'une cohue inorganique, sans tête, sans corps social, sans plan, allant à l'aventure, véritable chaos voué d'avance à semer sa marche d'ossements humains, et auquel un légat donna Constantinople pour rendez-vous.

La papauté fit moins, religieusement et socialement, pour

ces innombrables multitudes, qui se donnaient à elle corps et âme, que Gengis-Khan pour ses hordes mongoliques.

En Allemagne, le premier acte des Croisés fut naturellement d'égorger les Juifs et de les voler, puis d'exciter à ce point l'indignation des Hongrois, qu'ils s'en firent repousser par les armes.

Il était à prévoir qu'une pareille tourbe voudrait s'emparer de Constantinople pour la piller, et elle voulut le faire.

Mais Godefroy de Bouillon s'y opposa de toute son énergie, donna l'exemple en faisant d'avance hommage à l'empereur Alexis de toutes les terres qui seraient conquises, et força ses compagnons maugréants à prêter comme lui serment de fidélité.

Nicée n'échappa au sac qu'en se couvrant des couleurs impériales, puis la foule s'enfonça dans l'Asie Mineure et enleva Jérusalem en 1099.

C'était le moment ou jamais, s'il eût existé une Théocratie en Europe, de fonder en Palestine une œuvre sociale durable; mais j'ai assez dit que la poussée démagogique chrétienne des premiers siècles avait emprunté toutes ses formes constitutives à l'État politique romain; et jamais, depuis Jésus-Christ et quelques-uns des premiers évêques, le sacerdoce chrétien ne posséda la moindre science organique sociale.

Au moins, pouvait-on demander, soit à Constantinople, soit à Bagdad, les éléments nécessaires pour construire une œuvre juridique, capable de servir de lien entre l'Islam et la Chrétienté.

La civilisation et les sciences avancées des musulmans des khalifats de Bagdad et de Cordoue s'y prêtaient, aussi bien que les traditions de l'ancien Empire fondé par Jules César.

On ne fit rien de tout cela, et les papes, qui seuls étaient en situation de dicter ce que l'on devait faire, étaient occupés tout entiers par les misérables agiotages de leur rivalité avec l'empereur de Germanie.

8

Livré à ses seules ressources, comme à ses seules connaissances, Godefroy de Bouillon fonda un royaume féodal des plus précaires.

Son code, les *Assises de Jérusalem*, répondait à trois juridictions : *Cour du roi, Cour du vicomte de Jérusalem, Tribunal syrien* pour les indigènes.

Ce royaume ne vécut pas cent ans.

Pendant que la Chrétienté occidentale venait d'accomplir ces gigantesques et stériles efforts, Urbain II poussait le parricide Henri V à arracher la couronne impériale à son père.

Pascal II faisait déterrer le corps du vieil empereur d'Allemagne enseveli par le clergé de Liège, et ordonnait qu'on le laissât, cinq ans, pourrir hors du tombeau, dans une crypte de la cathédrale de cette ville.

Il se dérobait ensuite aux engagements solennels du traité de Sutri.

Connaissant son métier d'empereur, Henri V, à la tête de trente mille hommes et d'une assemblée de jurisconsultes, venait rappeler au pape ses engagements et, sur ses refus enveloppés de réticences, entrait dans Rome l'épée au poing, et emportait dans la Sabine, liés de cordes, pape et cardinaux.

Abeilard balbutiait confusément les premiers bégaiements de la raison publique, et les intelligences écoutaient avidement; mais, pour étouffer sa voix, la papauté suscitait contre lui un tribun monastique, déclamatoire et bruyant, saint Bernard.

En 1095, le moine Pierre l'Ermite avait été employé par le saint Siège à attiser la Foi publique, pour faire bouillir la marmite temporelle des papes, et y rajeunir leur crédit, comme la sorcière Médée les membres de son père.

En 1047, ce fut le moine saint Bernard, l'adversaire acharné d'Abeilard, qui demanda la levée en masse : nous verrons tout à l'heure pourquoi.

Édifiés sur les résultats de ces appels, voyant qu'ils avaient semé inutilement leurs os d'Occident en Orient, les peuples restèrent sourds, et Conrad III et Louis VII répondirent seuls.

La seconde croisade ne fut plus qu'une vaine entreprise politique, car il était démontré pour tous que, dans la première croisade, la papauté s'était honteusement jouée du sentiment religieux des fidèles, et était socialement impuissante, comme Gouvernement général, à régir ce qu'elle prétendait dominer, et à organiser les mouvements qu'elle déchaînait.

Abeilard était mort depuis six ans, abreuvé de chagrins, et le rhéteur bruyant et prétentieux que lui avait opposé la politique des papes, saint Bernard, n'était rien moins que populaire, malgré la prodigalité de ses manifestations oratoires et thaumaturgiques.

Disciple d'Abeilard, Arnold de Brescia, moine démagogique, mais Italien, renversait vainement, à Rome, l'Impérialat clérical des Papes.

Innocent II en mourait de douleur en exil; Lucius II voulait résister, et la démagogie romaine le tuait à coups de pierres.

Le plan basique de la papauté était, encore une fois, mis à nu.

Regardons-le avec attention.

Renverser l'Impérialat clérical des papes n'était pas chose si facile que se l'imaginaient les démagogues des municipes italiens.

Tuer un roi n'est pas tuer la Royauté, assassiner un empereur n'est point abroger l'Empire, renverser un pape ou plusieurs, en assumant la responsabilité d'un crime vis-à-vis de leur qualité d'évêque, n'est pas renverser la Papauté.

On ne supprime rien par la violence dans l'Humanité.

Les formes des gouvernements ne se modifient jamais par la seule brutalité ; relativement éternelles comme l'Humanité elle-même, comme l'État Social qui est son état propre, ces formes ne sont en elles-mêmes ni bonnes ni mauvaises.

Tout dépend de l'usage qu'on en fait, de la rectitude et de la conformité des plans sur lesquels elles sont établies.

Lorsque ces plans sont faux, la brutalité, loin de les modifier, tend au contraire à éterniser les vices primordiaux que le besoin du mieux pressent, mais, dans les masses, tend toujours, faute d'intelligence, à attribuer aux personnes qui exercent les fonctions publiques.

Nous avons vu, malgré l'abîme qui sépara le monde chrétien du monde polythéiste, la plupart des éléments civilisateurs de ce dernier, ses lois, ses arts, ses sciences, ses formes de gouvernement, ses institutions publiques, y compris le Souverain Pontificat étrusque, passer dans l'Église même, en dépit de la barbarie démagogique et de l'ignorance des premiers chrétiens.

Il en sera de même toujours, et nous allons voir avorter dans la pratique l'œuvre d'Abeilard, dont Arnold s'efforce de faire passer en acte la politique cachée.

Sous la poussée locale de sa race, comme des traditions de celle-ci, Arnold supprime la fonction impériale des papes ; mais il entend que ce soit la municipalité romaine qui l'exerce.

Suprématie laïque de Rome, au nom de son passé républicain, absolument mort et enterré, sur tous les gouvernements présents et futurs, sur toutes les races vivantes et à venir : voilà son programme.

La base fondamentale de la papauté changeait sa forme impériale, vivante du moins, pour ce ridicule archaïsme républicain, mais sans changer aucunement de formule ni de plan politique : il est à remarquer que, de nos jours, Mazzini n'aura nullement modifié l'archéologie politique d'Arnold de Brescia.

C'était l'affirmation d'une papauté laïque et collective, moins fondée certainement que la première, et incomparablement plus illusoire encore.

La république romaine fut solennellement exhumée, et les gardiens de sa nécropole s'efforcèrent de soulever la momie, sans oublier aucune de ses bandelettes archéologiques : *S. P. Q. R.*

Toute l'Italie suivit le mouvement, excepté le royaume de Naples, qui avait le bon sens, pendant ce temps, de se chauffer au soleil des vivants.

Tel était, encore une fois, le plan ethnique d'instincts et de passions, de grandeurs passées et de décadence présente, de fictions et d'ambitions dominatrices auxquelles la papauté devait, forte, sa force, faible, sa faiblesse, forte ou faible son impuissance théocratique comme fonction religieuse ou pontificale, absolument subordonnée au césarisme collectif ou individuel de sa race.

« Tu n'as plus Rome, prends l'Univers ! »

Ainsi écrivait à Innocent II le démagogue monacal et latin, le déclamateur archéologique, saint Bernard.

C'était toujours la même formule archéologique, républicaine chez Arnold, impériale chez Bernard : *orbem regere memento*.

Mais on n'attrape pas, on ne prend pas l'Univers avec de pareilles irréalités.

La Foi eût permis d'atteindre ce but, et l'élan universel de la première croisade le prouva; mais son résultat final prouva aussi l'impuissance organique et sociale des papes romains à exercer le Souverain Pontificat, dont ils n'avaient ni la science intellectuelle, ni même la notion morale.

Écraser l'Italie par l'empire, les Romains par l'empereur, puis l'empire et l'empereur en Italie par l'Italie, puis enfin l'Italie par d'autres dominations étrangères : telle fut toujours toute la science politique des papes.

Bernard prêcha donc la seconde croisade, qui, dans sa pensée même, ne fut qu'une diversion politique, et il se garda bien de mettre son disciple et sa créature, le pape Eugène III, à la tête de l'armée qui partit pour ne pas revenir.

En France, l'abbé Suger, ministre de Louis VII, s'opposa vainement au départ du roi.

Le bon sens populaire se souleva et maudit cette onéreuse et inutile entreprise, au point d'assommer, à Sens, l'abbé de Saint-Pierre-le-Vif, collecteur de l'impôt.

L'empereur de Constantinople, Manuel, évita encore cette fois l'invasion et la spoliation de son empire et de son église, en détournant diplomatiquement la marche des Croisés.

Les Allemands furent inutilement massacrés par les Turcs, et Conrad III revint presque seul d'Asie Mineure à Constantinople.

Louis VII se retira de Satalie, s'enfuit sur des vaisseaux grecs avec ses chevaliers, laissant sous le sabre des Turcs les malheureux pèlerins, dont trois mille seulement échappèrent à la mort, en abjurant Jésus pour Mahomet.

Après avoir vainement assiégé Damas, les Croisés regagnèrent la Palestine ; puis Conrad et Louis VII l'Occident, laissant en Orient la Chrétienté plus faible, l'Islam plus fort, l'Asie réveillée par ces piqûres, s'apprêtant à fondre sur l'Europe.

Pendant ce temps, s'accordant momentanément sur les ruines fumantes des villes lombardes, le pape et l'empereur faisaient traîner sur le bûcher, Arnold de Brescia ; puis Adrien IV s'empressait d'opposer à Frédéric Barberousse la ligue des cités italiennes, aux juriconsultes impériaux de la diète de Roncaglia, le décret de Gratien.

A peine remis en équilibre par l'empereur allemand sur sa turbulente municipalité romaine, l'Impérialat des papes recommençait, comme de plus belle, à disputer à l'empire allemand le Gouvernement général et le Droit public, avec la logique inexorable qui, dans le mal comme dans le bien, enchaîne le présent au passé, l'avenir au présent.

Alexandre III, après Adrien IV, reprenait cette impérieuse suite d'affaires, s'appuyait sur la ligue lombarde pour secouer le joug de l'empire; Barberousse écrasait les milices de la ligue, nommait un antipape, Victor III; et Alexandre III réfugié en France n'en sortait que pour venir affirmer en Italie, par une quatrième ligue, son pouvoir révolutionnaire et sa volonté de domination.

En Orient, Saladin prenait l'Égypte aux Fatimites, la Syrie à Noureddin, son souverain; et de l'Euphrate au Nil, l'Islam entourait la Chrétienté, lui arrachant, par la victoire de Tibériade, Jérusalem qui avait coûté tant de sang.

La papauté demanda une nouvelle croisade.

Frédéric Barberousse, Richard Cœur de Lion, Philippe Auguste partirent, et les deux derniers seuls revinrent, sans avoir arraché aux disciples de Mahomet la Ville sainte des trois États Sociaux, Israël, la Chrétienté et l'Islam.

La papauté fut plus heureuse dans ses croisades contre les Européens.

En 1197, Innocent III fit écraser les Provinces Baltiques.

Cette croisade sanglante dura trente ans.

L'Évêque Albert de Buxhœwden installa en 1221 l'Ordre des Porte-Glaive, auquel le pape donna les statuts des Templiers, le manteau blanc et la croix rouge sur l'épaule et Vinno de Rohrbach pour premier grand-maître.

En 1225, dans la chair des Prussiens-Lithuaniens, le saint Siège planta la croix noire de l'Ordre Teutonique.

Les deux Ordres militaires réunis asservirent à la glèbe la race tchoude et lettone, dans les souvenirs de laquelle on retrouve, actuellement encore, ces lamentations populaires, sous le nom de *Jours du Passé :*

Ce passé fut le temps du massacre, ces jours — si lents à s'éloigner furent ceux des désastres. — Les exterminateurs déchaînés nous frappaient. — D'avides chevaliers s'arrachaient nos richesses. — Les troupes des brigands Porte-Glaive régnaient, — taillant tout, peuple et sol, en lambeaux; et les prêtres — étranglaient nos aïeux avec leurs chapelets. — Le Père de la Croix saisissait nos fortunes, — enlevait le trésor du lieu secret, frappait — l'arbre, le tronc sacré, la racine de vie. — Le chêne de Tara sous la hache criait, — et l'arbre de Kiro ruisselait de sang tchoude.

C'étaient à la fois l'empire allemand et l'église grecque de Russie que la papauté voulait ainsi tenir en échec par le Nord.

Dès 1205, ses agents travaillaient Roman de Volynie pour le détacher de l'orthodoxie.

En Occident, après avoir fait chasser et dépouiller les Juifs par Philippe Auguste, Rome suscita contre la secte grecque des Albigeois, la croisade et l'Inquisition.

En 1210, habile à saisir les opportunités, cette monnaie de sable de la politique d'expédients, elle opposait aux Almohades la croisade d'Espagne, mais enlevait aussi à la Péninsule ses libertés gothiques avec les rituels ariens, l'usage de la langue nationale dans les offices et les traductions mozarabiques des Écritures.

Il eût été surprenant que ces guerres de l'Impérialat clérical des papes n'eussent point abouti au sac de Constantinople et au pillage de l'église orthodoxe.

Tel fut le résultat pratique de la quatrième croisade d'Orient, où les Chrétiens de l'église latine enseignèrent aux Musulmans l'envahissement et la spoliation de Byzance.

Le 18 juillet 1203, Constantinople fut prise par les croisés de l'église romaine.

Le sac fut complet : un quartier d'une lieue carrée, rempli de chefs-d'œuvre, fut incendié et totalement détruit ; quatre cent mille marcs d'argent, soit cent quatre-vingt-dix millions de francs, furent partagés dans une église, en attendant le partage de l'empire ; et la plupart des reliques appartenant aux églises et aux couvents orthodoxes furent envoyées en Italie.

Cet empire latin d'Orient, tant rêvé par la domination des papes, ne dura pas soixante ans ; mais il est évident qu'il coïncide, dans la politique du saint Siège, avec une entreprise systématique contre les princes qui, en Russie, étaient les supports militaires de l'orthodoxie.

C'est ainsi que, dans les querelles d'églises et de races, dont les bords de la Néva et du golfe de Finlande étaient l'enjeu, Grégoire IX intervint, en décrétant contre la République chrétienne de Novgorod, une croisade avec la promesse des mêmes indulgences qui étaient accordées à la délivrance des lieux saints.

L'archevêque orthodoxe Spiridion et Alexandre Newski relevèrent le gant, et la bataille de la Néva fut une défaite pour l'église latine.

En 1242, le pape Innocent IV lança de nouveau sur l'orthodoxie ses Porte-Glaive qu'Alexandre tailla encore en pièces sur la glace du lac Péïpous.

Le fin Génois essaya ensuite de la ruse, en adressant, en 1251, au vainqueur russe, une bulle tout onctueuse, portée par deux cardinaux : la ruse échoua comme avait échoué la violence.

En Gallicie, les efforts de la papauté ne furent pas moins actifs.

Le prince Daniel fut travaillé, à Droguitchine, par l'abbé de

Messine, légat spécial, porteur d'une couronne et d'un sceptre envoyés par Innocent IV, en 1254.

Daniel accepta les présents, mais ne seconda en rien les vues de Rome sur l'orthodoxie.

Le Pape Alexandre IV eut beau le menacer, ce prince garda la couronne et le sceptre, les porta dignement, en orthodoxe à qui ils appartenaient de fait, et montra un grand esprit de tolérance et de sagacité économique, en attachant à son pays les Arméniens et les Juifs par des privilèges considérables.

Les dernières croisades d'Orient offrent peu d'intérêt européen.

Dans la cinquième, la hauteur inintelligente de Rome compromit tous les résultats des efforts de Jean de Brienne.

Damiette venait d'être prise, et les Musulmans, alarmés du mouvement lointain des Mongols, offraient aux Chrétiens de leur laisser cette ville, et de leur donner toute la Palestine.

Une entente entre la Chrétienté et l'Islam était pratiquement possible, en présence des ennemis communs, Genghis-Khan et les Tartares du Kharisme refoulés par les hordes mongoliques.

Le légat rejeta avec mépris les propositions de Melik-el-Kamel, et les Chrétiens ne purent même pas garder Damiette.

Dans la sixième croisade, l'empereur allemand Frédéric II, excommunié, comme de raison, répara cette grossière bévue, reprit les négociations avec Melik-el-Kamel, signa une trêve de dix ans, obtint sans coup férir Jérusalem, Bethléem, Nazareth, Sidon, et mit sur sa tête, en 1229, la couronne de Godefroy de Bouillon que les prêtres n'osaient pas lui donner.

Pendant ce temps, en Occident, Honorius III, puis Grégoire IX, soulevaient contre cet habile empereur, son beau-père, Jean de Brienne, et la deuxième ligue lombarde.

Dix ans plus tard, le refoulement des Turcomans par les Mongols amena la bataille de Gaza et la perte définitive par les Chrétiens de la Palestine et de Jérusalem que les Turcomans livrèrent au sultan de l'Égypte.

La septième et la huitième croisade d'Orient menacèrent vainement l'Égypte et Tunis, où saint Louis mourut.

L'Islam resta vainqueur, et la papauté romaine, dans le Gouvernement général de l'Europe, fut définitivement jugée par son impéritie théocratique et sociale, qui n'avait d'égale que son ambition insatiable de domination politique.

Pendant ce temps, le danger que je signalais au commencement de ce livre, comme une des éventualités désastreuses pour l'Europe du vingtième siècle, venait d'éclater, moins terrible pourtant qu'il peut l'être dans l'avenir : l'Asie envahissait l'Europe.

C'est au point de vue de l'avenir que je vais entrer dans quelques détails sur l'invasion des Mongols.

Voici ce que des auteurs chinois du treizième siècle disent des Tatars-Mongols :

« Les Ta-tzi, ou les Da, sont des peuples pasteurs.

» Errants de pâturages en pâturages, de fleuves en fleuves, ils sont nés cavaliers, vivent de guerre et de rapine, dédaignent villes et murailles, ont pour culte la force, pour dieu visible le soleil levant.

» Quand ils veulent prendre une ville, ils s'emparent de ses villages.

» Chaque cavalier asservit une dizaine d'hommes et leur fait porter les matériaux de guerre, combler les fossés, creuser les tranchées, élever les machines.

» Pour enlever une ville forte, ils sacrifient leurs hommes par dizaines de milliers, et aucune place ne leur résiste.

» Si les assiégés se sont défendus, les Ta-tzi passent par les armes toute la population, en commençant par les plus hauts personnages. »

Le récit qui précède est observé sur le vif ; mais les auteurs chinois ignoraient ce qui fait la force secrète de ces peuples.

Comme je le dirai à la fin de ce livre, dans certaines tribus, est gardé un livre religieux que Moïse cite dans son Sepher, et qu'il avait sous les yeux dans les temples d'Égypte.

C'est cette doctrine justicière, qui, périodiquement, est prêchée en Asie par des visionnaires et des sorcières.

De 1154 en 1227, Témoutchine, après mille combats obscurs, réunit en Asie ces peuples en corps de nations ; il assembla alors un congrès de leurs princes, et se proclama Empereur, Tchin-Ghis-Khan.

Il déclara que la terre ne devait avoir qu'un maître, le ciel n'ayant qu'un soleil, et son indomptable énergie se mit à l'œuvre.

Déjà vieux, il commença la conquête du monde.

Mandchourie, Royaume de Tangoust, Chine septentrionale, Turkhestan, Grande Boukharie, Plaines de l'Asie occidentale jusqu'à la Crimée : ces conquêtes faites en quelques années, Témoutchine meurt partageant entre ses quatre fils l'Empire le plus grand dont l'Histoire des nations fasse mention depuis Ram.

Ses lieutenants Tchepe et Souboudaï-Bagadour avaient tourné au Sud la mer Caspienne, pris la Géorgie, le Caucase et les steppes de la Russie du Sud jusqu'au pays des Polowtzi.

Basti, le Khan de ces derniers, appelle à lui Mstislaf, prince de Galitch, qui entraîne tous les dynastes de la Russie du Sud.

A la bataille de la Kalka, six princes, soixante-dix des premiers boïars ou voïé-vodes furent tués, leur armée anéantie, puis la garde du grand prince de Kief égorgée, ce prince et ses deux gendres écrasés sous des madriers, sur lesquels les Ta-tzi mangèrent le festin du triomphe.

Brusquement, sur un mot d'ordre venu d'Asie, les envahisseurs regagnèrent l'Orient, pour aller achever la conquête de la Chine.

Cependant les fléaux s'amoncelaient sur la Chrétienté : famines, pestes, incendies, guerres entre peuples chrétiens, tout le chœur des fatalités publiques était déchaîné.

En 1224, une comète sillonnait le ciel ; en 1230, un tremblement de terre secouait le sol, et une éclipse de soleil épouvantait les esprits inquiets.

Sept ans plus tard, en 1237, Baty reparut dans la Russie sousdalienne.

Bolgary fut prise d'assaut, livrée aux flammes, ses habitants égorgés, les princes de Riazan, de Prousk, de Kolomna, de Moscou, de Mouroune écrasés en bataille rangée, Riazan enlevée d'assaut, pillée, brûlée, puis toutes les villes de la principauté.

La bataille de Kolomna perdue, Moscou brûlée, Vladimir sur Kliazma assiégée, emportée d'assaut, l'évêque Mitrophane, les princes et les princesses dévorés par les flammes dans la cathédrale, Sousdal, Rostof, Iaroslaw, quatorze villes, mille villages rasés par le feu, Georges II vaincu sur la Sita, décapité, Vassilko, son neveu, égorgé, Tver, Torjok, prises, leurs populations fauchées, Kozelsk rasée, son peuple anéanti, son jeune prince, Vassili, littéralement noyé, la tête la première, dans le sang : voilà quelques traits caractéristiques de la violence de ces trombes humaines et de ces déluges asiatiques.

De 1239 en 1240, ce fut le tour de la Russie méridionale, et, malgré la valeur désespérée de ses chefs, Péreioslaf, Tchernigof, furent prises et réduites en cendres.

Mangou, petit-fils de Tchin-Ghis-Khan, assiégea Kief aux mille coupoles d'argent et d'or, et Baty vint à la rescousse.

Les remparts tombèrent sous les béliers, et la marée humaine noya la Ville sainte, la saccagea comme les autres, égorgea ses derniers défenseurs, et les écrasa en faisant crouler sur eux l'église de la Dîme.

La Volynie, la Gallicie furent prises d'emblée, et, sauf Novgorod et le Nord-Ouest, la Russie engloutie par les Ta-tzi vit, par centaines de mille, ses guerriers asservis, ses princesses esclaves des femmes des vainqueurs.

Baty commandait à lui seul une armée d'un demi-million d'hommes, manœuvrant comme un seul soldat, précipitant devant elle, en avant-garde, les peuples vaincus, et, dans tout l'Empire de Tchin-Ghis-Khan, depuis l'adolescence, tout homme valide était requis pour les armes.

C'est alors que, remplissant le rôle qui convenait au Souverain Pontife, l'empereur d'Allemagne écrivit aux rois d'Occident : « Les princes chrétiens de l'Orient sont morts ou esclaves : ouvrez les yeux ! »

Innocent IV demanda une croisade : trop tard ; la papauté avait inutilement usé toutes les forces occidentales de la Chrétienté.

Baty était en Hongrie, quand la nouvelle qu'Oktaï, second empereur de tous les Ta-tzi, venait de mourir en Chine, le rappela, laissant régner la *Horde d'Or* de l'Oural et de la mer Caspienne aux bouches du Danube.

En 1272, les Tatars de la Horde embrassèrent l'Islamisme.

Ainsi fut broyée par un empire asiatique toute une moitié de la Chrétienté, avant que les deux pouvoirs unitaires de l'Occident, le pape et l'empereur, eussent songé à s'en émouvoir, et, chose remarquable, saint Louis qui, seul, mais plus tard, répondit à leur appel, agit à côté de la question, sur les rives africaines de la Méditerranée.

Le crédit politique des papes était usé, le but possible des Croisades manqué depuis un siècle, l'Europe ouverte à l'Asie et à l'Afrique, et elle l'est encore plus que jamais aujourd'hui ; mais, plus divisée contre elle-même, elle n'a même plus l'ombre d'un Gouvernement unitaire, ni d'un Pouvoir central.

Quant aux peuples de l'Asie et de l'Afrique, depuis la Chine jusqu'aux dernières tribus de l'Islam, ils ont à leur disposition tous nos moyens militaires; et, membres diplomatiques de l'anarchie européenne, *ils* la connaissent parfaitement, en profitent, et attendent leur homme et leur heure.

On a dit que Baty s'arrêta, en apprenant qu'une grande armée s'avançait contre lui, commandée par le roi de Bohême et les ducs d'Autriche et de Carinthie.

La réalité est que, si la mort de son empereur Oktaï ne l'avait pas rappelé vers l'Orient, il est douteux que l'Occident germano-latin, si profondément divisé contre lui-même, déjà ouvert par les batailles de Lugnitz et d'Olmütz, eût opposé une résistance plus compacte, plus énergique, que les princes et les villes fortes des Slaves orthodoxes.

Nous nous souviendrons, à la fin de ce livre, des invasions asiatiques, et cela, d'autant mieux que nous savons que, à l'heure actuelle, des commandes et des livraisons de canons Krupp s'effectuent sur une assez formidable échelle.

Pour le moment arrêtons-nous sur ces faits, et résumons cette première période du Gouvernement général et du Droit public de la Chrétienté.

Deux églises hostiles, deux empires sans liens, puis une multitude de dominations royales, féodales, communales, les Mongols et les Turcs en Orient, l'Islam maître de toute la rive droite de la Méditerranée, depuis la Palestine jusqu'au Maroc et au sud de l'Espagne : voilà la position politique de l'Europe au treizième siècle.

Sur cet ensemble, au-dessus des races germano-latines, se détachent dans l'Europe du Centre, du Nord, de l'Ouest et du Sud occidental, la papauté romaine, l'empire germain, diarchie opposant deux races, deux gouvernements généraux, deux unités rectrices, deux droits publics, c'est-à-dire l'anarchie par dualisme de pouvoirs similaires.

Pendant que l'Allemagne et l'Italie restent ainsi enferrées jusqu'à Solférino et Sadowa, pendant que la papauté et l'empire, tous deux se vouant au fédéralisme et au morcellement de leurs races, s'annihilent tous deux, à la circonférence de leur lutte, loin de ses deux foyers de domination, en Espagne, en France, en Angleterre, du sein même de la révolution féodale ont surgi les royautés.

Le mécanisme politique de ces royautés, très différent soit de l'empire laïque, soit de l'empire clérical, va modifier peu à peu d'une manière complète le Gouvernement et le Droit public européens.

Bâtis à peu près sur le même modèle gréco-romain, l'empire clérical du saint Siège et le saint empire de la nation germanique sont impersonnels et électifs.

Le gouvernement et la propriété, malgré les efforts des papes et des empereurs, n'y sont pas absolument confondus; et si leur opposition mutuelle affecte des formes brutales, leur principe, comme Gouvernement général européen, n'est nullement la brutalité, bien différent en cela de la loi dite de l'Équilibre européen.

Au fond, dans l'empire d'Occident, comme dans l'église latine, c'est l'ancien état romain, avec son impersonnalité et sa hiérarchie, qui gouverne l'Europe, ou, du moins, voudrait la gouverner.

Les conciles d'un côté, les diètes de l'autre, contre-balancent tant bien que mal, par un tempérament pseudo-constitutionnel, la centralisation pontifico-impériale, et sa tendance au despotisme pur, c'est-à-dire à la réalité monarchique.

Dominant ou voulant dominer un grand nombre de dominations secondaires, les papes et les empereurs, gardiens des plus grands intérêts généraux, garants des traités, sont forcément, par situation, médiateurs, arbitres, équilibristes, inter et supra-dynastiques, inter et supra-nationaux, presque cosmopolites, impériaux mixtes en un mot.

Eux seuls gardent le secret de cette politique générale qui, une fois abaissée sous la force brutale des armées permanentes, deviendra la diplomatie, de ce maniement simultané des ensembles, que les parties du Tout européen cherheront vainement, par la suite, à atteindre, et qui consiste à opposer ces mêmes parties entre elles, tour à tour, selon l'heure : jeu toujours le même, et où il n'y aura de changé que la position partitive des joueurs et les dispositions des enjeux.

Si ces deux empires n'avaient pas été similaires, s'ils avaient pu se subordonner l'un à l'autre et fonctionner d'une manière organiquement unitaire, au lieu de s'invalider mutuellement dans une guerre perpétuelle de races, leur fonctionnement se serait aisément prêté à beaucoup de garanties de libertés publiques pour les peuples, et à une grande justice constituée en cour d'appel supra-dynastique, supra-royale pour les souverains devenus Magistrats européens.

Les guerres féodales, dont la juridiction brutale nous régit encore, eussent pu ainsi être évitées, et, avec elles, des torrents de sang et des fleuves d'or inutilement engloutis.

Les villes d'Italie et d'Allemagne jouissaient sous ces deux gouvernements d'une somme de franchises, de libertés, de prospérité économique qu'elles recouvreront difficilement de nos jours, et dont les institutions communales et municipales ne se retrouvent plus aujourd'hui sur notre Continent despotiquement asservi à un écrasant militarisme dirigé contre l'Europe seule.

Dans ces villes, l'Emporocratie se développa avec puissance, donnant de loin l'illusion de la République pure, et, avec ses

9.

libertés, se développèrent aussi les métiers, les arts, les sciences, le commerce, l'industrie et l'esprit de la Civilisation.

La grande politique continentale passait la plupart du temps par-dessus les clochers de Venise, de Gênes, de Pise, de Florence, de Mayence, de Cologne, de Coblentz, de Bonn, d'Aix-la-Chapelle, de Metz, de Magdebourg, de Brême, de Lubeck, de Hambourg, de Ratisbonne, d'Augsbourg, d'Ulm, de Nuremberg, de Francfort, de Spire, de Worms, etc.

Ces villes, du reste, ne songeaient qu'à s'en garantir, en se jouant politiquement de toute obligation directe vis-à-vis des deux empires aux prises.

Il est vrai d'ajouter que ces cités durent surtout leur indépendance à la lutte de la papauté et de l'empire, et qu'elles cueillirent les moissons de la Paix dans les sillons sanglants de leur guerre perpétuelle ; mais si, en Allemagne comme en Italie, elles n'eurent point l'orgueilleuse satisfaction d'être réunies en un seul corps centralisé de nation, elles n'en subirent pas non plus les nécessités politiques, militaires ni économiques.

A ce dernier point de vue, la ligue hanséatique d'une part, le consolato del mare de l'autre, étaient des liens généraux puissants et bons que nous n'oublierons point dans notre projet de Constitution de l'Europe actuelle, non plus que la question des villes libres.

Les Juifs pratiquaient le change, la lettre de change, l'escompte, la banque, et prêtaient aux transactions la mobilité, l'intelligence et l'étendue de leur cosmopolitisme et de leur race en mouvement.

Tout cela s'effectuait de soi, sans prévision ni science gouvernementale, un peu grâce à la constitution fédérale des deux empires, beaucoup grâce au brisement mutuel de leurs deux races.

Les dynastes d'Espagne, de France, d'Angleterre, les ducs

d'Autriche, de Hongrie ou de Bohême, et, beaucoup plus tard, les marquis impériaux des Marches de Brandebourg firent comme les villes libres d'Italie et d'Allemagne et comme tous les révolutionnaires féodaux.

Pendant que les deux gouvernements unitaires impersonnels et impériaux s'accablaient et se neutralisaient, la Féodalité, se libérant de toute obligation personnelle vis-à-vis d'eux, n'en acceptait que de fictives : dogmes, formalisme du culte, pompes et solennités des sacres, de la part de l'église, cérémonial des couronnements, parades, tournois et fêtes, de la part de l'empire.

Du premier duc impérial, en rupture de ban vis-à-vis de l'empire, jusqu'au dernier des barons devenu larron, toute la hiérarchie impériale brisée, sectarisée à l'infini, comme l'église le sera plus tard dans le Nord par Luther, allait subir le joug local des dynastes dompteurs.

CHAPITRE VII

DIARCHIE DES EMPIRES EN OCCIDENT

Origine des monarchies divisionnaires ou royales. — Leur fonction générale dans la Chrétienté. — Leur tactique particulière en Espagne, en France, en Angleterre. — Procès féodaux entre dynastes. — Monarques de France et d'Angleterre. — Impuissance et chute de la papauté comme gouvernement général. — Guerre de Cent ans. — Congrès d'Arras. — La République européenne.

Parmi les familles féodales de chaque pays, celle qui, dans cette révolution devenue une sélection d'énergies sans frein, s'était rendue maîtresse des territoires les plus étendus et les plus peuplés, par les moyens usuels de la politique instinctive, devait forcément tendre à exercer une domination despotique sur les autres familles d'un même cadre géographique.

Tel fut, en effet, le plan féodal basique sur lequel s'érigea la fonction monarchique, en Europe, partout où, comme en Espagne, en France, en Angleterre, en Danemark et en Suède, en Autriche, en Russie, en Prusse, le duel germano-latin de la papauté et de l'empire rendit ineffectifs le gouvernement général et le droit public primitifs, et permit cette poussée d'énergies souveraines.

Je sais que telle n'est pas la doctrine mystico-sentimentale, la théorie clérico-monarchique de la légitimité; mais je sais aussi que, hors de la Vérité, il n'y a pas d'Autorité possible.

Comme j'entraîne, en ce moment, mes contemporains, comme je pousse, en écrivant ce livre, ce vieux dix-neuvième siècle vers l'inévitable rétablissement de l'Autorité réelle, je n'hésite pas à réduire à néant, l'Histoire à la main, ces contes bleus, ces fictions à dormir debout, ces mysticités énervantes et paralysantes.

Oui, telle fut l'origine des dynasties royales en Europe, et c'est pour cela qu'elles y furent, qu'elles y sont choses utiles et pratiques, et qu'elles eurent la force d'y fonder les nationalités, glaive et main de justice au poing, et non le cierge ni le goupillon à la main.

Lorsque, dans une même armée, deux généraux en chef, deux Impérators se disputent, dans le sang de leurs états-majors, le pas et la préséance, le commandement et l'exécution, le dernier chef divisionnaire est bien venu, s'il rétablit, fût-ce au prix de mille vies, l'unité de sa propre division.

Et s'il n'existe plus de chef divisionnaire, place au dernier des capitaines, place même au dernier des soldats, s'il a dans sa poitrine et dans sa tête l'énergie d'un chef.

Au moyen âge, ces deux Impérators sont le pape et l'empereur ; ces divisions de la Chrétienté sont les nations ; leurs chefs, d'où qu'ils sortent, peu importe, sont ces divisionnaires.

Et tant que ces chefs, traditionnels ou spontanés, ont la force vitale et l'intelligence nécessaires pour dresser, hérissées d'armes, les unités secondaires sur les ruines des deux unités générales aux prises, ces chefs portent en eux leur légitimité comme leur légalité, dans le fer de leur sang et dans le phosphore de leur cerveau.

Plus tard, j'exigerai d'eux une âme et un esprit ; pour le moment de l'Histoire que retracent ces pages, il me suffit qu'ils soient de souveraines virilités, capables d'écraser sous un gant d'acier les brigands du dedans, et de clouer de l'épée sur la frontière les aigles, les vautours, les léopards ou les lions du dehors.

Que Dieu préserve les rois, dans leur œuvre si difficile, de cette mysticité de la légitimité, de cette Extrême-Onction de la Monarchie, que les Césars de l'église latine n'inventèrent que pour disposer encore des couronnes, quand les tonnerres italiens d'Hildebrand furent devenus pour l'Europe désabusée un feu d'artifice sans conséquence.

Nous allons demander à l'expérience historique d'abord, comment les dynastes se saisirent des pouvoirs publics en Espagne, en France, en Angleterre, etc.; ensuite, comment ils remplacèrent l'ancien Gouvernement général, l'ancien droit commun.

Nous continuerons à dire sans peur toute la vérité : notre siècle est de taille à l'entendre; et loin d'y perdre, les gouvernements comme les églises, la Civilisation comme la Société ne pourront qu'y gagner en grandeur, en puissance et en réalité.

Ce que les rois avaient à dompter, c'était la dissociation de tous les organes sociaux, de tous les membres de l'État démembré, leurs répugnances à renoncer à leurs libertés, c'est-à-dire à la multiplicité anarchique de leurs dominations personnelles, possessives et esclavagistes, leurs résistances à se réassocier sous un gouvernement et un droit communs.

Cette dissociation se décomposait en trois catégories, à peu près les mêmes partout :

1° Domaines et villes usurpés comme gouvernements et possessions personnels d'hommes et de territoires par les anciens chefs militaires impériaux ou royaux, ainsi que par leurs héritiers;

2° Domaines et villes qui, sans chefs militaires, avaient subi le joug du matérialisme gouvernemental, du même athéisme social, de la même mort politique, de la part des évêques ou des abbés mitrés;

3° Domaines et villes tombés sous la tyrannie oligarchique

ou dictatoriale de magistrats civils, soit municipaux, soit communaux.

La première et la seconde catégorie constituaient l'aristocratie, avec ses républiques anarchiques, rebelles à toute centralisation égalitaire, devant limiter ses libertés.

La troisième catégorie constituait la démocratie, et s'était garantie contre l'oligarchie nobiliaire par des institutions simples ou mixtes et plus ou moins fortes suivant les pays.

Cette dernière catégorie, moins jalouse de liberté que d'égalité, n'était très solidairement liée avec les oligarchies nobiliaires que dans les pays perpétuellement labourés d'invasions, comme l'Espagne et l'Angleterre ; partout ailleurs, ses intérêts étaient de se liguer avec les monarchies naissantes, pour briser et broyer l'aristocratie dans une centralisation et une juridiction égalitaires.

En Espagne et en Castille, pays des châteaux-forts, existait une aristocratie puissante, toujours aux prises avec elle-même, à travers les maisons rivales de Castro, de Lara, de Haro, etc., mais que la guerre perpétuelle contre les Maures força à se solidariser avec les classes inférieures.

Cette forte union rendit mixte l'institution des cortès, dès 1169, et difficile l'œuvre des rois.

La noblesse, ricos hombres, sa doublure, caballeros ou hidalgos (szlatzka des Polonais), étaient liées par l'impôt du sang avec les pecheros ; et si ceux-ci s'unirent à ces deux classes pour les aider à résister à la royauté, ils tirèrent d'elles les fueros, qui leur permirent d'envoyer aux cortès jusqu'à près de deux cents députés représentant une centaine de villes : cortès de Burgos, en 1315.

Ces fueros arrachés à l'ombre du pouvoir central concédaient aux villes de grands territoires, ainsi que l'élection des juges et des magistrats municipaux.

Le roi n'y gardait qu'un régidor, surveillant général, auquel les hermandades, ligues des Cités, s'appliquaient à ne laisser aucune force exécutive.

« Vous êtes tous des rois pour le malheur du royaume comme pour ma honte. »

Ce que Henri III de Castille disait aux grands, il eût pu également le dire aux communes.

En Aragon, l'aristocratie avait un caractère féodal et révolutionnaire plus tranché qu'en Castille, le régime impérial ayant embrassé toute la circonscription de la marche de Barcelone.

Aragon, Catalogne, Valence, avaient leurs cortès séparées.

Les cortès d'Aragon représentaient quatre classes ou bras, *brazos* : 1° prélats et commandeurs d'Ordres militaires; 2° *ricos hombres* ou barons; 3° *infanzos* ou chevaliers (knights d'Angleterre); 4° députés des villes.

Pour remplacer le pouvoir impérial par un magistrat qui garantît contre la royauté les libertés publiques, c'est-à-dire, dans bien des cas, les usurpations de la noblesse et celles des communes, tant sur l'empire que sur la royauté elle-même, les Aragonais avaient fait une trouvaille politique : l'institution d'un *justiza* renouvelée des *éphores*.

Ce personnage de qui relevait le roi lui-même, lui souhaitait, le jour de son couronnement, cette bienvenue républicaine, au nom des barons et des communes :

« Nous qui valons chacun autant que vous, et qui, tous ensemble, valons plus que vous, nous promettons d'obéir à votre gouvernement, si vous maintenez nos droits et nos privilèges, et sinon, non. »

Parmi ces droits, les coutumes légales d'Aragon comptaient l'insurrection, la déposition, le jugement du roi : *Privilége de l'Union*.

La souveraineté réelle appartenait donc, comme en Castille, aux cortès, avec les pouvoirs de lever les taxes, faire la guerre, signer la paix, battre monnaie, etc.

C'était la république bâtarde, voulant de la royauté le fantôme d'une autorisation.

Le principe de ce gouvernement était la Volonté populaire, représentée, donc à moitié abdiquée déjà, mais mettant son orgueil à ne point se l'avouer.

Le but était la liberté illimitée, but rêvé, voulu même, mais avec une telle peur de l'atteindre, qu'on voulait aussi le roi, comme un recours possible, grands contre les petits, petits contre les grands.

Le vrai roi eût été le *justiza*, si ce magistrat n'eût pas été institué contre le roi lui-même, auquel les cortès l'imposaient pour ne pas le subir, et pour satisfaire l'orgueil de chacun, en l'humiliant dans le premier de tous.

Le roi qui supportait d'être ainsi traité et garrotté, n'était pas un roi, mais un laquais, et s'il se sentait une énergie souveraine il devait prendre la place du *justiza*, fouler aux pieds ces entraves et centraliser tous ces faux pouvoirs républicains.

Mais pour triompher d'une anarchie aussi fortement instituée et constituée, il fallait, à la puissance d'une énergie souveraine, un point d'appui difficile à trouver.

Un roi d'Aragon ne vit pas d'autre issue que de donner par écrit son royaume, non pas au diable, mais à Innocent III, malgré les protestations des communeros et des cortès.

Ferdinand, dit, je ne sais pourquoi, le Catholique, et dont le vrai nom serait le despotique, fut seul en mesure d'exercer la monarchie réelle.

Son mariage lui ayant fait réunir les couronnes de Castille et d'Aragon, voici comment il s'y prit pour faire passer la monarchie de l'état nominal à l'état réel.

Il n'atteignit pas à l'homogénéité, à cause de la nature des moyens étrangers qu'il employa.

Sa tactique vis-à-vis de l'épiscopat, de la noblesse et des communes fut la même que celle des papes dans l'église latine, et des dynastes dans chaque nation : les milieux et les moyens employés pour les vaincre furent différents.

Les cortès, ces conciles laïques, furent naturellement son premier objectif.

Il était difficile de les mater, la noblesse et le peuple y formant faisceau pour résister à la royauté.

Pour les délier, et les vaincre isolément, Ferdinand s'y prit en Impérator ou *Conquistador*, et commença, comme César, par battre l'ennemi commun, les Maures.

Devenu populaire, il put impunément porter son ascendant militaire contre la noblesse et la chevalerie, les forcer à l'unité de son commandement, centraliser leurs droits et les pouvoirs de leurs assemblées spéciales.

Restaient les communes, organes du peuple presque arien, mélangé d'Israélites et de Maures, jaloux de ses libertés religieuses et civiles, industrieux, commerçant, intelligent et civilisé.

Pour lier ce peuple à l'unité de sa domination, le roi commença par se servir des nobles pour se faire débarrasser par eux du *justiza*.

Il eut recours ensuite à un moyen étranger, antijuridique aussi bien qu'antinational, au pire de tous, à l'Inquisition, qu'il appuya par la force militaire.

Un *justiza* de la couronne eût certainement mieux valu.

Borgia, sous le nom d'Alexandre VI, occupait alors le trône pontifical; mais, à sa place, eût été un saint, que le Césarisme clérical de l'église romaine eût opéré d'une manière identique.

En France, la royauté suivit une marche plus nationale, plus juridique et meilleure.

Hugues Capet sut donner à son coup d'État les apparences d'un pseudo-plébiscite aristocratique de ses évêques, de ses abbés et de ses barons.

Il est vrai que, dans l'assemblée de Senlis, où il se fit brusquement élire, non sans préparation, il n'avait guère comme électeurs, que les seigneurs et les évêques de son propre duché, que les abbés de ses propres abbayes, Saint-Denis, Saint-Martin de Tours, Saint-Germain.

Il est vrai aussi que lorsque le roi légitime carlovingien, le grand-duc d'Occident, se présenta pour faire annuler cette élection, la Flandre, le Vermandois, la Basse-Lorraine, l'Aquitaine, le Nord et le Midi de la nation, étaient derrière Charles contre Hugues.

Si la conspiration des évêques, sous l'impulsion de Rome, n'avait pas, dans la personne de l'évêque de Laon, livré ce redoutable descendant de Charlemagne à Hugues Capet qui le confia aux cachots de la Tour d'Orléans, le coup d'État de ce dernier eût été hasardeux.

Cependant, de la part de celui que Montesquieu nomme prudemment le possesseur du plus grand fief, de peur de le qualifier de plus grand révolutionnaire féodal, il y avait une certaine pudeur dans cet hommage rendu, à Senlis, au fantôme d'une vertu électorale, aux mânes d'une légalité nationale.

En haine de l'empire, les papes étaient, comme nous l'avons vu, derrière les ducs de France ; et Sylvestre II, Français, menait, à travers les évêques, ce coup d'État contre la dynastie légitime.

Pourtant, la royauté française ne fut jamais une lieutenance armée de la papauté.

Sachant à quoi s'en tenir sur la légitimité, édifiée par l'histoire des carlovingiens, la nouvelle monarchie s'entoura de toute la légalité que put lui prêter peu à peu son union progressive avec la nation.

Elle visa comme l'empire à être chez elle la magistrature couronnée, la loi vivante du pays, et atteignit magistralement son but.

Si elle favorisa l'église latine en France, ce fut en tant que gallicane, et elle sut lui résister, dès que son clergé devint un instrument du césarisme clérical du saint Siège.

Malgré les moines de Saint-Denis, qu'elle fit dévotement prier pour ses morts, elle montra et pratiqua un véritable athéisme gouvernemental, trop motivé d'ailleurs par le carbonarisme politique de l'Impérialat des papes vis-à-vis de l'empereur d'Allemagne comme vis-à-vis des rois.

Voici quelle fut, à l'intérieur, la tactique des dynastes français.

Plus fortunés que ceux d'Espagne, ils trouvèrent la noblesse féodale et les communes naissantes, divisées, leurs institutions séparées, à l'état soit simple, soit rudimentaire, sans lien mixte, comme les cortès.

Les assemblées de la noblesse, Champs de Mars ou de Mai, étaient presque tombées en désuétude.

Ils les relevèrent pour s'emparer de leur pouvoir législatif, comme l'avait si habilement fait Alexandre de Macédoine, en mettant la main sur le Conseil des Amphyctions.

Pour contre-balancer la force légale de la noblesse, les dynastes de France libérèrent les communes en se les attachant directement par de véritables fueros, mais royaux cette fois.

En même temps que cette œuvre vigoureusement menée par Louis le Gros et Philippe, ils encouragèrent fortement l'étude du droit civil romain et la création progressive d'une magistrature solide.

Enfin ils submergèrent légalement l'aristocratie féodale en lui ouvrant, sous le nom d'états généraux, des cortès de la couronne, où la représentation des communes engloutit l'oligarchie nobiliaire.

Ainsi, tandis que la monarchie espagnole asservit sa nation pour la dominer, la monarchie française délivra la sienne pour la régir.

Mais la féodalité nobiliaire une fois noyée dans l'élément communal, il restait à conjurer les états généraux, foyer virtuel d'une démocratie pure.

Les rois de France ne surent pas conjurer ce danger, ils l'atermoyèrent.

Centralisant dans leur personne les pouvoirs des états généraux, ils en éloignèrent peu à peu la convocation, puis ne les convoquèrent plus.

C'était habile ; mais l'habileté ne suffit pas, quand les principes opposés des formes de gouvernement sont en jeu.

Le droit monarchique ne doit jamais ruser avec le droit populaire et réciproquement, si l'on veut que la Monarchie ou la République soient réelles et durables.

Il fallait oser abroger légalement les états généraux d'une manière plébiscitaire, au profit de la Magistrature nationale de l'État royal, et diviser la représentation en trois Chambres correspondant aux trois plus grands groupes d'intérêts publics comme je le montrerai à la fin de ce livre.

La demi-mesure des dynastes français fut d'autant plus impolitique qu'ils évitèrent la tyrannie clérico-militaire de la monarchie espagnole, en fondant sous le nom de parlement une cour représentée par les juges de la cour royale proprement dite.

Ils confièrent à ce parlement les fonctions judiciaires, la vérification et l'enregistrement des édits royaux et des actes législatifs de la couronne.

Ce n'était pas assez pour représenter l'équivalent des pouvoirs publics absorbés.

Oubliant qu'ils laissaient non fermée derrière eux une source de volonté populaire, qui pouvait devenir un déluge, les rois français devinrent, en France, législateurs, en Europe, magistrats partiels de droit commun, réserve faite de leur origine féodale et des combats judiciaires européens.

Ils prirent, dans leur pays, le style et les prérogatives de la loi même, comme autrefois les empereurs romains, fondèrent l'État le plus homogène d'Europe, et seraient encore sur le trône, s'ils avaient su conjurer la puissance démocratique latente des états généraux qui les écrasa, dès qu'elle se manifesta.

L'État qui leur survit, institution romaine, essentiellement monarchique et démocratique à la fois, et auquel le droit romain prête toute sa force, empêche seul aujourd'hui le démembrement de la nation par la vieille commune féodale des Étienne Marcel et la réduction du corps national en ses atomes municipaux.

Les chambres représentatives, telles qu'elles existent dans ce pays, n'ont aucune base sociale réelle; elles ne représentent que des illusions politiques sectaires, stériles et funestes à droite comme à gauche, des partis, démembrement virtuel de l'unité nationale, perpétuellement à l'assaut de l'État, et qui font constamment le jeu du mouvement fédéral communaliste.

La France est à la fois près de la mort politique, ou de l'apogée de sa vie nationale, selon que l'État affaibli par les chambres la livrera aux communes, ou qu'il deviendra absolument impersonnel, neutre aux partis, appuyé sur un suffrage universel plus complet encore, mais tout autrement organisé.

En Angleterre, la monarchie eut à compter avec une noblesse et une démocratie féodales plus fortes encore qu'en Espagne, plus solidairement liées, mieux garanties encore par leurs institutions soit originelles, soit revendiquées.

Élève militaire et politique de Charlemagne, le roi de

Wessex, Egbert, réunit l'Heptarchie, sans modifier sensiblement l'organisation néo-celtique importée par les Scandinaves comme elle le fut, en Espagne, par d'autres divisionnaires de l'Empire d'Odin, en Russie, par les Varègues, etc.

Alfred, justement surnommé le Grand, porta plus loin l'œuvre demi-carlovingienne d'Egbert.

Il réorganisa l'Angleterre hiérarchiquement sur un plan juridique emprunté, moitié aux anciennes coutumes néo-celtiques, dites à tort saxonnes ou germaniques, moitié à l'administration impériale.

De la base au sommet, il releva les circonscriptions juridiques suivantes :

1° Tithing, commune de dix feux, jugeant ses propres procès ;

2° Hundred, centon ou canton avec ses douze freeholders (jury des néo-Celtes), jugeant les procès des communes entre elles ;

3° County ou shire, unité à la fois civile, politique et militaire, présidée par le comte ou ealderman assisté de l'évêque par-devant un shérif du roi ;

4° Wittenagemot, assemblée des Sages, ouverte aux hommes libres comme aux thanes, et présidée par le roi, à la fois premier Magistrat et *Justiza*.

« Je veux mes Anglais libres comme leur pensée. »

Alfred entendait par là que, ayant la puissance juridique, ils respectassent leur propre loi.

C'est bien ainsi que l'Angleterre l'a compris et le comprend encore.

Cette parole du sage Alfred, roi implacable d'ailleurs comme *justicier*, fut une prophétie des destinées de son pays, et il eut soin de l'appuyer sur ces institutions, souvenirs d'Odin et des vieilles libertés du Nord, oblitérées souvent, jamais oubliées.

Après la mort de ce Théodoric anglais, les hommes libres se lassèrent de venir à l'Assemblée royale des Sages ; les thanes en prirent plus de pouvoir, et, sous les invasions danoises et saxonnes, le chaos féodal augmenta.

Après, vinrent les Normands de France et à leur tête, les rejetons des anciens Francs qui, sur le mot d'ordre de la papauté jalouse de faire oublier l'esprit libre du Nord, s'emparèrent de la couronne.

Il va sans dire que Rome avait excommunié Harald, fils de Godwin, roi légitime, mais Saxon, ne payant pas le denier de saint Pierre.

La Conquête, le fils de Robert le Diable au sommet, s'établit en la plus régulière aristocratie féodale de la Chrétienté : six cents barons doublés de soixante mille chevaliers ou soldats à cheval, les premiers lieutenants de leur duc.

Ils se partagèrent le sol, et le *Grand Terrier*, Dooms-day-Book, fut la condamnation dernière des Saxons que la haine romaine d'Hildebrand frappa de mort aussi bien dans l'église d'Angleterre que sur le sol féodal anglais.

Mais en écrasant sur ce sol l'aristocratie antérieure, depuis la Manche jusqu'à Carlisle et Bamborough, la féodalité française de Normandie la confondit avec un élément communal et bourgeois puissant, armé du jury, labouré de guerres comme en Castille et en Aragon, sachant sa force et ses droits.

Avant les Normands, bien que sans représentation constante dans le Wittenagemot, les corporations communales étaient vigoureuses.

Cantorbery assistait à la cour du comte, Londres concourait avec la noblesse à l'élection des rois, York, Oxford, nombre de villes et de bourgs avaient leurs libertés et leurs pouvoirs.

La bride que mit à Londres Guillaume, en élevant la *Tour*, devait, grâce à Rome, passer de la main des rois dans celle des communes.

En vain aussi, la grande noblesse crut-elle pouvoir faire partout ce que le roi fit à la capitale : elle fut soulevée peu à peu contre les rois par le clergé romain et le saint Siège, et, pendant ce temps, les communes, d'accord avec la petite noblesse, ainsi qu'avec les anciens éléments dano-saxons, s'affranchirent en recourant à la royauté qui leur rendit leurs fueros anglais, en leur donnant des *chartes*.

Henri Ier rendit à Londres ses libertés et lui donna sa première charte.

Henri III se fit de bonnes redevances en généralisant cette politique contre l'agitation cléricale, et les cités des domaines féodaux devinrent peu à peu leurs propres maîtresses et les égales des barons.

Londres, Romney, Hastings, Hyte, Sandwich, Douvres, furent baronnes ou nobles, dans la personne de leur chef municipal, à peu près comme en Russie, au douzième siècle, certaines villes avec leur Vetché, Monseigneur Novogorod la Grande, *Gospodine Vélikii Novgorod*.

Il suffisait que Henri Ier fût l'allié de son gendre, l'empereur d'Allemagne Henri V, pour que la papauté suscitât contre ce roi son clergé national.

La politique de Rome s'accentua encore davantage sous Henri II à propos du clerc convaincu d'assassinat que l'archevêque de Cantorbery fit acquitter par la juridiction ecclésiastique.

Le roi exigea que le jugement fût annulé et le procès recommencé devant la juridiction civile ; mais l'archevêque soutenu par des légats envoyés de Rome agita le royaume tout entier, menaçant le roi, haranguant et soulevant les populations.

Ainsi ce fut Rome qui porta à la monarchie anglaise les premiers coups qui l'affaiblirent.

Cette lutte recommença plus violente contre Jean sans Terre à propos d'un autre archevêque de Cantorbery.

On ne peut que réprouver le meurtre de Thomas Becket,

comme un des plus affreux crimes que Henri II pût commettre; de même on ne peut certes pas approuver Jean jurant *par les dents de Dieu qu'il ferait couper le nez à tout Romain qui viendrait dans ses États, et jeter à la mer tout le clergé anglais.*

Il ne faut pas se dissimuler cependant que la souveraineté monarchique était rendue singulièrement difficile par des primats affectant, comme Becket, des allures de proconsuls impériaux de l'ancienne Rome, ou de préfets de provinces, commandant, au nom du césarisme pontifical, à des rois vaincus, et considérant le royaume comme une province cléricale romaine, le clergé anglais comme leur armée d'occupation.

Telle fut la cause première qui permit aux communes de se dégager des barons, aux barons d'imposer au roi excommunié la Grande Charte, aux applaudissements du peuple.

Le pape Innocent III eut beau déclarer la Grande Charte non avenue, les barons maudits, le roi délié de ses serments : il était trop tard.

Quarante-trois ans après, les *statuts d'Oxford* établissaient la périodicité du Grand Conseil de la nation, et les communes, six ans ensuite, siégeaient à côté de la petite et de la grande noblesse, dans les cortès anglaises ou parlements, non du roi cette fois, comme en France, mais du peuple, dans le sens juridique et national de ce mot.

Sous Édouard Ier, la représentation des comtés et des villes dans le parlement se régularisa encore.

Sous Édouard II, le parlement dictait ses conditions en matière d'impôt.

Trois ans après, le consentement des communes était obligatoire pour valider certains pouvoirs des lords, et quinze ans plus tard, pour valider d'autres pouvoirs, mais, cette fois, de la couronne.

Enfin, trente-trois autres années s'étaient à peine écoulées qu'un moine anglais, Jean de Wiclef, défendait son pays contre le saint Siège, et qu'un acte du roi, des lords et des communes déclarait à Urbain V qu'ils n'entendaient pas que le royaume fût assujetti à une domination étrangère.

Ainsi se constituèrent, grâce à Rome et malgré les efforts des Tudors et de la Chambre étoilée, les libertés anglaises, sans que la royauté pût revêtir le caractère justicier d'Alfred le Sage.

Le Parlement eut beau se subdiviser en deux Chambres, celle des Lords et celle des Communes, ces deux Chambres représentant deux grands pouvoirs sociaux, deux grands groupes nationaux d'intérêts fonciers et mobiliers ne purent jamais être efficacement opposés par les rois.

Ces deux groupes économiques, ces deux pouvoirs législatifs dont seule, la réunion plénière faisait ou défaisait la loi, ne pouvaient s'opposer entre eux que par eux-mêmes.

Mais les lords, n'ayant pas la force du nombre, sentirent vite la nécessité de maintenir étroitement leur union avec les communes, union dont la monarchie paya politiquement tous les frais.

A ce jeu, la démocratie féodale anglaise gagna tout ce que la noblesse et surtout la royauté perdirent.

Jacques Ier voudra en vain, à propos de la conspiration des poudres, exercer un pouvoir régalien : ses persécutions contre les catholiques romains irriteront surtout les protestants.

Car, sentant en elles le pouvoir légal avec la puissance législative, les communes ne verront que l'arbitraire dans la royauté, dès qu'elle voudra devenir arbitrale et agir souverainement.

Jacques Ier arrachera à peine quelques prérogatives au parlement, que le pays tout entier se partagera en deux camps prêts à la guerre : Torys pour le roi, Whigs pour les communes, et le désastre de la royauté sera proche.

Charles Ier aura beau sacrifier son ami, son bras droit, Strafford, vice-roi d'Irlande, à la haine de la chambre des communes : après le bras droit de la royauté, ce sera la tête du roi qui tombera.

Avec leur *justiza*, Olivier Cromwell, Saxon, les communes resteront maîtresses du pouvoir, ayant, en droit civil, le jury à leur base, en droit national, la force juridique avec la puissance électorale, législative, administrative et exécutive.

Ainsi, dans sa constitution sociale, finissant par où commença l'Aragon, l'Angleterre fut et reste, jusqu'à nos jours, une démocratie du moyen âge, couverte par une aristocratie foncière, et obéie par une monarchie.

L'Emporocratie était le seul moyen possible pour l'Angleterre d'éviter le règlement de ses problèmes politiques intérieurs, en donnant à sa démocratie bourgeoise l'Empire colonial le plus grand du monde.

Cette situation fait du gouvernement du Foreign-Office un Empire véritable, à forme emporocratique, que lord Beaconsfield a caractérisé de son vrai nom, en donnant à S. M. R. le titre d'Impératrice.

Mais la situation monarchique et nationale intérieure reste toujours un problème non résolu.

L'Empire colonial et emporocratique anglais, pris entre les États-Unis, la Russie et la Chine, peut, en se brisant, remettre en question tout le gouvernement royal du Royaume Uni.

Le règlement démocratique de la question agraire et du morcellement de la grande propriété peut, en ôtant à l'aristocratie ses bases sociales, étouffer momentanément les libertés anglaises dans une démagogie égalitaire qui fera, sans le vouloir, le jeu d'une monarchie magistrale et justicière.

Je ne parle pas d'un autre danger consécutif des précédents : la désunion momentanée des îles et leur reprise sanglante dans une centralisation militaire, secondée par la politique du cléricalisme romain.

Quoi qu'en pensent certains hommes d'État anglais, ils ne sont plus isolés du continent, et la solution du problème du Gouvernement général de l'Europe, le remaniement de la Loi publique continentale, Loi féodale dont la Diplomatie et la Guerre permanente sont les caractères, peuvent seuls préserver pacifiquement la royauté et l'empire d'Angleterre de toutes ces redoutables éventualités.

Pendant que l'Angleterre, la France, l'Espagne, marchaient ainsi de la division à l'unité relative ou absolue, du féodalisme pur à l'hégémonie nationale, et tendaient à s'établir dans leurs cadres géographiques respectifs, leurs rois avaient entre eux des questions litigieuses à régler.

Par une contradiction apparente, les souverains qui combattaient chez eux la révolution féodale ou la forçaient à l'unité, demeuraient eux-mêmes, entre eux, dans une situation juridique exclusivement féodale.

C'est ainsi que Louis le Gros, tout en rappelant à l'ordre ses vassaux, les seigneurs de Coucy, de Corbeil, du Puiset, de Montlhéry, Bouchard de Montmorency, batteurs de grands chemins, pillards de marchands et détrousseurs de voyageurs, se trouvait suzerain d'un vassal plus formidable, le duc de Normandie, en même temps roi d'Angleterre.

De son côté, Henri d'Angleterre, voyant Louis le Gros décidé à le détrousser de son duché de Normandie, se demandait, en comptant ses barons et ses chevaliers, quels étaient au juste ses devoirs de vassal.

La dynastie de Hugues Capet, duc de France, avait détroussé de la couronne française le duc carlovingien de basse Lorraine.

L'ancêtre de Henri, Guillaume de Normandie, avait lui-même détroussé de son royaume d'Angleterre Harald le Saxon, fils de Godwin.

Les descendants de Hugues et ceux de Guillaume savaient mieux à quoi s'en tenir que leurs sujets sur leur situation juridique respective.

L'Empire seul eût pu légalement régler sans effusion de sang ce procès royal ; mais la papauté, empire elle-même, invalidait le saint empire romain de Germanie, sans pouvoir le remplacer ni dans le Gouvernement général, ni dans le Droit public européens.

Le seul droit qui restât à invoquer était donc le droit féodal.

Mais, aux termes de ce droit, le litige des deux rois aurait dû être soumis au jugement des pairs, non du duché, mais du royaume de France, à la fois juges et parties.

Restait le pape, me dira-t-on.

Il était aux prises avec l'empire.

D'ailleurs, n'ayant pas plus respecté les royautés que l'empire, le saint Siège en était payé de même monnaie politique, et réduit soit à foudroyer les couronnes, soit à les oindre, et *vice versa*.

Rome n'avait, en dehors de ses violences révolutionnaires ou de ses cérémonies cultuelles, aucune prise juridique, rationnelle et pratique sur les monarchies.

Elle n'était pas en état de juger équitablement de pareils procès, et de n'y pas mêler ses propres intérêts politiques, puisqu'elle possédait en Allemagne le tiers, en Angleterre le quart, en France le cinquième du territoire, sans parler des revenus.

C'est ainsi que les rois chrétiens, dans leurs litiges entre eux, furent réduits au recours aux armes, aux guerres privées du droit féodal, au *fehde* des anciens sectateurs d'Odin, *aux combats judiciaires* de la Celtide antique, aux *ordalies* des barbares de l'Europe, de l'Asie et de l'Afrique primitives, en un mot à la cour d'appel du meurtre et du carnage militaires.

Telles sont les origines du Gouvernement général, du prétendu Droit public des traités, de la guerre et des armées permanentes qui, depuis la guerre de Cent ans jusqu'au traité de Westphalie, depuis le Congrès de 1648 jusqu'à celui de Vienne et au traité de 1815, depuis ce dernier jusqu'au dernier traité de Paris, gouvernent encore toutes les nations européennes, après dix-huit cents ans de Christianisme.

La papauté sentait si bien qu'en révolutionnant l'empire pour en hériter, elle avait assumé sur elle la responsabilité de le suppléer, qu'en 1119, le pape, en France même, essaya de réconcilier les deux rois, mais sans pouvoir leur faire rien conclure ni régler.

Dans des questions si compliquées, on ne dénoue point les querelles humaines avec le sentiment individuel, mais avec des institutions pratiques, dont les plans basiques et les fonctions hiérarchiques sont l'œuvre organique la plus délicate de la sagesse religieuse et de la science sociale.

Les deux rois pouvaient, sous la louable influence du pape qui, momentanément, y avait intérêt, se jeter dans les bras l'un de l'autre ; mais la géographie politique n'en était pas plus réconciliée pour cela avec les questions nationales, ni les plans territoriaux avec les fonctions monarchiques qui s'élevaient sur eux.

Ces mêmes questions d'ethnicité et de territoire avaient mené, dirigeaient et régissent encore, bon gré mal gré, la papauté romaine, tant dans sa conduite politique vis-à-vis de l'empire grec, que vis-à-vis de la monarchie lombarde, de l'empire germain et de toutes les autres monarchies.

La querelle recommença donc plus violente entre Philippe Auguste et Richard Cœur de Lion.

Cette fois encore, Rome intervint.

En 1199, Innocent III imposa aux deux adversaires une trêve de cinq ans; puis le pape, trop engagé dans sa fonction césarienne pour se maintenir longtemps sur ce terrain arbitral, dominé par ses intérêts matériels en Angleterre et ailleurs, revint au despotisme arbitraire, à la violence, excommunia Jean Sans Terre, autorisa Philippe Auguste à conquérir son royaume, et déclara naturellement que cette guerre était une croisade.

L'empire clérical des papes cessant d'être arbitre, l'empereur laïque, Otton IV, fit comme lui, et prit parti contre Innocent III et contre Philippe, en soutenant, les armes à la main, Jean d'Angleterre.

Ainsi la papauté elle-même, vaincue dans son Souverain Pontificat religieux par la force de son impérialat politique, renonçant bon gré mal gré à une médiation sentimentale sans portée, recourait au matérialisme et à l'athéisme gouvernemental, à la cour d'appel du meurtre militaire, faute de savoir et de pouvoir faire autrement.

En vain Innocent III revint-il sur ses pas, en menaçant Philippe Auguste et en frappant d'excommunication son fils Louis, appelé par les barons anglais.

Louis répondit à son père : « Point ne vous appartient de décider du royaume d'Angleterre », et il continua son entreprise.

Quant à Philippe Auguste, sous le feu des anathèmes, il poursuivit son œuvre, en appela à ses grands vassaux, et envahit les fiefs de Jean.

Sous saint Louis et Henri III, la guerre continua, heurtant la monarchie française à la fois contre les couronnes d'Angleterre et d'Espagne.

Le même roi de France qui, par sa sagesse, sa piété et sa justice, fut, pour ainsi dire, le pontife royal de sa race, poussa plus loin qu'aucun souverain le sentiment juridique de sa fonction.

Il sentit si bien que le salut des souverains et des nations ne pouvait venir, quant aux règlements de leurs procès, ni de l'esprit des *fausses décrétales*, ni de la bouteille à l'encre du prétendu droit canon, qu'il encouragea, dans son royaume, et de tout son pouvoir, l'étude et la pratique de l'ancien droit civil romain, et qu'il en appela à lui les légistes comme le faisait à la même époque l'empereur d'Allemagne.

Les procès dynastiques et nationaux lui parurent toujours mal réglés par la guerre, et, sans jamais la craindre, il s'efforça constamment d'éviter cette cour du hasard, cette juridiction féodale de l'appel aux armes.

Bien qu'en 1242, sa victoire lui eût permis de forcer les barons à la soumission, il voulut cependant leur laisser la liberté d'option pour lui ou pour Henri III, au sujet des fiefs qu'ils tenaient du roi de France ou du roi d'Angleterre.

Vis-à-vis de ce dernier, comme à l'égard du roi d'Aragon, en 1258 et en 1259, il poussa jusqu'au scrupule et jusqu'au sacrifice l'équité, loin d'abuser de son triomphe par les armes.

C'est pourquoi il apparut aux souverains comme revêtu par sa justice d'un reflet de l'Autorité arbitrale qu'on ne reconnaissait plus ni dans le pape ni dans l'empereur.

Le roi d'Angleterre le prenait à témoin, à propos des constitutions de Clarendon.

La Flandre déchirée par la guerre civile lui devait la paix, en acceptant sa décision dans une question de succession.

L'empereur Frédéric I relâcha sur sa demande des évêques français qui se rendaient, mandés à Rome dans un but hostile au chef de l'empire.

Je n'insiste sur ces faits que pour montrer, contrairement à l'opinion de gens soi-disant pratiques, quoique en politique peu scrupuleux, que dans le gouvernement intérieur d'un peuple, comme dans celui d'un ensemble d'États, la Justice, la Morale et le Christianisme positifs sont au moins aussi efficaces que la mauvaise foi, le mensonge, le meurtre et le vol à main armée.

Par toutes ses qualités mêmes, par ses vertus, saint Louis se trouva forcément entraîné à s'élever, de toute la force de sa conscience et de sa sagesse, contre la guerre de Grégoire IX et d'Innocent IV à l'empereur.

Il refusa au pape de le laisser venir en France, où ce dernier voulait se soustraire à une entrevue avec Frédéric, et le frapper d'excommunication, pour éviter un règlement juridique de comptes.

Les rois d'Angleterre et d'Aragon l'imitèrent.

Ce saint, qui rappelle certains rois d'Israël, essaya vainement d'arrêter Innocent IV qui venait d'excommunier l'empereur, vainement il le supplia, au nom du danger terrible dont l'invasion mongolique menaçait la Chrétienté.

Le pape proclama la croisade contre Frédéric II, déchaîna sur l'Allemagne et sur l'Italie la révolution, la guerre civile, et, contre l'empereur, jusqu'à des assassins, parmi lesquels son médecin et son chancelier.

Ce fut saint Louis enfin qui reprocha à Grégoire IX « de vouloir fouler avec l'empereur tous les rois chrétiens sous ses pieds ».

Ce fut également saint Louis qui refusa pour lui et pour son fils la couronne impériale qu'Innocent IV voulait arracher à l'empereur des légistes, et qui forcément eût fait de ce roi canonisé l'antagoniste juridique de la papauté, et peut-être un excommunié.

Ainsi il suffisait d'un juste, non hélas! pour abroger, mais pour retarder de son vivant le branle que la guerre de Cent ans allait imprimer à la totalité des monarchies européennes.

En prouvant qu'il n'y avait plus ni Gouvernement général ni Droit public applicables, cette guerre ouvrait béante l'arène de ces grands combats judiciaires, de cette politique infernale et féroce des passions souveraines et des instincts nationaux, dont la papauté n'avait pas craint depuis Grégoire II de donner l'exemple.

Revêtu d'une fonction nationale, partie souveraine de l'ensemble des souverainetés chrétiennes, saint Louis ne pouvait faire plus qu'exercer sur ses collègues une influence morale, et n'étant ni à la tête de l'empire laïque, ni au sommet de l'empire clérical, il ne pouvait exercer parmi les rois une juridiction supérieure à leur ordre de magistrature qui était le sien.

Sur son plan national, revêtu de sa robe bleue, il était justicier de ses sujets, avec pouvoir de sanction.

C'est ainsi qu'il imposa à ses barons l'abrogation des guerres privées et des combats judiciaires.

Il est certain que cette bonne œuvre nationale, si les papes n'avaient point été des Césars, si les Césars de Germanie n'avaient point été invalidés dans leurs fonctions par les papes, aurait pu devenir européenne, et lier à la paix publique tous les dynastes chrétiens.

Mais pour atteindre ce résultat désirable et possible, il eût fallu que la papauté eût été le couronnement religieux de l'Universelle Église et non la tiare politique des cadres impériaux de l'ancienne Rome et du latinisme clérical.

Alors, c'est par centaines de millions que, pendant l'ère chrétienne, les existences humaines eussent été sauvées du meurtre militaire, par centaines de milliards que la fortune publique de la Chrétienté eût été épargnée et employée à de meilleures fins.

Les papes, cette fois, eussent été des Pontifes, non plus nominaux, mais réels, non plus politiques, mais théocratiques, au lieu de noyer cette fonction représentative de la Providence dans des fleuves de sang chrétien assez grands pour rougir tous les fleuves du Globe.

Alors, loin de voir dans la couronne impériale l'ombre ou la lumière, la copie ou le modèle de la leur, ils eussent enseigné à l'empereur la sagesse sociale et la science organique de son rôle comme Magistrat des rois.

Celui-ci, grand *justiza* laïque, aurait fondé en paix son tribunal de paix publique, cour d'appel des royaumes, juridiction arbitrale de l'Empire.

Comme je l'ai dit à propos de Charlemagne, ce but était facile à atteindre, en consacrant l'ancien droit romain, le testament de la Cité et de la Civilisation antiques, au lieu de lui opposer systématiquement, comme le fit le saint Siège, les *fausses décrétales*, le *décret de Gratien*, le *corps des règles* et la *concorde des canons discordants*, c'est-à-dire glaive à glaive, toute une forge de supercheries pour se dérober à la cour impériale d'Allemagne et la frapper de néant, comme on s'était dérobé à la cour impériale de Byzance.

Tout entier à son œuvre exclusivement sociale, un Souverain Pontife de l'Universelle Église, de tout l'État Social chrétien, rendant à César ce qui appartient à César, aurait laissé les empereurs dominer légalement en Occident comme en Orient les rois soumis à leur circonscription judiciaire.

La Foi et la Loi, le Gouvernement et la Domination, l'Autorité et le Pouvoir, la Religion et la Politique fussent devenus réels, d'autant plus unis pour le bonheur de l'État Social chrétien qu'ils n'auraient pas été confondus.

Car l'Unité intellectuelle, ou Universalité, inverse de l'unité physique, est la concorde des choses distinctes.

C'est ainsi que l'Empire, la Justice dans la tête, la Loi publique dans le cœur, le glaive des sanctions européennes dans la main, aurait pu dicter aux dynastes féodaux de l'Orient et de l'Occident, du Nord et du Midi, la paix que saint Louis commanda à ses barons, quand il leur dit :

« Tel qui prouvait par bataille, prouvera par témoins. »

Mais j'ai assez montré pourquoi ce qui pouvait être ne fut pas, et ne sera plus, sous les formes qui étaient alors disponibles.

Je continuerai néanmoins à laisser parler dans les faits cet esprit religieux et social de l'Histoire, dont mes conclusions ne seront que le strict résumé, la somme précise et le total exact.

D'un côté de la Manche comme de l'autre, les rois et leurs conseils nationaux recommençaient chez eux le travail poursuivi par les empereurs de Germanie dans le Gouvernement général : l'affranchissement de leurs juridictions, le dégagement de leur magistrature, étouffées dans les serres de l'Impérialat cléricale de Rome.

La couronne d'Espagne, au contraire, s'inféodait peu à peu au saint Siège.

Si les rois d'Angleterre et de France réussirent mieux à se libérer que les empereurs, c'est que la papauté latine et l'empire germain s'étaient enferrés jusqu'à la garde, jusqu'au morcellement féodal, communal et municipal de l'Allemagne et de l'Italie, grâce auquel l'empire n'avait plus pour bases qu'un fédéralisme rebelle lui refusant, avec les forces militaires, toute sanction juridique, avec les forces financières, la poignée d'or du glaive de Justice.

Au contraire, les royautés étaient réelles, elles avaient pour corps leurs nations rassemblées, Unités divisionnaires entre elles, mais physiquement, géographiquement centralisées sur elles-mêmes.

Je prie le lecteur de croire que rien n'est hasard dans l'Histoire : tout s'y enchaîne, tout s'y déduit, tout s'y conduit soit dans le mal, soit dans le bien, selon des lois statiques et dynamiques qui, bien qu'inconnues encore de nos jours, n'en existent pas moins, et s'accomplissent toujours.

Ces lois si secrètement renfermées sous un triple voile par les prêtres égyptiens, initiateurs de Moïse, ne sont pas si impénétrables que la passion de la Vérité et le scientifique amour de l'Humanité ne puissent les saisir dans leur accomplissement à travers la formation, le développement et la dissolution des Sociétés.

Je crois avoir assez montré, en prenant, comme chrétien et comme européen, la Chrétienté pour exemple, que l'âme de vie de cet État Social est le Christianisme, son principe animateur, l'âme et l'esprit de Jésus-Christ, sa fin, la réalisation des vœux renfermés dans la prière de ce Théocrate.

Le premier moyen organique par lequel ce principe évertue la Chrétienté pour l'acheminer vers ses fins, devait être l'Universelle Église, mais nous avons vu comment elle fut sectarisée et brisée dans le choc de ses formes politiques et de ses cadres hiérarchiques d'emprunt.

Le second moyen fut et reste l'esprit public chrétien, celui qui grâce à l'opposition mutuelle des sectes cléricales de Byzance et de Rome, ne fut jamais formulé et que, dans notre passé, j'appelle l'esprit de l'Histoire dans la Chrétienté.

Les institutions magistrales de premier degré, les premiers organes de Gouvernement général et de Droit public que cet esprit pouvait, en effet, vivifier, étaient le Souverain Pontificat et l'Empire, si le plan romain de la papauté n'eût d'avance invalidé tout catholicisme, toute Universalité ecclésiale, ainsi que le Christianisme intégral ou orthodoxe.

La conséquence forcée était l'invalidation du Souverain Pontificat lui-même, la confusion par le saint Siège de l'Autorité avec la Domination, de l'hiéroglyphe de la tiare avec le symbole de la couronne impériale.

Veuillez vous rappeler mes définitions des deux formes de gouvernement, Théocratie et Empire, et méditer ce qui suit.

Parodiant les usages de la cour impériale, voici le pape Boniface VIII qui en prend tous les symboles et tout le cérémonial.

Le jour de son installation, j'allais dire de son couronnement, il fait tenir la bride de son cheval par les rois de Hongrie et de Sicile.

Charlemagne qui avait fondé cette étiquette n'exigeait pas que les rois lui tinssent la bride, mais simplement qu'ils lui tendissent le saint Graal des anciens Celtes, la coupe d'honneur.

Pendant le festin, voici encore Boniface VIII qui se fait servir à table par les rois, couronne en tête.

Enfin, en 1300, devant l'Univers convoqué à Rome, à son Jubilé, le voilà qui se montre à la Chrétienté précédé de deux glaives nus et revêtu des insignes impériaux.

J'espère que le lecteur attentif trouvera lui-même les conclusions de cet enseignement symbolique.

La conséquence immédiate fut qu'un roi de France, Philippe le Bel, put manquer de respect à la majesté de la tiare, traiter Boniface VIII en usurpateur impérial, et, sans que la Chrétienté écrasât ce roi sous la main d'un empereur laïque, fit souffleter lâchement un Pontife, fouler la tiare par ses légistes, et emporter à Avignon la papauté captive d'une monarchie divisionnaire.

La conséquence seconde fut la division, par le glaive, de la tiare en deux tiares rivales et le grand schisme d'Occident.

Dès lors, le gouvernement général de l'église latine est mort, empire tué par la papauté, papauté tuée par une royauté; et, du même coup, avec la guerre de Cent ans, la Cour d'appel du meurtre présidée par l'Athéisme gouvernemental européen, s'ouvre béante devant les rois et les nations du Christ.

La guerre de Cent ans fut, vers la fin, l'objet d'une tentative d'arbitrage, dernier effort impuissant du double Gouvernement général et du double Droit public de la papauté et de l'empire.

En 1435, un congrès de toutes les monarchies de la communion latine eut lieu à Arras.

Dans cette assemblée, se trouvaient réunis, sous la présidence de deux cardinaux, les ambassadeurs de l'Empereur et des rois de France, d'Angleterre, de Castille, d'Aragon, de Portugal, de Navarre, de Naples, de Sicile, de Chypre, de

Pologne, de Danemark, et des ducs de Bretagne et de Milan.

Ce congrès se retira, sans avoir rien produit; car le traité d'Arras de la même année ne fut pas son œuvre, et ne mit pas fin à la guerre des dynastes franco-anglais, mais seulement à celle du duc de Bourgogne contre Charles VII de France, par des stipulations tout à l'avantage du duc de Bourgogne.

Ce traité eut néanmoins pour base la neutralité du duc et, en mettant fin à la guerre civile, il permit à Charles VII d'arrêter, par la *pragmatique sanction*, le désordre religieux, par l'*ordonnance d'Orléans*, le désordre militaire féodal, et de substituer à ce dernier l'établissement d'une armée permanente qui, du même coup, tua définitivement l'anarchie des barons français et l'occupation de la France par l'Angleterre.

Au congrès d'Arras, le gouvernement général de la papauté montra une fois de plus sa nullité comme sagesse sociale et comme science organique.

Les cardinaux, qui avaient, là, sous la main, les ambassadeurs de l'empire, devaient les constituer comme receveurs en appel, organiser au-dessous d'eux les ambassadeurs royaux en mandataires du jury des pairs, leur soumettre le procès pendant entre les deux rois belligérants, et donner au jugement la sanction de toutes les armées réunies de l'empire et des royautés représentées : tel était l'esprit juridique de l'empire.

Mais les cardinaux légats n'en firent rien, parce qu'il n'y avait plus rien de vrai ni de réel, de scientifique ni de pratique :

1° Dans la papauté considérée comme fonction Souverain Pontificale, comme Autorité universelle, comme Institution théocratique ;

2° Dans l'empire considéré comme juridiction d'appel des rois et des nations et comme pouvoir exécutif supra-royal et supra-national

3° Dans le *jury des pairs royaux*, qui n'aurait pu rendre qu'un jugement illusoire.

En effet, ce jugement eût été sans autorité comme sans pouvoir de sanction, la papauté, monarchie comme les autres, ayant écrasé depuis longtemps son principe religieux et la loi publique impériale, en prenant la domination temporelle pour l'Autorité théocratique, l'arbitraire pour l'arbitrage, et ne pouvant se résoudre à laisser le droit civil romain remplacer le droit canon.

Ne pouvant se faire ni par l'ancien gouvernement général ni par l'ancien droit de l'empire romain, désorganisés par les papes, et séculairement désarmés par eux de toute organisation sociale pouvant leur prêter force de sanction, le règlement du procès royal anglo-français, le jugement de Dieu de la guerre de Cent ans s'opéra comme il suit :

1° Par Jeanne d'Arc entraînée par inspiration directe à remplir la fonction sociale qu'aurait dû scientifiquement exercer un primat épiscopal de France, et à représenter l'Autorité religieuse de la nation ;

2° Par le pouvoir royal de Charles VII que Jeanne rappela au sens juridique et exécutif de sa fonction politique ;

3° Par la sanction des armes rassemblées par cette Voluspa française du Christ, dans les mains de son roi, à Reims, et définitivement appliquée dans les victoires de Formigny au Nord, de Castillon au Sud.

Rapproché du congrès d'Arras, le jugement féodal de ce procès par l'âme et par le corps, par le cœur et par le bras d'une nation rassemblée autour d'une royauté, constitue la première assise gouvernementale et juridique d'une nouvelle Europe, d'une nouvelle Chrétienté, celle des temps modernes.

Jusqu'à nos jours, en effet, l'ensemble des nations européennes va être régi en apparence par des congrès, en réalité par le destin des batailles, en égyptien moïsiaque, *Elohim Sabaoth*.

Telle fut la fin, en Occident et dans la Chrétienté latine, du double gouvernement général, du double droit public de l'empire et de la papauté, double gouvernement, double droit, dont l'anarchie par diarchie de races, de formes et de pouvoirs politiques, permit la victoire de la révolution féodale, la défaite de ses bases et le couronnement de ses sommets dans la personne des dynastes nationaux.

Cette fin du rôle possible de la papauté et de l'empire comme grandes unités gouvernementales, est le commencement de l'ère européenne des Unités secondes ou divisionnaires.

Il importe de relever que le caractère de ce règne nouveau de l'ensemble des États européens, royaux ou non, est un gouvernement général essentiellement antimonarchique :

La république athée des souverains et des nations du Christ ou la dissociation des monarques et des États européens.

Dans cette singulière république européenne, dont les congrès de 1648 et de 1814-1815 seront les assemblées, la ruse et la violence, la diplomatie et la guerre constitueront seules le Gouvernement général et le Droit public.

Seule, la Force, le poids militaire des armées permanentes représentera la puissance législative européenne, dictant, au hasard des batailles, ses lois, sous forme de traités généraux, ou partiels.

Ces traités, ces arrêts momentanés des grands combats judiciaires soit dynastiques, soit nationaux, seront, au point de vue scientifique comme au point de vue pratique, au point de vue religieux comme au point de vue social, sans aucune espèce de valeur juridique ni légale.

Dictés par la guerre, ils imposeront de plus en plus les conséquences de leur unique principe, la Force, et la permanence des armées, dont Charles VII le premier, éclairé par le patriotisme religieux de Jeanne d'Arc, sentit l'inexorable nécessité.

Le Gouvernement et le Droit, la sanction et la loi, confondus dans la force militaire, feront de la République athée et antisociale des souverains Chrétiens une sorte de cour des pairs, véritablement féodale, dans le sens révolutionnaire de ce mot.

Dans cette cour européenne, chaque suzerain de nation, juge et partie en même temps, ne relevant plus lui-même d'aucune suzeraineté supérieure, n'aura plus aussi d'autre juridiction d'appel, d'autre recours ni d'autre garantie que cette loi naturelle et antisociale de la nature élémentaire et animale : le *Struggle for life* présidé par la Brutalité.

Dans cette carrière nouvelle, ainsi tracée, le saint Siège et l'empire n'entreront plus qu'au même titre que toutes les autres souverainetés, soit royales, soit nationales, et que le grand Turc lui-même, qui, grâce à ce nouveau gouvernement général, à cet étrange droit public de la Force, va bientôt venir s'installer, au nom de l'Islam, dans la région politique la plus importante de la Chrétienté, et n'en bougera plus jusqu'à nos jours.

On m'objectera en vain la fonction pseudo-impériale de la maison de Hapsbourg.

Cette maison féodale, comme celle de Hugues Capet, depuis Rodolphe Ier, jusqu'au milieu du quinzième siècle, suivra exactement la même tactique que celles de France, d'Angleterre et d'Espagne, dans leur marche ascendante vers la souveraineté.

Comme les ducs de France et ceux de Normandie, les ducs d'Autriche s'élèveront du plus grand fief sur les fiefs secondaires qu'ils tendront à centraliser, ce qui est le caractère féodal des Unités divisionnaires ou royales, et le contraire de la caractéristique légale de l'Empire, gouvernement impersonnel et antiféodal.

L'Allemagne elle-même ne leur accordera la couronne impériale que comme les papes, sous condition implicite de ne point exercer réellement l'Empire gouvernemental ni juridique.

A *fortiori*, les grandes dynasties similaires ne reconnaîtront chez les Hapsbourg que des monarques de même plan qu'elles et, dans leur cérémonial impérial, qu'une archéologie sans vie.

Ainsi, comme le saint Siège, la Maison d'Autriche sera gouvernée par le poids total de la force militaire européenne, et ne pourra qu'entrer, au même titre réel que les royautés, dans la compétition armée des territoires, dans la lutte sanglante pour la vie nationale, dans l'athéisme et dans le matérialisme politiques, dans l'anarchie républicaine des souverainetés vouées, entre elles, à la juridiction féodale des grands combats judiciaires, qu'elles abrogent chez elles.

CHAPITRE VIII

LA RÉFORME DANS L'ÉGLISE LATINE

Caractère pseudo-républicain des conciles de Constance et de Bâle. — Réponse monarchique des papes. — Despotisme des dynastes. — Nullité du Saint-Empire. — Le Césarisme des papes recommence. — Réponse des nations et des dynasties non latines. — Luther. — Caractère politique du protestantisme dans la République européenne.

Cette dissociation profonde de l'église latine, cette inefficacité du Souverain Pontificat et de l'empire confondus par les papes, ce matérialisme et cet athéisme des gouvernements personnels préoccupaient depuis longtemps les penseurs vraiment religieux.

Avant la démonstration d'impuissance sociale dont le congrès d'Arras fut le signe expérimental, les conciles de Pise, de Constance et de Bâle s'étaient réunis.

Sentant confusément que la papauté était la clef de voûte du Gouvernement général, ils tentèrent de la restaurer, mais sans connaître aucunement la nature de ses bases romaines, ni celle des cadres de son Impérialat, ni le principe réel des différentes formes de gouvernement.

Cette ignorance profonde qui empêchait la Religion de Jésus-Christ de prendre tout son essor et d'atteindre toute sa portée scientifique et sociale, intellectuelle et organique, avait pour cause la politique romaine elle-même qui, systématiquement, avait faussé l'enseignement de l'Histoire dans le Sacerdoce.

A l'Impérialat déclaré de Boniface VIII avait succédé, de 1309 à 1378, sa conséquence, la captivité d'Avignon, à cette triste victoire du droit national, s'était enchaînée, de 1378 à 1448, une autre conséquence, la dualité des tiares.

En 1409, le concile de Pise, réunissant le double collège des cardinaux, eut beau déposer les deux papes, et en nommer un troisième : les premiers déclarèrent ces dépositions nulles en fait, non avenues en droit, et il y eut trois papes au lieu de deux.

C'est en présence de ces faits et sous leur pesée qu'en 1414, se rassembla le concile de Constance, la plus solennelle de ces assemblées, depuis la séparation des églises d'Orient et d'Occident, depuis la rupture politique de l'hellénisme de Byzance et du latinisme de Rome.

L'Empereur Sigismond prit la tête du mouvement, les rois suivirent, leurs délégués se réunirent aux évêques et aux prélats du Nord, du Centre et du Midi, ainsi qu'à ceux des couvents, des universités et même des chaires de droit civil.

Déjà, un des plus grands docteurs de l'Église de Jésus-Christ, Gerson, l'auteur présumé de l'Imitation, avait fait entendre sa voix solennelle.

Remontant à la cause première du mal public, Gerson désignait le caractère politique de la Cour de Rome, et, comme remède, l'autorité des conciles sur les papes.

« L'Église Universelle, disait-il, est l'assemblée de tous les
» Chrétiens grecs et latins, civilisés et barbares, nobles et
» serfs, riches et pauvres, hommes et femmes.

» C'est cette Église Universelle qui, selon la Tradition, ne
» peut ni errer, ni faillir.

» Son chef unique est Jésus-Christ. »

On ne pouvait mieux définir, avec la foi du sentiment, ce que la certitude scientifique et le catholicisme orthodoxe appelleront aujourd'hui l'État Social chrétien.

Dans cet ensemble social, théocratiquement régi et jugé à ses fruits par Jésus-Christ lui-même, Gerson, après avoir mis la base, le plan général hors de cause, définissait ainsi l'édifice des fonctions hiérarchiques :

« Les papes, les cardinaux, les évêques, les prêtres, les
» clercs, les rois, les peuples sont membres de l'Église
» Universelle, quoique à des degrés différents. »

Cela ne serait scientifiquement vrai que si Gerson appliquait à l'église latine, seule, cette définition, et au titre de pape la signification de patriarche général ou de premier primat de cette église sectaire.

Il aurait fallu en outre que Gerson définît, d'une manière précise et pratique, en quoi consiste la différence fonctionnelle des degrés hiérarchiques qu'il signalait, le rapport de ces degrés entre eux, les lois positives de leur concordance organique ; et cela était d'autant plus nécessaire qu'à cette époque même, papes, empereurs, rois, et par suite, nations, étaient depuis longtemps en confusion et en conflit armé de plans et de fonctions.

Mais alors même que Gerson eût pu être en mesure de donner à ces indispensables questions une réponse satisfaisante, il restait encore à dire ce qu'il faisait du Souverain Pontificat, et à définir nettement cette fonction, la plus haute de tout l'État Social.

Gerson continuait :

« Il y a une autre église qui est particulière, nommée
» apostolique : l'église romaine, le pape et le clergé ; le
» pape en est la tête, les autres ecclésiastiques en sont les
» membres. »

Cette définition n'indique avec quelque clarté que le césarisme romain des papes et son armée ecclésiastique latine, antigrecque, donc politiquement sectarisée, donc dépourvue aussi bien de la réalité catholique que de la réalité apostolique.

Gerson lui-même avait caractérisé, comme exclusivement politique, la cour de cet Impérialat siégeant à Rome, lorsqu'il disait :

« On n'y parle du matin au soir que d'armées, de territoi-
» res, de villes et d'argent. »

Que signifie alors le mot apostolique, en droit religieux réel, si ce n'est la transmission des pouvoirs consécrateurs de Jésus-Christ aux apôtres, des apôtres aux évêques ?

A ce titre, l'épiscopat d'Occident n'est nullement fondé à se dire plus apostolique que celui d'Orient et *vice versa*.

Tous deux sectaires, puisqu'ils s'excommunient et s'anathématisent tous deux, ne peuvent être apostoliques qu'en s'unissant et en fondant le catholicisme orthodoxe, sans épithète ethnique ni territoriale, sans qualification politique, pourvu que le plan juridique des nationalités n'en souffre pas et en soit, au contraire, confirmé et consacré.

Gerson continuait encore :

« C'est cette église romaine qui peut errer, faillir, tomber
» dans le schisme ou l'hérésie, tromper, être trompée.
» Elle n'est que l'instrument de l'Église Universelle, et n'a
» d'autorité qu'autant que l'Église Universelle lui en accorde
» pour exercer un pouvoir qui réside en elle seulement. »

Il y a dans ce qui précède un mélange de vérités et d'erreurs intellectuelles et scientifiques.

Ce que Gerson dit de l'église romaine ne peut pas s'appliquer sans injustice, ni sans manque de justesse qu'à elle seule, mais doit regarder la cléricature grecque aussi bien que la latine, exposées qu'elles sont toutes à être faussées par les dominations politiques, ainsi que par leur séparation entre elles, et par leur divorce plus ou moins grand avec la vie ambiante de cette Universelle Église que je nommerai désormais l'État Social européen du Christ.

Dans tout ensemble, la partie subit la loi du tout.

Les sacerdoces sectarisés de la Chrétienté subissent également sa Loi totale.

A l'époque même où écrivait et parlait Gerson, la loi totale de l'Europe était déjà ce qu'elle est aujourd'hui : *La*

République athée, antireligieuse et antisociale des souverainetés, des États et des nations de la Chrétienté.

Quant à l'Autorité, il est évident que Gerson la confond ici, soit avec la Foi publique, soit avec le crédit de l'opinion, et évite ainsi la logique soit du Souverain Pontificat, soit du principe monarchique des papes, logique très rigoureuse, principe monarchique aussi licite que celui du suffrage universel de la primitive Église, que celui de la république aristocratique des évêques des quatre premiers siècles, mais aussi étrangers l'un que l'autre à la Religion chrétienne proprement dite, à ses formes et à son principe théocratiques.

Gerson lui-même prouve ce que j'avance, en ajoutant :

« L'Église a le droit de déposer les papes, s'ils se rendent
» indignes de leur office, ou s'ils sont incapables de l'exercer.

» Car, si, pour le bien public, on dépose un roi qui tenait
» le royaume de ses ancêtres par droit de succession, com-
» bien davantage peut-on déposer un pape qui n'a cette di-
» gnité que par l'élection des cardinaux. »

Ici, la doctrine de Gerson est purement politique et nulle, au point de vue des sciences sociales.

Il parle en membre d'une aristocratie épiscopale, républicaine.

A la place du pape, des conciles et de Gerson lui-même, mettez un roi d'Aragon, des cortès et un justiza, la doctrine restera la même, purement politique et bâtarde.

Car, de deux choses l'une, ou l'église cléricale de Rome, moulée dans les cadres civils de l'empire romain, est une république régie par un sénat d'évêques et par des comices d'abbés et de moines ; alors, à quoi bon un pape ?

Ou elle est une monarchie impériale, complétant les sommets de ces mêmes cadres impériaux ; alors, pourquoi les papes laisseraient-ils l'aristocratie épiscopale et la démagogie cléricale des cures et des couvents à l'état révolutionnaire permanent ; comment seraient-ils assez insensés pour leur abandonner l'Autorité, le Pouvoir et la sanction de leur monarchie?

Autant leur abandonner aussi la tiare et la crosse pontificales.

Le seul point que vienne de toucher exactement Gerson est l'élection du pape par les cardinaux.

Un Souverain Pontife réel ne peut pas, en effet, devoir à l'élection l'origine de sa dignité; il doit procéder d'une autre source organique, non politique comme l'élection, mais théocratique et sociale, et sur laquelle il me convient de jeter ici un voile impénétrable.

Aux doctrines de Gerson, les papes avaient déjà répondu, en 1409, au nom de leur doctrine monarchique:

« L'église hiérarchique des clercs n'a qu'une autorité et
» qu'un pouvoir de sanction : la papauté.
» Là où est le pape, là est l'unité de l'église.
» Le premier, seul, donne à la seconde son caractère légi-
» time; et les conciles œcuméniques ne sont pas caractérisés
» tels, par le nombre de leurs membres, mais par la présence
» du Pontife. »

La doctrine impériale de l'ancienne Rome s'exprimait à peu près de la même manière :

« Quidquid placuit principi, legis habet vigorem. »

Les Rois de France disaient ou dirent plus tard :

« Si veut le roi, si veut la loi. — L'État, c'est moi. »

Les papes répondaient en empereurs aux doctrines pseudo-républicaines des évêques.

Nous reviendrons, à la fin de ce livre, sur ces questions qui sont la clef organique de toutes les autres, tant au point de vue du Gouvernement général, qu'en ce qui regarde le Droit public de la Chrétienté d'Europe.

Nous avons cité, de préférence, Gerson, comme un docteur et un sage de l'église latine.

Wiclef avait été plus loin ; Jean Huss avait écrit les deux livres suivants : l'*Abomination des moines, les Membres de l'Antéchrist.*

Dans Wiclef, la race saxonne, dans Jean Huss, la race slave, parlaient au moins autant que leur foi plus ou moins éclairée, contre le joug clérical de la race latine.

Dans Gerson, au contraire, le problème est rationnellement posé, hors des passions ethniques, mais non pas hors des instincts politiques que les circonscriptions territoriales de l'ancien empire romain prêtèrent à l'Église.

Ce problème que Gerson est loin d'avoir résolu, se résume ainsi : l'église cléricale et hiérarchique est-elle et doit-elle être une république épiscopale, ou une monarchie impériale, dite pontificale ?

On voit aisément que la Religion de Jésus-Christ n'est pas, en tout cela, plus en cause qu'en question, et qu'il ne s'agit, au fond, que des formes politiques du culte.

Cette question politique en suppose une autre antérieure et primordiale : est-il de l'essence de la Religion chrétienne d'avoir ou non, comme couronnement de ses formes cultuelles, le Souverain Pontificat ?

Quant au plan universel et à la base générale, quant à l'aire intégrale de la Chrétienté, Gerson l'a magistralement réservée sous le nom d'Église Universelle, ayant pour sommet suprême et céleste, Jésus-Christ.

Si l'on éclaire scientifiquement sa définition de l'Universelle Église et si on la traduit par son équivalent, l'État Social du Christ, on a toute l'étendue dans laquelle se pose le problème religieux et social de la constitution du Gouvernement général de l'Europe.

Le concile de Constance fut divisé en quatre nations : Italie, Allemagne, France, Angleterre, ayant chacune une voix.

Cette assemblée fut ainsi condamnée à n'être point œcuménique dans le sens républicain de Gerson.

Car, sans parler de l'église grecque, non plus que de tous les pays slaves, l'Espagne, le Portugal, ainsi que toutes les nations du Nord appartenant à la communion latine, Suède, Danemark, Brandebourg et Provinces Baltiques, Pologne, n'eurent point de droit électoral direct.

Cet exclusivisme latin, voué aux expédients constitutionnels du passé, ne pouvait rien résoudre que temporairement, et devait recevoir, tant de la part des papes que de la part des Chrétiens du Nord, une réponse significative.

On fit abdiquer Grégoire XII, on destitua Benoît XIII et Jean XXIII, on nomma un Italien, un Colonna, Martin V, et l'on se sépara, croyant avoir réglé le présent et assuré l'avenir, en rusant, à droite, avec le principe monarchique des papes, à gauche, avec le principe républicain d'une représentation intégrale de tous les épiscopats nationaux, et en frappant férocement, à l'extrême gauche, le radicalisme populaire de Jean Huss et l'universalisme de Jérôme de Prague.

Les réformes, assez rationnelles du reste, que le concile proposa, eurent le sort de toutes les demi-mesures, de toutes les œuvres de faux juste-milieu entre deux principes politiques opposés.

Au lieu de prendre la question par en haut, dans le sens de la verticale, on la prit par le milieu, dans le sens horizontal; et les évêques, disposant de la crosse des papes, purent croire de bonne foi qu'ils avaient assuré l'équilibre du Monde, en faisant de cette crosse leur balancier constitutionnel.

Mais, dès que l'Italien Martin V eut sa crosse de pape verticalement en main, dès qu'il se sentit la tête dans la tiare et les pieds sur son plan ethnique, il s'empressa de ne pas tenir ce qu'il avait promis à ses électeurs, opposa entre elles les nations du concile, et prononça, en 1418, la dissolution de cette assemblée.

Aucune réforme n'ayant eu lieu, on contraignit, treize ans plus tard, le pape Eugène IV à convoquer le concile de Bâle.

Mais la république constitutionnelle des évêques s'y montrant de nouveau avec son principe, le pape montra aussi la vigueur du sien, en prononçant monarchiquement la dissolution.

Le concile siégea quand même, affirmant les volontés de celui de Constance : supériorité des conciles généraux sur les papes, convocation périodique de ces assemblées, présence obligatoire du pape ou de ses légats, dénégation à la papauté du droit de dissolution réservé à la majorité.

C'était la revendication des provinces, désormais nationales, de l'église latine, contre le centre romain de la dictature des papes ; et ce mouvement républicain de l'épiscopat était la conséquence forcée de la formation des dynasties royales à la circonférence du combat, du champ de bataille germano-latin dans lequel la papauté et l'empire s'écrasaient.

Eugène IV sentit si bien que le plan ethnique de la papauté était son unique point d'appui césarien, qu'il chercha à attirer peu à peu vers Rome les Pères siégeant toujours à Bâle.

Il les convoqua à Ferrare où ils ne vinrent pas, puis à Florence où une partie seulement se rendit.

Les autres Pères, siégeant à Bâle, le déposèrent, et nommèrent le duc de Savoie à sa place, Félix V ; ils siégèrent douze ans, et reçurent, en 1438, la *pragmatique sanction* de Bourges, prélude des *concordats* de François Ier et de Napoléon.

Félix V mit, de lui-même, un terme à la dualité des tiares, en abdiquant en 1448, treize ans après l'assemblée d'Arras, où l'impuissance sociale des conciles se réfléchissait dans celle des congrès.

Cinq ans plus tard, démontrant expérimentalement que le Gouvernement général de l'Europe n'existait plus, et que son Droit public n'était plus qu'un vain mot, Mahomet II mettait impunément la main sur la ville la plus importante de notre Continent chrétien, sur Constantinople, dont la situation géographique commande politiquement Rome, à l'Occident, Jérusalem, à l'Orient, Memphis et La Mekke au Sud.

Moins par entente directe que par similitude de leurs fonctions et de leurs plans ethniques, les dynastes d'Autriche, de France, d'Angleterre, d'Espagne, de Suède et de Danemark, de Russie, ne furent plus occupés au dedans qu'à centraliser les pouvoirs de leurs barons et de leurs communes, et à arrondir leurs cadres géographiques.

Leur politique étrangère se résumait comme aujourd'hui en cet axiome : *Fais à autrui ce que tu ne voudrais pas qu'il te fût fait.*

En Allemagne, Frédéric de Styrie laissait le régent de Hongrie défendre la vallée du Danube contre Mahomet II.

Ladislas VI, maître de l'Autriche, de la Hongrie et de la Bohême, se contentait, comme Frédéric, d'arrondir ses propres États.

Avec Frédéric III, la maison d'Autriche devenait définitivement impériale, mais d'une manière purement nominale, sans attacher elle-même la moindre réalité à ce titre.

Frédéric III, de 1440 à 1493, se désintéressait de tout, excepté de ses propres domaines.

En vain, le grand-duc d'Occident, Philippe le Bon, brisait-il avec le ban impérial : l'empereur se bornait à refuser ensuite au Téméraire le titre de roi.

De 1449 à 1456, la guerre civile entre les princes et les communes déchira l'Allemagne sans qu'il s'en mêlât.

Il sentait parfaitement que, n'ayant plus de force impériale réelle, sa seule tactique dans le sauve qui peut des dynasties, dans le matérialisme et l'athéisme politiques de l'époque, consistait à ériger fortement sa monarchie royale sur l'agglomération personnelle et possessive du plus grand nombre de fiefs possible.

En Angleterre, l'aristocratie, épuisée par la guerre des Deux roses, laissait la monarchie reprendre quelque vigueur momentanée sous les Tudors.

La *chambre étoilée* matait le Parlement, abolissait le *droit de maintenance*, et désarmait ainsi les barons, au profit du pouvoir central.

Un siècle et demi de monarchie presque autocratique allait éclipser les libertés publiques.

En France, Charles VII avait institué aux dépens des seigneurs l'armée d'ordonnance de quinze compagnies et sa conséquence : l'impôt permanent.

La royauté pouvait désormais s'attaquer à l'anarchie des grands.

Bourbon le bâtard, de Lesparre, tués, d'Alençon condamné à mort, d'Armagnac banni, le dauphin en fuite : telles étaient les réponses du roi à la *praguerie*.

A son tour, Louis XI brisait par la violence et la ruse le faisceau de cinq cents princes et seigneurs nommé par euphémisme la *ligue du bien public*.

D'Alençon, d'Armagnac, en prison, Nemours décapité aux Halles, le connétable comte de Saint-Pol sur la place de Grève : tel était le déblaiement sanglant par lequel la royauté aplanissait le terrain sur lequel allait s'édifier l'État.

En Espagne, Ferdinand, grâce au saint-office, frappait indistinctement sur tous : nobles, communes, évêques soutenant les communes, Juifs, Maures.

Il tuait du même coup les sources de la prospérité intérieure du pays voué désormais à l'Empire et aux conquêtes.

Jean de Torquémada, puis le Cardinal de Ximénès, grands

inquisiteurs, accomplissaient leur infâme et exécrable besogne.

Total : un million de Juifs spoliés ou bannis, trente mille personnes emprisonnées, volées ou brûlées, les Maures, les Chrétiens judaïsants ou mozarabiques tués, dépouillés, bannis, ou incarcérés.

L'esprit césarien de Rome étouffant l'Espagne au dedans, cette nation se lança au dehors.

Colomb lui donna l'Amérique, Ximénès Oran, de Véra les Canaries.

Les Guanches et la race rouge exterminés, comme autrefois les Saxons, les Tchoudes et les Lettons, proclamèrent une fois de plus, dans leurs cris de mort, l'iniquité infernale du double glaive de Boniface VIII, que sa poignée fût tenue par la main des papes ou par celle des rois.

En Portugal, Jean II régnait despotiquement sur ses seigneurs, faisait décapiter Bragance, poignardait, de sa propre main, le duc de Viseu, son cousin, et ne convoquait plus les cortès qu'une fois en quatorze ans.

Mais, comme Henri VII d'Angleterre, comme Louis XI de France, comme les tzars moscovites, en broyant sous son énergie monarchique l'aristocratie féodale, il faisait renaître à a vie les classes inférieures, déclarait Lisbonne port franc, et y recevait les juifs chassés d'Espagne.

Les îles du Cap-Vert, le cap de Bonne-Espérance, les Indes Orientales étaient ouverts à l'Emporocratie européenne, dont, jusque-là, Venise avait tenu la tête.

La papauté remise sur sa base romaine recommençait inévitablement son jeu politique, concordant avec toutes ces vigueurs monarchiques.

En présence de ces énergies royales, le saint Siège comprit que, sans un empire laïque, son Impérialat clérical devenait illusoire, et limitait son rôle politique au gouvernement de son diocèse et à la primauté de l'Italie.

C'est pourquoi Pie II s'adressa à Mahomet II lui-même, après avoir en vain demandé la croisade contre lui.

« Sache, lui dit-il, que nos devanciers, Étienne, Adrien,
» Léon, suscitèrent Pépin et Charlemagne contre Astolphe et
» Didier, rois des Lombards, et qu'en récompense, ils ont
» investi leur libérateur, Charlemagne, de l'Empire qui appar-
» tenait jusqu'alors aux Grecs.
» C'est pourquoi, pouvant reconnaître tes bienfaits, j'appelle
» ton patronage. »

Cette confession historique est précieuse, et Mahomet II possédait en effet l'armée, l'artillerie et la science militaire les meilleures de l'Europe.

Cependant comme il tenait, dans son État Social musulman, le double glaive, il le garda pour lui.

Le pape n'eut plus, dès lors, pour champ de domination meurtrière, que la Péninsule, et réduit au rôle politique de primat royal d'Italie, il fit, comme les dynastes européens, la guerre aux dominations secondaires de son pays.

Quant aux rois étrangers, ne pouvant plus les briser de front, il les appela en Italie, pour les y entre-choquer dans le sang.

Sixte IV s'acharna sur Florence, et Laurent de Médicis tomba assassiné dans la cathédrale.

Innocent VIII, comme le faisait du reste Savonarole, appela contre cette ville Charles VIII et les Français.

Alexandre VI Borgia, après avoir ligué Maximilien, Ferdinand, Henri VIII, Ludovic le Maure, Venise, contre Charles VIII se proclamant, à Naples, empereur d'Orient, appela Louis XII et passa avec lui, en faveur de son fils César Borgia, le marché diplomatique que l'on connaît.

Jules II continua la même politique.

Liguer contre Venise Maximilien d'Autriche, Louis XII de

France, Ferdinand d'Espagne, les cantons suisses ; offrir à Venise de briser la Ligue, moyennant la cession de Faenza et de Rimini ; se nantir de ces villes et des États du duc de Ferrare ; diviser ensuite entre eux les envahisseurs appelés à la curée ; donner Naples à l'Espagne ; soulever Gênes et Bologne ; précipiter les Suisses sur les Français ; acculer Louis XII sur le Piémont ; tel fut le jeu de Jules II.

Ainsi, à partir de 1494, la cour de Rome occupa les dynasties, et se maintint en équilibre, en renouvelant avec elles, sur l'enjeu du territoire italien, cette sanglante partie que Jules II appelait : « *la maîtrise du jeu du monde.* »

Cette maîtrise, ce césarisme, la papauté, au nom de la race latine, essaya de les ressaisir despotiquement, vis-à-vis de tous ses évêques dans lesquels, du haut de la cour romaine, elle ne pouvait et ne peut voir que des préfets de son empire.

Le Gallicanisme, l'Anglicanisme, le Protestantisme proprement dit, furent la réponse politique des nationalités et des races différentes à cette prétention politique de l'Impérialat romain des papes.

En cinquante ans, la Suisse, une partie de la France, une moitié de l'Allemagne, le Danemark, la Suède, l'Angleterre, l'Écosse, avaient, sous le couvert du Protestantisme, secoué le joug du césarisme latin de la cour romaine, comme, quatre siècles avant, Rome elle-même et les féodaux, celui de l'empire carlovingien, devenu germain.

Les formes du culte et les dogmes étaient les prétextes, comme dans la rupture cléricale entre le latinisme et l'hellénisme ; Luther, Zwingle, Calvin et tous les autres sectaires étaient les instruments visibles, comme autrefois Eutychès, Photius et Cérularius.

Derrière les prétextes et les instruments mis en avant, il y

avait une cause sociale, réelle et pratique, quoique occulte :
la république athée des États chrétiens, la politique ethno-géographique, habilement conduite par le militarisme diplomatique des royautés.

Derrière cette cause seconde, il y avait une cause première, un premier mobile de scission : la fonction césarienne des papes qui, menée par son plan romain, avait depuis longtemps, parmi les nations comme dans les conciles, chez les dynastes comme au sein des épiscopats nationaux, suscité les instincts ethniques différentiels, les passions politiques antiromaines.

Même dans les conciles de Constance et de Bâle, et grâce à la diplomatie des cardinaux, l'influence de la race latine avait été encore prédominante.

Cependant, en Suisse, en Allemagne, en Suède, en Danemark, en Angleterre, en France même, nulle intelligence attentive aux questions européennes n'avait pu ne pas voir ce qui crevait les yeux.

La réformation, ou plutôt la décentralisation républicaine des formes politiques de l'Impérialat des papes, demandée si énergiquement par l'aristocratie des évêques, avait reçu de la monarchie, dite pontificale, des papes, une défaite absolue.

Le Protestantisme issu de la démagogie monacale ne fut que la reprise populaire et laïque du mouvement antimonarchique et antiromain que l'oligarchie aristocratique des évêques n'avait pu accomplir.

Cette fois, comme toujours, faute d'une évolution, on avait une révolution.

Ne faisant, dans ce livre, qu'un relevé historique de fonctions unitaires et de plans généraux, pour montrer ensuite, l'Histoire à la main, la nécessité actuelle de coordonner les unes, suivant leurs lois algébriques, sur la rectification géométrique des autres, je n'ai pas à m'embarrasser des superfétations inutiles ou nuisibles à la Religion sociale de la Chrétienté, et je dirai avec Léon X : querelles de moines.

Je laisserai donc de côté toutes les controverses insipides, toutes les logomachies, tous les prétendus dogmes, toutes les soi-disant théologies, toutes les invectives, toutes les injures dont on s'accabla, de part et d'autre, l'Évangile ou l'Ancien Testament à la main.

Derrière ces fusillades, ces retranchements, ces fossés, armés, élevés, creusés par les passions, derrière ces batteries d'artillerie canonique dressées et pointées par les instincts, derrière toutes ces machines de guerre, que la Chrétienté du vingtième siècle renverra à ses musées d'archéologie, militaient des intérêts généraux, autrement sociaux, autrement religieux, autrement pratiques et réels pour ce temps comme pour le nôtre.

Le caractère spécial de ces intérêts était ethnique et géographique, dynastique et national.

Vus dans leur ensemble immédiat, dans leurs rapports directs, ces intérêts étaient purement politiques pour le moment, et d'accord avec la précision forcée de la rectification des plans nationaux, bien que, dans les groupes militants, les individus engagés dans la bataille pussent sincèrement se croire mus par leur seule volonté et s'imaginer que le seul sentiment religieux les conduisît.

En réalité, dynasties, nations ou races, l'antilatinisme était partout où la race latine pure n'était pas légitimement chez elle.

Rois et peuples étaient d'accord sur ce point, et il n'en pouvait être autrement.

Si l'Impérialat clérical, au lieu d'être latin, eût été celte, germain, anglais, scandinave, slave ou grec, le Protestantisme, la protestation, eût été anticelte, antigermaine, antianglaise, antiscandinave, antislave ou antigrecque.

Aucune nation, aucune race ne supporte, sans en souffrir, la domination ni l'impériosité d'une autre nation, ni d'une autre race, sous quelque prétexte que ce soit, et si élevé que soit ce prétexte.

De même que chaque nation ou chaque dynastie voulait avoir son État, elle voulait avoir son église, sous la même clef gouvernementale, et que cette clef du corps national, fermé sur lui-même, fût dans la main du Pouvoir national, et non à Rome, dans celle d'un Italien, sous le prétexte mythologique d'être chez saint Pierre.

A cette mythologie, les empereurs d'Orient, puis ceux d'Occident, avaient répondu par un Protestantisme politique ou du moins par une protestation constante, toutes les fois que cette clef mystique s'était montrée dans sa réalité : le glaive des anciens Césars.

Depuis l'élévation des dynasties royales, Philippe le Bel avait brutalement agi dans le même sens, et, pour soustraire la papauté aux inspirations ethniques de la Ville de proie, il l'avait gardée captive à Avignon, sous sa propre clef.

Luther et Calvin ne firent donc rien de bien nouveau ; mais, fonctionnellement, bon gré mal gré, ils aidèrent peuples et dynastes antilatins à continuer et à conclure un mouvement conforme à celui des plans nationaux et des fonctions souveraines correspondantes.

Mélanchton sentit parfaitement ce que je viens d'exprimer, quand il dit :

Nous n'avions qu'un joug de bois : Luther nous a mis un joug de fer sur la tête.

En effet, au lieu de la papauté lointaine, les églises protestantes durent avoir pour arbitre un maître direct, dans la fonction la plus élevée sur la base du plan national : le gouvernement royal, ou autre.

Mais les lois organiques des familles et des sociétés sont ainsi faites, qu'un enfant supporte plus facilement les coups de son père que la remontrance du père de son camarade, et que les nations tolèrent mieux la tyrannie d'un compatriote que le gouvernement d'un étranger, fût-ce un saint.

Dans cet inévitable mouvement, le césar pontifical de Rome ne pouvait voir qu'une révolte de ses sujets conquis; aussi appela-t-il immédiatement à lui des juges de sang, des légions, un glaive et une garde impériale.

L'inquisition fut ce tribunal de sang, les armées et la monarchie espagnole furent ces légions et ce glaive, l'Ordre des Jésuites fut cette garde impériale du césarisme romain de l'église latine.

Pendant ce temps, la papauté, hors d'état d'exercer intellectuellement une fonction théocratique quelconque, avait laissé s'éteindre le soleil de la Renaissance, porté par une pléiade éblouissante de génies italiens, sans consacrer solennellement l'Art, sans charger ces mêmes génies d'en rédiger les canons esthétiques.

De même elle avait autrefois laissé se formuler, sans le bénir au nom du Christ, l'admirable Testament civil que, de Byzance, la Cité antique mourante tendait au berceau de notre civilisation.

Léon X protégea les Arts, non en Pontife, mais en Médicis, exactement comme les barons financiers du dix-neuvième siècle, et rien de plus.

C'était déjà quelque chose; car les moines, charpentiers comme Hildebrand, ou gardeurs de pourceaux, comme Sixte-Quint, auraient sans doute fait pis, et persécuté tous ces merveilleux peintres, sculpteurs, architectes et ingénieurs italiens, comme sorciers, enchanteurs, magiciens, coureurs de sabbats et autres suppôts de Lucifer.

C'est, du reste, dans cet esprit, que l'index et l'inquisition vont traiter les sciences et les arts, de Clément VII à ce même Sixte-Quint.

Luther, en voyant les princes enfourcher la Réforme et

s'en faire un cheval de bataille, comprit ce que cela voulait dire; mais trop tard.

Ce moine, chez qui l'on ne peut pas mettre en doute la sincérité, mais dans lequel la race saxonne avait parlé au moins aussi haut que le mysticisme démagogique des couvents, sentit, aussi bien que Mélanchton, qu'il n'était pas le meneur de son mouvement.

Il vit que, brisée par son intermédiaire dans tout le Nord, la houlette pastorale des papes se changeait en autant de bâtons politiques que de gouvernements, et il ne s'opposa que mollement à la tentative de rapprochement du *colloque de Ratisbonne*.

Contarini d'un côté, Bucer et Mélanchton de l'autre, étaient des âmes droites et faites pour s'entendre religieusement.

Mais il y avait, au fond des questions embrasées dont Luther avait été le boute-feu, si peu de religion et tant de politique, que les princes réformés intervinrent dans la conférence, brûlèrent leurs vaisseaux, et coupèrent le pont de communication, en rédigeant les articles, *à leur façon*, dit Luther.

« Mon excellent prince, continue-t-il, m'a communiqué
» les conditions qu'il va proposer pour avoir la paix avec
» l'empereur et nos adversaires.

» Je vois qu'à leurs yeux, toute cette affaire est une comé-
» die qu'ils se jouent entre eux, tandis que c'est une tragédie
» entre Dieu et Satan, où Satan triomphe, et Dieu est
» immolé.

» Mais la catastrophe viendra... » (Lettre du 5 avril 1541.)

Dieu n'était pas plus d'un côté que de l'autre.

Sa puissance théocratique n'agissant que par la Religion universelle qui conduit l'Humanité vers ses fins sociales inconnues, la balance de l'éternelle Sagesse ne penchait pas plus du côté des églises protestantes que de l'église grecque ou de l'église latine, du moment que celles-ci s'opposaient politiquement entre elles.

L'action divine était retirée plus haut que ces batailles, elle se repliait sur le principe possible de l'accord et de la paix sociale de ces cultes, je ne dis pas de leur confusion.

Le champ total dans lequel ce principe doit tomber pour prendre vie ici-bas avait été magistralement défini par Gerson, quand il parlait de l'Universelle Église.

La Religion spéciale du Christ ne pouvait plus s'exercer socialement sur le Gouvernement général de l'Europe, les cultes y étant dissociés en communions politiques rivales et hostiles, depuis le quatrième siècle déjà, et, plus que jamais, depuis le quatorzième.

Qu'il me soit permis de prendre comme symbole sensible une comparaison, pour faire comprendre ma pensée.

Coupez aujourd'hui le câble transatlantique en vingt ou trente morceaux ; vous n'aurez plus de courant électrique.

Aurez-vous immolé et détruit l'électricité pour cela ? Non.

Vous vous serez privés du moyen pratique qui vous permettait de la manifester d'une manière utile pour vous, et d'établir un rapport vivant entre deux mondes séparés par des abîmes.

La Religion est cette force, le Culte son moyen de la manifester.

Brisez le Culte en vingt ou trente cultes rivaux et hostiles, et l'Esprit, la Religion sociale n'y circulera plus.

Cet Esprit, cette force, ce lien social sera ailleurs, dans ce réservoir indéfini de forces intellectuelles et morales que Gerson appelait l'Église universelle.

Mais cette Église, tant qu'elle n'est pas socialement définie, instituée, constituée, ne peut agir que sur les individus, selon leur plus ou moins de disponibilité intellectuelle et morale, et reste nulle quant à son action organique possible sur les églises et les États politiquement divisés et opposés entre eux.

C'est cette opposition mutuelle que Luther voulait, sans doute, désigner sous le nom symbolique de Satan.

Ce personnage poétique ne triomphe jamais, quoi qu'en ait pensé Luther, quand on le regarde de près et de haut en bas.

Il n'y a pas d'esprit du mal, dans le sens intellectuel et spirituel de ce mot, car si le mal avait de l'esprit, il cesserait d'être le mal.

L'esprit politique agissant alors dans les nations par les dynastes, croyait travailler pour lui-même, et sans cela, il n'eût rien fait.

Mais Dieu, la grande Force première de l'Univers, dont les lois cosmogoniques ramènent tout, Mondes et Sociétés à l'Unité par l'Universalité des rapports, n'était pas plus immolé qu'immolable, quelque chagrin ou quelque déplaisir que le moine saxon pût éprouver de voir la pierre qu'il avait lancée dans l'eau y faire naître des cercles concentriques, dont les lois lui échappaient.

Après tout, ce n'était pas une si mauvaise besogne que celle des dynastes, puisqu'ils étaient en train, bon gré mal gré, de rectifier les plans divisionnaires de la Chrétienté, d'une manière plus conforme à la géographie ethnologique, à la constitution nationale des États et de leurs cultes, et rendaient possible, sans le savoir, l'édification pratique de cette Universelle Église qui, s'élevant de ces mêmes bases nationales, sera, pour tous les esprits sincères, d'ici à la fin du dix-neuvième siècle, le premier moyen positif d'opérer la synthèse sociale des États et des Nations d'Europe.

Non, il n'y a pas d'esprit du mal : le mal, c'est l'ignorance dans l'intelligence, c'est l'erreur dans la conscience, c'est l'errement dans la vie, c'est l'opposition à la Sagesse, fruit de la Science, à la Vertu, fruit de la Sagesse, au repos moral, à la stabilité politique, à la paix sociale, fruits de la Sagesse, de la Science et de la Vertu.

Certainement le mal et ses maladies sociales sont grands encore aujourd'hui ; mais j'espère bien prouver que tout tend beaucoup plus vers le bien qu'on ne se l'imagine, et que la guérison des maux qui travaillent l'Europe est beaucoup plus proche, plus facile et plus simple qu'on ne le croit généralement.

L'empereur et François Ier ne voyaient certainement rien de tout cela.

Mais ce que Charles-Quint comprenait très bien, c'était que l'inquisition, les jésuites, l'église latine et la papauté étaient pour lui d'excellents instruments de gouvernement, grâce auxquels il pouvait mettre la main sur l'Italie, l'Allemagne et les Pays-Bas, comme sur l'Espagne et l'Autriche, sans parler des colonies.

Ce que François Ier comprenait également très bien, ainsi que la nécessité du Concordat, c'est que, dangereux pour lui en France même, le Protestantisme était, au dehors, une bonne machine de diplomatie militaire à opposer aux projets de Charles-Quint.

Ce que Henri VIII d'Angleterre, Frédéric Ier de Danemark, Gustave Wasa de Suède, sans parler des princes de l'Allemagne du Nord, comprenaient également bien, c'est que le Protestantisme leur permettait d'être les maîtres chez eux, et d'avoir la clef de leur maison dans leur poche.

Le colloque de Ratisbonne finit comme il devait finir.

Contarini, par le saint Siège, mené lui-même militairement par l'empereur, Bucer et Mélanchton par leurs princes, furent traités en sentinelles perdues, et désavoués.

Un an plus tard, l'influence espagnole armait plus despotiquement que jamais l'église romaine, mais pour le combat et au profit de la monarchie austro-espagnole.

Les papes avaient cru peut-être que cette monarchie se laisserait mener par eux ; mais il suffisait qu'un empire militaire fût en période de fondation, sous l'impulsion d'une énergie souveraine, pour que tout fût remis à son plan premier, et que la papauté rentrât dans l'État impérial, comme sous Charlemagne et Constantin.

Charles-Quint imprima au saint Siège le caractère dur et sombre de sa race, si différente de la race italienne qui, fardant la tyrannie des roses de l'éloquence, mêlait à de belles allures tragiques, à de grands fracas artistiques, un certain laisser aller sceptique et bonhomme, au fond, jusque dans les feux d'artifices des anathèmes et des excommunications.

En 1542, l'aride génie, l'âpre tyrannie presque mauresque du latinisme espagnol, flanqua la papauté des six inquisiteurs généraux, six cuistres doublés de bourreaux, soi-disant institués pour tuer l'hérésie, et, en réalité, pour assassiner la pensée, la science, l'art et la Religion.

Tout ce qui était intellectuellement vivant en Italie émigra en Suisse ou en Allemagne, fuyant ce règne de la terreur et de la mort.

A Modène, à Naples, partout, les académies, la parole, les livres, tout fut fermé, étouffé, supprimé ou castré.

Depuis des cardinaux et des évêques jusqu'à des Franciscains attachés aux doctrines de Jean de Parme, depuis les savants jusqu'aux lettrés, le moloch hispano-papalin écrasa tout ce qui avait vie et mouvement.

Aux premiers la prison, aux petits le bûcher et la noyade.

En 1793, le fanatisme et les soi-disant dogmes de l'Athéologie révolutionnaire de France ne feront ni plus ni moins, ni mieux ni pis, que cette politique césarienne avec sa prétendue théologie dogmatique, autre politique, celle-là, aussi injurieuse que la première à la pensée théocratique de Jésus-Christ, aussi meurtrière à la vie religieuse de l'État Social chrétien.

Ce fut sous cette tempête de passions asservissantes et d'instincts dominateurs, amoncelée, à Rome, par la politique foudroyante de la monarchie austro-espagnole, que se rassembla en 1545 le concile de Trente, réponse impériale et latine de Charles-Quint aux conciles républicains de Constance et de Bâle, et au sécessionisme comme à la décentralisation dont le Protestantisme était le moyen.

A Adrien VI, ancien précepteur de l'empereur, avait succédé un Médicis, Clément VII, puis un Farnèse, Paul III, qui avaient en vain essayé de secouer l'étreinte de l'aigle, en tendant la main aux rois de France et d'Angleterre, à Venise, à Sforza et jusqu'aux Protestants, car Paul III livré à lui-même était porté à la conciliation politique.

Mais le ténébreux despote de l'Escurial et de Vienne ne lâchait pas, même de loin, le Vatican, sa proie, sa police surtout.

S'il ne mit pas la tiare sur sa tête comme Jules César, il mit sa tête sur la tiare, en rêvant et poursuivant la Monarchie Universelle.

Aussi, inquisiteurs et jésuites espagnols, Paul III dut tout subir.

Depuis quatorze ans, Charles-Quint voulait son concile; Paul III dut le lui donner, et mourut quatre ans après, épuisé par le découragement.

Inquisiteurs et jésuites, Caraffa, Salmeron, Lainez dirigèrent les assemblées, et maintinrent constamment une majorité purement latine de près des trois quarts, en faisant voter, non plus par nations, comme à Constance, mais par tête.

En 1555, l'inquisiteur Caraffa devint pape, sous le nom de Paul IV, après Paul III, Jules III et Marcel II.

A peine Charles-Quint eut-il abdiqué en 1556, que la politique effrénée des papes italiens recommença.

L'Espagne et l'empire séparés laissent respirer Paul IV, et l'inquisiteur, en lui, lâche un moment l'Italien.

Tout lui est bon pour combattre, en Italie, l'Espagne : les Français, les Suisses, les Luthériens même, contre le duc d'Albe.

Il anathématise Philippe II, et fait appel au grand Turc, Soliman Ier.

Il donne au duc de Guise le royaume de Naples, arme et passe en revue les troupes, et prêche la croisade contre les Espagnols qu'il traite de « semence de Juifs et de Maures, et lie du monde ».

Le duc d'Albe tint bon, assiégea et prit Rome, et la bataille de Saint-Quentin, en faisant rappeler d'Italie le duc de Guise, livra de nouveau la papauté à la tyrannie espagnole

Dès lors, Paul IV cessa d'être Italien pour redevenir inquisiteur, rejeta, par sa hauteur insultante, Élisabeth d'Angleterre dans la Réforme, et termina le concile de Trente.

L'épiscopat en sortit plus despotiquement régi que jamais par la cour de Rome, la papauté plus monarchiquement établie que par le passé, à la tête de son impérialat clérical.

C'était la réponse au Protestantisme, et la Religion chrétienne était loin d'y gagner comme force sociale; mais c'est ainsi que les réactions sont toujours proportionnelles aux révolutions.

Investi du droit d'interpréter seul les décisions du concile, le pape put désormais dire : l'Église c'est moi; et il ne lui manquait plus que l'infaillibilité.

Le saint Siège était dans la pleine et rigoureuse logique du droit monarchique; mais remarquons que, cette fois, son énergie n'émanait plus du pape, mais d'une autre monarchie, qui elle-même, depuis Ferdinand dit le Catholique, empruntait à la cour de Rome ses pires moyens de gouvernement.

Le dogme de l'infaillibilité viendra donner de nos jours à la papauté toute sa signification monarchique. Nous montrerons que ce que beaucoup de consciences chrétiennes ont réprouvé comme un mal, peut être tourné en bien, si les papes, désormais absolument libres et maîtres de leurs mouvements, savent le vouloir.

Il restera néanmoins à régler l'origine élective de la papauté, pour libérer totalement de la politique, le Souverain Pontificat disponible à la Religion et à la Théocratie.

CHAPITRE IX

RÉACTION IMPÉRIALE DES PAPES

Aspect de l'Universelle Église. — Ses divisions en cultes hostiles. — Nullité religieuse de la papauté. — Erreurs de la critique française, depuis Montesquieu jusqu'à M. Lanfrey. — Démonstration de ces erreurs. — Caractère de la réaction européenne, impériale et latine, depuis le concile de Trente.

Pendant ce temps, l'Église universelle présentait l'aspect suivant:

1° Églises latines de Portugal, d'Espagne, d'Italie, de France, d'Irlande, d'Autriche et de Pologne ;

2° Églises grecques de Byzance, des Pays Danubiens et de Russie ;

3° Églises protestantes de Suisse, de l'Allemagne du Nord, des Pays-Bas, de Danemark, de Suède, d'Angleterre, d'Écosse.

Parmi les églises latines, celles de Portugal et de Pologne, auxquelles la distance tenait lieu d'indépendance, acceptèrent sans objection les conclusions disciplinaires et monarchiques du concile de Trente.

L'Espagne y mit des restrictions.

Les parlements de France les rejetèrent comme contraires aux libertés de l'église gallicane, libertés qui s'affirmeront plus que jamais en 1682.

L'Autriche, la Hongrie, gardèrent aussi les idées décentralisatrices des conciles de Constance et de Bâle.

En Italie, Venise interdit à son clergé de communiquer avec Rome, sans passer par l'intermédiaire de l'État.

Les rois d'Angleterre agirent comme les chefs de la république vénitienne.

Parmi les églises grecques, celle de Russie était depuis longtemps nationale, et ni Ivan le Grand, ni Vassili, son fils, ni Ivan le Terrible, son petit-fils, n'étaient hommes à ne pas être maîtres chez eux.

Un moine du mont Athos, Maxime, né à Arta en Albanie, ami de Lascaris et d'Alde Manuce, fut le favori de Vassili, et mit à son service sa science, son érudition, ses talents, dans la correspondance du prince avec Léon X, Clément VII, Maximilien, Charles-Quint, Gustave Wasa, Soliman le Magnifique et Sélim.

Mais dès que le Grec voulut se mêler des affaires intérieures, Vassili l'abandonna au clergé national, et le métropolite Daniel le fit enfermer dans un couvent de Tver.

Ivan le Terrible, après avoir requis le métropolite Makarie de le couronner, garda sous sa main la direction des affaires spirituelles, dans la personne de son conseiller religieux, le pope Sylvestre, qui eut plus tard le sort du moine Maxime.

Quand Vassili abattit sous la hache la révolte des oligarches, il déposa l'archevêque de Moscou, saint Philippe, qui avait intercédé pour eux.

Le tzar agissait en centralisateur national, comme Ferdinand, dit le Catholique, en Espagne, comme Henri VIII, en Angleterre, comme Louis XI, François Ier et Catherine de Médicis en France, comme Gustave Wasa en Suède, comme Frédéric Ier en Danemark, comme Charles-Quint en Autriche et en Allemagne, comme les papes dans leur clergé latin.

Parmi les églises protestantes, celles de Luther occupaient l'Allemagne du Nord, la Suède et le Danemark.

Celles de Calvin occupaient la Suisse, une partie de la France, les Pays-Bas et l'Écosse.

L'Anglicanisme était maître de l'Angleterre.

Calvinistes par le dogme, les Anglicans avaient gardé la

liturgie, la hiérarchie et même, dit-on, la transmission du Sacrement de l'Ordre.

En Suède, Gustave Wasa comprit immédiatement tout le parti politique et national qu'il pouvait tirer du mouvement de Luther.

Il nomma les agents de ce dernier, Olaüs et Laurent Pétri, l'un secrétaire d'État, l'autre recteur à l'Université d'Upsal.

Les états généraux de Westeras donnèrent, en 1524, au roi, le droit de conférer les dignités ecclésiastiques, de rendre à l'État les biens du clergé romain, et de prononcer la séparation de la Suède d'avec la cour de Rome.

Laurent Pétri, nommé archevêque d'Upsal, sacra le roi.

Un an après, le concile d'OErebro arrêta le dogme et la liturgie, maintint la hiérarchie et les cérémonies.

En Danemark, Christian II, puis Frédéric Ier encouragèrent également les émissaires de Luther.

La diète d'Odensée brisa les vœux monastiques et le célibat des prêtres, contre lequel des évêques français et allemands avaient combattu vainement au concile de Trente.

La hiérarchie de l'église de Danemark ne fut plus soumise qu'au roi.

Christian III supprima la hiérarchie, confisqua les domaines des évêques, et nomma à leur place sept surintendants et sept baillis.

A Genève, Calvin mit le gouvernement aux mains des ministres de la Réforme.

Dans les Pays-Bas, malgré les inquisiteurs et les soldats de Charles-Quint, le calvinisme s'implanta et se confondit avec l'indépendance nationale, dans sa lutte contre Philippe II.

En Écosse, Marie de Guise, mère de Marie Stuart, avait pour premier ministre le cardinal Beaton, animé contre l'hérésie du zèle césarien de Rome.

Le bourreau joua donc son rôle; mais quand les protestants virent Beaton faire brûler vifs, sous ses yeux, leurs coreligionnaires, ils tuèrent Beaton, et pendirent son cadavre à une gargouille du château de Saint-André.

John Knox fut soutenu par Édouard IV d'Angleterre qui en fit son chapelain.

Sous Marie Tudor, il vécut en Suisse près de Calvin.

Sous Élisabeth, il revint en Écosse, et installa son presbytéranisme sur le modèle de l'église genevoise : pas de hiérarchie, égalité des ministres du culte.

En Angleterre, la tendance anglicane existait depuis longtemps, comme en France, la gallicane.

En 1531, Henri VIII se fit proclamer par le parlement chef suprême et protecteur de l'église d'Angleterre.

En 1534, Clément VIII foudroya, en César romain, Henri VIII.

Deux ans après, le roi excommunié fit supprimer par son parlement les ordres monastiques, et rentrer leurs biens dans le trésor de la couronne.

Aussi dur aux protestants qu'aux catholiques attachés à Rome, il frappa les uns et les autres avec une despotique énergie, leur rendant les coups que la monarchie anglaise avait reçus de l'impérialat des papes.

Son seul but fut de tenir son église nationale dans la dépendance absolue de la couronne.

Sous Édouard VI, la tendance protestante s'accentua.

Sous Marie Tudor, la réconciliation avec Rome eut pour gage la corde, la hache et le bûcher : trois cents réformés furent brûlés.

Sous Élisabeth, sacrée selon le rite romain, la chambre des lords, en 1557, déclara que le chef de l'État était aussi le chef suprême de l'église nationale :

Telle fut la réponse de la reine à la hauteur brutale du pape Paul IV.

Le serment à la couronne, avec reconnaissance de sa suprématie religieuse, fut imposé aux évêques.

Trois ans après, en 1562, le bill des trente-neuf articles régla l'organisation de l'église royale d'Angleterre : la hiérarchie fut maintenue.

Ainsi se précisa, dans l'Église Universelle, la revision inévitable du plan et des bases cultuelles de la Chrétienté, conformément à trois types correspondant l'un, le calviniste, à la république municipale des paroisses calquées sur les municipes latins de la primitive Église ; l'autre, le luthérien, l'anglican, le russe, etc., à la république provinciale et épiscopale dont les cadres hiérarchiques avaient été empruntés à l'empire romain ; l'autre, le romain, à l'impérialat, au césarisme, qui avait surmonté et couronné ces mêmes cadres d'emprunt, à Rome même.

Ces trois types, purement politiques, furent forcément asservis, les deux premiers au gouvernement intérieur des États nationaux, le troisième, au gouvernement général de l'Europe devenu, comme nous l'avons dit, la *République athée des États chrétiens*.

Si la papauté n'eût pas été une fonction politique mixte, érigée sur des cadres impériaux, posés eux-mêmes sur un plan ethnique à tradition césarienne, elle eût devancé ce mouvement des grandes Unités divisionnaires, nationales et dynastiques, elle en eût été l'initiatrice religieuse, et, le consacrant théocratiquement, elle eût fait œuvre de Souverain Pontificat européen, prévenu les schismes et les grandes guerres, de 1328 à 1870.

Mais continuant à prendre l'esprit local de la Ville de proie pour celui du Calvaire, la domination romaine pour le gouvernement pontifical, le Pouvoir pour l'Autorité, la Politique des passions, des instincts, des expédients, pour la Sagesse théocratique et la Science religieuse et sociale, le césarisme papalin, du haut des cadres impériaux de son clergé latin qui lui était toujours apparu comme une armée de conquête et d'occupation des nations, ne put voir dans cette évolution universelle que la rébellion de ses provinces cléricales.

Pourtant les lois divines et humaines des Sociétés, les causes, les principes, les fins même de l'État Social européen se laissaient clairement entrevoir, à travers tous ces signes de l'avenir, si universellement précis dans le présent, si rigoureusement enchaînés dans le passé.

Toutes ces monarchies dressant en même temps, de l'Ouest à l'Est, du Nord au Midi, les têtes couronnées du corps ecclésial et juridique des nations, signifiaient hautement et avec une terrible énergie que les temps de confusion n'étaient plus et que le moyen âge était mort.

Les peuples majeurs, désormais responsables, étaient en possession de l'âme même de l'ancienne Rome, l'État, de l'esprit même de la nouvelle Rome et de Byzance, l'Église; e ils voulaient dorénavant se cheviller au corps ces deux forces organiques similaires, et ne plus les abandonner à la direction d'un carbonarisme romain.

La papauté ne vit et ne put voir dans tout ce symbolisme des faits, dans ce langage des événements, qu'une signification personnelle : l'Autocratie.

Impérialement invigorée par le concile de Trente, pendant que plus de la moitié de son empire clérical se brisait sous son étreinte despotique et lui échappait, elle ne comprit pas qu'elle pouvait le ressaisir théocratiquement par des moyens religieux.

Asservie à la force, elle employait la force.

Cependant leurs plans ethniques ni leurs fonctions césariennes n'ayant point été modifiés, les papes, comme primats d'Italie, ne purent subir Charles-Quint que pour le trahir, et ne s'appuyèrent tour à tour sur l'Espagne, sur la France, sur l'Autriche que pour les diviser par la ruse et les heurter dans la force militaire.

Comme papes, ils durent continuer à trahir l'Italie à laquelle ils devaient leur seul support, Rome, et l'esprit de l'archaïsme de race qui les inspirait ; aussi la donnèrent-ils une fois de plus à dévorer aux dominations étrangères.

Comme Césars cléricaux, ils durent continuer à être les antagonistes de l'empire laïque, et à y entre-choquer également les dominations étrangères.

Grâce à cette confusion de fonctions et de plans dans la papauté elle-même, vont s'accomplir, après les guerres d'Italie, les guerres faussement dites de religion, puis celle de Trente ans et toutes leurs conséquences militaires jusqu'à nos jours, sans qu'au nom de Jésus-Christ, au nom de l'Universelle Église, le Souverain Pontificat puisse jamais se réveiller dans la nécropole de Jules César, pour séparer les combattants et montrer la nécessité et la possibilité pratiques de la paix sociale entre les gouvernements, les États et les nations de la Chrétienté.

Ainsi la suprême fonction de l'État Social de Jésus-Christ demeura depuis le quatrième siècle, jusqu'à nos jours, intellectuellement et scientifiquement inconnue, dans ses principes, dans ses moyens et dans ses fins, à ceux mêmes qui croyaient l'exercer.

En conséquence, les papes virent leur domination traitée peu à peu en puissance étrangère par la diplomatie intergouvernementale, par les gouvernements, par les États, par les églises, par les lois comme par les pouvoirs des nations, par les sciences comme par les arts, en un mot par toutes les manifestations de la vie sociale à tous les degrés de ses fonctions, à travers toutes les Unités nationales, dont l'ensemble constitue l'État Social Chrétien, l'Universelle Église régie, encore une fois, par la *République athée et féodale des Puissances*.

La critique antireligieuse, depuis l'*Esprit des Lois* jusqu'à l'*Histoire politique des Papes*, a toujours manqué, non de talent ni d'érudition, mais de méthode complète, de science synthétique et, par conséquent, de sagesse, dans ses analyses et ses jugements sur les Sociétés.

Lorsque je qualifie cette critique d'antireligieuse, je la prends pour ce qu'elle se donne, et non pour ce qu'elle est au fond ; car jusque dans le cri de l'athéisme, il y a plus de religion qu'on ne pense, et il n'exprime le plus souvent qu'une protestation politique contre les vices d'une politique exercée par des sacerdoces sectaires.

Cependant le Dieu Social n'en existe pas moins, quelque peu d'intelligence qu'en aient les sacerdoces, quelque peu de connaissance qu'en ait le monde de la protestation laïque, lorsqu'il s'élève, par voie négative, contre l'inefficacité des idoles dogmatiques d'une cléricature qui tue l'esprit sous la lettre, la Religion sous le Culte.

La physiologie sociale n'en a pas moins ses lois dont voici l'une.

Dans tout État Social de premier degré, comme Israël, comme la Chrétienté, comme l'Islam, la Religion donne le principe et la fin de la vie sociale, de l'esprit public et des mœurs communes.

La Politique générale est la moyenne gouvernementale de cet esprit et de ces mœurs.

L'Économie publique, conséquence de la Politique générale, gère les choses, comme celle-ci gère les hommes.

Si les cultes exercent mal la Religion, si les gouvernements exercent mal la Politique et l'Économie, ce n'est ni la Religion, ni la Politique, ni l'Économie en elles-mêmes qu'il faut attaquer, mais la manière défectueuse dont elles sont comprises et exercées ; et il faut le faire scientifiquement, sans sectarisme, et sans fanatisme, sans passion et sans faiblesse.

Il faut aimer l'Humanité, et faire appel à ses réserves de perfectibilité.

L'esprit public, les mœurs communes ont assez de puissances intellectuelles et morales pour se reconnaître dans la Vérité, lui prêter force de vie sociale, et opérer physiologiquement le rétablissement organique de l'État Social tout entier.

Telle n'est malheureusement pas la voie que la protestation laïque a suivie en France.

Imbue de l'archaïsme gréco-romain, elle a sectarisé son œuvre, et lui a retiré toute force sociale de vie, en méconnaissant le Christianisme et conséquemment la Chrétienté.

Aussi malgré tous les trésors de travail, de talent, d'érudition, prodigués par les encyclopédistes, malgré l'irrésistible et admirable élan qui les poussait à briser les idoles intellectuelles, à rompre les entraves de l'esprit public, et à enlever les mœurs communes dans le libre essor de leur perfectibilité, n'ont-ils imprimé à la Volonté générale qu'un mouvement antisocial d'une médiocrité désastreuse.

J'ai dit désastreuse, non à cause des ruines amoncelées par les politiques passionnés de leur école : les ruines se réparent, quand on sait édifier ; mais le désastre c'est l'incapacité radicale d'édifier quoi que ce soit d'organique, ni même de comprendre l'organisme réel de l'État Social, dont toutes les nations européennes sont les membres.

Cette ignorance fut vainement combattue dans les temples maçonniques ; elle triompha.

Comme toujours elle devait aboutir à l'intolérance, cette intolérance se formuler par des dogmes sectaires, ce sectarisme, manquant d'autorité, se ruer sur le pouvoir, et affirmer dans le sang son illusoire et passagère domination.

Aussi ce mouvement brutal, d'autant moins scientifique qu'il est plus passionné, d'autant moins fort qu'il fut plus violent, trébucha-t-il dans tous les archaïsmes politiques, depuis la république de Carthage jusqu'à l'empire militaire de Rome, écrasé en 1815 par l'Europe ; et roule-t-il enfin, d'une forme de gouvernement à une autre, jusque dans le moyen âge et la dislocation municipale d'une nation.

A la secte catholique latine s'est opposée, en France, la secte athéologique également latine et à prétentions également universelles ; au fanatisme dogmolâtre, une autre dogmolâtrie non moins fanatique et non moins ignorante de la Constitution réelle de l'Europe et du rôle social que la Religion doit y jouer.

Voici, par exemple, en 1880, la conclusion du livre, remarquable du reste, de M. Lanfrey : l'*Histoire politique des papes* :

« *Condamnée par le monde entier comme pouvoir cosmopo-*
» *lite, la papauté doit l'être aussi comme gouvernement natio-*
» *nal, car le domaine politique des papes n'a jamais été autre*
» *chose que la pierre d'attente de la Théocratie universelle.* »

J'espère avoir assez prouvé que le domaine politique des papes, autrement dit leur plan ethnique latin, leur base impériale romaine, n'a jamais été la pierre d'attente de la Théocratie ni du Souverain Pontificat, mais leur pierre d'achoppement, leur pierre tumulaire.

Quant à la papauté, transfiguration ou fantôme de l'Impérialat romain, son pouvoir n'a pas été condamné par l'Europe parce qu'il était cosmopolite, mais au contraire, parce que, reposant sur un centre national, il était romain, latin, donc partitif, donc sectaire, dans l'Universelle Église comme dans l'État Social européen.

Ce même pouvoir, l'Italie ne tend point à l'éliminer parce qu'il est national, mais parce qu'il veut être cosmopolite ; et ce pouvoir veut être cosmopolite parce que, tête des cadres impériaux d'une église sectaire, il fonctionne comme un empire, tendant à dominer plusieurs royautés ou plusieurs nations.

M. Lanfrey conclut en disant :

« *L'édifice n'a pas été bâti, il faut qu'il soit arraché jus-*
» *qu'aux fondements.* »

Je prouverai dans mes conclusions que l'édifice dont parle M. Lanfrey, la Théocratie, c'est-à-dire Autorité sociale, universelle, du Christianisme, du Catholicisme sans épithète latine, du Souverain Pontificat sans épitaphe romaine, loin de finir, commencera, au contraire, à dater du jour où les fondements impériaux de la papauté cesseront de l'asservir à l'archaïsme politique, à l'archéologie morte, à la tradition de sa ville et de sa race d'élection.

Les conclusions de M. Lanfrey sont un décret sectaire du fanatisme athéologique, une excommunication politique lancée à la papauté par la dogmolâtrie antireligieuse de la révolution française, rien de plus.

Autant en emporte le vent de l'esprit organique que le Christianisme souffle depuis dix-huit cents ans sur l'Europe.

L'Europe présente n'est pas plus aux sectes qu'aux dogmes et qu'aux excommunications, quels qu'ils soient, d'où qu'ils viennent ; elle touche, au contraire, à la science et à la conscience de l'Universalité de son rôle comme État Social.

Ses surfaces peuvent sembler contradictoires ; mais il suffit de l'observer à fond, son Histoire à la main, pour voir avec certitude qu'elle est très près, ayant revisé ses plans nationaux, de les couronner, en résumant pratiquement, socialement, toutes ses forces universelles, tous ses organes généraux, toutes ses fonctions synthétiques.

Pour que toutes les intelligences libres puissent se reconnaître dans le labyrinthe de l'Europe actuelle, je les ai armées, contre tout sectarisme, d'un fil conducteur solide et d'un inextinguible flambeau, d'une méthode historique, et d'une science intégrale.

Ce fil je l'ai attaché au Calvaire, ce flambeau je l'ai allumé dans l'esprit vivant de Jésus-Christ, par la simple raison que notre État Social date du Calvaire, et que le Christianisme est l'esprit public de la Chrétienté.

Méthode et science, fil et flambeau, je ne les lâcherai pas que je n'aie conduit, hors du labyrinthe des cultes et des États dissociés, le chœur des intelligences libres qui voudront bien me suivre.

Je veux qu'elles voient clairement la rectitude de notre marche à travers les faits accomplis, et qu'arrivées à l'issue du dédale, l'Universalité pratique de la pensée du Christ leur apparaisse en pleine lumière, et que leur conscience même formule avec moi la Constitution sociale de notre Continent.

Cette Constitution, ce n'est pas à une théorie idéale que nous la demanderons, mais au rapprochement même des parties constituantes de l'ensemble européen : Églises, États, Nations.

Mais de peur que les politiciens, hommes d'État ou hommes d'Église qui rêvent encore l'Empire militaire européen, ne retombent dans les mêmes erreurs, de peur qu'ils ne cherchent encore dans la force arbitraire un ressort qui ne doit être demandé qu'à la constitution des forces arbitrales, de peur qu'ils ne veuillent, une fois de plus, tenter d'étouffer par la violence ce qui doit être l'œuvre de l'universelle tolérance et la création de la liberté, nous allons observer maintenant l'expérience historique de la sanglante réaction, vainement entreprise par la monarchie espagnole et par la papauté romaine, contre la rectification des bases de l'Universelle Église, conformément au plan des nationalités.

Un pape romain pourra maudire notre audace; un Souverain Pontife européen la bénirait, et l'aurait lui-même.

Cette réaction latine dont le Vatican et l'Escurial furent l'âme et la tête impériales, dura, sous Philippe II, quarante ans, coûta plusieurs milliards de francs, plusieurs millions de vies humaines, et consolida ce qu'elle voulait détruire, en suscitant contre elle toutes les énergies nationales de l'Europe, tant dans l'ordre religieux que dans l'ordre politique.

Jamais le césarisme ecclésial des papes n'avait été plus despotiquement armé : le concile de Trente continuait son œuvre, l'inquisition était en fonction en Italie, en Espagne, en Allemagne, dans les Pays-Bas, en Portugal ensuite, dans les colonies enfin ; les jésuites étaient en mouvement partout.

Telle était l'âme impériale et romaine de la réaction : voici maintenant quels étaient sa tête et son corps espagnols, tête à quatre couronnes, corps armé du militarisme le plus formidable que l'Europe eût possédé depuis l'empire romain.

Corps, âme et tête, c'était la race latine résumant toutes ses énergies, toutes ses traditions politiques dans un double césarisme emboîté l'un dans l'autre, dans une même et suprême bataille impériale contre l'Europe nouvelle, l'Europe des nationalités.

Cette tête puissante, où brûlait ce génie de la brutalité, qui fut l'étoile romaine de Jules César, et qui sera plus tard celle de Napoléon Ier, c'était Philippe II, un Louis XI impérial, grand comme un Hildebrand, dont Machiavel eût été le saint Pierre, et *le livre du Prince*, l'Évangile.

Du fond de l'Escurial, il sentait sous sa main battre le cœur des nations, et, pendant quarante ans, il essaya d'arrêter ces battements soit à coups d'épée, soit à coups de poignard.

L'épée était tenue par de grands hommes de guerre : Philibert Emmanuel, le duc d'Albe, don Juan d'Autriche, le duc de Parme ; le poignard ou le poison étaient maniés par d'obscurs et fanatiques assassins, ou par des conspirateurs au grand jour, attisant avec le glaive le feu de la guerre civile.

Le Taciturne, Condé, Coligny, Jeanne d'Albret, Henri III : voilà les plus illustres victimes ; l'hécatombe des autres est innombrable.

Voici maintenant à quoi aboutit cette réaction effrayante, ce gigantesque effort du *Démon du Midi*.

En France, sept guerres civiles en trente-deux ans, l'or et le sang sacrifiés par torrents, toutes les activités du clergé, des moines, des jésuites mises en jeu, compromises dans une politique féroce ; et cela, pour rien, pour subir en fin de compte le sacre de Henri IV, l'édit de Nantes, le triomphe de la tolérance et de la nationalité, la défaite du double despotisme européen, celui de Rome et celui de Madrid.

En Angleterre, trente ans de conspirations, les prêtres latins transformés en carbonari, Marie Stuart poussée à sa perte, Norfolk, Northumberland, Westmorland soulevés, le jésuite Parsons rallumant leurs complots, l'Irlande travaillée, un milliard englouti dans ce brasier et dans les guerres sur l'Océan ; et cela pour rien, pour voir se briser sur des écueils et s'engloutir dans l'ouragan tous ces stériles efforts et leur résumé, l'Invincible Armada, qui coûtait à elle seule cent vingt millions de ducats, pour voir enfin l'église, l'État et la nation d'Angleterre sortir triomphants de ce duel colossal.

Dans les Pays-Bas, des exécutions par centaines de mille, un tribunal de sang, une lutte de bêtes fauves durant trente-sept ans contre les nobles, contre les gueux, contre Guillaume d'Orange, contre Nassau, toute l'armée du clergé latin donnant à fond, toutes les armes depuis la hache jusqu'aux bûchers, depuis le bâillon jusqu'au cachot, depuis l'épée loyale jusqu'au lâche poignard, l'exil, la guerre, la mort frappant sans répit, le Démon du Midi faisant couler le sang par fleuves, l'or des impôts forcés par quarantaine de millions annuels, sans parler des spoliations ; et tout ce sang, cet or, ces égorgements pour rien, pour que Rome et Madrid vaincues soient obligées de courber la tête en 1581 devant le triomphe ecclésial et national des états généraux de La Haye et d'une petite fédération emporocratique.

En Suède, Éric XIV stipendié contre Frédéric Ier de Danemark, puis jugé trop faible et renversé par son frère Jean III, ou plutôt par la femme de ce dernier, la fanatique Catherine Jagellon, les luthériens bannis, les jésuites appelés à dominer la nation, Jean ligué avec le roi de Pologne pour démembrer le Danemark protestant, la Saxe, la Hesse, menacées comme la Baltique ; et toute cette dépense d'expédients, de compromissions, d'intrigues, pour en arriver à quoi : à voir en 1583 succomber dans ce pays, avec la Jagellon, l'Église romaine chassée, la domination de Vienne, de l'Escurial et du Vatican balayée de la Suède comme du Danemark et des côtes de la Baltique, comme de celles de la mer du Nord et de la Manche.

En Pologne et en Russie, Sigismond III soudoyé, l'ordre des jésuites lancé sur la Russie occidentale et sur l'église nationale orthodoxe, âme d'un corps national, cette réédition diplomatique des Porte-Glaive et des chevaliers teutoniques poursuivant sous le prétexte de l'Union, l'étouffement des Slaves orthodoxes, la guerre civile allumée dans la Russie Blanche comme dans la petite Russie, les acclamations du pape Clément VIII, en 1595 ; et toutes ces agitations grosses de sanglantes représailles, pourquoi : pour en arriver en 1596 au concile de Brest en Volynie, à un échange d'anathèmes et d'excommunications, à la défaite finale des Uniates, de la compagnie de Jésus et de l'impérialat clérical latin dans la Russie qu'on voulait conquérir, au triomphe de Nicéphore, du patriarche de Constantinople, de l'église et de la nation russes.

En Portugal, la conquête à main armée, des flots d'or, des flots de sang, le sentiment national puni de mort jusque parmi le clergé portugais cependant catholique romain, deux mille prêtres ou moines assassinés ; et tous ces massacres, tout ce gaspillage de vies et de trésors, cette conquête, pour aboutir à quel résultat : à la voir cesser en 1640.

Total : bataille perdue sur toute la ligne, depuis Kief, Copenhague, Stockholm, La Haye, Londres, Paris, Lisbonne jusqu'à Tripoli, Tunis et Alger, la dette de l'Espagne dépassant un milliard, la nation espagnole épuisée en pure perte, cadavérisée par Rome et l'Escurial, ses colonies, mines et races autochtones, saignées à blanc par le double césarisme latin et vouées à devenir la proie des emporocraties de la Hollande et de l'Angleterre.

Total encore : la foudre des représailles attirée sur toutes les divisions militaires de l'empire clérical des papes, sur l'empire espagnol, sur l'empire d'Autriche, sur la Pologne, sur le pavillon des flottes et des colonies latines.

Résumons-nous sur cette période des prétendues guerres de religion.

Ainsi, politiquement, diplomatiquement, militairement, fut conçue, menée au combat et battue, la réaction impériale romaine, dirigée contre la constitution des églises et des États nationaux.

Le champ de bataille fut l'Universelle Église, la mêlée ébranla tout l'État Social de l'Europe et, plus tard, ses colonies; la guerre se fit contre la Religion et non pour elle.

Le caractère spécifique de cette réaction fut-il théocratique, fut-il religieux ?

Tout le contraire.

La Religion chrétienne, religion de paix, n'est en action que dans l'Universelle Église, et l'hostilité mutuelle des cultes la tue ; la Théocratie ne pouvait être en acte qu'à la condition d'être la tête religieuse de tout l'État Social chrétien lié à la Paix, et l'antagonisme des États qui le composent, empêche qu'il ne soit ainsi socialement constitué.

Encore une fois, cette réaction fut celle d'une race, et son caractère spécifique ne révèle qu'une politique du genre monarchique impérial.

Le projet de donner la France à l'Empire nominal d'Autriche, comme Charles-Quint voulait lui faire léguer les trois couronnes du Nord, celui de démembrer le Danemark, l'attaque générale aux églises nationales, non seulement protestantes, mais orthodoxe en Russie, catholique en Portugal, accusent et révèlent la tradition césarienne latine, l'empire arbitraire romain, violent, confusionnel, rien d'autre.

Changeons d'époque, remontons le cours des siècles au delà de Jésus-Christ : nous verrons Rome et la race latine animées du même esprit, organisées d'une manière similaire, fonctionnant dans un mode identique vis-à-vis de l'Europe entière.

Les cures seront des curies, les diocèses des provinces, la cour romaine celle de César; les curés seront des curateurs, les évêques des gouverneurs, le souverain un empereur, les ordres des légions.

Plan ethnique romain et latin, cadres impériaux, hiérarchie des circonscriptions, centralisation césarienne : tout signifiera Empire, Conquête, Domination sur les souverainetés, sur les races et sur les peuples étrangers.

Changeons encore d'époque, redescendons vers nos temps à travers le Christianisme.

Les curies sont des cures, les provinces des diocèses, la cour romaine une cour, les curateurs des curés, les gouverneurs des évêques, le souverain un pape, les légions des ordres, les généraux des monarques, Charles-Quint, Philippe II.

Plan ethnique romain et latin, cadres impériaux, hiérarchie des circonscriptions, centralisation césarienne : tout signifiera comme avant le Christianisme, empire romain, impérialat latin, conquête, domination sur les souverainetés devenues les églises, les États, les nations de l'Europe chrétienne.

Ce système gouvernemental est-il, encore une fois, religieux ou politique, est-il théocratique ou impérial, est-il chrétien, ou est-il emprunté à un État Social antérieur au nôtre ?

La réponse n'est pas douteuse, et le lecteur lui-même la fera.

Où donc alors est la Religion si ce n'est en Jésus-Christ inconnu ou méconnu ; où donc la Théocratie, si ce n'est dans la liberté et dans la concorde futures de toutes les églises et de tous les États de la Chrétienté ; où donc le Christianisme, si ce n'est en croix, non ressuscité, attendant sa transfiguration scientifique et intellectuelle, son triomphe social, l'accomplissement de sa paix sur les sommets de la Chrétienté, parmi les églises et les nations chrétiennes ?

Quoi ! Les églises se maudissent entre elles, les États et les nations chrétiennes se heurtent dans le sang, et l'on accuse la Religion et la Théocratie et non la politique, les victimes sacrifiées et non les sacrificateurs !

Est-ce que Jésus-Christ a dit aux apôtres : Vous direz aux Eglises, aux Etats et aux Nations de se haïr et de s'entr'égorger ?

Est-ce sa Religion cette haine, est-ce sa Théocratie cet égorgement, ou le contraire de sa pensée sociale et du Gouvernement universel qui doit la réaliser ?

Le traité de 1648 va nous répondre, nous dire ce qu'est devenu le Gouvernement général de l'Europe dans l'Universelle Église, dans l'État Social de Jésus-Christ.

Cette réponse, la voici d'avance : à l'empire romain, continué par les papes d'une manière archéologique, a succédé une république européenne réelle, composée de monarchies, sans religion, sans lien social ; à la cour impériale romano-germaine, va succéder une assemblée armée de gouvernements personnels, asservissant les nations militairement, comme celles de l'agora et du forum étaient des assemblées de pouvoirs individuels asservissants, eux aussi, et également armés, témoins les poignards d'Harmodius, d'Aristogiton et de Brutus.

CHAPITRE X

TRIOMPHE DE LA RÉPUBLIQUE EUROPÉENNE

Henri IV de France. — Élisabeth d'Angleterre. — Leur projet de gouvernement général. — Le Code des Nations. — Richelieu et Mazarin en Europe. — Le Congrès de Westphalie. — Son caractère irréligieux et antisocial. — Armées permanentes. — Diplomatie. — Fonctionnarisme. — Anarchie gouvernementale de l'Europe. — Ses conséquences dans les nations. — Révolution française. — Napoléon I*r*.

L'œuvre de 1648, les traités de Westphalie, ont reçu le nom de *Code des Nations*, beau nom, s'il était mérité.

La pensée d'un *Code des Nations* remonte à la fin du seizième siècle et au commencement du dix-septième.

Elle était grande et pratique; mais l'œuvre du congrès, mesquine et irréelle, ne réalisa nullement ni cette pensée première ni la réalité d'un nom qu'elle eût pu cependant justifier.

Si Charles-Quint, puis Philippe II et les papes, depuis Adrien V jusqu'à Clément VIII, essayèrent sciemment de ramener à l'Empire le Gouvernement général de l'Europe, c'est également en pleine connaissance de cause qu'Henri IV de France et Elisabeth d'Angleterre opposèrent à cette réaction le plan d'un gouvernement constitutionnel européen et d'un tribunal régulier du droit des gens.

Tout le monde connaît ce projet qui eût subordonné la force militaire à une légalité, la ruse diplomatique à une magistrature loyale : aussi n'entrerai-je pas dans des détails qu'on trouve dans tous les livres d'Histoire.

C'est pendant qu'il gagnait sa couronne, et qu'il défendait, l'épée au poing, l'unité et l'indépendance gallicane de sa nation, contre la politique combinée de Rome, de Madrid et de Vienne, qu'Henri IV médita cette œuvre avec Sully.

Elle était son grand mobile, son but continental, sa large issue chrétienne hors de la politique vulgaire et immorale des expédients, sa création lentement conçue et réfléchie, la conclusion que sa pensée attentive voyait au bout de l'enseignement des faits.

Il y travailla douze ans, pendant lesquels Élisabeth, tenue au courant, examinait, discutait et approuvait.

Le poignard de Ravaillac empêcha l'édifice en tuant le royal architecte, dès qu'il se mit à l'œuvre.

Élisabeth, qui l'avait tant pressé d'agir, était morte en 1603, et Jacques Ier était plutôt homme à servir en Europe la réaction, qu'à y favoriser une pareille action organique.

Ce sera l'éternel honneur de Henri IV et de sa collaboratrice, d'avoir voulu cette création d'en haut, qui eût prévenu toutes les destructions d'en bas.

Après avoir tué l'auteur de cette puissante conception, la réaction européenne a voulu tuer cette pensée même, en la traitant d'irréalisable.

Il est cependant difficile de croire que ces deux têtes souveraines, blanchies dans une perpétuelle tempête politique dont elles sortaient victorieuses, le front haut, fussent hantées par des chimères ou des utopies.

Leur politique nationale triomphante, aussi bien que la défaite qu'ils infligèrent à la réaction européenne, doivent suffire à écarter de leur mémoire et de leur projet cette accusation d'autant plus perfide, qu'elle sert l'inertie des consciences et des intelligences, maintient le mal public, et empêche le bien général.

On a ainsi retardé, de près de trois siècles, l'œuvre qui s'imposait pratiquement à l'observation attentive des deux premiers souverains de l'Europe moderne ; et toutes les guerres, toutes les révolutions qui se sont accomplies depuis, sont les résultats de ce retard.

C'est pourquoi je reprends, dans ce livre, cette œuvre, d'une manière intégrale, l'Histoire de l'Europe sous les yeux ; et il n'est que temps de l'accomplir, si l'on ne veut pas laisser la porte ouverte à la dislocation militaire et révolutionnaire de nos nations, aux guerres de races, aux invasions, à la ruine et à l'asservissement du Continent européen.

De la grande politique de Henri IV et d'Elisabeth, Richelieu et Mazarin ne prirent que les expédients ; ils laissèrent de côté le principe gouvernemental européen, le but juridique de l'égalité des nations chrétiennes, l'idée d'un tribunal du droit des gens, et crurent que tout était dit, parce qu'en s'appuyant sur les puissances du Nord, ils avaient abaissé la maison d'Autriche et l'Espagne.

Les cardinaux, en agissant ainsi, ne firent à leur nation qu'un bien momentané et précaire : ils la laissèrent, en Europe, sous le coup d'une menace perpétuelle, à la merci de la République athée et antisociale des Etats et de toutes ses conséquences, tant étrangères qu'intérieures.

Cette expérience prouvera une fois de plus que l'égoïsme, soit individuel, soit national, n'est pas chose aussi pratique qu'on le pense, et que le bien général est une plus solide garantie de bien particulier, pour les nations comme pour les individus, que l'eau trouble du mal commun et le sauve qui peut.

Telle est la signification intellectuelle, le sens scientifique et pratique de la morale de Jésus-Christ.

Mazarin et Richelieu furent ce qu'est aujourd'hui le prince

de Bismarck, de grands hommes d'État nationaux; mais la politique européenne des deux premiers fut antireligieuse et antisociale, comme l'est, jusqu'à présent, celle de leur émule prussien.

L'Europe a secoué, depuis les deux cardinaux, le joug momentané de leur dictature, et déchiré à coups de canon des traités dictés par le canon de la guerre de Trente ans.

Il en sera ainsi toujours, pour le malheur des nations, soit victorieuses, soit vaincues, tant que la loi publique et le Gouvernement général du continent ne seront pas juridiquement organisés, comme Henri IV de France et Élisabeth d'Angleterre en avaient si bien compris la nécessité.

Depuis le congrès d'Arras impuissant à terminer la guerre de Cent ans, l'assemblée de Westphalie était la première réunion presque plénière des États européens.

C'était le moment ou jamais de constituer le Gouvernement général, d'instituer le tribunal du Droit public et le Code des Nations.

Mais si le congrès d'Arras avait un certain caractère moral et légal, celui de Westphalie en était absolument dépourvu.

Le premier était une réunion de puissances médiatrices, tentant, sans intérêt direct, d'arrêter une guerre entre deux nations chrétiennes.

S'il échoua, c'est qu'en droit des gens, il n'avait pas de code formulé, et qu'en gouvernement général, n'étant pas socialement constitué, il n'avait pas de sanction exécutive.

Le congrès de Westphalie, au contraire, fut, avant tout, une réunion diplomatique de puissances belligérantes, directement intéressées, juges et parties, et, par conséquent, n'ayant aucun caractère de gouvernement général, autre que la dictature des armes victorieuses, aucun caractère juridique, en droit des gens, si ce n'est le jugement par la fatalité des combats.

Ce dernier congrès est donc une assemblée républicaine de pouvoirs personnels ou féodaux, masqués par la ruse diplomatique.

Les conférences, proposées dès l'année 1641, ne furent ouvertes que le 10 avril 1643, et la paix ne fut signée que le 24 octobre 1648.

Pendant ce temps, les vrais législateurs du traité s'envoyaient des coups de canon du Danube à l'Escaut, du Pô à la Baltique.

Bauner, Guébriant, Forstenson, Wrangel, Turenne, Condé, contre Piccolomini, Mercy, Galas, don Francisco de Mellos, l'archiduc Léopold, frère de l'empereur : voilà les lions du traité de Westphalie, dictant, vainqueurs ou vaincus, leur loi aux chacals de la diplomatie : Chigi, Contarini, soi-disant médiateurs, Jean Oxenstiern et Jean Salvius, d'Avaux et Servien, Nassau et Isaac Volmar, Penaranda, Saavedra et Brun.

Mais si l'œuvre des généraux fut réelle, celle des diplomates fut aussi tortueuse que nulle, et ne tira aucun parti définitif de la force militaire, pour en légitimer les moyens violents par une fin gouvernementale et légale, digne de l'Europe.

De sorte que les milliards d'écus et les millions de vies engloutis dans la guerre de Trente ans, n'aboutirent qu'aux conclusions immorales, antireligieuses, antisociales, et, par suite, peu pratiques, que nous allons ici examiner et juger.

Nous entrerons dans quelques détails, car de ces traités, de cette prétendue paix, de ce soi-disant code des nations, date ce gouvernement européen des intrigues de cabinet, ce droit public de la fourberie diplomatique, qui régissent encore aujourd'hui la Chrétienté, ses forces militaires et ses richesses économiques.

Pour procéder par ordre, nous commencerons par examiner la situation juridique des prétendus médiateurs : le nonce Fabio Chigi, qui devint le pape Alexandre VII, le ministre de la République de Venise, Contarini, qui fut élu doge en 1676.

Tout ment dans la Diplomatie, même la grammaire.

Ici le mot médiateurs signifie intermédiaires intéressés entre l'empereur d'Autriche et le roi d'Espagne, d'une part, le roi de France et la reine de Suède, de l'autre, ou plutôt entre les diplomates qui les représentaient, ce qui est bien différent, car les souverains eussent mis, dans les négociations, de la grandeur et d'autres allures que ces fourberies.

Le rôle de Chigi à Munster fut très étudié et bien joué, mais il ne pouvait pas être neutre, témoin les précautions infinies prises pour que ses courriers déguisés passassent inaperçus par la voie des marchands.

La papauté ne pouvait pas plus être neutre en Italie qu'en Europe ; en Italie, puisque la faction française y appuyait les ducs de Savoie et de Modane, y battait la faction espagnole, et y soutenait, à Naples, Masaniello ; en Europe, puisque la bataille de la ligue catholique, livrée par l'Autriche et l'Espagne, y était encore engagée contre la ligue protestante, couverte par la France et la Suède ; dans l'Universelle Église enfin, puisque l'Empire sectaire et clérical des papes s'y défendait ouvertement à travers les armées impériales et espagnoles, et que, dans l'ombre, les jésuites conduisaient encore partout la réaction, en France derrière la Fronde naissante, en Angleterre derrière les Stuarts, comme derrière Ferdinand III, Philippe IV et le duc de Bavière.

Telle était la situation du pape en Italie et en Europe, tel était par conséquent le rôle antimédiateur du nonce à Munster.

Contarini marchait avec le nonce, faisant ouvertement ce que celui-ci ne pouvait pas faire sans se compromettre, allant de Munster à Osnabruck, s'informant dans tous les camps, mis directement au courant de tout, à Vienne même et dans toutes les capitales par ses collègues vénitiens, inclinant d'une manière tellement visible la balance à faux poids de sa médiation vers l'Autriche et vers l'Espagne, que, dès le commencement, d'Avaux et Servien lui demandèrent s'il était leur chargé d'affaires.

Voilà quelle était la situation des soi-disant médiateurs.

Cependant une sorte de présidence honoraire était accordée au nonce; un grand prestige enveloppait, même aux yeux des protestants, la papauté.

Si Innocent X avait eu un éclair de génie religieux et social, si s'élevant au-dessus de la politique de l'intrigue, il s'était senti assez de Christianisme pour comprendre, aimer et servir toute la Chrétienté, Fabio Chigi eût dominé de toute la hauteur de la Religion ces diplomates occupés à se mentir et à se duper, il les eût enlevés, en les relevant, et ils eussent facilement su et voulu ce qui pouvait être fait, et ce qu'ils ne firent pas.

Ces hommes étaient certainement dignes d'une meilleure besogne, à commencer par Chigi lui-même, et si je réprouve, comme mauvaise, leur fonction, c'est que la Chrétienté et eux, tous les premiers, comportaient une autre compréhension légale de la valeur des hommes, de la grandeur des intérêts en jeu et de la signification gouvernementale des faits.

Il est aussi difficile de mal faire que de faire bien, et de créer un monstre politique qu'une œuvre d'art social.

Trauttmansdorff, **Penaranda**, **Oxenstiern**, **Longueville** et **d'Avaux** n'ont pas dépensé plus de combinaisons et de patriotisme pour se leurrer mutuellement, qu'il n'en fallait pour une paix durable, au lieu d'un coupe-gorge européen, que la vanité des diplomates a été décorer du nom d'Equilibre des puissances et de Code des nations.

D'autre part, l'or et le sang versés à flots dans la guerre de

Trente ans, la valeur des nations et des généraux belligérants méritaient d'aboutir à quelque chose de mieux que ce mauvais notariat du carnage.

Mais la médiocrité aveugle, l'égoïsme immoral, la politique personnelle et mesquine qui avaient inspiré la réaction européenne et poignardé Henri IV de France, surbaissaient toutes les intelligences, stérilisaient, au lieu de les féconder, toutes les fonctions et toutes les activités.

Ne pouvant régner que sur des ruines, la réaction s'opposait à ce qu'on créât le Code des Nations et le Gouvernement général.

Voici quelles étaient les instructions secrètes des cabinets.

De la part de l'Autriche, ne pas négocier, tant qu'on ne se sentirait pas militairement écrasé; de la part de l'Espagne, ne rien signer avec la France et traiter à part avec les Pays-Bas, bien qu'on se fût engagé à ne pas le faire; de la part de la France et de la Suède, couper à l'Autriche tous ses secours militaires, tant d'Espagne que des États de l'empire, l'isoler et pousser à fond la guerre, afin d'en dicter la loi à Munster et à Osnabruck, et d'en finir, pour le moment.

Je n'ai rien à dire au sujet de ces moyens : toute notre attention devra porter sur les principes et les fins gouvernementales qu'ils serviront en Europe.

Je ne rappelle que pour mémoire la lettre de d'Avaux adressée, en latin, le 20 août 1644, à tous les membres de la Diète, et traduite ensuite par la *Gazette de France*, « *démarche admirable*, dit Mably, *qui débaucha tous les alliés de l'empereur* ».

L'or ne fut pas plus épargné qu'il ne l'avait été par Philippe II pendant la grande période, décorée du nom de guerres de religion.

Cette année 1644, les vrais législateurs du congrès, Torstenson battait Galas et l'armée impériale à Juterbock en Brandebourg; Turenne, Condé avaient battu Mercy et ses Bavarois, sous Fribourg en Souabe, enlevé Philippsbourg,

Worms et Mayence; et Gaston, duc d'Orléans, avait pris Gravelines.

En 1645, Torstenson battait une autre armée impériale, en Bohême, et Condé gagnait à Nordlingen la bataille où périt Mercy.

C'est sous la pression de cette politique militaire, qu'Oxenstiern disait qu'il y avait des nœuds, que l'épée seule pouvait trancher; que Mazarin ordonnait le fameux pas en avant, signalé par les dix-huit articles ambigus; que la France et la Suède réclamaient avec énergie la liberté de l'électeur de Trèves, l'invitation de tous les États d'empire au congrès; et, qu'enfin l'empereur, mettant les pouces, envoyait Trauttmansdorff, autorisé par lui, au même titre que Longueville, à aborder le fond des négociations.

En 1646 également, la vraie puissance législative des congrès se montra dans Condé, qui prit Dunkerque; en 1647, dans Turenne et Wrangel, qui gagnèrent la bataille de Lawingen.

En 1648 enfin, pour activer les négociations, en mai, Turenne et Wrangel remportèrent la victoire de Susmarshaussen, forcèrent le passage du Lech à Rein, marchèrent sur Vienne; mais le débordement de l'Inn arrêta les coalisés.

Néanmoins une partie du conseil impérial engagea Ferdinand III à quitter sa capitale.

Le 10 août de la même année, Condé à Lens, en Artois, infligeait une défaite au frère de l'empereur, l'archiduc Léopold.

Le 26 juillet, Kœnigsmark avait surpris Prague, recevait du renfort amené par Wittenberg, et attendait encore des troupes fraîches que la reine Christine lui envoyait de Suède, sous le commandement d'un nouveau généralissime, Charles-Gustave, prince palatin de Deux-Ponts.

Telle fut la dictature militaire qui détermina l'empereur à la paix: c'était de bonne guerre; mais il fallait savoir en profiter, pour faire en Europe une œuvre gouvernementale pratique, sociale et durable.

L'Espagne, au dernier moment, se retira, espérant utiliser les troubles de la Fronde; mais les autres États signèrent, le 24 octobre.

Ainsi fut vaincue définitivement la réaction impériale des papes, au cœur de l'Allemagne.

Les descendants de Charles-Quint et de Philippe II durent subir, à leur tour, la force, reconnaître l'indépendance religieuse et politique de la république des Pays-Bas, des treize cantons suisses, l'isolement de la maison d'Autriche et sa réduction à ses seules forces comme monarchie royale.

La paix religieuse ne fut statuée comme valable qu'entre les deux cultes reconnus en empire, le catholique et le protestant.

Il ne fut question ni du culte orthodoxe grec ni de l'israélite.

En ce qui regarde les cultes, cette prétendue paix ne fut qu'une trêve politique, et les sectes européennes n'en furent pas plus réconciliées pour cela.

La Religion seule pouvait le faire, si Chigi et le pape avaient été en fonction religieuse, en Europe et dans ce congrès.

La paix entre l'Espagne et la république des Pays-Bas ne fut guère mieux rédigée.

Le traité du 30 janvier 1648, l'article V surtout, abandonnant aux Hollandais les colonies du Portugal, ainsi que d'autres clauses bien connues, deviendront un nid de contestations entre la Hollande et l'Autriche en 1722.

Appuyée par la Suède et la France, la Suisse ou les treize cantons, virent leur indépendance reconnue par les États de l'empire, ainsi que leur exemption de ses charges et de ses tribunaux, sans que, néanmoins, la maison d'Autriche elle-même eût renoncé, d'après certains interprètes, à ses droits de haute souveraineté.

Aussi la Suisse demeure-t-elle aujourd'hui entre deux feux diplomatico-militaires : Vienne et Berlin.

Par l'article III du traité de Munster, entre la France, l'empereur et l'empire, l'alliance militaire de la maison d'Autriche et de celle d'Espagne contre celle de France, fut habilement coupée, tant au sujet du cercle de Bourgogne que relativement aux affaires de Lorraine ; mais exclu de ce traité, le roi d'Espagne fut compris dans celui d'Osnabruck, ainsi que les ducs de Lorraine et de Savoie.

Quant aux termes du traité de Munster, au sujet des droits du roi de France sur l'Alsace, il était difficile d'en trouver de plus ambigus.

En 1661, le comte Servien répondit à Grauel, à ce sujet, par l'expression de la vérité : « L'épée commentera, si l'occasion s'en présente. »

L'affaire de 1657, la sentence des arbitres des 24 janvier et 3 février 1672, l'entrée en campagne de Turenne et toutes les suites prouvèrent que, si l'œuvre des généraux avait été efficace, les diplomates n'en avaient tiré qu'un médiocre parti.

La satisfaction de la Suède fut encore plus un nid à guerres.

Charles XII perdit la plus grande partie des pays qui avaient été concédés à la reine Christine.

La paix de Stockholm, défaisant celle de Westphalie, fit passer, en 1719, au roi d'Angleterre, comme électeur de Hanovre, les duchés de Bremen et de Verden.

Le traité de Stockholm de 1720 abandonna Stettin et une partie de la Poméranie au roi de Prusse.

Par la paix de Kiel, en 1814, le reste de la Poméranie avec l'île de Rugen, fut abandonné au Danemark qui, au congrès de Vienne, rétrocéda ce lambeau de la Poméranie à la Suède et, par elle, à la Prusse.

Enfin, les partages d'Osnabruck, connus sous le nom de

satisfactions des maisons de Brandebourg, de Mecklembourg, de Brunswick-Lunebourg, de Hesse-Cassel, n'assurèrent pas plus l'équilibre en Allemagne qu'en Europe, avec leurs répartitions d'hommes et de territoires considérés comme propriétés mobilières et foncières, entre 158 souverains séculiers, 123 souverains ecclésiastiques et 62 souverainetés municipales.

Tel est ce chef-d'œuvre de la diplomatie, ce prétendu code des nations, à la confection duquel il ne manqua qu'une représentation législative de ces mêmes nations.

Car on ne peut pas donner comme telle une assemblée de diplomates qui ne représentaient en réalité que l'intrigue militante des cabinets, réglant sur les opérations militaires, le partage arbitraire et sanglant des proies.

Cent fois plus loyal, plus digne, moins corrupteur, pour les gouvernements comme pour les nations, eût été un congrès de généraux dictant militairement aux scribes de la diplomatie les arrêts de la force : c'eût été le vrai mis à nu.

Lorsque Henri IV voulait l'abaissement de la maison d'Autriche, dans sa pensée comme dans celle d'Elisabeth, ce moyen militaire devait aboutir, au profit de l'Europe, à une fin gouvernementale et légale : l'égalité des nations divisées en quinze Etats, ayant pour puissance législative, pour tribunal et pour gouvernement exécutif, une diète composée d'autant de magistrats européens que de nations.

La diète européenne eût assuré un fonds d'hommes et d'argent nécessaire à la sanction de ses lois comme tribunal, à l'exécution de ses arrêts comme gouvernement européen.

Il n'est pas un historien sérieux qui ne trouve que ce plan était réalisable; et il valait certainement la peine que deux nations, tirant l'épée, brisassent l'empire qui faisait obstacle à une aussi utile création.

Mais, après le traité de **Westphalie**, en quoi l'Europe fut-elle plus **avancée, plus** sauvegardée de l'anarchie diplomatico-militaire ?

Plus que jamais, cette anarchie, cette révolution d'en **haut**, demeura son unique Gouvernement général, et la force des armes son unique Loi publique.

On me répondra que l'Équilibre européen fut fondé, et que c'était un pas en avant.

La réalité, c'est que ce fut un bond en arrière, car nous avons déjà vu cet équilibre inspiré par Byzance fonctionner contre Charlemagne.

Mal pour mal, un Empire universel eût été moins préjudiciable au repos des nations, à leur prospérité matérielle et morale, à la dignité des gouvernements, que l'institution de leur anarchie permanente, sous le nom fallacieux d'équilibre.

L'équilibre n'est au fond qu'une coalition militaire ; et son caractère propre est d'être une mesure de défense dans une crise armée, internationale et intergouvernementale ; mais en faire une institution, c'est instituer la guerre même à l'état permanent.

Voilà trois maisons souveraines qui viennent d'équilibrer dans la guerre leurs armées et leurs budgets ; leur but à toutes trois a été de mettre la main sur l'Allemagne tout entière ; mais ne pouvant y arriver, elles s'entendent à la fin, non pour y créer des États indépendants et égaux, comme Henri IV voulait le faire dans toute l'Europe, mais pour prendre, l'une la Bohême, l'autre une partie de la Poméranie, l'autre enfin l'Alsace.

L'arrestation des diligences par les brigands, le partage du butin, après disputes et coups d'escopette, ne sont ni plus ni moins moraux; et la même loi d'équilibre, le même principe de gouvernement s'y montrent identiques, quoique en plus simple appareil.

Les cent quarante lambeaux de territoires peuplés, dont les parties contractantes du congrès westphalien se gratifièrent, ne signifient également pas autre chose.

Les plus faibles furent dépouillés au profit de ceux qui équilibraient sur les champs de bataille les plus fortes armées, dans les conférences les plus roués compères.

Ainsi, voilà un traité considéré comme la base de la Loi publique européenne, qui mériterait, comme tous ceux dont il est le point de départ, la déportation, la prison ou la mort, si un individu, dans chacune de nos nations, s'avisait d'en mettre, pour son compte, la morale en pratique.

On ne peut pas accorder un caractère de gouvernement régulier entre nations chrétiennes, à une prise personnelle de possession d'hommes et de territoires, les armes à la main; c'est un attentat au Christianisme comme à la Chrétienté tout entière, à la liberté humaine comme à la propriété.

Et si le Gouvernement général de l'Europe, non seulement permet cette immoralité et cette iniquité, mais les constitue à l'état perpétuel, sous le nom d'Equilibre européen, avec une diplomatie et des armées permanentes pour codifier ainsi les rapports des États chrétiens, il faut, souverains, Etats, églises, nations, se lever et renvoyer dans le néant ce qui nous asservit au néant et nous y mène.

Le projet de Henri IV de France et d'Élisabeth d'Angleterre était, après l'abaissement de la maison d'Autriche, de reconstituer l'unité allemande et d'y relever le gouvernement impérial électif, de faire de la Hongrie et de la Bohême deux royaumes, têtes d'une fédération danubienne, de constituer la partie péninsulaire de l'Italie en un seul État.

La poussée des faits a montré que cette pensée était dans le mouvement exact des intérêts nationaux ; mais la nullité des traités, la multiplicité des guerres et des révolutions ont démontré aussi que sur cette base de nationalités, il fallait également édifier un Gouvernement général et un tribunal des nations.

On n'aurait eu ni plus de peine, ni une plus grande dépense de sang et d'or, pour édifier cette œuvre sociale, que pour ériger en permanence le monument d'immoralité et d'iniquité de 1648 : le Gouvernement général de la ruse et de la force.

On eût tellement purifié par cela même l'esprit public et les mœurs communes de la Chrétienté européenne, en commençant par les gouvernements, que nous n'en serions pas aujourd'hui à la prévision de toutes les catastrophes finales et à l'impuissance de les prévenir : terribles, mais justes châtiments d'une anarchie de près de trois siècles.

Depuis la soi-disant paix de Westphalie, cette anarchie gouvernementale, dont ces traités témoignent, n'a pas manqué, comme tous les pouvoirs bons ou mauvais, d'avoir ses courtisans, ses thuriféraires, et même des partisans convaincus, ce qui fait peu d'honneur à leur perspicacité.

Des gens fort graves ont entassé des volumes sur le droit des gens, sur l'Équilibre européen, sur le système de la balance des puissances, etc.

Ceux que l'irréalité du droit des gens a le plus embarrassés, ont fait de la métaphysique pour se tirer d'affaire, en prétendant que ce droit était préexistant aux conventions, faible consolation, bonne à occuper des philosophes, mais impuissante à préserver les gouvernements et les peuples du mal public et de la commune anarchie.

« *Il existe*, dit cette doctrine, *un droit des gens naturel,*
» *primitif, philosophique, antérieur à toute convention entre*

» *les puissances, et contenant la théorie des obligations aux-*
» *quelles les États peuvent se contraindre légitimement*, mais
» ajoute-t-elle prudemment, *s'ils en ont la puissance et*
» *les moyens.* »

Ce qui signifie, en traduisant dans la langue de Voltaire l'idiome de M. Prudhomme : il existe un droit, mais c'est celui du plus fort.

D'ailleurs, pour ne répondre qu'à la première partie de la sentence soulignée, qu'est-ce que ce soi-disant droit des gens naturel, primitif, que les mêmes théoriciens ont ailleurs qualifié de *morale des États?*

Où, en dehors d'un gouvernement et d'un tribunal armé d'une sanction quelconque, a-t-on jamais vu exister socialement un droit et une morale civile ?

Si, dans un gouvernement socialement constitué, le droit et la morale publique ont force d'exécution, en est-il de même entre les gouvernements et les Sociétés qui, militairement et diplomatiquement juxtaposés et opposés entre eux, ne forment ni un ensemble gouvernemental, ni une Société commune ?

Les nations, les gouvernements d'Europe dans leurs rapports actuels, datant du traité de Westphalie, ont-ils un Gouvernement général régulier? non ; ont-ils un tribunal de droit des gens? non ; sont-ils régis par un droit des gens quelconque, naturel, primitif, antérieur à toute convention entre les puissances? C'est ce qu'il importe d'examiner ici.

L'état naturel et primitif des hommes ne s'observe pas dans la philosophie, mais là où il est en expérimentation, c'est-à-dire dans la vie, soit des individus, soit des sociétés qui règlent leurs rapports d'une manière primitive et naturelle.

S'agit-il des individus primitifs ?

Le droit naturel leur fait régler leurs rapports par la voie des coups, jusqu'à intervention du constable, du sergent de ville ou du gendarme, qui représentent un droit tout autre, surnaturel, social, auquel la morale publique prête force exécutive, sanction gouvernementale et légale, dans tout État régulièrement constitué.

S'agit-il des sociétés primitives? le droit naturel, chez les Caraïbes, par exemple, leur fait également régler leurs rapports, en équilibrant leurs guerriers, leurs arcs et leurs tomahawks, en spoliant, scalpant et mangeant les vaincus, jusqu'à intervention d'une colonie européenne, qui impose aux tribus sauvages le droit surnaturel et social de sa nation.

Ce qui revient à dire que, dans l'état primitif de Nature, le droit des individus ou le droit des gens, c'est la souveraineté de la force et de la ruse.

Dans l'État Social, au contraire, le droit des individus et le droit des gens, c'est la souveraineté de la Paix publique.

Dans chacun des États chrétiens d'Europe, la souveraineté de la paix publique est représentée par un pouvoir exécutif, gouvernemental, par une puissance législative et légale.

Mais si le droit individuel ou collectif a ainsi, dans chaque État chrétien, force sociale d'existence et de souveraineté; entre les États, entre ces mêmes États d'Europe, le Droit social cesse d'exister et de régner sur leurs rapports.

C'est, encore une fois, parce que ces États sont entre eux, comme des individus, comme des tribus, régis par le seul état de Nature, sans lien social, sans autre gouvernement, sans autre droit des gens que ce gouvernement et ce droit non social, purement naturel et primitif : la souveraineté de la force et de la ruse.

En un mot, c'est la brutalité qui dicte les traités, dans une pareille anarchie intergouvernementale et internationale.

Ce ne sont ni les magistrats ni les gendarmes qui, dans un pareil désordre, ont force de légalité et de sanction, mais le voleur et l'assassin.

C'est la Bête qui règne sur nous tous, souverains, gouvernements, églises, états et peuples, systématiquement, diplomatiquement et militairement dissociés.

Sous ce règne européen de la force, que signifie l'Équilibre des puissances, si ce n'est l'opposition mutuelle de leurs forces armées ?

Qui paye les frais de cette opposition, si ce n'est chaque gouvernement obligé d'épuiser sa nation pour l'armer ?

Qui perd à ce jeu, en crédit intellectuel, comme en pouvoir moral, comme en force sociale, vis-à-vis des nations, si ce ne sont les gouvernements ainsi gouvernés eux-mêmes par la loi totale de l'Europe ?

Si de nos jours, une compagnie créait une ligne de chemins de fer ayant pour but spécial la collision des trains, le massacre des voyageurs et la destruction des marchandises, sous prétexte d'équilibrer les forces des locomotives, le bon sens public saisirait les tribunaux de la question.

Si, pour défendre leur conseil d'administration, les ingénieurs de cette compagnie venaient devant les magistrats disserter sur les bienfaits du système, et le légitimer, au nom d'une théorie du cheval-vapeur, naturelle, primitive et philosophique, le jury demanderait pour ces ingénieurs le bénéfice des circonstances atténuantes et leur admission à Bedlam ou à Charenton, selon le pays.

Mais admettez qu'une pareille société se fonde, et que la compagnie de la collision fonctionne : les chauffeurs auront beau être de bons chrétiens, les mécaniciens des gens équitables, les chefs de train d'honnêtes pères de famille, le fonctionnement général n'en sera pas moins odieux, antichrétien, inique, absurde, les voyageurs et les marchandises n'en seront pas moins les uns massacrés, les autres saccagées.

Chaque train forcé de se heurter avec un autre, n'aura pour toute chance de salut que de chauffer à toute vapeur, d'élever sa pression à son maximum, et, grâce à la vitesse acquise, de jeter le plus grand poids possible dans la balance du choc, d'écraser pour n'être pas écrasé.

Tels sont exactement les résultats du congrès de Westphalie, et voilà trois siècles bientôt que ce système fonctionne, dévore la fortune des peuples, comme les locomotives engloutissent le charbon de terre, et tue, chaque siècle, plus d'hommes qu'il n'en faudrait pour former une puissante nation.

Depuis ce congrès, l'Angleterre et la France seules ont été en guerre pendant soixante-cinq ans sur cent vingt-sept, de 1688 à 1815; et l'Angleterre seule a dépensé soixante-douze milliards de francs pour soutenir cette guerre.

En prenant ce chiffre pour base, on arrive au total approximatif de dix-huit cents milliards de francs pour toutes les autres guerres européennes, jusqu'au traité de Francfort de 1871 : soit en comptant la guerre de Trente ans et les guerres dites de religion, au delà de deux mille cent milliards, sans sortir d'Europe, sans relever les guerres des colonies.

La moyenne d'hommes tués, par siècle, dans les guerres européennes est de vingt millions, soit, depuis la réaction romaine sous Philippe II d'Espagne jusqu'à la dernière guerre turco-russe, quatre-vingts millions de vies : la population d'un État grand comme la Russie.

Les chiffres ont leur éloquence, et ceux-là résument le bilan de l'Équilibre européen, de la république athée des États dits chrétiens, du système de la collision diplomatico-militaire des gouvernements.

Je ne saurais entrer, sans fatiguer le lecteur, dans les détails historiques des congrès qui succédèrent à celui de 1648, et je me contenterai d'énumérer brièvement ces actes notariés des collisions.

Après le congrès de Nuremberg, 1649-1651, vint le congrès de Nimègue, en 1676 : pape et roi d'Angleterre médiateurs ; pas d'assemblée ni de vote des plénipotentiaires.

A Ryswyk, 1697 : puissance médiatrice, la Suède ; plénipotentiaires représentant Angleterre, France, Espagne, Provinces Unies, empire ; ceux de France et d'Angleterre traitent à part, rédigent seuls les articles de la paix.

A Utrecht, 1712 : plénipotentiaires représentant Angleterre, France, Provinces Unies, Savoie, puis empereur, empire, Portugal et une nouvelle puissance diplomatico-militaire, la Prusse, que n'avaient pas prévue les habiles du congrès de Westphalie.

A Aix-la-Chapelle, 1748 : les plénipotentiaires d'Angleterre et de France exercent encore une dictature dont murmurent ceux de l'Espagne et de l'Autriche.

A Teschen, 1779 : entre l'Autriche, la Prusse et la Bavière, interviennent, comme médiatrices, la France et une autre puissance diplomatico-militaire, dont les malins de 1648 n'avaient également point tenu compte dans leurs petites combinaisons : la Russie.

A Rastadt, 1798, on traite par notes.

A Amiens, 1801 : France, Angleterre, Espagne, Porte ottomane ! sans compter leurs alliés : la diplomatie française écarta ces puissances et ne traita qu'avec le Foreign-Office.

L'énumération des traités partiels, l'un détruisant l'autre, prendrait dix pages.

Si l'on songe que tous ces actes, fruits et semences de guerres, ne sont dictés par le canon que pour être déchirés par les boulets, on aura une idée assez exacte du Gouvernement général antichrétien et antisocial, dont nous ont systématiquement affligés, le nonce Chigi en tête, les diplomates de Munster et d'Osnabruck.

Du reste, comme si tout était pour le mieux dans le meilleur des mondes, la diplomatie est une science et un art.

Elle a ses docteurs angéliques, qui y croient avec des ferveurs de dévots, et semblent la voir dans la lune, témoin le dithyrambe suivant :

« La diplomatie est la science de l'harmonie entre les
» États.

» Son but légitime est de conduire le genre humain à la
» division en nations, la plus régulière et la plus favorable au
» libre développement des individus, et d'établir entre ces
» divers corps les rapports les plus pacifiques et les plus pro-
» pres à leur perfectionnement mutuel.

» Ainsi définie, la diplomatie est la plus sainte et la plus
» élevée des sciences.

» Elle ne considère pas, comme la législation ordinaire,
» l'intérêt d'un peuple en particulier; elle considère l'intérêt
» de tous les peuples ensemble.

» Le bonheur des peuples est son objet; et, chassant les
» inimitiés nationales, elle tend à faire de la terre le reflet
» du ciel.

» De même que la théologie nous donne un idéal de Dieu,
» de même la diplomatie se propose de nous donner un idéal
» du genre humain. »

Mais elle a aussi ses docteurs diaboliques qui raillent l'angélisme et les béatitudes mystiques des premiers, non sans raison :

« Vous êtes effrayé des études qu'exige la diplomatie?

» Vous croyez devoir sécher sur les cartes, les diplômes et
» les livres? Point.

» En peu de temps vous saurez toute la politique de
» l'Europe.

» Regardez cette carte; vous y voyez tous les États euro-

» péens, petits et grands, n'importe leur étendue, leurs
» limites.

» Examinez bien : vous verrez qu'aucun de ces pays ne
» nous présente une enceinte bien régulière, un carré com-
» plet, un parallélogramme régulier, un cercle parfait.

» On y remarque toujours quelques saillies, quelques
» échancrures, quelques renfoncements, quelques brèches :
» vous devez m'entendre et me comprendre.

» Voyez ce colosse de Russie ; au Midi, la Crimée est une
» presqu'île qui s'avance dans la mer Noire et qui appartient
» aux Turcs ; la Moldavie et la Valachie sont des saillies ; elles
» ont des côtés sur la mer Noire, qui conviendraient assez au
» cadre moscovite, surtout si, en tirant vers le Nord, on y joi-
» gnait la Pologne.

» Regardez encore vers le Nord : là, est la Finlande, héris-
» sée de rochers ; elle appartient à la Suède, et cependant, elle
» est bien près de Saint-Pétersbourg.

» J'espère que vous me comprenez.

» Passons à présent en Suède : vous voyez la Norvège, cette
» large bande qui tient naturellement au territoire suédois.

» Eh bien, elle est dans la dépendance du Danemark.

» Je vois que vous m'avez compris.

» Voyageons en Prusse maintenant.

» Remarquez comme ce royaume est long, frêle, étroit.

» Que d'échancrures il faudrait remplir pour l'élargir du
» côté de la Saxe, de la Silésie, puis sur les rives du Rhin !

» Je vois que vous m'entendez bien.

» Et l'Autriche ! Elle possède les Pays-Bas, dont elle est
» séparée par l'Allemagne, tandis qu'elle est tout près de la
» Bavière qui ne lui appartient pas.

» Vous m'entendez ?

» Vous retrouvez cette Autriche au milieu de l'Italie ; mais
» comme c'est bien de son cadre ! comme Venise et le Pié-
» mont le rempliraient bien !

» Vous sentez bien, à présent, que toutes ces puissances
» veulent conserver leurs saillies, remplir leurs échancrures
» et s'arrondir enfin, suivant l'occasion.

» Eh bien, mon cher, une leçon suffit; car voilà toute la
» diplomatie, et vous en savez autant que nous. »

Voilà du moins un diplomate qui connaissait fort bien la vérité et la réalité de sa fonction : c'était le comte d'Aranda, cité par le comte de Ségur.

« Quelles que soient les conjectures, disait l'empereur Léo-
» pold, cherchons toujours à nous étendre. » C'est-à-dire :
tuons et détroussons nos voisins.

Ces citations me conduisent à un aphorisme d'Hermès.

Ce qui est en bas est comme ce qui est en haut, disait la Sagesse théocratique de l'Égypte.

Or, le Gouvernement général de l'Europe étant animé d'un pareil esprit, doit-on s'étonner de l'esprit révolutionnaire des gouvernés?

Le vol des territoires à coups de canon étant la seule politique possible, laissée en Europe, aux gouvernements, par la constitution fondamentale de leurs rapports, en 1648, toutes les doctrines et tous les faits révolutionnaires, jusqu'au communisme et jusqu'au nihilisme, ne sont plus que des déductions logiques.

Ce n'est pas qu'il n'y ait, jusque dans la guerre, une sorte de droit de l'Humanité, dans lequel l'influence du Christianisme et de l'ancien droit romain se fait sentir; mais il est absolument subordonné à la guerre elle-même et à cette politique militaire des États, que l'ambassadeur d'Espagne à Pétersbourg enseignait au comte de Ségur, comme on enseigne la charge en douze temps.

Il est évident que l'esprit du Christianisme et les mœurs de chaque nation chrétienne ne permettent pas qu'on mange les prisonniers de guerre, et commandent, au contraire, qu'on les traite en égaux de grade à grade ; que la déclaration comme la cessation des hostilités, comme les armistices et les trêves, sont accompagnés de certaines formalités, de même que la conclusion des traités et de la paix, l'échange des prisonniers et des blessés, la nature des projectiles, le droit des neutres, etc.

Mais tout cela ne révèle qu'une chose : le Christianisme civilisant, à l'état de vaincu, la Souveraineté de la Force.

Le vol des territoires et de leurs habitants n'en est pas moins licite pour le vainqueur, non par suite d'une convention libre, comme celle que Shylock avait en poche pour couper ses deux livres de chair, mais par le seul droit du couteau le mieux trempé, le mieux affilé et le mieux manié.

Quant à la diplomatie, elle reçoit aussi de la civilisation intérieure des nations toutes les bonnes influences dont une mauvaise fonction est susceptible ; mais comme le Christianisme, la Civilisation n'est pas la maîtresse, elle est la servante hasardant des conseils, sans pouvoir dicter des ordres.

Un saint même, s'il était ministre des affaires étrangères ou ambassadeur, ne pourrait pas exécuter ces conseils, sans se démettre de ses fonctions, ou manquer aux devoirs de sa profession.

Après la guerre, la diplomatie est le notariat, l'enregistrement et le timbre de la guerre même, le greffe du meurtre et de la spoliation.

Pendant la paix, ou plutôt pendant la trêve, elle est la procédure de la ruse, préparant la plaidoirie des canons et les attentats.

Elle est aussi une police intergouvernementale.

Dans cette variété de fonctions, le caractère de l'homme fait presque toujours oublier celui du diplomate, et il l'oublie parfois lui-même ; mais le ministre ou l'ambassadeur n'en est pas moins le représentant d'un Gouvernement général européen, aussi antisocial qu'antichrétien, et parfaitement antijuridique, puisque les traités le sont eux-mêmes.

Il n'y a donc pas de droit des gens réel, pas plus que de magistrats réels de ce droit, en Europe ; il n'y a simplement que le droit variable des traités, œuvres des généraux dont les diplomates sont les tabellions ou les éclaireurs selon l'heure.

Je vais maintenant au-devant d'une objection du lecteur, au sujet des cadres géographiques des nations.

En lisant la leçon de géographie diplomatico-militaire que le comte d'Aranda donnait au comte de Ségur, le lecteur se sera dit que ce praticien n'avait pas tort, et je suis de cet avis, sauf réserves.

Toute nation, en effet, tend à la possession de ses limites naturelles, et le seul point qui mérite discussion, c'est le moyen d'y parvenir.

Jusqu'à présent, la ruse et la force sont le seul moyen qu'on ait employé.

Ce moyen est mauvais en soi : je l'ai jugé à ses œuvres, et je le réprouve, comme n'étant pas pratique, par cela seul que nous sommes membres de la Chrétienté.

Néanmoins j'aurais été moins hardi pour proposer de l'abolir, si je n'étais certain qu'il pût être remplacé d'une manière plus digne du Christianisme, moins dangereuse pour les gouvernements, moins préjudiciable aux peuples, et si, enfin, je n'avais pour garants de ma certitude, dans le passé, sans parler du présent, deux souverains aussi pratiques que l'étaient Henri IV de France et Élisabeth d'Angleterre.

Dans son projet de constitution approuvé par sa royale amie, le roi soumettait à la diète européenne la question relative à ses propres frontières.

Dans les procès de murs mitoyens, les parties ne plaident

pas à coups de fusil, pourquoi n'en serait-il pas de même entre gouvernements et entre nations, au sujet de leurs limites géographiques ?

Les politiciens de la ruse et de la force ont fait, depuis des siècles, la preuve de leur système.

Les maux qu'il a engendrés prouvent assez qu'il est mauvais, et je ne crois pas qu'il puisse en exister un pire, moins pratique, si l'on juge l'arbre à ses fruits.

Faut-il en pousser plus loin encore l'anatomie et l'analyse ?

Je le ferai avec d'autant plus de calme que j'apporterai la vie, partout où, dans le corps social, j'atteindrai les germes de la mort.

Croyez-moi, vous qui lirez ce livre : la justice engendre la justice ; le bien produit le bien ; le mal est en bas, parce qu'il est en haut.

N'hésitez pas, ne dites pas : Je voudrais, mais est-ce possible ?

Regardez ce qui vous menace, et sachez-en enfin l'origine.

A partir de la publication de cette œuvre, il viendra un temps qui n'est pas éloigné, où la Sagesse et la Science, l'Équité et le Christianisme vous apparaîtront comme les seuls moyens pratiques de gouverner les nations de Jésus-Christ.

Le souffle spirituel qui nous agite sous mille formes, en apparence contradictoires, est irrésistible, et ni la folie, ni l'erreur, ni l'iniquité, ni la mauvaise foi, n'arrêteront la marche de la Chrétienté tout entière vers son but gouvernemental et social, but aussi imprévu des conservateurs que des destructeurs, aussi ignoré de la réaction que de la révolution à travers tous nos peuples.

Je veux qu'en vous montrant ce but, ce livre vous parle à

tous dans l'universalité de cet esprit chrétien, de ce souffle créateur, depuis le sommet jusqu'à la base de vos sociétés en travail, depuis le pape jusqu'à l'athée, depuis l'autocrate jusqu'au nihiliste.

Je veux qu'il vous associe dans un même trouble d'âme, dans un même battement de cœur, et qu'après vous être dit : Si c'était vrai ! vous en arriviez à vous dire en pleine certitude scientifique : C'est vrai ! nous ne pouvons sortir du déluge que par là.

Il n'est pas d'hommes, excepté les fous ou les monstres, qui veuillent le mal pour le mal; mais il est peu d'hommes véritablement éclairés, parce que les porte-flambeaux sont rares, surtout dans l'ordre social.

La lumière que je vous apporte brille depuis dix-huit cents ans sous le boisseau des sacerdoces sectaires, et elle suffit à éclairer toute chose, à commencer par eux, de manière à pouvoir discerner le faux du vrai social, le mal du bien général, à rendre à toutes les intelligences, à toutes les volontés, à toutes les fonctions divisées leur commune orientation pratique.

Si je parle d'aussi haut à travers l'Histoire, à toutes ces fonctions hiérarchiques, depuis la première, le langage de la scientifique vérité, c'est parce que le salut de ces fonctions mêmes, auquel est lié celui de notre Société tout entière, a besoin de ce coup de trompette pour sortir d'une léthargie qui mène à la mort.

Je sais ce que ma parole engendrera tout d'abord; mais je ne crains rien, parce que je sais également ce qu'elle produira ensuite.

Rouvrons donc l'Histoire du Gouvernement général de la ruse et de la force, depuis la page où le couteau de Ravaillac a coupé le projet d'une réalisation générale du Droit public et de la Paix sociale.

De la fin du dix-septième siècle à celle du dix-huitième, nous allons assister au jeu diplomatico-militaire du gouvernement général des cabinets, et voir si la souveraineté de la brutalité peut impunément gouverner un État Social animé par l'invincible esprit de la morale chrétienne et par toutes ses influences sur l'opinion, sur la dignité, la liberté et la perfectibilité humaines.

La fonction des diplomates aux conférences de 1648 ne leur permettait pas d'agir autrement qu'ils ne le firent, et les souverains eussent, seuls, été en situation de la modifier.

Mais il aurait fallu, pour cela, ou qu'ils eussent une initiation régulière, ou qu'un d'entre eux eût assez de génie social, ou qu'enfin, le pape renonçât à toute sa politique d'impérialat et de réaction, et jouât sa situation temporelle et sa vie contre son rôle de Souverain Pontife et le triomphe de Jésus-Christ.

C'est pourquoi, sous l'impulsion mesquine de Chigi d'un côté, de Mazarin de l'autre, les plénipotentiaires ne virent rien au delà de leur besogne intéressée du moment, et ne soupçonnèrent même pas qu'il y eût dans le monde d'autres mobiles en action que les intrigues de leurs cabinets respectifs.

Pour les mêmes causes, l'école diplomatique de notre siècle, celle qui date du traité de Vienne, ne soupçonnera pas davantage ce que signifient pour l'Europe le développement des États-Unis d'Amérique, de la Californie et de l'Australie, ni les communications ouvertes par l'Empire de la Chine avec les gouvernements de la Chrétienté.

Encore moins soupçonnera-t-elle les conséquences pratiques que les sciences appliquées et les intérêts économiques peuvent et doivent avoir sur un mauvais gouvernement général, mal représenté par de mauvais traités de belligérants.

C'est ainsi qu'en Westphalie, les diplomates oublièrent

entièrement de faire entrer dans leur balance et dans leur système d'équilibre les immenses territoires de l'Orient, derrière la Suède, derrière l'Autriche, une moitié de l'Europe doublée d'une moitié de l'Asie.

Ils ne pensèrent même pas non plus à regarder, à l'Occident, l'immensité de l'Atlantique, ni à tenir compte, dans leurs piètres calculs, du mouvement politique qui y circulait sous les pavillons de l'Espagne, de la Hollande et de l'Angleterre.

Cette dernière et la Russie n'avaient même pas de représentants à leur congrès.

Quand ils crurent avoir escamoté d'une manière définitive l'Europe, telle que se l'imaginait leur intelligence rétrécie par la politique de soi pour soi, voilà qu'au nom du même principe naturaliste, de nouvelles puissances entrèrent dans la lutte pour la vie.

Sans se soucier du traité de Westphalie, peu de temps après leur naissance elles affirmèrent leur vitalité brutalement, en renvoyant au second rang la Suède, dont la force avait dicté ce même traité.

La balance de l'Équilibre européen, à peine installée, était renversée par le Brandebourg et la Russie.

Donné en gage à un Hohenzollern par un des empereurs de Germanie, l'électorat de Brandebourg grandit conformément aux lois de la politique naturaliste.

Le grand électeur Frédéric Guillaume, entre ses deux puissants voisins, le roi de Suède et le roi de Pologne, adopta la tactique peu sociale et très naturelle de s'unir, tour à tour, avec la Suède pour tomber sur la Pologne, avec la Pologne pour tomber sur la Suède, et fonda ainsi la grandeur de sa Maison.

Un siècle s'était à peine écoulé que cette famille, elle aussi, s'élevait du plus grand fief, c'est-à-dire s'était agrandie aux dépens de tous les princes voisins, et que le grand Frédéric, doublant ainsi le poids féodal des Hohenzollern, inclinait d'autant le plateau de la balance diplomatico-militaire du soi-disant Équilibre européen.

Ce fut lui qui, pour fêter sa bienvenue dans le concert des fusillades et des vols de territoires, proposa aux Maisons d'Autriche et de Russie l'assassinat et la spoliation de la Pologne, comme Philippe II avait autrefois proposé à la Suède et à la Pologne d'égorger et de démembrer le Danemark.

L'attentat contre la Pologne suscita néanmoins d'honorables indignations parmi les cabinets qui n'eurent point part à la curée des territoires polonais.

Quant aux tzars, leur tactique fut celle de toutes les monarchies divisionnaires de l'Europe; mais avec plus de succès encore.

Déchaînant tour à tour les Tartares, les Turcs et les Suédois contre les Polonais, et *vice versa*, ils jouèrent aux puissances, dont les canons avaient légiféré le code de Munster et d'Osnabruck, une partie plus imprévue encore que les descendants brandebourgeois des chevaliers teutoniques.

Les anciens ducs de Kiew, désormais dynastes de premier rang, écrasèrent en quelques batailles le militarisme législatif de la Suède, mirent un pied en Pologne, un autre sur le Danube, et devinrent d'un coup, pour l'Autriche, des voisins plus redoutables que le grand Turc.

C'est ainsi que les dynasties nouvelles se développèrent, d'après les mêmes lois et sur les mêmes bases que les anciennes.

Comme elles ne trouvèrent pas d'autre gouvernement général ni d'autre droit public en Europe que le traité de Westphalie, elles entrèrent l'épée au poing dans le concert des canons, et mirent en pratique la morale qu'elles virent en action dans les autres cabinets :

« Tue ton voisin, si tu ne veux pas qu'il te tue ;

« Prends-lui son territoire, ou il te prendra le tien. »

Voilà le code que, sous la présidence du nonce Chigi,

l'ancienne Europe avait laissé à la nouvelle, qui n'avait aucun motif moral pour ne pas s'en autoriser, au contraire.

Le même jeu des cabinets se jouait en Occident.

Selon leur constitution intérieure, les États maritimes de l'Ouest, Portugal, Espagne, France, Angleterre, Hollande, avaient été entraînés soit à l'empire colonial, soit à l'emporocratie.

En 1648, l'Espagne, comme nous l'avons vu, avait donné aux Pays-Bas les colonies du Portugal par un traité direct, et le congrès, dont l'Angleterre, fort affairée chez elle, était absente, avait laissé à l'Occident, comme en Orient, la porte ouverte à tout ce qu'il n'avait pas su prévoir.

Le Portugal ayant perdu ses colonies, grâce à l'Espagne, celle-ci perdit les siennes grâce à l'engloutissement de ses forces dans la réaction impériale et latine, en Europe comme en Espagne même.

Ce sont les énergies individuelles qui fondent les colonies; et l'art des gouvernements métropolitains consiste à leur lâcher la bride au dehors, et non à les accabler; à les soutenir et non à les gouverner militairement.

La monarchie espagnole appliqua à ses colonies le régime accablant inauguré par Ferdinand dit le Catholique, et que Charles-Quint et Philippe II essayèrent, au nom de la papauté, d'imposer à l'Europe entière.

Elle tarit ainsi les sources de sa vie comme empire maritime.

L'Angleterre, au contraire, abandonnant toute conquête sur le continent, lâcha sur ses corsaires d'abord, sur ses flottes ensuite, toutes les vitalités de ses communes, frémissantes de leurs victoires religieuses et politiques contre la réaction impériale d'Europe, contre la monarchie absolue dans le Royaume Uni.

Plus heureuse que la Hollande saignée à blanc par près d'un siècle de guerre, isolée du Continent européen et de sa loi brutale qui forçait toutes les monarchies à la centralisation militaire et administrative, elle prit pour champ de conquêtes toutes les mers et toutes les côtes du globe, et au lieu d'asservir ses énergies nationales à l'État, elle mit l'État à leur service.

Aucune nation continentale ne pouvait et ne peut aujourd'hui faire la même chose, sans être démembrée par les nations voisines.

Par l'étendue de ses côtes sur trois mers à la fois, la France était la rivale la plus redoutable de l'Angleterre; mais sa situation continentale ne lui permettait au dehors que l'empire, parce qu'au dedans, la pesée de la loi brutale de 1648 ne lui permet pas l'emporocratie, sous peine d'invasions et de révolutions.

Toute la politique européenne de l'Angleterre n'eut qu'un but : l'Impérialat des mers, aux dépens de sa seule rivale possible, et la dépendance commerciale du Continent.

C'est pourquoi elle se trouva vis-à-vis du Continent dans la même situation impériale que la papauté en Italie et dans l'ancienne Europe.

Pour diviser les forces de ses adversaires et se maintenir en équilibre grâce à leurs oppositions, sa politique de cabinet suscita directement ou médiatement toutes les guerres continentales où la France pouvait être engagée.

Il n'y avait, pour faire réussir cette tactique, qu'à entretenir les rancunes de la Maison d'Autriche contre le traité de Westphalie.

Tel fut encore le résultat imprévu de l'œuvre des diplomates de Munster et d'Osnabruck.

Au point où nous en sommes, le lecteur, grâce à la méthode synoptique qui assure sa marche, peut se rendre un compte exact du Système général de l'Europe, République anarchique de puissances armées les unes contre les autres, et que la loi fondamentale de la souveraineté de la force oblige, sous peine de mort, à fonctionner ainsi, jusqu'à l'abrogation et au remplacement de cette loi par une meilleure.

Au centre, l'Allemagne et l'Italie, morcelées par la politique primordiale des papes, sollicitent perpétuellement à la spoliation les cabinets de Vienne, de Berlin et de Paris, quelle que soit la déviation momentanée que les dynastes, les premiers ministres ou les diplomates puissent faire subir à la loi générale qui les enchaîne tous et les condamne à la collision militaire de leurs Etats.

A Vienne, la seule ligne de conduite à tenir était de barrer diplomatiquement la rive gauche du Rhin et la Belgique, ainsi que l'Italie, à la France, et toute l'Allemagne à la Prusse.

A Berlin, la seule politique possible était de poursuivre la conquête de l'Allemagne, en opposant successivement entre eux les cabinets de Vienne, de Paris et de Pétersbourg, sans compter le jeu diplomatique d'opposer à l'Autriche les principautés allemandes, et de diviser celles-ci entre elles.

A Paris, la tactique indispensable était de poursuivre la conquête de la rive gauche du Rhin, de la Belgique, de s'étendre jusqu'aux Alpes-Maritimes, d'avoir le pied en Italie, et d'empêcher à tout prix la Prusse ou l'Autriche de s'étendre en Allemagne, l'Autriche de s'étendre en Italie.

On se demandera pourquoi le cabinet de Vienne ne pouvait pas laisser celui de Berlin mettre la main sur la rive droite du Rhin, et celui de Paris occuper la rive gauche, et s'étendre vers l'Italie.

Par la simple raison que la conséquence forcée de ce mouvement eût été un partage des territoires de l'Autriche entre Berlin, Paris et Pétersbourg ensemble, séparément ou successivement.

De leur côté, les politiciens de Berlin ne pouvaient pas laisser s'étendre l'Autriche ni la France, sans encourir eux-mêmes le démembrement de la Prusse entre Vienne, Pétersbourg et Paris.

De même encore, le cabinet français ne pouvait pas laisser la Prusse atteindre le but de ses combinaisons diplomatico-militaires sans courir le risque de se voir arracher les provinces françaises de l'Est.

Enfin quiconque des trois ne gagnait pas du terrain, en perdait par cela seul.

Tels sont les résultats de l'impéritie des diplomates de 1648, en ce qui regarde le jeu des trois puissances de l'Europe centrale.

Mais ces puissances elles-mêmes étaient forcément prises comme dans un étau entre les cabinets de Saint-Pétersbourg et de Londres, seuls libres d'une extension illimitée, l'un sur terre, en Asie, l'autre sur mer dans le monde entier.

En résumé, par la guerre ou par la ruse, le système européen, qualifié du nom d'équilibre, voulait, et veut que chaque puissance tende à la dictature sur les autres, de peur de la subir, et, avec elle, la spoliation.

L'Histoire proprement dite va nous le prouver.

Louis XIV exerça d'abord cette dictature, à laquelle la République des puissances opposa la triple alliance de l'Angleterre, de la Suède et de la Hollande, qui amena, en 1668, le traité d'Aix-la-Chapelle; puis l'alliance de l'Autriche, de l'Espagne, de l'empire et de Guillaume III, qui durent néanmoins subir à Nimègue, en 1679, la loi du plus fort; puis la coalition aboutissant au Congrès de Ryswyck, en 1697; puis celle qui brisa la dictature française, malgré les avantages qu'elle retint encore à Utrecht en 1713, à Rastadt et à Bade en 1714.

Pendant qu'en Occident, le canon dictait et déchirait tour à tour les traités de Munster, d'Aix-la-Chapelle, de Nimègue, de Ryswyck, réglant et éternisant les procès militaires des puissances de l'Ouest et du Midi, le même moyen tonitruant dictait aux puissances du Nord des lois également impuissantes et funestes avec les traités d'Oliva, de Roschild, de Copenhague et de Kardis.

La bataille de Pultawa, en 1709, renvoyait dans son néant l'œuvre vaine des diplomates, et la dictature de la Russie sur la Suède, le Danemark, la Prusse et l'Autriche, se levait avec Pierre le Grand.

Le caractère des alliances n'avait lui-même pas plus de moralité que n'en comportait la totalité du système.

Les *articles secrets*, les *traités simulés*, l'espionnage, les émissaires, la corruption, tous les moyens imaginables étaient monnaie courante de cabinet à cabinet, triste enseignement légué par l'ancienne Europe impériale à l'Europe moderne, à la république athée et antisociale des États.

A quarante ans de distance, de la *quadruple alliance* de 1718 à l'*alliance défensive* austro-française de 1756, toutes les combinaisons étaient bouleversées par l'*opportunisme* européen de ce temps.

La dictature de Frédéric retenait néanmoins à la paix d'Hubertsbourg, en 1763, les territoires qu'il avait conquis, et dictait à Teschen, en 1779, sa loi à la maison d'Autriche.

La rébellion des colonies anglaises en Amérique, la guerre de 1778 jusqu'à la paix de Versailles de 1483 desserrèrent un peu la branche ouest de l'étau anglo-russe.

Pendant que l'Angleterre et la France sont ainsi occupées, la spoliation va librement son train à l'orient et au centre du Continent.

Après la Pologne, il s'agissait de la Bavière.

La Prusse s'y oppose, puis la France pour les raisons que

nous avons dites, puis la Russie pour ouvrir l'Allemagne à sa diplomatie, en se portant garante du traité de 1779.

Deux ans plus tard, en effet, le cabinet russe a des ministres résidant auprès des princes allemands.

Mais ce qu'elle empêche l'Autriche de faire en Bavière, la Russie l'accomplissait en Crimée depuis 1777, où le traité de Kaïnardji fut déchiré par la même loi qui l'avait dicté : la Force.

Dix ans plus tard, les cabinets de Russie et d'Autriche se réconcilient pour marcher ensemble à la curée de l'empire Ottoman.

Naturellement les souverains qui n'étaient pas invités à prendre une part dans la spoliation eurent une attaque de moralité indignée.

Gustave de Suède s'émut le premier, et son indignation lui fit mettre la main sur la Finlande; le Danemark, à son tour, menaça la Suède, et la paix de Varela termina, de ce côté, l'incident suédois en 1790; ensuite le cabinet de Berlin mit devant les frontières russes une armée de 80 000 hommes, après avoir conclu une alliance avec la Turquie.

Enfin la Hollande et l'Angleterre s'unirent à la Prusse, et obligèrent, à Reichembach, l'empereur Léopold à la paix de Sistowa.

En cette même année 1791, Catherine II à Galatz acceptait les préliminaires, qui aboutirent au traité de Jassy.

L'Autriche gardait un lambeau de la Croatie, la Russie Otchakof, la Crimée et le Kouban.

Total des morts, de part et d'autre : 450 400.

Nous sommes à la veille du second et du troisième partage de la Pologne qui va réconcilier, pour un moment, les cabinets de Berlin, de Pétersbourg et de Vienne.

La Suède était menacée du même sort que la Pologne, et travaillée de la même manière.

Par une convention secrète comparable au traité de 1764,

les cabinets de Prusse et de Russie avaient résolu la perte de ce pays, et y soutenaient à prix d'or les factions.

L'énergie de Gustave III qui, en 1790, détruisit la flotte russe à la bataille de Swenska-Sund, sauva momentanément son pays.

Deux ans après, le vaillant roi mourait assassiné.

Je pourrais ici entasser documents sur documents pour montrer par quels ressorts secrets agissait toute cette politique des intrigues de cabinet; mais cela ne convient ni à mon caractère, ni au but de ce livre, et je veux m'en tenir aux résultats acquis à l'Histoire proprement dite.

Voilà, encore une fois, où conduit le système européen institué par la diplomatie de 1648.

Les États, monarchiques ou non, ne peuvent pas ne pas le subir, et s'ils ne se conforment pas à ses inéluctables lois de ruse et de violence, ils sont infailliblement dévorés; s'ils se conforment à ces lois, et que leurs nations en supportent les conséquences, tant intérieures qu'étrangères, ils peuvent retarder leur propre spoliation, tant qu'ils seront les plus forts et les moins scrupuleux, sans jamais pouvoir cesser d'être sur le qui-vive, sous peine de mort et de démembrement.

Il est inutile de dire qu'à partir de la paix de Munster et du congrès de Nimègue, on ne voit plus la papauté figurer dans aucun traité, et que la République athée et antisociale des États n'a même plus l'ombre d'un contrôle.

Cependant cette anarchie intergouvernementale, en succédant à la diarchie impériale des races germano-latines, avait, sans le savoir, ni sans le vouloir, libéré de son principal joug l'esprit public, partout où Rome ne régnait pas.

Bacon, Galilée, Pascal, Newton, Leibnitz avaient lancé la pensée européenne dans la recherche des certitudes.

Puis vinrent Lagrange, Laplace, Franklin, Volta, Buffon, Linné, Jussieu, Lavoisier, Euler, Clairaut, d'Alembert, Bailly, Monge, Bradley, Herschell, Réaumur, Jouffroy, Montgolfier, Stales, Watts, Fontana, Fourcroy, Black, Cavendish, Scheele, Werner, véritable concile et congrès européen, commençant par les sciences naturelles la vraie réforme de la Chrétienté.

Cette réforme appelle aujourd'hui, dans l'Universelle Église, un libre développement similaire de la double hiérarchie des sciences humaines et des sciences divines.

Éclairés d'en bas par les vérités naturelles, les encyclopédistes impliquèrent dans le même ostracisme, le Christianisme, âme de la Chrétienté, la théologie et la politique des papes.

J'ai déjà signalé cette erreur capitale qui jeta, pour un siècle, la France hors des gonds de l'Europe, au moment même où tout l'inclinait à être l'initiatrice religieuse de l'État Social chrétien.

L'histoire intérieure de la France ne regarde pas ce livre, et je ne m'occuperai que de son rôle européen.

La Révolution française ne fut que la conséquence logique de l'anarchie de la politique générale, et, malgré les apparences, elle fut une explosion de la force morale populaire, mal interprétée intellectuellement par les penseurs, et, par suite, mal utilisée, au point de vue pratique, par les politiciens.

Une première secousse avait, dès longtemps, réveillé la franc-maçonnerie, et il en sortit des formules théocratiques qu'on trouve déjà dans ce qui survivait de l'ordre du Temple et dans plusieurs livres, parmi lesquels, le *Télémaque* et, surtout, *Séthos*.

Le mouvement primordial venait en effet des loges, et tendait à remédier au désaccord profond des grandes institutions européennes avec l'esprit public et la morale chrétienne.

L'unité de Dieu, l'Unité du Genre Humain, le plan général de l'Univers et de l'État Social, la Divinité de l'Homme, la connaissance de la Nature : tels étaient les objets qui passionnaient les esprits dans les hauts grades, où se trouvaient parfois représentées les fonctions les plus élevées de la Chrétienté, à l'Occident et à l'Orient, comme au Nord, au Centre et au Midi de l'Europe.

La renaissance des sciences correspondait exactement à la dernière hiérarchie de ces degrés de connaissances ; mais en ce qui regarde la quatrième, la critique des encyclopédistes, si utile d'ailleurs, fut absolument insuffisante à lui correspondre.

L'imagination de Rousseau ne put pas remplacer les sciences humaines, ni les sciences divines, indispensables à une création sociale, que les politiciens allaient changer en destruction.

Quelques formules théocratiques de la maçonnerie tombèrent dans l'anarchie des esprits, mais séparées de leurs principes, perdirent leur sens véritable, et subirent la déviation que leur imprimèrent les passions civiles.

De vérités qu'elles auraient pu être, elles devinrent les dogmes de l'athéologie militante.

Je ne citerai ici que le triple mot de passe de la révolution : *liberté, égalité, fraternité*, dont l'analyse peut intéresser le lecteur.

Ces mots, pour les initiés de tous les temps, n'ont jamais représenté des principes, et voici pourquoi :

Un principe est un radical, une racine, le point de départ premier d'une série déterminée de conséquences spécifiques, n'appartenant qu'à lui.

Il saute aux yeux que la liberté, l'égalité, la fraternité, n'expriment rien de tel, mais des états, des manières d'être, de principes qui ne sont pas indiqués par ces mots.

La liberté, ramenée de sa signification d'état, de manière d'être, à son premier terme : *le libre*, n'est encore qu'un qualificatif, dont le substantif radical est à chercher.

Le libre par excellence, c'est ce qui est *illimité*, *infini* ; et il n'y a que la *Force Première*, l'*Esprit Universel* qui porte ce caractère, et en soit le principe.

L'égalité ramenée de sa signification de manière d'être à son premier terme : l'*égal*, n'est encore qu'un qualificatif, relatif, cette fois, dont le substantif radical est à trouver.

L'*égal* par excellence n'existe pas, comme idée radicale, en dehors des mathématiques abstraites, et l'*unité* en est le principe.

S'agit-il des êtres ?

Cette unité est relative ou absolue, selon qu'on les envisage chacun dans son espèce, ou tous dans leur ensemble universel.

S'agit-il de l'Homme ?

L'*égalité des hommes* a pour principe *le Règne hominal*, l'*Espèce Humaine*, la *Puissance essentielle*, *cosmogonique*, *occulte*, d'où sortent et où rentrent les hommes ; et leur égalité n'existe que dans cette *essence* même, dont le caractère est l'*identité*.

La fraternité ramenée de sa signification de manière d'être à son premier terme : *le frère*, est encore un substantif relatif, dont nous allons chercher le radical.

Le frère par excellence, le *frère universel* n'existe pas, comme idée radicale, en dehors de la *Paternité*, qui le constitue *frère de frère*.

Le Père est donc le principe *du frère*.

Tous les hommes ne sont frères qu'à la condition d'être fils d'un même Père.

Ce *Père cosmogonique*, si on l'envisage comme père spécifique de l'Homme, c'est cette puissance occulte à laquelle nous avons donné le nom d'*Espèce Humaine*, de *Règne*

Hominal; et si on le considère dans son universalité, comme la première Puissance constitutive de l'Univers, c'est ce point culminant, ce principe et cette fin de la vie et de la science que nous appelons Dieu.

Les trois principes de la Liberté, de l'Égalité et de la Fraternité, sont en toutes lettres dans la cosmogonie égyptienne de Moïse : Rouah Ælohim, l'Esprit moteur, Adam, l'Homme universel, Ihoha, Dieu et la Nature, Puissance constitutive de l'Univers.

Ces trois principes inversés sont aussi dans la Trinité chrétienne : Père, Fils, Saint-Esprit ; le Père renfermant en lui la Mère ou la Nature.

C'est ainsi que, née d'idées théocratiques sectarisées par l'Athéisme, la Révolution française, avec ses faux principes de 89, fit exactement, sans le savoir, ce qu'avait fait la papauté : de la politique sur la Religion, tandis que c'est le contraire qu'il faut faire.

On ne marche pas la tête en bas, et dans la Chrétienté, la tête c'est le Christianisme, avec toutes ses concordances intellectuelles et morales, scientifiques et sociales.

Il en résulte cette singulière conséquence : c'est que la nation la plus religieuse du monde, dans le vrai sens du mot religieux, celle qui a le plus, parmi toutes, le sentiment de l'Universalité intellectuelle et morale, dogmatise depuis un siècle bientôt contre la Religion, cherche dans la politique ce qu'elle n'y peut pas trouver : des principes ; et ignore que ses besoins de vérité, de justice et de paix, lui ont été mis au cœur par des doctrines religieuses, et qu'ils ne seront jamais assouvis ni apaisés, que par un gouvernement théocratique et purement social.

La Révolution française dut sa formidable puissance à cette

même Universalité religieuse à laquelle elle toucha, sans en avoir ni la science, ni la conscience.

Mais en voulant enfermer cette force de catholicité dans la politique, en voulant rendre matériel et individuel ce qui était spirituel et général, particulier ce qui était universel, elle fit éclater les intelligences dans la folie, les âmes dans la fureur, la nation dans la passion d'une réalisation immédiate, impossible sans la Religion et sans la Théocratie qui, seules, créent les sociétés et les conservent.

Ce sont les doctrines qui importent dans tous les grands mouvements de l'Humanité, et les derniers ne valent que ce valent les premières.

Ce sont elles qui, planant sur les individus comme les dieux de l'Iliade sur les Grecs et les Troyens, décident la victoire ou la défaite, la création ou la destruction.

Dans la rédaction des cahiers de 1789, c'est le tiers qui, sous l'influence des Loges et de Rousseau, l'abbé Sieyès en tête, faisait, sans le savoir, du catholicisme à l'envers; le clergé, au contraire, montrait un réel esprit politique et national.

Le tiers voulait une révolution universelle comme le Christianisme; le clergé une révolution française : constitution monarchique, pouvoir législatif de la nation, unité de législation, égalité de tous devant la loi, réforme de l'Église nationale, instruction primaire obligatoire et gratuite, etc.

La noblesse comprenait aussi mal sa situation que les pairs d'Angleterre comprennent bien la leur, et elle s'arrangea de manière à rallier contre elle le peuple et les curés.

Aussi, de même que, dans le Gouvernement général de l'Europe, ce sont les armées les plus nombreuses qui font la loi, de même, en France, ce furent les gros bataillons électoraux qui exercèrent la souveraineté de la force.

Les élections donnèrent à l'Assemblée du 5 mai mille cent trente-neuf députés, dont deux cent quatre-vingt-onze du clergé, deux cent soixante-dix de la noblesse et cinq cent soixante-dix-huit du tiers état.

Les résultats n'étaient pas difficiles à prévoir.

L'État Social croula en France, et il ne put être remplacé que par l'Etat civil, lien nécessaire, mais qui ne doit pas être le seul, car s'il juxtapose juridiquement les volontés, il n'a pas qualité pour les unir socialement, et elles tendent toujours à se diviser politiquement.

Pendant que la volonté populaire croissait en France en raison inverse de l'énergie monarchique, la République athée et antisociale des Souverains continuait, en Europe, sa politique naturaliste.

La dictature de cette république était à Londres, aussi formidable que celle de Madrid sous Philippe II, également impériale, quoique emporocratique, mais d'autant plus terrible que, n'ayant pas le Continent pour champ de conquête, elle l'avait pour champ de carnage, sans qu'il s'en doutât.

Jamais l'immoralité de l'œuvre des diplomates de 1648, n'aura entraîné de plus épouvantables conséquences; jamais, dans la collision systématique des cabinets européens, l'un d'entre eux n'aura mené les autres avec une pareille souveraineté de ruse et de violence à leur ruine commune.

Pendant que Fox applaudissait sincèrement, au nom de l'opposition, aux triomphes de la Constituante, Pitt suivait machiavéliquement du regard les convulsions de la nation française aussi bien que celles de la maison de Bourbon.

La ruine de cette maison, l'effondrement de son influence, l'anéantissement de ses alliances, la France insurgée contre elle, déchirée par la [guerre civile, l'Europe ameutée contre la France, engrenée dans une guerre de vingt ans : Pitt vit avec la profondeur du génie politique, avec le regard du vautour, si ce n'est de l'aigle, tout cet enchaînement de conséquences, et son plan fut immédiatement et pour toujours arrêté.

La conclusion de ces conséquences était pour lui aussi rigoureuse qu'une addition ; et la voici du haut en bas :

Empêcher le mouvement démocratique de saisir le gouvernement intérieur de l'Angleterre ; centraliser toutes les énergies nationales ; les jeter impérialement au dehors ; leur donner en pâture les cadavres de toutes les flottes continentales, en proie toutes les colonies de la France, de l'Espagne, de la Hollande ; les assouvir en leur livrant par tous les moyens possibles la domination despotique de toutes les mers du globe, de tous les navires marchands, de tout le commerce du monde.

Voici maintenant comment se poursuit cette politique, du reste parfaitement autorisée par l'anarchie armée de la république athée et antisociale des puissances, depuis 1648.

Dès 1790, Pitt, pour rassembler ses mercenaires continentaux, se ligue avec la Prusse, et fait ainsi lâcher prise à Catherine II et à Joseph II en train de dévorer la Suède et la Turquie ; de plus, profitant du courant révolutionnaire, il soulève derrière eux la Pologne contre l'une, la Belgique contre l'autre, et les rappelle ainsi à son ordre.

Il ne s'affirme pas encore ouvertement contre la France, de peur de dresser contre lui Fox et l'opposition ; mais l'or coule à Paris, et encourage les troubles.

Il cherche querelle à l'Espagne pour casser un des bras maritimes de la France.

Joseph II meurt, et Léopold est l'homme qu'il faut pour exploiter la terreur des cabinets et les funestes appels de Louis XVI et de ses frères aux souverains.

La paix de Reichembach entre Vienne et Berlin, puis entre Pétersbourg et Stockolm, assure au dictateur anglais la disponibilité diplomatique et militaire dont il a besoin sur le Continent; mais aussi pratique que Pitt, la tzarine continue sa guerre contre la Turquie, pendant que Frédéric et Léopold s'entendent contre la Belgique et la Pologne.

A l'intérieur Louis XVI a encore deux atouts dans son mauvais jeu: Mirabeau, La Fayette; la mort enlève l'un, Marie-Antoinette écarte l'autre: Pitt est derrière Marie-Antoinette.

Les cabinets de Berlin et de Vienne hésitent devant l'action, regardant ave envie celui de Pétersbourg qui ronge à lui tout seul la Turquie : le Foreign Office ligue Berlin et Vienne contre l'ogre du Nord qui, grommelant, lâche le morceau, se réservant bien de recommencer, quand les monarchies de Prusse et d'Autriche seront occupées en Occident.

Le 27 août 1791 a lieu la convention de Pilnitz qui exige la liberté de Louis XVI, la dissolution de l'assemblée, la réintégration des émigrés, résultats de l'appel envoyé, le 6 décembre 1790, par l'intermédiaire de Breteuil, aux souverains, non sans la coopération de Pitt.

Le cabinet anglais, en suscitant le manifeste de Pilnitz, piquait au poitrail la Volonté nationale française, allait faire tuer la monarchie, et s'égorger l'Europe entière.

S'y prendre ainsi, c'était en effet faire renaître en France la république de Carthage avec la mort pour Moloch et les prisons pour esclavage.

Louis XVI revint trop tard au sens réel de sa situation.

Aux énergies chaudes du principe populaire, il fallait la froide énergie nationale d'un Louis XI, et Louis XVI était un homme eligi e ux, moral et bon.

Ce monarque infortuné devait être la victime de la République athée et antisociale des souverains plus encore que de sa tardive correction parlementaire, et ne jamais chercher en lui-même le salut qu'un roi ne peut devoir qu'à sa seule et despotique volonté.

En vain écrit-il aux électeurs de Trèves et de Mayence ainsi qu'à l'Empereur d'Autriche, en vain les conjure-t-il, sous menace de guerre, de cesser de le perdre : menés par Pitt, les cabinets d'Autriche, de Prusse, de Piémont arment ; l'Espagne et la Russie menacent ; le roi de Suède, un fou, veut conduire la croisade des rois ; Pitt se frotte les mains.

En 1792, la Gironde sent le danger, envoie Delessart devant la cour d'Orléans et nomme le général Dumouriez aux affaires étrangères.

Léopold d'Autriche meurt, le roi de Suède est assassiné ; mais leur mort n'atteint ni l'empire d'Autriche, ni la royauté de Suède, ni la politique naturaliste de leurs cabinets, ni la dictature de celui de Londres, ni le système européen.

François répond aux sommations de Dumouriez par Tournay et Mons; les ambassadeurs quittent Paris; la domesticité diplomatique du gouvernement général de l'Europe appartient désormais à Pitt comme la vénalité de la république armée des cabinets.

La Russie et l'Autriche se partagent encore la Pologne, la Prusse jouée court à la curée ; et la campagne de Dumouriez peut se donner carrière, à Nice, en Savoie, en Belgique.

La Convention répond à la coalition européenne en abolissant la royauté, Danton en disant que son gouvernement est le comité général d'insurrection de tous les peuples : c'était dire trop ou trop peu.

La tête de Louis XVI tombe; mais qui l'a fait tomber?

Le ressort de la guillotine était en France, mais la poussée venait de la République athée et antisociale des cabinets, celui de Londres en tête; le bourreau était moins la République populaire de France que la République des Monarques qui l'avait exaspérée et portée jusqu'à la fureur nationale.

Pitt s'était bien gardé de la moindre démarche pour sauver le roi ; mais il se garde bien de ne pas exploiter cette tête coupée ; il renvoie l'ambassadeur français, fait écrire sous sa dictée à un groupe influent de la Convention qui, tombant dans son piège, lui livre le sentiment national de l'Angleterre, en déclarant, sur ses conseils masqués, la guerre à la monarchie anglaise, le 8 février 1793.

Dès lors, sûr de sa dictature au dedans, il l'affirme au dehors.

Prusse, Autriche, Espagne, où l'inepte Godoï remplace l'habile d'Aranda, Sardaigne, Naples, ou, du moins, leurs rois, le pape, la diète germanique, les princes de Hesse, de Bade, de Bavière, sont à la solde du Foreign-Office.

La Russie et la Prusse dévorent les restes de la Pologne.

Les seuls neutres sont les monarques de Suède, de Danemark, de Turquie, et la Confédération suisse.

La peur de l'avènement des peuples a tellement affolé les cabinets, que tous leurs intérêts en sont méconnus, toutes leurs alliances naturelles, rompues, toutes leurs positions respectives, bouleversées.

La Hollande et l'Espagne marchent avec l'Angleterre, l'Autriche avec la Prusse, l'Italie, pape en tête, avec Londres ; l'Allemagne se livre à l'Autriche ; l'Angleterre laisse démembrer la Pologne.

La tête impériale et anglaise de l'Europe avait, dans la coalition, quatre cent mille hommes sous les armes, dans la Vendée, des auxiliaires inconscients, dans les frères de Louis XVI et dans les émigrés, des instruments aveugles de ses desseins personnels.

Le blocus des ports français, la confiscation des navires neutres qui y porteraient des vivres, premières étapes d'un but ultérieur, passèrent sans opposition en Europe ; les souverains coalisés ne voyaient plus devant eux qu'un fantôme rouge : le peuple français ; qu'un but : la spoliation du territoire français et l'occupation de leurs propres peuples dans la guerre.

L'accaparement des denrées, l'excitation de l'anarchie, Toulon livré par les royalistes à Hood, telles sont les menées que l'interception des lettres de Pitt à ses agents fait découvrir.

Cependant, en 1794, l'attraction de soi pour soi ramène à eux-mêmes les cabinets de Prusse, d'Espagne, de Piémont, de Hollande, d'Autriche : seule contre toutes, une nation faisait équilibre à toutes.

La volonté nationale déployait, en France, une vigueur géante, qui rendait la spoliation des territoires français hasardeuse; et personne, parmi les coalisés, n'avait profité de cette guerre, si ce n'est, aux deux branches de l'étau européen, la Russie et l'Angleterre.

Cette dernière, sans tirer un coup de canon, avait reçu de son dictateur l'empire des mers, empire aussi radical que celui de Genghis-Khan le fut sur terre.

C'est pourquoi Pitt revint à la charge, comme l'eût fait le Tartare Batou.

Malgré Fox et Shéridan, il obtint tout du Parlement à l'intérieur et au dehors, serra les freins dictatoriaux, en Angleterre comme en Europe, solda tout le Continent, émigrés, rois, cabinets, armées, Prusse, Autriche, Piémont, Espagne, Hollande, Naples, Gênes, Florence, et laissa la monarchie russe égorger la Pologne, pourvu que la flotte des tzars imposât au Danemark et à la Suède le despotisme maritime de l'empire emporocratique.

Il fait enlever par ses vaisseaux tous les bâtiments du monde à destination française, arrache aux navires américains leurs matelots pour sa marine, poursuit ses conquêtes aux Indes, dans les Antilles, envoie quarante mille hommes en Hollande, et à travers ses diplomates disséminés sur l'Europe, comme autrefois la Compagnie de Jésus, il fait marcher contre la France, par trois côtés, quatre cent mille soldats à sa solde.

La volonté populaire répondit à cette dictature par le plan général de Carnot, par une poussée de fulgurantes énergies militaires, sans rivales dans les fastes du globe : à l'Est, Pichegru, Moreau, Jourdan, Scherer; au Sud-Est, Bonaparte; au Sud-Ouest, Dugommier; en Vendée et en Bretagne, Hoche.

De Bâle à la mer, en suivant la ligne du Rhin, une république nationale, les bras ouverts aux nations, repoussait en tous sens l'attaque universelle de la république des souverains, et, de victoire en victoire, courait jusqu'en Hollande prendre sur la glace, au galop des hussards, la flotte du Texel prisonnière du Zuyderzée.

Des cris d'admiration sortaient des peuples, et, en plein Parlement anglais, Fox proclamait avec enthousiasme cette campagne sans exemple dans les annales de l'Histoire.

Lavant dans les éclairs et dans les foudres les taches du sang royal, la démocratie française avait, en quelques mois, éclipsé d'une aveuglante lumière tous les fastes passés de la patrie, conquis la Belgique, la Hollande, la rive gauche du Rhin, une partie du Piémont, de la Catalogne, de la Navarre, et réalisé d'un seul coup toute la politique géographique toujours rêvée, jamais atteinte par ses plus grands rois.

Pendant ce temps, Pitt détroussait la France de la Corse, de la Guadeloupe, de la Martinique; mettait la main sur le môle Saint-Nicolas et sur Port-au-Prince; poursuivait les convois de grains; ourdissait à Paris l'agiotage et la famine factice; saisissait tous les navires marchands sur toutes les mers.

Pendant ce temps encore, à l'Est, les trois alliés publiaient cette déclaration : « Convaincus par expérience de l'impossibilité où sont les Polonais de se donner une constitution éclairée et durable, nous avons résolu, par amour de la paix, de nous partager la Pologne. »

C'étaient ces mêmes cabinets révolutionnaires et antisociaux qui s'étaient ligués contre la révolution de France, sous le prétexte risible de conserver la Société.

C'était cette même république athée de souverains sans scrupules qui s'était ruée sur la république française, sous le prétexte sacrilège de conserver la Religion.

Les canons français répondirent à la souveraineté de la ruse et de la violence dynastiques par la souveraineté de la franchise et de la force populaires.

Plus moral que le gouvernement général de l'Europe, le comité de salut public rendit à la Hollande la liberté nationale, à la monarchie espagnole ses provinces.

Mais à Bâle, le cabinet prussien, tout en acceptant la condition *sine qua non* des sans-culottes, la rive gauche du Rhin, joua l'Autriche et la coalition tout entière, en plaçant, sous prétexte de neutralité, toute l'Allemagne du Nord en dehors de la confédération, sous sa protection immédiate.

La république spoliatrice des monarchies fut naturellement saisie d'indignation, et cria au voleur, en voyant Berlin prendre ce que Vienne et Pétersbourg convoitaient.

Calmés à coups de canon, les cabinets renouèrent des relations diplomatiques avec la France : la Toscane d'abord, puis, après la Prusse, l'Espagne, dont l'envoyé à Bâle, le marquis d'Yriarte, disait justement à Barthélemy : La France et l'Espagne ont mêmes intérêts.

La monarchie tombée laissait, en effet, debout la France elle-même, sans que la politique européenne de la nation déviât de son ancienne routine diplomatico-militaire.

Au contraire, le système du gouvernement général européen, si bien exploité par Pitt, allait faire creuser jusqu'à l'anéantissement de toutes les énergies continentales la vieille ornière sanglante de l'équilibre des bataillons.

Yriarte et Barthélemy renouvelaient entre leurs nations le pacte de famille des Bourbons, contre la marine anglaise dans la Méditerranée, contre l'Autriche en Italie.

Après l'Espagne, la Saxe, les deux Hesses, le Hanovre entrèrent dans la neutralité sous le protectorat de la Prusse; la diète germanique demanda à son empereur de cesser la guerre; le Portugal avoua que l'Angleterre l'avait poussé; Naples fit de même, puis le pape, le duc de Parme, etc.

Ainsi s'évanouit la croisade de l'athéisme, faite au nom d'une Société et d'une Religion foulées aux pieds par l'Europe depuis mille ans; ainsi tomba ce masque menteur, laissant voir, hideux, le squelette fardé d'une guerre d'intérêts.

Restaient debout l'Angleterre et l'Autriche dans la même situation, vis-à-vis du comité de salut public, que devant Louis XIV : le cabinet de Londres stipendiant celui de Vienne pour occuper la France, pendant qu'il détroussait de leurs colonies les États français, espagnols et hollandais.

Tel est, du moins, l'aveu de Pitt au Parlement : « Tant de défaites n'atteignent pas notre puissance : nous avons pris des vaisseaux et des colonies, qui nous assurent l'empire des mers. »

C'est pourquoi Pitt obtint des Chambres la continuation d'une guerre si lucrative, cent quinze millions de subsides pour l'Autriche, deux cent quinze mille hommes pour l'armée de terre du Royaume Uni, cent mille hommes pour la flotte, sans parler de la solde des régiments émigrés, des armements pour la Vendée et de l'or nécessaire aux agissements de sa diplomatie occulte ou avouée, en France comme sur tout le reste du Continent.

Du coup, l'or coula de nouveau, et la guerre civile se ralluma en France plus dévorante que jamais, les Compagnies de Jéhu et du Soleil rivalisant avec les disciples de Marat, les massacres royalistes avec les boucheries républicaines, et la trahison de Pichegru brochant sur le tout.

La réponse à cette dictature du Foreign-Office ne pouvait être que dictatoriale, et ce fut le Directoire exécutif qui la fit en 1796, en mettant à exécution le plan militaire et diplomatique de Carnot et de Rewbell.

Marcher sur Vienne par le Mein, le Danube et le Pô, lier par des traités le Piémont, Gênes et Naples, empêcher Rome et Venise de céder à la pression anglaise, susciter les républiques cispadane et lombarde, faire un traité d'alliance avec l'Espagne : tel fut ce plan.

La nation anglaise protestait contre la continuation d'un système ruineux, l'Irlande était en fermentation : Pitt, pour gagner du temps, envoya à Paris un plénipotentiaire, avec la toute-puissance de n'y rien faire.

Arcole et Rivoli avaient révélé un aigle; et le vautour du Foreign-Office vouait la France à l'empire, en la forçant à devenir une colossale épée, et à vomir son âme dans la foudre.

La campagne de 1797 permit à Pitt de détrousser l'Espagne de la Trinité, la Hollande de Ceylan, du Cap et des Moluques.

Quand la cour d'Autriche, état-major continental de Saint-James, vit les armées républicaines, victorieuses, prendre Vienne comme point convergent, elle engagea les préliminaires de Léoben.

La France commit, là, sa première faute européenne, en acceptant, faute qui incombe entièrement à l'insuffisance intellectuelle de ses encyclopédistes, et, par suite, de ses politiques.

Pour équilibrer sur le Continent le jeu dictatorial de Pitt, il eût fallu montrer, sur terre, le radicalisme, dont il faisait preuve sur mer, et détruire radicalement les armées ennemies, comme il détruisait les flottes.

De plus, la volonté populaire triomphante ne pouvait, sans se mentir à elle-même, traiter, ni avec une dynastie, ni avec une diplomatie monarchique; elle devait les faire prisonnières, ne reconnaître comme contractants que les pouvoirs de leur nation, clergé, magistrats, municipalités, faire alliance solennelle avec eux, et ne libérer les souverains et les diplomates, qu'après l'apposition de leur signature et serment, devant ces pouvoirs assemblés, d'observer le traité, sous peine de déchéance.

Faute d'être conséquent avec son principe politique, le Directoire, et, après lui, le Consulat et l'Empire seront joués par la ruse diplomatique, avant d'être vaincus par la violence militaire de la république athée et antisociale des souverains, dictatorialement soudoyée et dirigée par Pitt.

Ce dernier voyant son armée continentale vaincue, mais non anéantie, ne songea qu'à la remettre sur pied.

Il devait, pour atteindre ce but, temporiser, par un faux semblant de paix, réparer l'isolement diplomatique du Foreign-Office, calmer la nation anglaise, où couvait une explosion morale, et mater ses matelots, qui menaçaient de conduire la flotte en France et de la livrer aux Français.

C'est pourquoi ce Philippe II du Nord fit au Directoire des propositions, que celui-ci eut le tort de ne pas rendre nationales, en Angleterre même, et ouvrit les négociations de Lille.

Comme il fallait s'y attendre, *les Jacobins blancs*, le *Jéhu*, le *Soleil*, les *Chauffeurs*, allèrent leur train de plus belle; Pichegru, Willot, Imbert-Colomès conspirèrent avec Louis XVIII.

Hoche d'abord, Bonaparte ensuite, par l'intermédiaire d'Augereau, serrèrent militairement les freins nationaux, en faisant un coup d'état militaire ; mais faute de science sociale, ils retombèrent dans l'ornière de 1648, en laissant nommer aux affaires étrangères l'ancien évêque d'Autun, Talleyrand, au lieu de diviser ce funeste ministère, et de le rejeter, moitié dans le département de la Guerre, moitié dans celui de la Justice.

Ainsi seulement, la roue d'engrenage du système général de la collision eût été transformée en poulie folle, et le système entier eût pu être modifié, en Europe, en faisant dicter par les armées, et signer par les magistrats la paix, de la manière que j'ai indiquée.

Après avoir accepté les négociations avec Pitt, le Directoire eut le tort de les rompre, et de laisser, pour la seconde fois, le sentiment national anglais à la merci de ce dictateur plus radical et plus habile que tous les républicains et tous leurs généraux réunis.

Bonaparte imposa au gouvernement de son pays, autant qu'à la cour d'Autriche, les termes du traité de Campo-Formio, traité d'essence impériale, sans fruits durables, malgré les faits d'armes qui l'avaient dicté.

Cet acte ne portait aucune atteinte au gouvernement même de l'Europe, dans lequel, loin de songer à en modifier les mauvais rouages, ce futur despote ne visait, comme le Directoire lui-même, qu'à se faire admettre, sur les plans immoraux et antisociaux, antijuridiques et antinationaux, préétablis par les diplomates de 1648.

La France eut la Belgique, la rive gauche du Rhin, les îles Ioniennes ; — à la république cisalpine le traité donna la Lombardie, le Mantouan, les provinces enlevées au pape ; — à l'Autriche, Venise, le Frioul, l'Istrie et la Dalmatie.

C'etait admettre en principe la spoliation des territoires, la souveraineté de la force, la nullité du Droit virtuel des gens ou des nations; c'était laisser subsister entièrement, dans son essence comme dans sa forme, le Gouvernement général et antisocial de l'Europe.

Nous verrons, par la suite, combien il en coûtera cher à Bonaparte de n'avoir pas mieux connu, ni ce gouvernement qui le vaincra, ni les moyens pratiques qui pouvaient rendre efficaces ses propres victoires.

Le Directoire voyait un peu plus clair que lui, quand il lui ordonnait de tenir à l'indépendance de Venise, bien que ses motifs ne fussent, ni plus généraux, ni plus généreux, puisqu'il lui disait :

« Céder Venise à la Maison d'Autriche, ce serait traiter en
» vaincus. »

On a dit avec raison que le traité de Campo-Formio fut la paix de Westphalie de la république française ; mais il ne fut rien de plus, et il pouvait, il devait être quelque chose de mieux, dans l'intérêt de la France, comme dans celui de l'Europe.

Le traité de Bâle, sans avancer davantage la question du Gouvernement général, avait, du moins, été plus conforme au droit virtuel des nationalités.

Ainsi, rien d'organique ni de social ne sortait, en Europe, du volcan sans cesse tonnant de la guerre, si ce n'est la guerre elle-même, entrecoupée de fausses paix, qui ne pouvaient être que des trêves.

Tout ce piétinement militaire ne profitait définitivement qu'à Pitt, que les moyens indiqués précédemment eussent singulièrement embarrassé, en rendant possible la Paix sociale entre les peuples, en rendant forcée cette même paix entre leurs gouvernements.

Comme la république avait tous les cabinets contre elle, il était d'autant plus nécessaire qu'elle se conciliât juridiquement les nations, et elle aurait eu ainsi, dans l'Europe entière, une signification telle, que les monarchies n'auraient pas pu se mettre en travers, sans faire éclater l'immoralité de leur politique étrangère, et soulever contre elles, à l'intérieur, le sentiment et la morale publics.

Nous verrons plus loin, avant 1814, les dynastes retourner, contre la révolution et contre l'empire, cette ignorance sociale et ces fautes politiques, en allumant partout, contre la France, les indignations nationales, en Suède comme en Allemagne, en Espagne comme en Italie.

Pendant que la république manquait son œuvre juridique, dans le Gouvernement général, vis-à-vis des nations, elle y recommençait tous les errements de la politique des empereurs et des rois vis-à-vis de la papauté.

La proclamation de la république romaine, le 15 février 1798, l'exil et la mort du pape à Savone, étaient des faits de nature à ne pas satisfaire les peuples plus que les cabinets.

Les mêmes souverains qui, trouvant la Religion un bon instrument de gouvernement, n'entendaient pas être gouvernés par elle dans leurs actes publics, crièrent d'autant plus à l'abomination.

Depuis le morcellement politique des églises, les dynastes n'appartenant pas à la communion latine n'accordaient guère plus de place parmi eux à la papauté qu'à la régence de Tunis, au pape qu'au bey, et l'esprit de la révolution française était la stricte conséquence de leur athéisme gouvernemental, lorsque Diderot disait :

« Ourdissant de mes mains les entrailles des prêtres,
» J'en ferais un lacet pour étrangler les rois. »

Cette doctrine digne des Tropmann, des Lacenaire et des Papavoine, chère à Marat d'ailleurs, n'était plus celle du gouvernement régulier, que la France avait dû improviser, au milieu d'une tempête civile et d'une pluie de sang.

Sortant rayonnante et purifiée de la fumée des batailles, la nation, qui tenait tête à l'Europe si héroïquement, était digne d'enseigner à la république athée et antisociale des États le respect vis-à-vis des fonctions ecclésiales, aussi bien que la justice vis-à-vis des peuples.

Si la république, et, après elle, Bonaparte, ne pouvaient pas se douter, étant données leurs informations intellectuelles, que la papauté fût la clef de voûte possible de l'ordre de choses nouveau, vainement cherché par les révolutionnaires dans le chaos sanglant de la politique, d'autant plus fallait-il laisser dans sa nécropole une institution qu'ils regardaient comme finie.

Pitt, protestant, qui mettait, de la manière que nous savons, le Christianisme en pratique, dans sa politique vis-à-vis des autres pays, ne manqua pas de glisser cette faute, comme un nouvel atout, dans le jeu de sa diplomatie.

Pendant ce temps, il avait détruit la flotte espagnole au cap Saint-Vincent, la flotte hollandaise à Camperduyn ; mais il avait maille à partir avec l'Irlande, où cinquante mille hommes se levaient, la croix sur le drapeau, avec l'Inde, d'où Tippoo-Sahib demandait au Directoire quelques milliers d'hommes et des vaisseaux de guerre.

Le Directoire ne voulait frapper que dans Londres la dictature anglaise de l'Europe ; mais l'ambition personnelle de Bonaparte sauva Pitt, qui, du moins, n'exerçait la sienne qu'aux ordres de sa nation, et pour elle seule.

L'expédition d'Égypte laissa régner sur le Continent la dictature anglaise, et détacha de la France la Turquie, son alliée, qu'elle jeta dans les bras des diplomates de Londres et de Pétersbourg.

Intriguer dans toutes les cours, ourdir une nouvelle coalition, éterniser le congrès de Rastadt, montrer, dans Rome, la spoliation des couvents et des musées par les agents du Directoire et par Masséna, dans Berne, le trésor enlevé par ces mêmes agents, en Suisse, des réquisitions semblables à des razzias dans tout le pays : tout cela était, pour la diplomatie comme pour la réaction européenne de Pitt, une politique obligatoire.

Le résultat de la campagne d'Égypte fut de livrer la Méditerranée à l'Angleterre et à l'influence de la Russie dans l'Europe méridionale, de permettre à la coalition de se renouer entre l'Angleterre, la Russie, l'Autriche et Naples, pendant que Paul Ier soldait les émigrés, donnait asile à Louis XVIII, et offrait au congrès de Rastadt sa protection appuyée de cent mille hommes.

La Prusse persévérait dans une neutralité plus profitable que la guerre.

L'Espagne seule était l'alliée de la France.

Quant aux républiques nouvelles, nées à l'ombre du drapeau français, elles étaient en proie à l'anarchie, pillées par les états-majors, grugées par les agents dictatoriaux, et le sentiment national s'y révoltait contre une politique française, aussi immorale que maladroite.

Mais, pour n'être point en retard d'immoralité, la souveraineté de la force représentée par des hussards autrichiens massacrait, le 28 avril 1779, les ministres français à Rastadt, et démontrait une fois de plus ce que signifie le droit des gens dans la République anti-sociale des cabinets et des États européens.

Quand Bonaparte revint d'Égypte, il trouva l'Italie perdue et aux mains de l'Autriche, la Hollande en partie conquise par le duc d'York et les Russes, la Suisse entamée par la coalition.

Il resserra, à Paris, la centralisation des pouvoirs publics, par son coup d'État du 18 Brumaire, et l'Europe eut dès lors deux dictateurs.

Paul Ier se retira de la coalition, peu satisfait de combattre pour des principes, dont il savait la juste valeur, et de laisser tout le profit de ses efforts à l'Autriche, qui prenait l'Italie, à l'Angleterre, qui détroussait la Hollande de ses vaisseaux.

Pour rendre sa guerre nationale, Bonaparte avait fait au roi d'Angleterre des ouvertures de paix, qui furent, comme il fallait s'y attendre, repoussées par le cabinet britannique.

L'Autriche restait la seule armée continentale de l'Angleterre, qui réussit encore à arracher aux princes de Bavière, de Wurtemberg et de Mayence quatre-vingt mille hommes, qu'elle solda.

Le traité de Campo-Formio était à refaire : le canon de Marengo en dicta les préliminaires, et, malgré tous les efforts de Pitt pour empêcher la paix, elle fut signée à Lunéville, sans que Bonaparte se doutât plus qu'auparavant de la stérilité de ses victoires et de ce traité.

L'Europe avait désormais deux dictateurs en lutte, l'un à la tête de l'Empire radical des mers, l'autre rêvant sur terre une impossibilité : l'Empire de Charlemagne au dix-neuvième siècle.

Ce fut l'homme de proie, qui allait essayer de saisir, à lui seul, la souveraineté de la force, aux dépens de toutes les puissances de l'Europe terrestre, qui, pour faire face à son rival anglais, coalisa contre lui l'Europe maritime.

Ce fut le despote de la terre, qui se déclara le champion de la liberté des mers.

Il leva l'embargo sur les bâtiments neutres, déclara que la république revenait aux bases adoptées en 1780 par la monarchie, et en 1800, un traité bien fait régla le droit maritime entre la France et les États-Unis, mais diplomatiquement, et rien de plus.

Or nous savons ce que c'est que le droit diplomatique : l'Histoire elle-même nous l'enseigne.

Pourtant, si Bonaparte avait adopté sur terre la même manière d'agir, mais en faisant de la force de ses armes l'instrument impersonnel d'une réforme et d'une institution pratique du droit continental des nations, son demi-succès dans le premier cas prouve assez que son œuvre eût triomphé dans le second, là où son génie militaire faisait loi.

En effet, Suède, Danemark, Russie, Prusse se retournèrent, France en tête, contre l'empire maritime de Londres.

Pitt, touché à son point vulnérable, s'écria : « Renoncer au » droit de visite, c'est souffrir que la France ressuscite sa ma- » rine et son commerce. »

Par contre, Paul Ier écrivait au premier Consul : « Je veux » m'unir à vous, pour mettre un terme à l'injustice du cabinet » anglais, qui viole le droit des nations, et n'est jamais guidé » que par son égoïsme et son intérêt. »

Le premier Consul avait trouvé une bonne machine de guerre, car au fond le Droit des nations le passionnait aussi peu que Paul Ier lui-même.

Il n'avait eu, du reste, qu'à reprendre la suite d'affaires diplomatiques de la monarchie tombée.

Par opposition à l'empire d'Angleterre, la politique française avait toujours arboré le drapeau de la liberté des mers, et l'avait déployé dans la guerre de 1778, ralliant autour de lui Catherine II, l'Espagne, la Prusse, le Danemark, la Suède, les Deux Siciles, l'Autriche la Hollande; et les canons des flottes avaient dicté le traité de Versailles du 3 septembre 1783.

Toute la dictature européenne de Pitt, depuis la révolution, n'avait eu qu'un but : déchirer le traité de Versailles, empêcher son renouvellement, en détruisant toutes les flottes, pendant que toutes les armées du Continent s'entre-choquaient.

« Si nous étions justes un seul jour, disait lord Chatham,
» nous n'aurions pas un an à vivre. »

Voilà, encore une fois, les fruits du Gouvernement général, que l'ineptie des législateurs de Westphalie avait laissé ouvert à la politique des cabinets, et, ce qu'il y a de plus écœurant, c'est qu'étant donné le système de la collision armée des États, Chatham avait raison.

Il ne pouvait servir mieux son pays qu'en y proclamant l'iniquité, comme la nécessité même de la politique internationale, tant que l'institution de la diplomatie et la manière de traiter n'auraient pas été radicalement transformées.

Napoléon, heureux, dans ses vues d'ambition vulgaire, de grouper autour de lui des adhésions impériales et royales, ne profita pas de l'excellent terrain, qu'il avait trouvé tout préparé par l'ancienne diplomatie française.

C'était le moment, ou jamais, d'entendre les vœux des nations.

Comme il s'agissait moins de politique que d'intérêts économiques, il était facile de faire accepter aux souverains coalisés un si bel instrument de popularité.

Il fallait profiter du courant antianglais, pour leur mettre entre les mains le traité avec les États-Unis, et ils l'eussent fait approuver ou modifier librement par les armateurs, les banquiers et les corporations des marchands de leurs États, non par le seul amour de la justice, certainement, mais pour lier davantage les intérêts dynastiques aux intérêts nationaux.

On n'en serait pas moins arrivé à un bon code général sur

la matière, et à une sanction armée, comme à des alliances durables, et, sur ce premier point, la souveraineté de la Force eût commencé à se subordonner à celle de la Paix sociale entre les gouvernements, comme entre les nations.

Pitt, connaissant les vues ambitieuses et personnelles de Bonaparte, savait d'avance que cette coalition maritime ne durerait pas ; et il montra autant de génie politique dans sa défaite apparente, qu'il en avait déployé pour rendre réelles ses victoires.

Il s'effaça, et la coalition du Nord n'ayant plus en lui d'objectif personnel et visible, il travailla à la dissoudre et à isoler la France, en continuant à faire manœuvrer ses diplomates et l'or de l'Angleterre, après avoir donné sa démission.

Tory comme auparavant, le cabinet de Londres continua à attiser les haines de la noblesse russe contre le tzar, qui tomba assassiné, le 25 mars 1801, dix jours après la démission de Pitt.

Le 2 avril, Parker et Nelson frappèrent à l'improviste Copenhague, cœur de la quadruple alliance, et, le 17 juin, Alexandre de Russie suffisamment travaillé abandonna le droit des neutres.

La branche orientale de l'étau diplomatique étant desserrée, le Danemark, la Suède et la Prusse, sans rien régler, rétablirent leurs relations avec l'Angleterre.

Ainsi fut jetée à l'eau la liberté des mers, et la machine diplomatique du premier Consul resta diplomatique, en aboutissant au congrès d'Amiens, « traité accordé à regret, par forme d'épreuve », disait lord Hawkesbury.

L'enthousiasme de la population de Londres, quand le colonel Lauriston vint échanger les préliminaires, prouva qu'on aurait pu traiter autrement, et subordonner la diplomatie des cabinets à une magistrature nationale, aussi bien en Angleterre que sur le Continent.

Pendant ce temps, méconnaissant toujours le principe politique qui l'avait porté au pouvoir, Bonaparte entassait fautes sur fautes.

Son concordat le plaçait, face à face avec la papauté, dans une situation semblable à celle de François Ier, sauf la solidité du premier, monarque héréditaire et soutenu par ses évêques.

Il passait à côté de la question si sociale, si organique, de l'Église nationale, et au lieu de la faire résoudre par la nation tout entière, avec une poignée d'évêques sûrs, ce qu lui eût donné une force dont les dynastes du Nord avaient si bien su tirer parti, il fit une mauvaise œuvre de bas empire, œuvre de fonctionnarisme et de domesticité administrative, qu'il n'eut pas même la précaution de rendre impersonnelle, pour donner au pouvoir l'ombre d'un appui moral et indépendant.

« La religion catholique romaine est reconnue comme la religion du gouvernement. »

Lisez : l'État athée, dans la république athée des États, accorde droit de cité chez lui, à l'impérialat clérical des papes.

« Il sera créé dix archevêchés et cinquante évêchés, dont la circonscription sera déterminée par le pape et par le premier consul. »

C'est-à-dire : tous les conflits de la querelle des investitures vont être rouverts, et Napoléon Ier va être amené, en recommençant tous les errements périmés de l'histoire latine, à renouveler l'ancien dualisme, depuis l'antagonisme des deux impérialats jusqu'aux violences de Philippe le Bel.

Le pape qui, par la poussée des faits antérieurs, comme par la force de sa situation non modifiée, ne pouvait avoir à cœur que son propre césarisme latin, s'empressa d'annuler par une bulle, tous les anciens sièges, et d'en instituer soixante nouveaux.

Ce coup d'État sans pareil dans l'histoire de l'Église, était dans la pleine logique du concile de Trente et de l'ancienne réaction monarchique, où l'empire espagnol avait mené la papauté par le collet ; mais qu'y gagnait la Religion, en Europe, comme en France ?

« Belle capucinade ! » disait le général Delmas, le lendemain du *Te Deum* du 9 avril.

Et il ajoutait : « Il n'y manque qu'un million d'hommes qui ont été tués pour détruire ce qu'on rétablit. »

Grâce à Bonaparte, la Religion du Christ anéantie par la politique, déchirée en cultes hostiles à travers toute l'Europe, ne revivait pas ; elle retombait frappée plus sûrement que par la révolution.

Quant au Souverain Pontificat, loin de le faire sortir de son tombeau, le pape et le premier consul en scellaient encore une fois la pierre.

Total : malgré l'Histoire, malgré l'enseignement éclatant des faits, malgré les églises nationales, partout multipliées, malgré l'occasion unique au monde de planter, en Europe, au-dessus de toutes ces églises, l'étendard du droit et de l'égalité des églises, et au-dessus d'elles toutes, l'oriflamme du Catholicisme intégral, voilà une reculade de trois siècles dans la plus mauvaise période ecclésiale du passé.

Mais, voulant entrer dans le concert des dynasties féodales par l'escalier de service d'une réaction, Bonaparte ne visait qu'à une chose : se ménager un sacre, couvrir d'un manteau impérial sa casaque de soldat républicain, de la couronne de

Charlemagne son bonnet de Jacobin, d'un peu d'huile sur son front la poudre du 18 brumaire et, plus tard, le sang du duc d'Enghien.

L'immense artiste militaire n'était qu'un ambitieux vulgaire, un despote sans foi, sans sagesse et sans science sociale.

Aussi sa politique étrangère eut-elle le caractère inorganique, antisocial, de toutes les œuvres despotiques, qui pèchent encore plus, si c'est possible, par manque de sagesse et de science que par immoralité.

En Hollande, en Italie, en Suisse, il remplaça le patronage français par sa domination personnelle, l'arbitrage par l'arbitraire.

L'homme qui n'avait pour tout principe de vie politique, en Europe, que la Volonté populaire, loin de lui faire porter des fruits, ne songea qu'à l'écraser sous son imprévoyante énergie aveuglée par l'égoïsme césarien et par la médiocrité intellectuelle et morale qui en résulte.

Vis-à-vis de l'Allemagne, il renouvela, en les outrepassant, toutes les fautes des hommes du traité de Westphalie, heureux de voir le cabinet de son domestique diplomatique, Talleyrand, transformé en bureau de commissaire-priseur, les territoires à l'encan, les princes de la diète à la curée.

A la Prusse : trois évêchés, cinq villes impériales, six abbayes.

A la Bavière : quatre évêchés, quinze villes libres, douze abbayes.

Au Wurtemberg : neuf villes libres, douze abbayes.

Au fils du stathouder qui tend la main : l'abbaye de Fulde.

A Bade, à Hesse-Cassel : quelques lambeaux de territoire.

Et il fut convenu, qu'avant toute décision de la diète, les troupes prussiennes, bavaroises, wurtembourgeoises, s'empareraient de ces indemnités, de peur que l'Autriche ne les frappât d'une saisie-arrêt.

Aux Hapsbourg : deux évêchés ; autant au grand duc de Toscane.

Au duc de Modène : le Brisgau.

Puis, les ambassadeurs de France et de Russie présentent à la diète un plan d'indemnités, pour sauvegarder les formes.

Était-ce donc pour aboutir à cette politique étrangère de Scapins et de Mascarilles, que les armées républicaines avaient livré bataille, depuis le Zuyderzée jusqu'au golfe de Gênes, galopant au Nord sur la mer, courant au Midi dans la foudre sur la crête des Alpes, et que Bonaparte lui-même avait surgi, dans cette mêlée de géants, comme le génie de la guerre !

Le génie habitait également, mais plus pur, dans l'âme de Hoche empoisonné, dans l'âme de Kléber assassiné d'un coup de poignard.

Si Bonaparte avait su traiter l'Europe, comme Hoche la Vendée et la Bretagne, frapper les grands à la tête, et se concilier par sa justice le cœur des autres, la France celtique eût fait œuvre viable, là où la France latine s'épuisa vainement à reprendre une suite d'affaires impériales, que tous ses rois, saint Louis en tête, avaient eu l'instinct de repousser.

Ce n'était pas la défroque théâtrale des consuls de Rome, ni celle de Charlemagne mangée aux vers depuis près de mille ans, que la France nouvelle devait revêtir : elle était bonne au plus pour Talma, à la Comédie-Française.

Ces formes archéologiques sans vie ne signifiaient que l'impuissance organique et sociale de la nation à préciser sa révolution, chaos d'idées et de faits, d'où il y avait cependant une création véritable à tirer.

Tout valait mieux que ce consulat et, plus tard, cet empire.

Le malheureux Louis XVI, avec Mirabeau et Lafayette, auraient moins défiguré la patrie française, que cette nouvelle conquête des Gaules par le fantôme de Jules César.

Il fallait certainement enfermer, dans une forme gouvernementale, résistante, cette volonté populaire, toujours diffuse, l'incarcérer, comme la vapeur dans une machine bien montée ; mais cette machine elle-même, il fallait la créer neuve, de toutes pièces, et avec tous les organes nettement indiqués par toutes les déductions de l'Histoire.

Au lieu de créer, l'homme de brumaire exhuma, au lieu d'utiliser la vapeur de la Volonté nationale, il la supprima, et se mit dans la chaudière, à sa place.

Sans sortir du principe politique de la révolution, grand justicier d'Occident, faisant force partout au droit et à l'égalité juridique des nations, des États et des Églises, Bonaparte eût été le premier des Européens, sans rival dans l'Histoire de la Chrétienté, invincible dans son mouvement, créateur d'ordre public sur tout le Continent.

La dictature impériale de l'emporocratie anglaise n'aurait bientôt plus trouvé une armée continentale, disponible, contre lui.

Napoléon, premier consul et empereur, a, dans le passé, des rivaux comme génie militaire, mais ne signifie plus rien, au dix-neuvième siècle, qu'un condottier corse.

Taillant son bien particulier dans le mal commun, acteur de passage d'une tragédie sans portée morale, Talma politique, imitateur, mime monarchique, il cacha vainement, sous un masque emprunté, son usurpation, sous un lambeau teint dans le cœur de la France, la Volonté populaire tuée par lui, sous une archéologie impériale, ridicule, son manque radical d'intelligence réelle de la patrie française et de toutes les patries d'Europe.

Dès lors l'impérialat de l'emporocratie anglaise, aussi peu archéologique qu'il est réel, est sûr de vaincre, à travers les ténèbres morales du Continent, ce faux Prométhée qui vient d'éteindre sa lumière, cet Épiméthée qui marche sur son propre flambeau, cet antiquaire latin qui va redresser, en France et sur la carte d'Europe, un fac-simile en carton de tous les archaïsmes impériaux, depuis celui de Jules César jusqu'à celui de Charlemagne.

Cependant, de l'autre côté de la Manche, le cœur d'une nation parlait par la bouche de Fox : « La guerre n'est pas le » cri du peuple anglais, c'est le cri d'une coalition d'oli- » garches, de journalistes et d'agioteurs. Le vœu de la nation » est la paix. »

Mais Bonaparte, au lieu d'être, parmi les souverains, le justiza colossal des peuples, voulait, l'épée au poing, persuader aux rois qu'il était leur Agamemnon.

De sorte que, dans la république européenne, ayant contre lui tout le système diplomatico-militaire, il ne sut même pas avoir pour lui les nations, que les rois soulevèrent contre son inintelligente tyrannie.

Représentant national d'intérêts précis et présents, le cabinet impérial de Londres poursuivit, sans dévier, son œuvre séculaire, mettant l'embargo sur les navires français et bataves, prenant d'un coup de filet deux cents millions, fomentant contre le premier consul conspirations sur conspirations, que ses agents diplomatiques, Drake à Munich, Spencer Smith à Mayence, payaient et soudoyaient.

Bonaparte eut beau communiquer aux électeurs de Bavière et de Wurtemberg les lettres de ces derniers, le ministre anglais se justifia ainsi

« Tout gouvernement sage se doit à lui-même de profiter
» de tout mécontentement qui existe dans le pays avec lequel
» il peut se trouver en guerre, et par conséquent, de prêter
» aide et assistance aux projets des mécontents. »

C'est-à-dire : « Vous avez institué, en 1648, l'athéisme et
» l'immoralité, la souveraineté de la ruse diplomatique et de
» la violence militaire, comme code gouvernemental de la
» Chrétienté. »

» Je n'étais pas à ce Congrès de Westphalie ; il est votre
» œuvre et j'en profite : allez vous en plaindre au nonce
» Chigi, ou transformez le système. »

Le 18 mars 1804, Bonaparte joua sa comédie impériale, à la grande satisfaction de l'oligarchie anglaise, qui avait le bon sens d'exercer l'empire, sans le dire.

La France et l'Europe furent affligées d'une nouvelle dynastie visant à l'hérédité, avec des exhumations d'archi-chanceliers, d'architrésoriers, de grands électeurs, de grands connétables, car rien ne manqua à cette parade, sauf Paul-Louis Courier qui disait :

« Je le croyais plus fort que cela. »

Naturellement toutes les cours saluèrent, du moins toutes celles qui étaient à portée du canon ; car celles de Russie, de Suède, d'Angleterre, gardèrent, comme aux cortès d'Aragon, le chapeau sur la tête, devant cette monarchie entrant avec effraction dans la République antisociale des souverains.

Du même coup, pour que cet anachronisme eût un écho d'irréalité, François II proclama empire d'Autriche ses États héréditaires ; mais du même coup aussi, en face du nouveau couronné, Pitt eut, dans les cortès diplomatiques de l'Europe, la situation précise des justiza de l'ancien Aragon.

Le 18 août, l'ambassadeur de Russie fut rappelé.

Pitt succédant au ministère Addington poussa la Russie, l'Autriche, la Prusse à une nouvelle Hermandade continentale, et pendant ce temps, mit la main sur quatre galions espagnols et sur trente-deux millions de piastres, avec ordre de couler bas tous les navires au-dessous de cent tonneaux, d'envoyer les autres à Malte, et d'incendier rades et ports de la Péninsule ibérique.

L'Espagne s'allia avec la France, et Napoléon n'en profitera que pour traiter cette alliée, au dedans, comme Pitt la traitait au dehors.

Il s'affublait de la couronne d'Italie, mettait la main sur Gênes, se faisait sacrer à Notre-Dame par le pape, et continuait à transformer en fonctionnarisme et en domesticité, l'Église, l'État, la Volonté nationale, avec des livrées de grand aumônier, de grand chambellan, de grand maréchal du palais, de grand veneur, de grand écuyer, etc.; instauration de toutes les servitudes, de toutes les platitudes, de toutes les plaies, qui rendent aux peuples les monarchies si onéreuses, et qui masquent aux monarques l'état réel des peuples.

Arrivé sur ce faîte illusoire, Bonaparte ne demandait qu'à devenir conservateur de sa situation personnelle dans la république athée et antisociale des dynastes; mais les notes secrètes du Foreign-Office couraient à travers toutes les cours; les courriers de cabinets faisaient la navette entre Londres, Berlin, Pétersbourg, Vienne; et l'or galvanisait la coalition.

En janvier 1805, la réduction de la France à ses anciennes limites était déjà convenue, telle qu'elle fut accomplie en 1814.

Préparant lui-même sa ruine finale, chez les peuples comme chez les rois, Napoléon donnait une nouvelle constitution à la Hollande, en attendant un de ses frères, il se faisait couronner, à Milan, roi d'Italie, et nommait vice-roi Eugène de Beauharnais.

Le programme de la coalition devint, dès lors, celui des peuples : délivrer le Hanovre, Naples, la Suisse, la Hollande, le Piémont, réunir un congrès pour discuter et fixer le code des nations et l'établissement d'un système fédératif européen.

Sous ces belles apparences, le cabinet de Londres poursuivait son but : l'impérialat des mers; celui de Pétersbourg, la dictature continentale, celui de Vienne, la Lombardie, celui de Berlin, l'Allemagne.

Quant à Napoléon, voici comment, d'après ses instructions adressées à son ministre à Varsovie, il entendait le gouvernement général du Continent :

« L'Europe se partage en trois grandes divisions : l'empire français, les États de l'Allemagne et l'empire russe. »

Le reste de l'instruction est à l'avenant, et il n'y est aucunement question, ni des nationalités, ni d'entendre leurs vœux, mais de se les partager, le mieux possible, pour s'équilibrer, en chassant l'Angleterre des affaires du Continent.

Pitt fit mettre à l'Europe cinq cent mille hommes sur pied, à raison de mille cinq cents livres sterling par millier d'hommes, avec droit de contrôle avant paiement, bonnes sûretés commerciales, pour garantir la livraison de la chair à canon, et reconnaissance de ses prétentions sur toutes les mers.

Le prétexte de cette coalition était, comme dans les *Animaux malades de la peste*, un morceau de gazon : la réunion de Gênes à l'empire français, violation du traité de Lunéville !

Malheureusement pour ce paravent philanthropique, Gênes avait été annexée, deux mois après la convention secrète entre Londres et Pétersbourg.

Le cabinet de Berlin, en voyant les forces des coalisés, crut que le vent tournait, et se mit avec eux.

Le désastre de l'Autriche nécessita la venue du tzar à Berlin, et le traité de Postdam enrôla définitivement la monarchie prussienne, dont l'envoyé diplomatique, le comte d'Augwitz, eut soin de ne joindre Napoléon, pour lui signifier ce traité, qu'un mois après sa signature.

Après la prise de Vienne et Austerlitz, le vainqueur, fidèle à son système de ménager les armes des monarques, accéda à la première demande d'entrevue de l'empereur d'Autriche, signa des préliminaires, et laissa passer l'armée russe, après avoir dit à François II :

« Elle est cernée ; mais je la laisserai aller, si Votre Majesté me promet que cette armée retournera en Russie. »

Alexandre répondit à cette noble naïveté du génie, en envoyant un courrier à Berlin pour faire marcher les Prussiens.

C'est alors que le comte d'Augwitz, voyant que le vent avait tourné, arriva féliciter Napoléon de sa victoire, et on s'arrangea, malgré le traité de Postdam, sur la base d'une bonne spoliation de territoires, pendant que, de son côté, le cabinet de Berlin signait avec celui de Londres un traité de subsides.

Napoléon dicta à l'empereur d'Autriche un nouveau remaniement de la carte : à l'empereur de France et roi d'Italie les États vénitiens, l'Istrie et la Dalmatie ; à la Bavière, le Tyrol et le Vorarlberg ; les territoires souabes aux électeurs de Bavière et de Wurtemberg déclarés rois, et à l'électeur de Bade, grand-duc ; Salzbourg et Wurtzbourg à l'Autriche.

Cette spoliation ne pouvait être effective que si les Hapsbourg cessaient d'avoir une épée au côté, une armée sous la main.

Environ un mois avant, Pitt avait remporté à Trafalgar une victoire plus profitable, qui lui permettait, désormais, d'étendre, sans être inquiété par l'Europe, l'empire indien de l'Angleterre, et de mettre peu à peu la main sur quatre-vingts millions de sujets.

Il mourut l'année suivante, le 23 janvier, et sa dernière parole fut : « O mon pays ! »

Fox, qui lui succéda aux affaires étrangères, ne lui survécut pas un an ; mais les hommes changent, et les États restent ; et, selon le système qui les régit entre eux, leurs rapports sont réglés par des enchaînements de lois aussi précises que celles des corps célestes.

Pitt connaissait le système européen, et s'en servait pour le bien de son pays ; Fox voulait y introduire une morale dont il n'est pas susceptible, à moins d'institutions nouvelles ; et il eût desservi son pays, en subordonnant sa fonction à sa conscience.

Napoléon était la seule énergie nouvelle, capable de transformer le système européen ; mais il ne songeait qu'à en pousser tous les vices à l'extrême, en y exerçant l'empire arbitraire et personnel.

Fox put le voir à l'œuvre, transformant son frère Joseph en roi de Naples et de Sicile, Louis en roi de Hollande, donnant à Élisa Bacciocchi les principautés de Piombino et de Lucca, de Carrara et de Massa, à Pauline Borghèse la principauté de Guastalla.

Quand César et Charlemagne fondèrent leurs empires, ils se gardèrent bien d'y instituer des charges ou des offices personnels et héréditaires, et ce fut la révolution déchaînée par les papes contre l'empire carlovingien qui entraîna ce matérialisme gouvernemental, dont la conséquence forcée était la rébellion des officiers publics et le démembrement des offices.

Comme s'il voulait se mettre sur les bras toutes les difficultés, en soulevant de leur tombeau tous les archaïsmes, pêle-mêle, Napoléon institua la révolution féodale dans son propre empire, créant dans les deux royaumes de Naples et de Sicile six grands fiefs, donnant à Murat la souveraineté héréditaire de Clèves et de Berg, à Berthier la principauté de Neufchâtel, à Talleyrand, celle de Bénévent, à Bernadotte celle de Ponte-Corvo, et en instituant le tout fiefs immédiats de l'empire.

Il n'y manquait plus que des serfs : ils étaient remplacés par des peuples asservis à une domination étrangère.

Enfin plus tard, pour ne laisser aucun doute de sa confusion de la révolution féodale avec l'empire carlovingien, il donna à ses généraux, vieux volontaires de 1792, comme grands fiefs transmissibles d'aînés en aînés, les douze provinces de Dalmatie, d'Istrie, de Trévise, de Conegliano, de Bellune, de Feltre, de Frioul, de Bassano, de Vicence, de Cadore, de Rovigo et de Padoue, avec trente millions de domaines nationaux.

Ce fut ainsi qu'il rétablit ce que Charlemagne avait toujours combattu, ce que, depuis Hugues Capet, les rois nationaux, d'accord avec le peuple, avaient eu tant de peine à renverser : la propriété politique et personnelle des divisions territoriales.

Quant au règlement de l'étiquette de la cour, qu'il me suffise de dire que cette chinoiserie renfermait huit cent neuf articles.

Dans la voie où il s'était engagé, Napoléon ne pouvait que retourner à tous les expédients du passé; aussi sa *Ligue du Rhin* nous ramène-t-elle, en 1658, aux ficelles diplomatiques de Mazarin.

A Fox avaient succédé les disciples de Pitt, et la nouvelle coalition démontra que les temps de Munster et d'Osnabruck étaient passés.

Iéna et Auerstadt répondirent ; mais sans modifier en quoi que ce soit le système européen, sans cesse renaissant de ses défaites, parce que les victoires militaires de Napoléon loin de l'atteindre, l'invigoraient.

Iéna, Auerstadt, Pultusk, Eylau, Heilsberg, Friedland forgeaient, en la frappant, l'épée de la coalition, que, seule, la destruction du système même, l'exigence du vainqueur de ne traiter qu'avec les pouvoirs publics des nations, aurait pu briser.

Le traité de Tilsitt fit de la Prusse une ennemie acharnée, de même que celui de Presbourg avait fait de l'Autriche une ennemie implacable ; et comme Napoléon traitait avec les dynasties, leur cause et celle des nations demeurèrent toujours communes, chaque coup porté aux unes attisant la haine des autres.

La donation de la Westphalie à un Bonaparte improvisé roi n'était pas faite pour changer la vieille constitution européenne, non plus que la cession du grand-duché de Varsovie au roi de Saxe, condamnation indirecte de la Pologne, pour plaire au tzar.

Cette politique du mandataire de la révolution française, en remontant le courant de l'Histoire, ne pouvait, en définitive, contrecarrer, en Europe, que la France elle-même, et rendre stériles, malgré l'éclat indiscontinu de ses armes, les sacrifices de la patrie et l'art militaire de ce grand homme lié, comme Gulliver, par les toiles d'araignées des cabinets, et s'y empêtrant comme à plaisir.

Son traité d'alliance avec Alexandre, traité secret, l'enfonce encore plus avant dans l'enlisement dynastique, lui et son empire bâti par le sabre, sur le sable de la constitution antijuridique de l'Europe.

En quoi Alexandre était-il en droit de dire à Napoléon : Prenez l'Espagne?

En quoi Napoléon était-il autorisé par les Suédois, les Finlandais et les Turcs, à dire au tzar : Prenez la Suède, la Finlande et la Turquie?

Deux individus, s'entendant sous un réverbère, l'un pour s'orner du foulard qui est dans la poche du passant de droite, l'autre, pour alléger de sa montre le passant de gauche, pratiquent exactement la même politique et la même morale.

Et cela autorisait implicitement un troisième personnage, le cabinet de Londres, gêné par le blocus, à prendre Copenhague, sans déclaration de guerre, après six jours de bombardement, et à empocher dix-huit vaisseaux, quinze frégates, six bricks, vingt-cinq canonnières et deux mille canons.

Grâce à l'indignation que causa ce fait, Napoléon put croire qu'il allait retourner la coalition, et, le 17 décembre 1807, la Prusse, l'Autriche, la Russie, semblaient prises d'un véritable accès de chevalerie en faveur du Danemark.

Le tzar en profita pour annexer la Moldavie et la Valachie, malgré les protestations de son collègue autocratique d'Occident.

Quant à la Turquie, elle fut l'objet d'un désintéressement qu'Alexandre expliquait ainsi : « Attendons que l'Angleterre » soit hors d'état de s'en approprier les plus riches dépouilles ; » l'Égypte et les îles. »

Cependant Napoléon excitait son allié à enlever à la Suède un bon tiers de son territoire, et, le 21 février 1808, pour ne pas rester en retard d'honnêtes procédés, Gustave IV prenait la Norwège aux Danois.

De 1805 à 1808, l'exhumation de la querelle des investitures continuait entre le pape et le nouveau Charlemagne, à propos des circonscriptions diocésaines en Italie, ainsi que de l'occupation d'Ancône.

« Votre sainteté est souveraine à Rome, mais j'en suis
» l'empereur », disait le César d'Occident.

« Le souverain pontife n'a jamais reconnu et ne reconnaît
» pas de puissance supérieure à la sienne », disait le César clérical de l'Église latine, dont le clergé manœuvrait, comme une armée, en faveur des Bourbons.

Le 2 février 1808, comme un simple Otton de Germanie, Napoléon fit occuper Rome.

Après Rome, ce fut l'Espagne, après l'attentat contre Pie VII, l'attentat contre une nation alliée.

Le démembrement du Portugal commença la série des maladresses de ce côté, et la nomination de Joseph Bonaparte comme roi d'Espagne, la couronna.

Napoléon se l'avoua trop tard, à Sainte-Hélène, quand, prisonnier de l'Océan, la valeur de la morale lui apparut, comme une force sociale, avec laquelle la politique doit compter.

« J'embarquai fort mal toute cette affaire.
» L'immoralité dut se montrer par trop patente, l'injustice
» par trop cynique. »

Dès lors, la coalition est sûre de vaincre ; Londres, Vienne, Berlin, Pétersbourg ne craignent plus de lever en Europe des armées nationales ; car les nations sont désormais avec les dynastes, et ce sont ces derniers qui rallument, contre le fils parricide de la révolution française, le flambeau sacré de la liberté des peuples.

Napoléon a beau continuer, en 1808, à l'entrevue d'Erfurth, à s'enfoncer dans la tradition des spoliations territoriales, laisser le champ libre au tzar en Finlande, en Moldavie, en Valachie et en Pologne, en échange de l'Espagne, et écrire avec lui, dans ce sens, une lettre à Georges III : le cabinet de Londres avait reçu la pensée secrète d'Alexandre, son approbation de l'attaque contre Copenhague, sa volonté d'entrer dans la ligue des dynastes et des peuples contre Napoléon.

La cinquième coalition fut totalement renouée et remise sur pied par le cabinet de Saint-James; et l'Autriche, pour sa seule part, avait cent millions de subsides.

Le pape était captif, l'Espagne à feu et à sang avec Wellesley pour Witikind, pendant que, devant lui, le nouveau César avait à refaire Austerlitz, Friedland, puis Iéna.

Après Abensberg, Eckmuhl, Ratisbonne, Napoléon entra à Vienne, le 13 mai 1809, réglant, du palais de Schœnbrunn ses affaires avec le pape, opposant à la bulle le décret carlovingien, à l'excommunication l'enlèvement du saint Père à Grenoble.

La victoire de Wagram amena l'armistice de Znaïm, les négociations d'Altembourg et de Vienne; et comme à Presbourg, comme à Tilsitt, le vainqueur fut encore diplomatiquement joué, et ne laissa la cour d'Autriche qu'à moitié désarmée.

Pendant ce temps, le cabinet de Londres poursuivait son but, à l'affaire de l'île d'Aix, en Espagne, en Hollande, en Belgique, avec plus ou moins de succès; le tzar prenait à la Turquie, Ismaïl et Brahilow, à la Suède les îles d'Aland, et soutenait, dans les négociations de Vienne, l'empereur d'Autriche contre celui de France.

Le premier céda à la Bavière Saltzbourg, Braunau, les districts de l'Inn; à la France, l'Istrie, la Croatie et la Carniole; au duché de Varsovie la Gallicie occidentale; à la Russie un lambeau de la Gallicie orientale.

C'était toujours le système inique de la spoliation diplomatico-militaire des territoires, toujours le même aveuglement de traiter de dynaste à dynaste.

Aussi les sociétés secrètes, les tentatives d'assassinat, les Brutus se levaient contre ce César partout antinational ; et Stabs tombait sous les balles d'un peloton d'exécution, en criant : Vive l'Allemagne libre !

Depuis vingt ans, la cognée révolutionnaire frappait, et avait successivement abattu les maisons de Bourbon, de Savoie, de Naples, de Bragance, d'Orange, de Hesse, de Brunswick, de Parme, de Modène, de Toscane, anéanti l'empire germanique, les États de l'Église, mutilé les maisons de Hapsbourg et de Brandebourg ; mais comme Napoléon ne voulait être qu'un dynaste banal de plus, le Gouvernement général de l'Europe n'avait pas fait un pas hors de l'iniquité.

Le nouvel empereur ne tirait pas d'autre enseignement de l'Histoire du passé et de celle du présent que celui-ci : « Dans dix ans, ma dynastie sera la plus vieille de l'Europe. »

Celui qui devait être le Christ armé des nations, en était le Judas, celui qui voulait être le Charlemagne des rois, en était le Brutus sur les champs de bataille, le Georges Dandin dans les armistices, le complice et la dupe dans les négociations et dans les traités.

Jamais il ne se douta que la morale et la justice pussent, seules, lui être bonnes à quelque chose, dans le gouvernement général de la fourberie et du démembrement.

Sous ce dernier rapport, cet homme, aigle par tant de côtés, restait hibou ; et le génie, en lui, loin de dominer jamais les petitesses du parvenu couronné, s'en fit constamment le serviteur.

Il répudia Joséphine, son bon ange, pour mettre dans son lit l'archiduchesse d'Autriche, comme il avait répudié la volonté nationale, sa seule étoile, pour sa propre personnalité, et les vœux européens de sa patrie pour ceux de son ambition.

La dynastie, toujours la dynastie : tel était son but illusoire, son mirage trompeur.

S'unir à toutes ces familles souveraines, à la fille du roi de Bavière par Eugène, à celle du roi de Wurtemberg par Jérôme; donner une nièce de Joseph au grand duc de Bade, l'autre au duc d'Aremberg ; allier Berthier à une nièce du roi de Bavière, une nièce de Murat à un Hohenzollern ; pousser sa maison familiale et militaire en haut lieu : telle était la politique de hobereau, dont ce grand artiste militaire se faisait, en Europe, le maître Jacques.

Pendant ce temps, Joseph, Jérôme, Louis, Murat jouaient également aux dynastes et aux dynasties ; mais, comme leur Charlemagne en avait fait d'avance des révolutionnaires féodaux, ils se soucièrent beaucoup moins de l'empereur et de l'empire que de leur propre indépendance, de la France que de l'Espagne, de la Hollande et de Naples. Louis, après son abdication, protestait de toutes ses forces, du fond des États autrichiens où il s'était mis à l'abri, contre « l'insolente tyrannie et l'insatiable ambition de son frère », pendant que Napoléon s'annexait la Hollande.

Jérôme en Westphalie agissait de même, ce qui donnait lieu également à une annexion de cette province, sans parler des côtes s'étendant de l'Ems à l'Elbe et des villes hanséatiques.

Murat, le grand feudataire, était devenu tellement napolitain, qu'il fallut un corps d'armée pour lui rappeler les droits de l'empire.

Joseph voulait, en Espagne, se liguer avec les Anglais.

Bernadotte, élu roi de Suède en 1810, se dérobait au blocus continental.

« Que la France ne m'opprime pas, disait-il, ou je jette cinquante mille hommes en Allemagne. »

Le 27 janvier 1812, Napoléon faisait occuper la Poméranie, et le 24 mai, Bernadotte lui répondait, en se mettant dans la coalition contre lui, pendant que la campagne de Russie mordait son empire à la tête, comme la guerre d'Espagne le rongeait au talon.

Ainsi l'empire arbitraire portait ses fruits, en exaspérant les frères et les généraux mêmes de l'empereur, à plus forte raison les autres souverains, à plus forte raison encore les nations opprimées ou ravagées par des guerres, sans autres résultats pour elles, que leur propre spolation.

C'est pourquoi le cabinet anglais put rompre le blocus, en mettant successivement debout la Russie, la Suède, la Prusse et l'Autriche qui adhéra secrètement à la convention de Breslau.

Les deux branches de l'étau européen, Londres et Pétersbourg, se resserrèrent sur leur axe double, Berlin et Vienne, pour écraser, encore une fois, l'œuvre personnelle et dynastique, que l'aveuglement de Bonaparte avait si follement substituée à ce qui pouvait, et devait être l'œuvre des nationalités.

Ce sont les souverains, cette fois, qui remplissent les populations du souffle de la liberté, vis-à-vis du tyran militaire de l'Europe ; ce sont les généraux et les diplomates qui excitent contre lui l'esprit démocratique, les revendications ethniques, toutes les forces avec lesquelles le soldat de la révolution aurait dû faire, depuis longtemps, une alliance morale et juridique, au lieu de ne représenter que l'odieuse folie de la domination personnelle et brutale.

Jamais cette vérité ne se fit jour dans ce cerveau, où certaines facultés de l'intelligence et de la conscience ne vivaient pas.

Après Lutzen et Bautzen, la diplomatie autrichienne, pour laisser aux alliés le temps de recevoir les renforts de Beningsen, de Bernadotte et de l'Autriche, demanda l'armistice de Pleswitz que Napoléon eut, encore une fois, la naïveté d'accepter.

Pendant ce temps, la diplomatie de Londres signait avec les cabinets de Prusse et de Russie les traités de subsides de Reichembach.

Metternich joua comme toujours Bonaparte, à Dresde, en lui faisant accepter la prétendue médiation de l'Autriche et le soi-disant congrès de Prague, ce qui permit aux souverains alliés, à Bernadotte et aux ministres anglais de se réunir, à Frachenberg, et à l'Autriche elle-même d'entrer dans la coalition, à beaux deniers comptants.

En 1813, Bernadotte proposa ses trois plans de campagne « tous trois excellents », disait Castlereagh au Parlement.

Cette fois, les alliés avaient un million d'hommes sur pied.

Comme de raison, il n'y eut pas de congrès, et le César corse fut, une fois de plus, la dupe du gouvernement des cabinets et de la ruse diplomatique, dont son ambition l'avait fait le complice.

En mars 1814, ce même gouvernement général, représenté, à Paris, par le propre ministre des affaires étrangères de Napoléon, confirmait tout ce que j'ai dit à ce propos, en écrivant aux alliés :

« Mais entrez donc ; vous pouvez tout; osez donc. »

Les coalisés entrèrent à Paris, et le tzar demeura chez Talleyrand.

Je prie le lecteur de remarquer ce qui va suivre : il verra que je n'ai pas dit un mot de trop, en critiquant comme une faute capitale la manière de traiter du César corse, depuis le traité de Campo-Formio.

Talleyrand conseilla aux vainqueurs de ne pas traiter avec son maître, mais avec le peu de pouvoirs publics, que la tyrannie militaire de ce dernier avait laissés subsister dans la nation.

C'est uniquement pour donner à cette fin toute sa signification que je suis entré dans les détails historiques qui précèdent, montrant sur le vif comment manœuvre le Gouvernement général de l'Europe, et ce qu'il en coûta au condottier du 18 brumaire de vouloir s'y introduire en parvenu de l'épée, au lieu de le transformer magistralement, quand il pouvait le faire.

Cette transformation eût été facile, en traitant avec les puissances, de la manière que j'ai indiquée, et que Talleyrand, dans un tout autre ordre de vues, enseigna aux alliés, après s'être gardé, pendant des années, de donner à Bonaparte le même conseil.

Menés au combat et à la victoire par les intérêts impériaux de l'oligarchie anglaise et de l'autocratie russe, les dynastes européens en étaient les instruments, comme Napoléon lui-même et son empire en étaient la victime.

C'est pourquoi, si je reproche à l'un la faiblesse intellectuelle et morale de sa politique continentale, ce n'est aucunement pour justifier celle des cabinets de Londres et de **Péters-bourg**.

Bonaparte, soldat de son propre égoïsme, et nullement d'un Droit public quelconque, avait voulu, dans le struggle for life des États, élever militairement son empire à la taille de l'impérialat maritime de l'emporocratie anglaise et à celle de l'impérialat terrestre des tzars.

Les moyens d'action du premier n'avaient été, dans la République européenne, ni plus ni moins antisociaux, ni plus ni moins antijuridiques, ni plus ni moins antichrétiens que ceux de ses rivaux; ces moyens avaient eu le tort d'être les mêmes.

L'irréparable faute de Napoléon, faute aussi inintelligente qu'immorale, avait été de se placer, en Europe, sur le plan de la commune anarchie intergouvernementale, en se revêtant d'une fonction semblable à celle de ses ennemis, au lieu d'utiliser la Volonté populaire, son principe d'origine, pour rappeler à un gouvernement général régulier ces énergies dominatrices, sans contrôle.

J'ai suffisamment indiqué que la situation féodale des souverains eût été modifiée, si le premier consul et, plus tard l'empereur des Français, avait traité directement avec le pouvoirs publics des nations.

Cette mesure n'eût aucunement remédié à l'anarchie européenne qui, d'interdynastique, serait devenue internationale, mais elle eût forcément entraîné certaines conséquences organiques, qui eussent déterminé les souverains eux-mêmes, pour conserver leurs pouvoirs, à se soumettre, entre eux, à une moralité quelconque.

C'eût été un point de départ entraînant pour conséquence la nécessité de faire passer, de l'état de nature, à l'État Social, cette même République des souverains et des cabinets, tout aussi immoraux dans le Gouvernement général, que Napoléon lui-même.

Cela revient à dire que l'honnêteté eût été, pour lui comme pour tous, la politique la plus habile à suivre, et la plus efficace définitivement.

Si la tradition ne permettait aux autres chefs d'États que les errements anarchiques du passé, codifiés dans l'ancien traité de 1648, tout faisait un devoir au chef de la France de ne pas s'affubler de cette tradition embarrassante, de répudier ces errements, et de représenter, en Europe, l'épée au poing, une autre cause européenne que le partage arbitraire des territoires entre dynastes belligérants, que la spoliation des peuples par la brutalité des armes assistée de la fourberie des diplomates.

L'homme de Sainte-Hélène restera toujours grand parmi les hommes de guerre et les aventuriers tragiques de l'épée ; mais parmi les hommes d'État, méritant le nom d'Européens, il ne vient pas à la botte de Henri IV de France.

Ce dernier reste le seul qui, avec Élisabeth d'Angleterre, ait songé à mettre la justice au-dessus comme au dedans des nations, à lier socialement à la paix les États et leurs chefs, à faire du droit commun une réalité, du gouvernement arbitraire de l'Europe un gouvernement arbitral.

CHAPITRE XI

L'EUROPE AU DIX-NEUVIÈME SIÈCLE

Résultats du Congrès de Westphalie. — Congrès de Vienne. — Gouvernement diplomatique de l'Europe. — Athéisme, immoralité et illusion de ce gouvernement. — La Russie, l'Angleterre. — Unité de l'Italie et de l'Allemagne. — Leurs conséquences générales et nationales. — Réouverture possible des questions de race. — Révolution. — Danger du Continent tout entier. — Nécessité d'en constituer le gouvernement général sur la base des nationalités. — Les souverains actuels.

Nous allons voir, à moins de deux siècles de date, la seconde assemblée de la république athée et antisociale des souverains, ou du moins celle de leurs complices diplomatiques.

Les huit parties contractantes du traité de Paris sont les cabinets d'Autriche, d'Espagne, de France, de Grande-Bretagne, de Portugal, de Prusse, de Russie et de Suède.

Elles ont pour représentants au congrès de Vienne: Metternich et Wessenberg pour l'Autriche, Labrador pour l'Espagne, Talleyrand, Dalberg, La Tour du Pin et Noailles pour la France, Castlereagh, Wellington, Clancarty, Cathcart et Stewart pour la Grande-Bretagne, Saldanha de Gama et Lobo pour le Portugal, Hardenberg et Humboldt pour la Prusse, Nesselrode, Rasoumofski et Stackelberg pour la Russie, Lœwenhielm pour la Suède.

La Bavière, le Danemark, la Sicile, la Sardaigne, Gênes, les Pays-Bas, le Nassau, le Hanovre, etc., avaient envoyé des ministres.

Au congrès de 1648, les généraux et les cabinets représentés par leurs notaires diplomatiques, épuisés, eux et leurs nations, par la guerre de Trente ans, s'étaient partagé terres et gens, faute de savoir mieux, puisque le nonce Chigi n'avait rien de meilleur à leur enseigner au nom du pape, et puisque enfin les nations elles-mêmes n'avaient pas formulé de vœux.

A Vienne, les parties contractantes du traité de Paris n'avaient pas d'instructions meilleures de la part des représentants de la religion chrétienne; mais les nations avaient hautement fait entendre leur voix, réclamant leur unité, demandant à être traitées, non comme un bétail dont on dispose, mais comme des circonscriptions géographiques, habitées par des volontés ethniques, qui voulaient être écoutées.

C'est pourquoi les traités de Vienne, tout en restant aussi attentatoires au Christianisme que ceux de Munster et d'Osnabruck, furent encore plus préjudiciables et plus iniques, vis-à-vis des divisions ethniques et territoriales de la Chrétienté.

Les promesses des souverains, des généraux et des hommes d'État aux peuples qu'ils soulevaient contre Napoléon, avaient été solennelles, et furent solennellement foulées aux pieds.

Les réunions étaient secrètes à Vienne, et se tenaient à l'hôtel de la chancellerie d'État.

La spoliation des territoires, la cession du bétail humain entre dynastes, allaient leur train, à huis-clos, assistées d'une commission de statistique, qui appliquait l'arpentage à la répartition des terres et des hommes entre familles régnantes.

Pendant ce temps, du reste, cinq rois et cinq cents princes, ministres, délégués ou secrétaires, étaient l'objet d'une impériale hospitalité; et les fêtes du congrès allaient occasionner une dépense de quarante millions, dans lesquels la table de l'empereur, seule, entrait pour trois cent mille francs par jour.

Carrousels, chasses, théâtres, tableaux vivants, bals parés et masqués, ouverts par les souverains, rien ne manquait à cette assemblée du Gouvernement général de l'Europe, si ce n'est la lecture du Décalogue par une assemblée des Évêques de toute la Chrétienté, un bon code pour en traduire légalement la morale, des juges honnêtes pour l'appliquer loyalement, des gendarmes européens pour en imposer la pratique.

Il n'est pas indifférent de remarquer que l'anarchie la plus parfaite présida cette assemblée gouvernementale, et que, faute d'en pouvoir sortir, l'empereur Alexandre proposa d'admettre que toutes les têtes couronnées étant égales entre elles, on les nommât, selon l'ordre alphabétique des puissances énoncées en langue française.

Mais comme l'anarchie n'eût conduit à rien, on adopta, comme toujours, le système de la souveraineté de la force et de la ruse, en ne réunissant jamais en assemblée plénière tous les États représentés au congrès, qui resta, ainsi, illégal dans la forme comme dans le fond.

Sous l'œil des dynastes prépondérants, un comité central, composé des signataires du traité de Paris, fut, à lui tout seul, le véritable congrès, sous la présidence du prince de Metternich.

C'est ainsi que le comité présida à la répartition des territoires conquis sur Napoléon et sur ses alliés, en prenant pour règle le nombre des habitants, celui des lieues carrées et le chiffre des revenus.

La commission de statistique avait solennellement informé ces honorables législateurs de la Chrétienté par arpentage, des Chrétiens par dénombrement des troupeaux humains, et des écus d'autrui par jaugeage au mètre cube, qu'ils avaient à se partager trente et un million six cent quatre-vingt-onze mille deux cent quarante-sept habitants, sans parler des fractions.

Mais le comité central des diplomates, l'oligarchie athée et antisociale des notaires du carnage dérobés par le nimbe des fêtes aux regards des populations naïves, était le théâtre de contestations intimes, qui rappellent plutôt la caverne d'Ali-Baba, qu'elles ne méritent de représenter le Gouvernement général de la Chrétienté.

Le cabinet russe entendait s'adjoindre le grand duché de Varsovie, celui de Berlin la Saxe. Les armées russe et prussienne étaient maintenues sur le pied de guerre, et le 10 décembre, Nesselrode annonçait au congrès que huit millions d'hommes s'armaient.... *pour leur indépendance !*

C'est pourquoi, le 5 janvier 1815, une triple alliance, restée secrète, ligua entre elles la France, l'Angleterre et l'Autriche, avec adhésion du Wurtemberg et de la Bavière.

La pression électorale des cabinets de Pétersbourg et de Berlin réussit néanmoins ; et le partage des États saxons fut décidé, celui de la Pologne confirmé.

L'empereur de Russie, le 18 avril, écrivit au président du Sénat : « Le sort de votre patrie vient enfin d'être fixé ; en » prenant le titre de roi de Pologne, j'ai voulu satisfaire au » vœu de la nation. »

La reconstruction de la maison de Brandebourg se fit, non seulement aux dépens des états saxons, mais aussi au préjudice des anciens électorats ecclésiastiques du Rhin et d'autres petites souverainetés indépendantes.

La population de la Prusse fut ainsi portée au double de ce qu'elle était sous le grand Frédéric.

La maison de Hapsbourg se reconstruisit également, conformément au premier article secret du traité de Toeplitz.

Le comité central du congrès lui rendit tous les territoires que lui avaient enlevés les traités de Campo-Formio, de Lunéville, de Presbourg, de Fontainebleau et de Vienne, excepté la Belgique et l'ancienne Souabe autrichienne; et Metternich s'arrangea assez habilement pour porter à près de trente-deux millions d'habitants la population de l'empire qui, en 1792, était de vingt-trois millions.

Castlereagh proposa l'abolition de la traite des noirs aux traitants, qui continuaient ainsi la traite des blancs.

Quant aux petites souverainetés, les diplomates du comité central accordèrent, du haut de leur notariat de la force souveraine, la vie et la bourse sauves à trente-deux d'entre elles; mais ils en dévalisèrent et en anéantirent quatre cents, au mépris de leurs protestations et de leur droit divin.

En admettant que le Christianisme permette dans la Chrétienté une iniquité semblable à la possession politique des hommes par les souverains, les droits des petits princes devaient être considérés comme aussi légitimes, comme aussi divins, pour me conformer à la langue sacrilège des diplomates de ce temps, que ceux des empereurs d'Autriche et de Russie, aussi bien que du roi de Prusse.

Il s'ensuit que le comité central qui nous occupe, a fait jouer à ces empereurs et rois un rôle singulièrement révolutionnaire, en leur faisant manquer de respect et attenter à la légitimité de quelques centaines de petits dynastes, et a ainsi placé les grands dynastes, vis-à-vis de la révolution des peuples, dans une situation morale qui porte une singulière atteinte à leur propre légitimité.

On ne peut pas exiger des gouvernés qu'ils respectent les gouvernements, plus que ceux-ci ne se respectent entre eux.

Sur ces entrefaites, lord Stewart annonça au prince de Metternich que Napoléon avait quitté l'île d'Elbe.

On était au bal chez le prince, où cette nouvelle : « Il est en France, » jeta un certain froid.

Qu'il fut aveugle et coupable, cet homme, devant le nom duquel tout tremblait encore, de n'avoir rapporté qu'à lui-même la puissance que, depuis dix ans, la France héroïque de ce temps lui avait confiée !

Cet inique gouvernement de diplomates éhontés, il l'avait tenu dans sa main ; il pouvait en délivrer les nations, les rois, les diplomates eux-mêmes ; et toujours possédé par la folie de son pouvoir stérile, il ne venait encore faire tuer des milliers d'hommes, que pour disputer à ces spoliateurs une place au banquet de leurs spoliations.

Waterloo n'aboutit qu'à des conditions plus dures pour la France, dans les traités de 1815.

Pendant les Cent jours, la coalition, Prusse en tête, prêchait ouvertement le démembrement de la France et l'*anéantissement des Français comme peuple*, de même qu'en reprenant les armes, les souverains avaient statué entre eux que Napoléon vaincu serait relégué à Sainte-Hélène.

Le 17 octobre 1815, le *Northumberland* amenait dans cette île le prisonnier de la raison d'État de la République athée et antisociale des souverains prépondérants.

Sous la pesée de la terreur qu'avait occasionnée l'évasion de l'île d'Elbe, l'*acte général du congrès* de Vienne fut bâclé et signé le 5 juin.

Il comprenait cent vingt et un articles, sans parler de dix-sept traités.

A l'égard de la France, le traité de 1814 avait été un acte

de revanche réduisant, à peu de chose près, ce pays à ses limites de 1792.

Les diplomates qui l'avaient élaboré, avaient reçu du trésor français la somme de huit millions, comme gratification.

Mais le traité de 1815, dont le duc de Richelieu donna lecture, le 25 novembre, à la Chambre des pairs de France, fut un acte de vengeance de la part des alliés.

La maison de Prusse aurait voulu enlever à la nation vaincue les départements qui représentaient la Flandre, l'Alsace, la Lorraine et une partie de la Champagne, et faisait circuler des cartes d'Allemagne englobant les départements français de l'Est.

L'empereur Alexandre se mit en travers de cette politique d'anthropophages, et grâce à lui, la France fut ramenée, à peu près, à ses limites de 1790, moins des places importantes dont l'enlèvement ou la démolition laissaient ouvertes à la Prusse les frontières du Nord-Est.

Le jour de la signature le duc de Richelieu s'écria, en fondant en larmes :

« Je viens de signer un traité, pour lequel je devrais subir » la peine de mort. »

Tel est le Gouvernement général européen de la souveraineté de la force, l'anarchie diplomatico-militaire de la Chrétienté.

En prenant pour base les appétits spoliateurs de la maison de Prusse, et en poussant à fond la logique de son système, la France aurait dû être réduite à l'ancien duché de Hugues Capet, l'Angleterre au duché de Normandie, l'Autriche à l'archiduché d'Autriche, la Prusse elle-même aux marches de Brandebourg.

C'eût été un moyen comme un autre de libérer les nations.

Il me reste un mot à dire au sujet de la Sainte-Alliance.

Le 26 septembre 1815, deux mois avant la signature des traités politiques, les dynastes de Russie, d'Autriche et de Prusse signèrent le pacte suivant :

« Au nom de la très sainte et indivisible Trinité, convaincus
» de la nécessité d'assurer notre marche, sur les vérités su-
» blimes qu'enseigne l'éternelle religion du Sauveur, nous
» nous engageons, à la face de l'Univers, à ne prendre, pour
» règle de conduite, que les préceptes de cette religion sainte,
» à nous entendre fraternellement, et à ne nous envisager
» nous-mêmes que comme délégués de la Providence pour
» gouverner trois branches d'une même famille.

» Nous confessons ainsi que la nation chrétienne, dont
» nous et nos peuples faisons partie, n'a réellement d'autre
» souverain que celui, à qui seul appartient en propriété la
» puissance, parce qu'en lui seul, se trouvent tous les trésors
» de l'amour, de la science et de la sagesse infinies, c'est-à-
» dire Dieu, notre Souverain Sauveur Jésus-Christ, le Verbe
» Très-Haut, la Parole de Vie. »

Louis XVIII signa; l'ambassadeur d'Angleterre s'y refusa, en disant qu'il ne voyait pas le côté pratique de cette profession de foi, et je suis exactement de cet avis.

Les brigands qui invoquent la Madone, en chargeant leur escopette et en se partageant les valises d'une malle-poste, n'en font pas moins un méchant métier.

Je ne vois même pas en quoi cette invocation sentimentale peut être un hommage rendu à la Divinité, quand le véritable hommage, le seul pratique, devrait être de cesser le brigandage.

Souverains chez eux, les dynastes sont brigands entre eux, tant que leur seule cour d'appel commune est le combat judiciaire des peuples.

Les signes de croix n'y peuvent rien : seules, de bonnes institutions sociales et un bon gouvernement général y peuvent quelque chose.

Mme de Krüdener, qui avait inspiré le factum ci-dessus, avait, sans doute, comme ses trois adeptes couronnés, les meilleures intentions du monde ; et c'est pourquoi je vais reprendre, point par point, ce même factum, et montrer en quoi ces bonnes intentions ont erré.

« Au nom de la très sainte et indivisible Trinité. »

J'ai expliqué à propos de la liberté, de l'égalité et de la fraternité, que le ternaire chrétien signifie le Règne de Dieu dans l'Univers, le Règne de l'Homme sur la terre, et l'Esprit Social, liant les individus et les Sociétés au Règne de Dieu, Sagesse et Science, par l'État Social et la Religion.

Dans tout ce livre, j'ai assez prouvé, je l'espère, que divisée en cultes hostiles, asservie à ces divisions ethniques, la Religion du Christ n'existe plus parmi nous, depuis des siècles, au point de vue social.

Néanmoins, quoique frappée d'inefficacité pratique, elle existe toujours virtuellement, potentiellement, dans l'Universelle Église laïque, à constituer dans l'État Social européen, à instituer régulièrement.

Cosmogonie de Moïse, Décalogue, Évangile, promesse de l'avènement du Règne de Dieu sur la terre comme au ciel : voilà toute la Religion virtuelle du Christ.

Pour qu'elle soit socialement instituée et constituée, en Europe, il faut, en effet, qu'elle ait des délégués spéciaux, qui s'entendent religieusement.

Ces délégués sont-ils le roi de Prusse, le tzar et l'empereur d'Autriche ?

Nullement ; mais les évêques de toutes les communions européennes indistinctement, qui redeviendront religieux, avec pouvoir de relier les divisions hostiles des Églises, des États et des peuples, du jour où ces mêmes évêques cesseront de se regarder entre eux, d'église à église, comme schismatiques, hérétiques et ennemis.

Ainsi, et ainsi seulement, l'Esprit Social sera rendu aux délégués théocratiques de Jésus-Christ, parmi nous, et le Dieu Social pourra descendre, liant, de haut en bas, les chefs d'Églises, les chefs d'États et les corps constitués des nations, à la Paix du Règne de Dieu.

Ce que la Sainte-Alliance appelle *la nation chrétienne* est en effet la Chrétienté.

Cependant ce ne sont nullement les souverains qui en ont la responsabilité première, ainsi que de ses guerres intestines et antichrétiennes ; ce sont leurs supérieurs, les évêques, dont ces mêmes souverains, depuis Constantin, ont fait leurs subordonnés politiques.

Il y a donc profanation, de la part des souverains de la Sainte-Alliance, à oser se dire *les délégués de la Providence*, tant qu'ils se mettent au-dessus de ses seuls délégués, régulièrement investis, par transmission, des pouvoirs de Jésus-Christ.

Le seul point exact à relever, dans le texte de la Sainte-Alliance est celui qui regarde la souveraineté.

La nation chrétienne, ou la Chrétienté, n'a, en effet, *pas d'autre souverain réel que Dieu*.

Mais Dieu, sans institutions qui définissent et assurent régulièrement son action intellectuelle et morale dans les Sociétés, n'y représente qu'un lieu commun philosophique, individuel, et nullement une force organique, une puissance d'ordre social.

Sans la Religion et sans la Théocratie, Dieu reste à l'état métaphysique, et sa puissance universelle d'union devient forcément le plus grand commun diviseur des esprits, qui demeurent socialement sans lien pratique.

Admettez que les souverainetés et les nations d'Europe soient uniquement composées de bigots, ou, si vous le voulez, de piétistes, de dévots, de saints : la république européenne des souverains et des nations, malgré les signes de croix et les capucinades, n'en demeurera pas moins athée et antisociale.

Le Gouvernement général deviendra un peu plus hypocrite, et, vaille que vaille, je l'aime mieux brigand que tartufe.

Admettez, au contraire, que souverainetés et nations d'Europe soient uniquement composées de gaillards à esprit aussi libre que Voltaire; mais qu'à force de sagesse et de science, ou tout simplement de bon sens, jetant tout masque d'hypocrisie, ils se soient dit un beau jour : constituons honnêtement un bon Gouvernement général, dans notre intérêt commun.

Sans momerie comme sans capucinade, ils en chercheront les moyens, et n'en trouveront pas d'autre que le suivant, en commençant par le sommet :

Rendre efficace la morale de la Religion chrétienne, en laissant de côté les dogmes, ce qui permettra aux évêques de devenir religieux, c'est-à-dire de s'unir et de constituer une première puissance de réassociation européenne, agissant pratiquement sur les souverains et sur les nations.

Ainsi le Dieu Social pourra se manifester organiquement, et n'être plus frappé d'ostracisme par la *bondieuserie* politique de cultes hostiles entre eux et, par conséquent, sans efficacité religieuse.

La Sainte-Alliance ne pouvait avoir, malgré les bonnes intentions des souverains qui l'ont signée, qu'une seule conséquence pratique : une recrudescence de despotisme ; parce que, encore une fois, le pouvoir et l'autorité ne sont pas la même chose, et que, si les souverains représentent le pouvoir, ils n'ont aucune qualité fonctionnelle pour représenter l'autorité.

Mais telle qu'elle fut, la Sainte-Alliance reste du moins un aveu honorable, de la part des souverains, une proclamation vague de la nécessité de réformer la loi fondamentale de leurs rapports entre eux, rapports révolutionnaires et anarchiques, autorisant d'en haut la révolution et l'anarchie des gouvernés.

Alexandre de Russie était peut-être sincère, dans cette affaire, si c'est par piété qu'il se mit en travers du démembrement de la France, ou par chevalerie fraternelle pour Louis XVIII.

Quant aux diplomates, Metternich, Nesselrode, Talleyrand et *tutti quanti*, il en est tout autrement : leur fonction, étant celle de la ruse, courtisane de la souveraineté de la force, n'admettait, et n'admet aucune conviction professionnelle.

C'est pourquoi leurs traités de 1815, aussi bien que ceux de 1648, furent une œuvre sans moralité comme sans intellectualité, œuvre des scribes de la république antisociale et athée des souverains, ou du moins de ceux d'entre eux qui étaient matériellement les plus forts.

Il est des esprits soi-disant pratiques qui me diront que, puisque les traités généraux sont la seule loi publique qui règle les rapports internationaux, nous devons nous en contenter, et qu'il vaut encore mieux avoir ce mauvais gouvernement général, diplomatico-militaire, que de n'en avoir pas du tout.

Oui, si c'était un gouvernement social ; non, puisque c'est le contraire.

Je renvoie cette catégorie d'esprits au chapitre dans lequel j'ai parlé de la compagnie de la collision des trains de chemins de fer : plutôt la diligence, plutôt le coche, plutôt rien, et la liberté d'aller à cheval, à âne, à pied, ou même de ne pas aller du tout.

L'ordre de choses dont nous nous occupons n'est pas à rejeter parce qu'il est imparfait, mais parce qu'il est l'institution même d'un désordre criminel.

Et non seulement il est mauvais en soi, mais il est reconnu mauvais par ceux qui l'exercent, témoin la Sainte-Alliance et son *meâ culpâ*.

Personne mieux que les diplomates ne sait que le droit divin des monarques est une comédie, puisqu'ils se traitent entre eux comme des tribus sauvages, de dynastes à dynastes.

Si un ordre de choses pareil, uniquement gouverné par la souveraineté de la force et de la ruse, pouvait produire d'autres résultats que le mal, il faudrait dire avec Proudhon que c'est Satan qui est Dieu.

Mais heureusement que l'arbre se juge à ses fruits, et c'est d'après ses seules conséquences historiques que nous venons de juger le gouvernement européen, dont les traités diplomatiques sont le soi-disant code.

Seulement, comme toute loi divine, méconnue, dans les Sociétés, porte, dans son absence même, sa sanction sociale, la hache révolutionnaire est à la racine de l'arbre sauvage des généalogies européennes.

Ce sont les souverains eux-mêmes qui tiennent le manche de la hache, et ils frapperont l'arbre sanglant, tant qu'il ne sera pas religieusement et socialement greffé.

Puissent-ils, dans leur propre intérêt comme dans celui

de l'Europe entière, commencer la greffe, avant que la chute de l'arbre ne les ait écrasés.

Il n'est pas indifférent d'examiner ici les fruits que portèrent, en quelques années, le Congrès de Vienne et la Sainte-Alliance.

OEuvre de pouvoirs armés et prépondérants, de cabinets et de diplomates, le congrès n'avait que le caractère de leurs fonctions rivales et hostiles, s'accordant momentanément, grâce à des spoliations communes.

OEuvre de boudoir, la prétendue Sainte-Alliance est plus complexe.

Ce n'est pas moi qui reprocherai à qui que ce soit d'avoir voulu mettre un peu de Christianisme dans les engrenages carnassiers du système européen, dans les oppositions militaires des pouvoirs souverains.

Mais j'ai assez dit que, tant que le système ne sera pas modifié, tant qu'on ne l'aura pas fait passer de l'état de Nature à l'État Social par des institutions à créer, il demeurera ce qu'il est depuis son origine : la république athée et antisociale des monarques, ou des États, au choix.

J'ai assez dit encore que cette république, quand même les souverains seraient tous des saints, ou quand même ils seraient remplacés par les États athées, reste pratiquement sous la domination de cette bête de l'Apocalypse : la Souveraineté de la Force, subordonnant tout, églises, monarques ou États, races ou nations, les étreignant, et les entre-choquant, parce que le système européen, datant de 1648, le veut ainsi, étant ainsi bâti.

Cette Loi de la Souveraineté de la Force, érigée au-dessus de toutes les souverainetés politiques, cette bête apocalyptique qui, faute d'institutions sociales unissant les églises, les États et les nations, règne sur ceux qui règnent, et gouverne ceux qui gouvernent, on avait beau essayer, par le sentiment individuel, de l'adoucir en la christianisant : elle ne sommeille jamais qu'autant qu'elle digère.

On avait beau lui dire qu'elle était *la déléguée de la Providence :* la Bête n'en restait pas moins souveraine, quoique momentanément au repos, sanguinaire, quoique cuvant sa curée de petites souverainetés, de peuples et de territoires, telle enfin que saint Jean, le prophète de Pathmos, l'avait vue, dix-huit siècles d'avance, courant sur la tête des rois sans religion instituée au-dessus d'eux, rugissante sous les cieux d'airain de leur athéisme gouvernemental, bondissant et se roulant dans les ossuaires de l'Histoire, dans les charniers de la cour d'appel du carnage.

Louis XVIII et Frédéric-Guillaume, Alexandre Ier et François II pouvaient être parfaitement sincères, je veux le croire ; mais leur individualité n'a rien à faire, pas plus qu'auparavant celle des papes, dans ce relevé de plans et de fonctions, dans cette histoire du Gouvernement général de la Chrétienté, gouvernement ou machine de mort plus fort que tout monarque et que tout État.

Ils n'eurent pas tort de vouloir mettre en pratique entre eux la morale de l'Évangile ; mais, s'ils furent sincères, ils manquèrent de la plus élémentaire observation, en croyant que le système politique de 1648, le Gouvernement général des cabinets et de la diplomatie, pût tolérer fonctionnellement aucune espèce de morale politique, et qu'il fût modifié, parce qu'on venait de signer un traité brutal, doublé d'une alliance mystique.

Cela revient à dire que, si le sentiment religieux et individuel de la Sainte-Alliance était réel, l'intelligence théocratique en était absente, et, avec elle, toute puissance organique, toute possibilité de créer, au-dessus des pouvoirs dissociés de l'Europe, un ordre social quelconque.

Or, sans l'intelligence religieuse, le sentiment religieux se surbaisse fatalement, et tombe forcément dans les passions et les instincts dominateurs, qui l'asservissent à la politique : l'histoire de la papauté et celle de la révolution française nous l'ont assez prouvé.

Le sentiment religieux, surbaissé et devenu politique, allume les bûchers et élève les guillotines ; tandis que l'intelligence théocratique peut, seule, éteindre les uns, renverser les autres, et rendre inoffensives ces mêmes souverainetés de la force, ainsi que le proclament toutes les prophéties du monde, celles de Voluspa dans l'ancienne Celtide, celles d'Isaïe dans l'ancien Israël, celles de Jésus-Christ et de ses premiers disciples, nos législateurs incompris jusqu'à ce jour, à commencer par leurs interprètes sacerdotaux.

C'est ainsi que, faute d'intellectualité religieuse, la Sainte-Alliance passa à côté de tous les problèmes européens sans les résoudre, au-dessus de tous les antagonismes d'églises, d'États et de nations, sans les comprendre, laissa subsister tous les vices radicaux du système, et n'eut même pas l'idée que, dans l'intérêt des rois comme des peuples, il dût être remplacé par un meilleur.

Les diplomates courbèrent l'échine, non sans hausser les épaules, comme Castlereagh, qui plus tard se fit justice.

Pie VII et Gonsalvi, aussi rassurés que les diplomates sur cette capucinade laïque, demeurèrent comme avant, dans leur sectarisme clérical, ainsi que tous les autres démembrements de l'Universelle Église ; les cabinets restèrent dans leurs trames, la diplomatie dans ses toiles d'araignée carnivore.

Mais, comme les souverains prépondérants, sauf le roi d'Angleterre, étaient mus par un mobile d'action commune et à l'exclusion de toute institution générale qui pût rendre cette action religieuse, juridique et sociale, leur sentiment fut régi par la politique diplomatique des cabinets.

Enfin, comme il fallait que ce mouvement s'accomplît pour

ou contre quelque chose, il servit le despotisme, et tomba sur les peuples avec des instruments de mort.

C'est ainsi que, sous l'influence de la Sainte-Alliance, la république des souverains renouvela contre les nations la réaction du double impérialat clérical et latin de Philippe II, toute proportion gardée des races, des milieux et des temps.

L'Angleterre ayant réservé, en 1815, sa signature au bas de ce traité mystique, ce fut l'autocrate de l'Est qui devint l'Agamemnon des rois, et Metternich l'Ulysse du despotisme.

Le pape en profita pour pousser les jésuites en Russie, comme en Autriche, en Italie, en Espagne et en France, la société biblique de Londres pour développer, dans l'empire des tzars, ses deux succursales, la société biblique russe et la société également biblique des Kosaks, le cabinet britannique pour souffler, dans les moulins à chair humaine des pouvoirs continentaux, le vent de ses institutions constitutionnelles, manière comme une autre d'occuper les souverains aux dépens des nations, et de vaquer tranquillement soi-même, en liberté comme en sécurité, aux affaires extra-européennes d'un grand empire emporocratique et à la politique de soi pour soi.

En 1818, le congrès d'Aix-la-Chapelle régla les rapports de la république des souverains prépondérants avec la France.

Démembrée du dehors, terrorisée au dedans par le sceptre et le goupillon d'une monarchie cléricale, la patrie française ne bougeait plus, et elle commençait, comme les martyrs, à être en odeur de sainteté auprès des *délégués de la Providence*.

Au congrès de Carlsbad, en 1819, ce fut le tour de la patrie allemande, que ces mêmes délégués dirigés par Metternich vont accommoder à leur manière.

Toutes les belles promesses de liberté faites en 1813 par les monarques, les princes, les ministres et les diplomates,

Metternich en tête, dans le but de soulever les peuples contre Napoléon, avaient été, après la victoire, jetées aux oubliettes de l'ingratitude et de la domination souveraines.

Frédéric-Guillaume mû par un scrupule de conscience s'était fait délier de ses engagements par l'évêque prussien Eylert.

Metternich moins scrupuleux avait mené la diète de Ratisbonne dans le sens rétrograde que l'on connaît.

La Franc-Maçonnerie et le Tugenbund répondaient à ces conspirations d'en haut par des conciliabules d'en bas.

Journaux, livres, discours, universités réclamaient les constitutions annoncées.

Les manifestations de Wurtzbourg, le meurtre de Kotzebüe par Maurice Sand, donnaient à réfléchir ; et les volontés populaires voulaient une réponse.

Metternich la leur fit ; il joua de la Sainte-Alliance en virtuose du despotisme, effraya Alexandre et ses cosignataires, et voici ce que répondit le congrès de Carlsbad : censure, police, perquisitions domiciliaires, prison, exil des libéraux, professeurs ou anciens soldats des souverains coalisés.

Cependant, pour contre-battre la dictature européenne de son rival autocratique de Russie, la politique anglaise soufflait toujours, dans les moulins à chair humaine, le vent de ses institutions cependant impossibles sur le Continent de 1648 et de 1815.

En 1820, les généraux Quiroga et Riego contraignaient Ferdinand VII à rétablir, en Espagne, la constitution de 1812.

Naples en faisait autant, vis-à-vis de son roi, qui abdiquait en faveur de son fils, et courait se plaindre à la Sainte-Alliance.

Le Portugal suivait le mouvement ; et le nord de l'Italie se soulevait.

C'est alors que les *délégués de la Providence* réunirent le congrès de Laybach, en 1821, et traitèrent la patrie espagnole, la patrie portugaise, la patrie italienne, comme ils avaient traité celles de France et d'Allemagne.

A huis clos, une poignée de conspirateurs d'en haut, toujours sous la présidence de Metternich, ourdirent une trame qui aboutit à ce qui suit.

Alexandre se chargeait d'envoyer des Kosaks en Italie; mais Metternich se hâta de prendre les devants, et dépêcha Frimont, que le pape s'empressa de laisser passer, avec ses troupes, à travers les États de l'Église.

Je n'ai pas besoin d'ajouter que les instruments de mort et les prisons jouèrent leur rôle : Silvio Pellico a écrit cette lugubre histoire pour Pallavicini, Maroncelli et tant d'autres milliers de victimes obscures.

En Espagne, ce fut Louis XVIII et le ministère Villèle qui furent chargés de la besogne du congrès de Laybach et de celui de Vérone en 1822.

Comme autrefois les papes, c'était alors le tzar qui envoyait des excommunications, mais aux peuples cette fois ; les notes avaient remplacé les bulles, l'autocratie, sans prétexte sacerdotal, avait succédé à l'impérialat clérical ; mais la conspiration, contre la *nation chrétienne* et contre l'indépendance de ses unités divisionnaires, était la même.

Cependant le Grand Turc ne voulait pas rester en arrière dans cet assaut de despotisme, ni les patries orientales, en retard sur le mouvement occidental des nations vers leur liberté et vers leur unité méconnues alors par la république des souverains, comme elles l'avaient été par le double empire de Rome et de Madrid, et par Napoléon.

Valaques et Moldaves se plaignaient des violations du traité de Bucharest; les Serbes se levaient sous Michel Obrenovitch; l'*hétérie* s'agitait dans tout le continent grec et dans les îles ; Ypsilanti soulevait les Roumains, Kolokotroni le Péloponèse, Mavromichalis les Maïnotes.

C'était l'heure volcanique des réveils nationaux, l'heure où

Byron purifiait son génie, en chantant l'Italie et la Grèce renaissantes, et en jetant à la politique de son temps cette prophétie : la *malédiction de Minerve*.

En 1821, à ces bégaiements confus des nationalités de la Chrétienté orientale, le sultan répondait, en faisant arracher à l'autel et pendre, pendant les fêtes de Pâques, le patriarche de Constantinople, et égorger trois métropolites et huit évêques.

C'était le moment, ou jamais, pour Alexandre de Russie de se montrer le *délégué de la Providence;* mais il n'était en réalité que le prisonnier du système diplomatico-militaire de l'Europe, comme tous les souverains grands et petits.

C'est pourquoi, malgré le plan de campagne de Diébritch, le tzar se laissa garrotter par les toiles d'araignée de Metternich, par la camisole de force diplomatique, dont le cabinet de Londres tenait les ficelles.

C'est pourquoi le cabinet de Pétersbourg envoyait ses agents, Capo d'Istria en tête, avertir Ypsilanti, Michel Obrenovitch, Kolokotroni, Mavromichalis, qu'il les désavouait d'avance ; et se bornait à adresser, du congrès de Vérone, des notes à la Porte Ottomane.

Tel est le système européen, mortel aux souverains comme aux peuples, que Napoléon avait tenu dans le creux de sa main, et qu'il avait laissé subsister, que les empereurs et les rois de la Sainte-Alliance n'avaient maintenu, que pour en être despotiquement gouvernés et asservis à la plus immorale politique, à une conspiration de carbonari couronnés contre la vie des nationalités.

Mais les expériences sociologiques, renfermées dans l'histoire de ce temps, montrent à l'observation le phénomène suivant : à conspiration d'en haut, conspiration d'en bas.

Jamais la Franc-Maçonnerie ne fut plus active, et ne poussa plus de rameaux militants :

Tungenbund en Allemagne, *Ventes* en Italie, en France, en Espagne, en Grèce, en Moldavie, en Valachie, *Société de la Vertu* à Moscou, *Société du Nord* à Pétersbourg, *Société du Midi*, première souche du Nihilisme, en Crimée, *Société des Slaves réunis*, se ramifiant en Bulgarie, en Serbie et jusqu'en Bohême, *Société patriotique* en Pologne.

Telle était la conjuration des peuples répondant à la conjuration ou Sainte-Alliance des souverains, ou plutôt de la république diplomatique des cabinets.

C'est pourquoi, depuis ce temps, quand les monarques ont des entrevues à huis clos, les peuples se demandent quels fléaux on leur prépare, et les conspirateurs d'en bas se réunissent, en méditant de terribles et funestes réponses à ceux d'en haut.

Alexandre, comme Louis XIV, finit en Russie, par une réaction cléricale, l'œuvre libérale de ses premières années.

L'archevêque Séraphin, le *caporal de Gatchina*, le *vremianchtchik* Araktcheef, firent exactement comme à l'Occident, et mirent en œuvre une politique d'ignorantins cléricaux, semblable à celle du comte d'Artois avec la *Congrégation*, la *Société des bonnes œuvres, des bonnes études, des bons livres*, ce qui signifie des bons éteignoirs, des bons bâillons, des bonnes chaînes et des deux bonnes morales.

On fit, en Russie comme en France, la chasse aux livres suspects : Buffon, Copernic, Newton furent à l'index.

Il n'y eut pas jusqu'à Grotius avec son innocent traité du droit des gens qui ne subît les ciseaux de la censure ; et pourtant, s'il existe une œuvre platonique, c'est bien celle-là : l'Histoire du Gouvernement général de l'Europe le prouve surabondamment.

L'*Araktcheevtchina*, en comprimant ainsi l'esprit public, ne réussit qu'à en rendre les conspirations plus terribles.

En 1825, Alexandre reçut de la *Société du Midi* certains avertissements mystérieux ; il fit dire au monastère de Saint-Alexandre-Newski une messe de *requiem*, rentra dans sa chambre transformée, en plein jour, en chapelle ardente, puis partit pour Tangarog, et mourut subitement, empoisonné, dit-on.

Si l'institution de la république athée et antisociale d'Europe a fait, en 1648, la vie triste et dure pour les peuples à venir, cette vie, grâce à ce même système, n'est guère meilleure pour les monarques qu'il gouverne.

L'empereur clérical de Rome ne pouvait pas rester en retard de despotisme, ni sur la Sainte-Alliance, ni sur le Grand Turc : c'est pourquoi, tandis que la révolution de 1830 venait de mettre à bas, en France, un de ses bons lieutenants de la maison de Bourbon, deux ans après, Annibal, sous le nom de Léon XII, montait sur le trône.

C'était un saint ; mais comme sa fonction était césarienne, toutes les armes lui furent bonnes : l'inquisition, les cachots et l'échafaud ; et, plein de déférence pour Metternich et les carbonari d'en haut, il extermina dévotement les carbonari d'en bas.

La dernière division de l'empire clérical des papes, dans laquelle leur césarisme se maintint le plus longtemps, fut l'Espagne, où, le 30 décembre 1861, Manuel Matomaros fut condamné à sept ans de galères, avec déchéance civile, perpétuelle, et spoliation de tous ses biens, pour avoir été trouvé porteur d'une traduction de la Bible en espagnol.

En 1862 d'autres condamnations du même genre eurent encore lieu.

Pour nous résumer sur la Sainte-Alliance, en quatre ans, elle détermina quatre congrès : en 1818, celui d'Aix-la-Chapelle, pour régler les rapports des grandes puissances, celles de l'ancien comité du congrès de Vienne, avec la France ; en 1819, celui de Carlsbad, pour régler ces mêmes rapports avec l'Allemagne divisée ; en 1821, celui de Laybach, pour régler ces mêmes rapports avec l'Italie démembrée ; en 1822, celui de Vérone, pour régler ces mêmes rapports avec l'Espagne.

Si jamais l'expérience historique des congrès s'est présentée surabondamment à l'observation, c'est bien pendant ces quatre années.

La somme des faits accomplis par ces assemblées, en France, en Allemagne, en Italie, en Espagne, conclut d'elle-même à ce qui suit.

Le rapprochement et l'alliance des gouvernements personnels accable despotiquement la vie des nations formées, et empêche la naissance des nations en formation.

Ce rapprochement et cette alliance des gouvernements personnels constitue un gouvernement européen à huis clos, comparable à une sorte de conseil des dix, dont les armées sont la gendarmerie, et dont la diplomatie est la police de sûreté.

Le caractère de ce gouvernement est révolutionnaire, car il n'a ni magistrats, ni législateurs proprement dits.

Le pouvoir exécutif, seul, y fait loi ; et la loi, dès lors, n'est plus qu'un acte direct et sommaire de la force brutale.

Dans ce gouvernement, le droit unique de ses membres à en faire partie est la prépondérance de leurs armées.

Les puissances soit moyennes, soit petites, en sont exclues, comme si, à l'intérieur de nos pays, les pouvoirs publics n'appartenaient qu'aux hercules de foire et aux boxeurs, qui auraient successivement culbuté tous les concurrents, ou écrasé le nez des plus faibles.

La Suède, le Danemark, la Hollande et la Belgique, la

Suisse et tous les petits États n'ont point part à ce gouvernement général, véritable comité des plus forts.

Cette union des plus grandes forces militaires, cette république des grandes puissances constitue un tribunal féodal des pairs, où les parties sont condamnées sans être entendues, exécutées sans être jugées régulièrement, que ces parties soient des peuples nationalement unis, ou des membres de nation voulant se réunir.

Mais en ce qui regarde les membres de cette république des grandes puissances, ou le gouvernement général que forme la juxtaposition diplomatico-militaire de leurs gouvernements personnels, si ces membres, si ces gouvernements ont entre eux des questions litigieuses, ils n'ont, comme par le passé, d'autre juridiction d'appel que la guerre.

C'est pourquoi, de 1815 à 1822, les congrès ne pouvaient qu'immobiliser, refouler et condenser, dans les peuples les causes de la révolution, dans les gouvernements prépondérants les causes de la guerre.

Ces causes, ils ne pouvaient les abroger, car ni la souveraineté de la force militaire, ni celle de la ruse diplomatique, n'ont été instituées, en 1648, ni n'ont qualité pour cela.

Pourquoi, me dira-t-on, la Russie, l'Autriche, la Prusse, la France ne désarmaient-elles pas?

Parce que ces puissances savaient que le gouvernement général des congrès est impuissant à abroger les causes de la guerre en Europe, les causes de la révolution dans chaque État prépondérant du Continent, et qu'elles étaient forcées, par les nécessités féodales de leurs gouvernements et de leurs rapports personnels, à gouverner militairement leurs peuples à l'intérieur, et à se gouverner ainsi dans leurs relations mutuelles.

Que demain, par exemple, toute l'Europe licencie ses troupes: qu'adviendra-t-il de l'État autrichien et de la maison de Hapsbourg, si le Gouvernement général que je proposerai n'est pas institué?

Les Allemands de l'archiduché iront à l'Allemagne, les Bohêmes et les autres Slaves à une fédération slave du Danube sous le protectorat de la Russie, la Hongrie seule gravitera sur elle-même.

De 1815 à 1822, la situation latente était plus complexe encore, grâce au morcellement de l'Italie et de l'Allemagne.

Aussi, dans la Sainte-Alliance, c'était l'Autriche qui avait tout à gagner, et Metternich mit tout en œuvre pour représenter cette alliance comme une lutte contre l'anarchie, lorsqu'en réalité et au fond, il savait parfaitement que c'était le maintien, contre toute raison, d'un *statu quo* condamné, en Italie comme en Allemagne.

La situation de l'Empire Ottoman était semblable à celle de l'empire d'Autriche.

Construite de pièces et de morceaux, de lambeaux arrachés par la conquête à d'anciennes nationalités et cimentés à coups de cimeterre, avec une bouillie de leur propre sang, la Maison Ottomane, comme celle des Hapsbourg, ne pouvait se maintenir que par un perpétuel emploi de la ruse et de la violence et par la complicité diplomatique des cabinets.

Mais l'immoralité de la domination des Turcs sur les Grecs, les Serbes, les Moldaves, les Valaques et les Bulgares, était plus évidente, à cause de la différence des religions chrétienne et musulmane.

C'est pourquoi l'opinion européenne se passionna plus fortement pour la révolte des Grecs que pour celle des Italiens et des Allemands, et fut moins induite en erreur par la diplomatie, quand celle-ci voulut lui faire croire qu'il ne s'agissait que d'une lutte entre un gouvernement et une anarchie révolutionnaire.

Cette poussée d'opinion en faveur de la Grèce mit fin à la Sainte-Alliance, sorte de concile de Trente des gouvernements contre les peuples; et les congrès redevinrent dès lors ce qu'ils sont dans leur essence, des armistices entre des pouvoirs anarchiques et toujours belligérants.

Le Grand Turc eut beau répondre au protocole anglo-russe du 26 mars 1826, au nom du principe même que les cosignataires du traité de Vienne avaient arboré dans leurs congrès, depuis 1818 ; il eut beau rejeter ce protocole, en disant « qu'il violait l'obéissance passive des sujets envers leur souverain légitime » ; ses collègues en légitimité lui démolirent sa flotte à Navarin, en 1827, le 20 octobre, après avoir signé, en juin, à Londres, un traité entre l'Angleterre, la Russie et la France, pour imposer cette médiation armée aux belligérants.

Mahmoud exaspéré proclama la guerre sainte, comme de raison, et l'empereur Nicolas s'empressa de lui répondre, aussi saintement, en lui enlevant, en Europe, Braïlof et Varna, en Asie, Kars et Akhaltsykh.

Du même coup, les cabinets de Londres et de Vienne se rapprochèrent, et s'apprêtèrent à tomber sur la Russie, pendant que celui de Berlin se réservait de faire main basse sur l'Allemagne, et celui de Paris sur la rive gauche du Rhin et sur la Belgique.

En Asie, Nicolas avait, en 1829, conquis Erzeroum, en Europe, Andrinople, où la Porte traita.

Il y eut deux traités, l'un avec les grandes puissances européennes, adhérant à celui de 1827, et reconnaissant l'indépendance de la Grèce, l'autre avec la Russie, et lui cédant, en Europe, les îles du delta Danubien, en Asie, les forteresses et districts d'Anapa, de Poti, d'Akhaltsykh et d'Akhalkalaki.

Ce dernier traité stipula aussi des immunités en faveur de la Moldavie, de la Valachie, de la Serbie, ainsi que des libertés au sujet du Bosphore, des Dardanelles et de la Mer Noire.

Somme toute, cette guerre fit une bonne besogne, et s'accomplit dans la pleine logique de l'Histoire européenne, en matant le Turc pour délivrer quelques nationalités d'un joug étranger.

La seule faute commise le fut encore par les diplomates, qui ne placèrent pas la Moldavie et la Valachie, pays latins, sous la protection et la garantie des grandes puissances réunies, au même titre que la Grèce.

Cette guerre d'Orient vient de nous montrer l'Angleterre, la Russie, la France, d'abord réunies dans une action commune par le traité de Londres et par Navarin, divisées ensuite, dès que la Russie continue, en Europe, et surtout en Asie, la guerre contre la Turquie.

L'Angleterre, dès lors, cherche diplomatiquement un soldat continental à opposer à la Russie, et le trouve dans l'Autriche, la Prusse restant en réserve comme la France, et toutes deux ne pouvant avoir qu'une politique : déchirer à coups de canon le traité de 1815, aux dépens de l'Autriche.

La paix d'Andrinople arrête ce mouvement ; mais elle n'en abroge aucunement les mobiles, et l'expérience demeure facile à saisir, et se résume comme il suit :

L'Autriche, comme la papauté, est un impérialat à bases hétérogènes, portant sur des plans multiples, et s'opposant à la rectification du centre et du sud de l'Europe, par voie des nationalités.

Tout l'art de Metternich, comme précédemment celui de Pitt, avait consisté à donner le change sur ses mobiles réels, et à se faire garantir la situation en porte à faux de son gouvernement sur les races allemande, latine et slave, démembrées, en unissant les gouvernements prépondérants contre la soi-disant révolution.

L'illuminisme d'Alexandre avait permis ce jeu, que le réalisme de Nicolas renversa, en abattant les cartes, momentanément, pour sabrer le Turc.

On peut voir, dès lors, comment se décompose le mouvement des cabinets : la faction anglaise a besoin de l'armée autrichienne contre la Russie, la faction russe des armées de Prusse et de France contre l'Autriche, la faction française de la rive gauche du Rhin et de l'impérialat des papes pour se couvrir vis-à-vis de la Prusse et de l'Autriche, la faction prussienne de la rive droite du Rhin pour se couvrir contre la France, et de l'Allemagne tout entière pour se couvrir contre l'Autriche et la Russie.

Il en résulte que les puissances ayant part entre elles au gouvernement général européen se décomposent en deux groupes : 1° Autriche, France et Prusse, vis-à-vis desquelles les petits États d'Allemagne et d'Italie sont des pièces secondaires dans leur jeu diplomatico-militaire ; 2° Angleterre et Russie, dans le jeu desquelles les petits États allemands et italiens ainsi que la Suède et le Danemark au nord, les principautés danubiennes, la Serbie, la Bulgarie, la Grèce, sont des pions et des cavaliers, dont la Prusse et l'Autriche, la Turquie et la France sont les tours et les fous.

Toutes les puissances du Continent ne sont que les membres du binôme anglo-russe, et tant que durera l'opposition des mobiles diplomatico-militaires des deux cabinets de Londres et de Pétersbourg, l'Europe n'aura ni paix sociale possible, ni gouvernement général régulier.

Je dois entrer ici dans quelques détails, pour ne laisser aucune obscurité dans l'esprit du lecteur, et je l'engage à avoir une mappemonde sous les yeux, car il faut tenir le globe terrestre dans la main pour comprendre le problème de l'anarchie des États d'Europe.

L'Angleterre, au moment de l'Histoire que nous observons, et grâce aux luttes continentales depuis la paix de Versailles, occupe une ligne de stations militaires sur une circonférence dont l'empire de Russie forme le centre.

En Europe et au Nord, Héligoland commande le détroit du Sund ; Gibraltar, Malte, les îles Ioniennes, la Méditerranée ; Aden le golfe Arabique ; l'île de Karak, occupée en 1838, commande la Perse.

Cette première chaîne relie l'empire emporocratique d'Angleterre à son empire des Indes ; et, de celui-ci, part encore une autre chaîne de stations navales et militaires, qui remonte jusqu'au nord de l'empire chinois.

Tel est le déploiement de la maîtresse et impériale énergie, dont l'Angleterre enserre l'Europe et l'Asie, sans parler de l'autre moitié du globe.

Sur tous les points dont j'ai traité, mais surtout depuis Héligoland jusqu'à Aden et Karak, le cabinet anglais doit avoir l'œil, et bien combiner son jeu européen.

La possession du Sund nécessite des combinaisons diplomatiques dont la Prusse, le Danemark, la Suède, sont les facteurs secondaires, et la Russie, l'objectif, et réciproquement, de la part de la Russie vis-à-vis de l'Angleterre.

On se demandera pourquoi.

Parce que la situation de la Russie l'incline à être, sur terre et sur mer, une puissance emporocratique de premier ordre, surtout en ce qui regarde le transit des matières premières et du commerce asiatico-européen.

La situation et l'opposition anglo-russe sont les mêmes dans les Dardanelles, et les facteurs secondaires y sont : les bouches du Danube, la Turquie, l'Égypte, l'Asie-Mineure, la Grèce, l'Autriche, sans parler de l'Italie, de la France et de l'Espagne.

Cette situation et cette opposition sont les mêmes sur le plateau de l'Asie centrale, et les facteurs secondaires y sont ces déluges de tribus nomades, d'où sont sortis tous les empereurs radicaux, avant et depuis Genghis-Khan, sans parler de l'Afghanistan, de l'Hérat et de la Perse, et enfin du Thibet et de la Chine.

Le gouvernement russe n'a jamais su profiter de son exceptionnelle situation emporocratique, et, sous ce rapport, il est considérablement au-dessous de sa mission nationale ; mais cela n'est nullement la faute de son armée, de sa marine, ni de sa diplomatie qu'il a fait, et qu'il fait manœuvrer, vis-à-vis de l'Angleterre, exactement comme si la nation russe y trouvait son compte, de même qu'en sens inverse, la nation anglaise y trouve le sien.

Maintenant que nous avons esquissé le cadre de cette étreinte, nous pouvons observer ce qui s'y meut.

Nous ne pousserons pas l'analyse plus loin qu'il ne nous convient de le faire, car notre intention n'est pas d'embarrasser les gouvernements, mais de les éclairer scientifiquement, d'une lumière qui n'est, parfois, brutale, que lorsqu'elle doit frapper, d'une manière précise, des points culminants d'anarchie et de dangers à venir pour tous.

Le premier cadenas de l'enchevêtrement anglo-russe a pour serrure la question du Sleswig-Holstein, pour clef Heligoland.

La chaîne de sûreté une fois ouverte de ce côté, ou fermée, ouvre, ou ferme successivement le cadenas de la question d'Orient et celui de la question de la Perse et de l'Asie centrale.

La politique des cabinets continentaux de France, de Prusse, d'Autriche, puis de Suède, de Danemark, de Hollande, de Belgique, d'Espagne, de Portugal, d'Italie, de Turquie, de Grèce, de Serbie, de Bulgarie, de Monténégro, de Roumanie est, et ne peut être que partie intégrante de la politique anglo-russe, que l'Allemagne soit ou non absorbée par le cabinet de Berlin ou par celui de Vienne, que l'Italie soit ou non absorbée par la maison de Savoie, peu importe.

Il en est, et il en sera ainsi, tant que le Gouvernement général, européen, ne sera pas modifié légalement, tant que le système inauguré, en 1648, ne sera pas juridiquement remplacé.

Mais attention à ce qui suit : aujourd'hui, la Chine ni les États-Unis n'ont pas encore été poussés, comme rois d'échec, sur l'échiquier, dont les longitudes et les latitudes de la sphère terrestre forment les cases, mais il est inévitable que cela advienne, tôt ou tard, si la constitution de l'Europe demeure diplomatico-militaire, antichrétienne, antijuridique et antisociale.

Dans cet état de choses, qui ne peut que s'élargir, si la Russie ou l'Angleterre se désintéressent, un seul moment, des affaires du Danemark, de l'empire ottoman et de la Perse, si l'une des deux puissances cesse de faire sur ces points tous ses efforts pour battre l'autre, par la ruse, et l'évincer, elle court le risque d'échec et mat sur toute la ligne.

C'est pourquoi, malgré toutes les apparences contraires, il y aura toujours, tant que le système européen sera ce qu'il est, une question Sleswig-Holstein, une question d'Orient, une question de l'Hérat, et de braves gens qui, comme M. Prudhomme, chercheront, Grotius à la main, si le schah de Perse ou le khan de Khiva ou de Kaboul a raison, si le prince de Bismarck ou le roi de Danemark n'a pas tort, si le sultan de Constantinople ou le prince du Monténégro a commencé, tandis qu'il s'agit de bien autre chose que de ces jeux de comparses, et d'un droit des gens quelconque.

Prenons comme champ d'observation la question de l'Asie centrale, presque dans ses origines.

L'expérience s'y laissera saisir plus nettement encore qu'en Europe, où les cabinets ont à compter avec l'opinion publique, et où leur ruse diplomatique, sans être moins radicale, est plus enveloppée et moins à l'aise dans ses mouvements.

Sur les frontières de la Perse et de l'Afghanistan, Hérat, dans son oasis fertile, dans sa situation stratégique, a toujours été considéré par les conquérants asiatiques comme la clef de l'Afghanistan, de même que l'Afghanistan lui-même, depuis Ram, le Celte, jusqu'à Genghis-Khan, le Ta-tzi, leur est toujours apparu comme la clef stratégique des Indes.

Hérat et son oasis, depuis la fin du dix-huitième siècle, étaient une sorte de dépendance féodale de la Perse, lorsqu'en 1837, à la mort du schah, le chef de l'Hérat, comme presque tous ceux de cette région de la Perse, se souleva contre Mohammed Mirza.

Si l'on mesure la distance à laquelle se trouve l'Hérat, tant de la frontière de l'empire anglais des Indes, que de la frontière russe, il est curieux de voir les cabinets rivaux de Londres et de Pétersbourg faire les efforts les plus énergiques, en venir presque à une guerre, pour prendre, l'un la cause d'un despote asiatique, l'autre celle de son vassal révolté.

Je ne ferai pas au lecteur l'injure de croire qu'il puisse supposer que le comte Nesselrode ou lord Palmerston fussent mus par un candide enthousiasme pour les droits du schah de Perse ou du caïd de l'Hérat.

Il saute aux yeux que, pour faire de ces droits les cartes de leur jeu diplomatique, et pour les jouer avec cette passion, chacun d'eux avait comme mobile d'enfoncer l'épée de sa patrie dans le sol de l'Hérat, parce que tous deux, sachant l'importance stratégique de cette oasis et de cette ville, en convoitaient la possession, dans la guerre occulte que leurs cabinets poursuivaient, sciemment, l'un contre l'autre.

Le schah de Perse, Mohammed Mirza, qui devait son trône à l'influence russe, avait concerté, en 1837, avec le comte

Simonitsch, ambassadeur de Pétersbourg à Téhéran, le projet, non seulement de conquérir l'Hérat, mais encore de marcher sur Balkh, de là, le long de l'Oxus, et ensuite sur la Chine, où une armée russe venant d'Orenbourg, sous le commandement du général Pérowski, devait venir le rejoindre, au commencement du printemps de l'année 1838.

Quant à cette armée russe, elle n'avait qu'un objectif possible et réel : l'Hérat, clef de l'Afghanistan, l'Afghanistan, clef des Indes.

Est-ce à dire que la Russie voulût conquérir, immédiatement et de haute lutte, l'empire anglo-indien ?

Pas plus que Berlin, Rome ou Paris ; pas plus que l'empire de la Chine et les États-Unis d'Amérique ne sont disposés à se heurter aujourd'hui sur l'Europe.

Mais, étant donné le jeu diplomatico-militaire des États entre eux, celui qui n'avance pas sur son rival, recule, dans ce combat, soit latent, soit patent.

Est-ce qu'en 1837, par exemple, l'affaire du schooner britannique *le Vixen*, venant débarquer des armes sur la côte d'Abkhasie, n'est pas également significative ?

N'avait-on pas vu l'Anglais Bell à la tête des Géorgiens soulevés contre la Russie ?

Russes comme Anglais étaient, et restent voués, par la constitution diplomatique de l'Europe, à cette politique naturaliste, antisociale, et où le droit des gens n'a rien à faire, qu'à être perpétuellement foulé aux pieds.

C'est pourquoi, lorsque le successeur de Feth-Ali-schah assiégea Hérat, les Anglais lui firent lever le siège, en opérant une diversion dans le golfe Persique, comme ils le firent encore, en 1856 ; et c'est pour surveiller ce point, que l'île de Karak et le port de Bushir leur sont aussi nécessaires qu'Héligoland, au nord de l'Europe ; Gibraltar, Malte, Suez, au sud ; Aden, plus loin encore, etc.

Trois ans après le siège d'Hérat, l'Angleterre qui, soi-disant voulait défendre l'indépendance de la ville et de l'oasis, essayait en vain de s'emparer de Kaboul.

Poursuivons encore ces observations prises sur le vif des expériences historiques.

Dès 1827, le cabinet de Pétersbourg s'ouvre la Chine par un très bon traité, qui lui donne amicalement certains droits à Pékin et une bonne situation influentielle.

En 1852, un nouveau traité ouvre un marché pour le commerce par voie de terre sur l'Irtych, ce qui permet aux agents russes d'avoir l'œil sur Boukhara.

En 1854, les Russes sont sur l'Amour, et ainsi s'équilibrent avec les Anglais, d'un bout de l'Asie à l'autre.

Les Anglais eux-mêmes, de 1840 à 1841, avaient fait à la Chine la guerre de l'opium.

La Russie ne faisait que prendre ses sûretés, en avançant pas à pas ses avant-postes ; car, que demain l'Angleterre ait un intérêt quelconque à précipiter la Chine tout entière sur l'Europe orientale, elle le fera, si elle le peut, et ce n'est certes pas la constitution européenne de 1648, de 1815, ni d'aujourd'hui, qui est en droit de s'y opposer.

L'acquisition de la Mingrélie, de l'Imérétie, de la Géorgie, du Chirvan et des provinces persanes et turques couvre la Russie de tout le versant méridional du Caucase, et ces conquêtes apparentes ne sont qu'une mesure de défense.

De même, par la possession du Daghestan, elle tend à se couvrir du versant septentrional, et enserre l'Abkhasie et ce que les occidentaux nomment la Circassie, en élevant de nombreux forts, qui commandent les gorges et les vallées de ces régions montagneuses.

De là aussi la nécessité de venir à bout des Tcherkesses et des Abkhazes, d'assurer la sécurité des communications d'Anapa à Poti et jusqu'avec l'Asie méridionale, de s'établir militairement, non seulement aux deux extrémités du Caucase, mais sur tous les cols intermédiaires, et de transformer cette chaîne en un rempart gigantesque, en combattant, pendant vingt-cinq ans, les tribus musulmanes, fanatisées par le murditisme.

Et cela, encore une fois, parce que, derrière Schamyl comme derrière l'Afghan, comme partout en Asie, la politique anglaise était, et est en mouvement, contre la politique russe, et *vice versâ*.

Seul, le point du Caucase, où opérait si sagement et si habilement Varouzof, nécessitait, dès 1844, deux cent mille soldats, pour contre-battre les insurrections, que soulevait le cabinet de Londres.

De là encore, la guerre au khan de Khiva, en 1841, à deux cents lieues des frontières russes, la nécessité de rapprocher cette distance par des postes échelonnés, par une réduction militaire des Kirghizes, par l'établissement d'une marine sur le lac d'Aral, par treize ans de travail incessant, aboutissant, en 1854, à la vassalité du khan, gardé à vue, dans son oasis, par un ambassadeur russe.

Il ne faut, encore une fois, chercher, dans ce jeu effréné, ni Christianisme, ni moralité, ni droit des gens, car il n'y en a pas plus en action en Asie qu'en Europe même, la constitution européenne étant athée, antijuridique et antisociale.

Le cabinet de Londres, comme celui de Pétersbourg, se conforment strictement, dans leur duel asiatico-européen, à la double loi gouvernementale de ruse et de violence, qui régit tous les gouvernements continentaux; et comme la Russie et l'Angleterre n'étaient même pas représentées au congrès Westphalien, où cette double loi naturaliste fut instituée, sous la présidence du nonce Chigi, la responsabilité première de ce naturalisme gouvernemental, de ce *struggle for life* légal, ne leur incombe même pas.

Personne n'a tort, personne n'a raison, dans cette lutte forcée de chaque instant, puisque ni le droit ni la raison n'ont présidé à la constitution des rapports mutuels des puissances, il y a deux siècles, mais la force militaire et la ruse diplomatique seulement.

L'Europe n'étant gouvernée, dans sa totalité, que par les instincts animaux des États, tous les moyens sont bons, les pires surtout, pour se défendre, sous peine d'être dévoré; et attaquer n'est encore que se défendre.

Si la Russie prend l'Angleterre sur le fait, dans l'affaire du schooner *le Vixen,* dans la révolte des Géorgiens conduits par Bell, dans les guerres de Schamyl, la Russie se trouve également prise sur le vif de ses machinations, dans un nombre égal de circonstances.

La Russie s'est avancée sur les territoires chinois jusqu'à l'Amour, et si l'Angleterre trouve que le droit des gens a été violé, c'est uniquement pour se faire une machine de guerre de l'invocation de ce droit, qu'elle sait bien ne pas exister, pour elle-même dans ses propres agissements.

De même, si la Russie reprochait à l'Angleterre d'avoir, le 19 juin 1838, fait enlever, par son escadre, l'île persane de Karak, sans déclaration de guerre à la Perse, ce ne pouvait être que dans le but de prendre, aux dépens d'une partie quelconque de l'Asie, une compensation stratégique contre l'Angleterre.

En Europe, le fonctionnement du système qui nous régit tous, est constamment enveloppé de prétextes, où les mots de légalité, de légitimité, de droit public, de droit des gens, d'ordre, d'autorité, de principes, endorment, ou occupent l'esprit public, pendant que le naturalisme antisocial des cabinets suit son cours.

En Asie, au contraire, il n'y a pas d'opinion publique à laquelle il faille faire la cour avant de la violenter, et la brutalité féroce de notre système européen s'y montre toute nue, sans crainte d'entendre crier haro.

Si le comte Simonitsch pour s'emparer de l'Hérat, au nom de la Russie, soutient les droits réels du schah, on voit clairement que ces droits sont, dans ses mains, une arme anti-anglaise.

Si l'Angleterre, pour parer ce coup, prend le parti du vassal révolté, ce n'est nullement que les droits révolutionnaires du vassal l'intéressent, pas plus que ceux de la Perse, à laquelle elle prend l'île de Karak.

La guerre constante que se font les cabinets anglo-russe, en Europe, à travers les cabinets et les peuples du Continent, a exactement les mêmes mobiles, le même caractère ; seulement, ils sont forcés à un déguisement, à se couvrir d'apparences de modération et de justice.

En Perse, les deux cabinets contendants arrivèrent à une telle égalité d'influence rivale, qu'ils furent obligés d'exercer en commun leur protectorat sur ce malheureux pays.

C'est ainsi qu'en 1848, ils donnèrent à Mohammed Mirza un successeur désigné entre eux, de commun accord, comme ils le firent, en 1852, pour le trône de Danemark et le Sleswig-Holstein, dans le traité de Londres.

Mais ces arrangemements à l'amiable sont des armistices, sur lesquels il ne faut pas se méprendre.

En 1853, c'est la Turquie qui devient le champ de bataille patent de cette lutte toujours active, quoique plus ou moins latente.

Le 9 et le 14 janvier, sir Hamilton Seymour, ambassadeur d'Angleterre, grâce à deux entretiens confidentiels avec le tzar Nicolas, est en mesure d'informer le ministère britannique.

Indépendance de la Serbie, des Principautés, de la Bulgarie, sous la protection de la Russie, occupation éventuelle de la Turquie par le tzar, offre à l'Angleterre de s'assurer des territoires à sa convenance, toute réserve faite de Constantinople même : tel est le plan que Nicolas confia à sir Hamilton Seymour, et, le 3 juillet, le général Gortchakoff franchit le Pruth.

La diplomatie anglaise provoque, alors, la conférence de Vienne, travaille les cabinets du Continent, publie les dépêches de Seymour auquel le tzar avait demandé le secret, et fait si bien que, le 12 mars 1854, elle a isolé la Russie, comme autrefois Pitt isolait la France, et que cette dernière puissance, dans un intérêt exclusivement anglais, va lui servir, aujourd'hui, de soldat continental.

Comme pendant sa lutte contre la France du traité de Versailles et à travers les coalitions européennes, de 1792 à 1813, la politique anglaise, à force d'habileté, bouleverse les alliances naturelles des puissances continentales.

La France de 1815 marche contre la Russie avec l'Angleterre ; le 20 avril, la Prusse signe avec l'Autriche un traité de garantie et un traité d'alliance éventuelle contre le chef de la Sainte-Alliance.

Et tout cela, pourquoi ?

Pour retarder ce qui est inévitable : la chute de la domination turque sur le territoire le plus important de la Chrétienté, c'est-à-dire, au fond, pour conserver à l'Angleterre une des serrures de sa chaîne de sûreté autour de l'Europe et de l'Asie.

Soit, mais pourquoi ne pas abattre, une bonne fois, toutes ces cartes sanglantes de la diplomatie, qui ne sont blanches et opaques que pour les aveugles ?

Il y a, dans toutes les nations d'Europe, des économistes, des magistrats, des hommes de science et de religion, pour traiter d'aussi graves questions d'intérêts matériels, juridiques, ethniques et religieux, et n'employer la force qu'à bon escient.

Ces multiples questions, la ruse et la force ne peuvent pas les résoudre seules, elles ne peuvent que les maintenir dans un état perpétuel de malaise, de souffrance, d'exaspération.

Toute l'Histoire de l'Europe vous le crie et vous le rugit, à travers toutes vos guerres successives.

Ces guerres sont engendrées par vos traités de force et sans caractère juridique.

Elles les déchirent successivement, et elles les déchireront sans cesse, ainsi, jusqu'à ce que l'Asie, l'Afrique, l'Amérique, entraînées dans l'engrenage de cet inqualifiable système européen, s'en servent, à leur tour, pour broyer l'Europe elle-même.

Attendez-vous ce résultat dernier de ce gouvernement européen, encore plus inintelligent qu'immoral, et ne verrez-vous clair, enfin, que lorsqu'il n'en sera plus temps?

Au bout du compte, il y a un esprit public en Europe; il y a une conscience publique, à travers toutes nos patries; il y a des intérêts publics, communs à tous nos pays; il y a une question des églises européennes, d'où l'on peut tirer un gouvernement religieux; une question des états européens, d'où l'on peut faire sortir un gouvernement juridique; une question des nations européennes, d'où l'on peut faire surgir un gouvernement emporocratique; triple gouvernement auquel la force et la ruse, la guerre et la diplomatie, l'équilibre et l'opposition des bataillons et des intrigues peuvent et doivent céder le pas, non seulement au nom du Christianisme et de la Civilisation, mais surtout au nom du bon sens pratique.

Le congrès de Paris du 25 février 1856 fut ce que sont tous les congrès; mais il poussa à l'extrême les vices réunis de tous les précédents.

L'Angleterre, l'Autriche, la France, la Prusse, la Russie, la Sardaigne, la Turquie y figurèrent.

La paix ci-dessous fut signée, le 30 mars, ou plutôt les germes des guerres à venir furent notariés de la manière suivante :

1° La Russie renonçait à son droit exclusif de protection sur les principautés danubiennes et à toute immixtion dans les affaires intérieures de ces pays.

Ce qui signifie que la bataille diplomatique allait recommencer de plus belle, là, comme dans le Sleswig-Holstein, en Perse, dans l'Afghanistan, etc., à travers la Prusse, l'Autriche, la Porte, la France et la Grèce.

2° La libre navigation du Danube devait être assurée par une commission dans laquelle, seules, les parties contractantes seraient représentées, la Russie laissant à la Turquie et aux principautés roumaines tout le delta danubien.

C'est-à-dire : exclusion des petits états danubiens, non contractants, hors de cette commission, qui devait être purement économique, et qui, étant diplomatique, ne sera qu'un tournoi masqué d'intrigues.

3° La mer Noire sera neutre, ses eaux ouvertes à la marine marchande de toutes les nations seront interdites aux navires de guerre, soit des puissances riveraines, soit des puissances non riveraines ; il n'y sera créé ni conservé d'arsenaux, ni maritimes, ni militaires ; la Turquie et la Russie ne pourront y entretenir que dix bâtiments légers pour la surveillance des côtes.

C'est-à-dire : la Russie ne pourra pas se défendre, la Méditerranée demeurera exclusivement la route anglaise des Indes, et en cas de partage de l'empire ottoman, la Russie n'en prendra pas une côte, et n'occupera pas Constantinople.

4° Le hatti-schériff par lequel Abdul-Medjid renouvelle les privilèges religieux de ses sujets non musulmans, sera inséré dans le traité, mais avec cette clause, que les puissances ne pourront pas s'autoriser de cette insertion, pour réclamer un droit d'immixtion dans les rapports du sultan avec ses sujets.

C'est-à-dire : les Chrétiens de l'empire ottoman ont le sultan pour pape, son cimeterre pour houlette pastorale, et la Chrétienté n'a rien à y voir.

Ce traité est un des plus anti-européens qui aient jamais été signés.

Il renferme en lui-même des questions religieuses, politiques, économiques, sociales, qui intéressent la Chrétienté d'Europe tout entière, et tout cela est étranglé d'une chaîne de fer par un fait de guerre, bâclé et bouclé par des paraphes diplomatiques, et tout est dit.

L'Angleterre s'est refait un oreiller provisoire, elle peut dormir en paix, quelques années encore, sur son empire indien ; elle a remis un piton de fer au cadenas de sa serrure turque, et comme elle tient encore une fois dans sa poche la clef de la Porte Ottomane, tout est pour le mieux.

La Russie perd la domination de la mer Noire, le protectorat des Chrétiens d'Orient, les fruits de la politique de Pierre Ier, d'Anna, de Catherine II et d'Alexandre Ier, l'utilité des flottes et des ports de guerre créés par Potemkine, Richelieu, Traversay, Lazaref, des forteresses de Sébastopol, Kinburn, Iénikalé, des traités de Kaïnardji, de Bukharest et d'Andrinople.

C'est-à-dire qu'à travers le mouvement secondaire des cabinets européens, le cabinet russe devra reprendre à nouveau ses combinaisons diplomatiques, de manière à ressaisir, soit avec une tour, soit avec un fou, soit avec un cavalier, les positions qu'il a perdues.

En 1864, en effet, la Prusse écrasait le Danemark qui perdait les provinces de l'Elbe; et la question du Sleswig-Holstein, l'intégrité de la monarchie danoise, soi-disant garantie par le traité de Londres du 8 mai 1852, était violée au désavantage de l'Angleterre, quoique sans grand avantage pour la Russie.

En 1866, la Prusse expulsait l'Autriche de la confédération germanique, détrônait les maisons régnantes de Hanovre, de Nassau, de Cassel, s'inféodait celles de Darmstadt, de Bade et de Wurtemberg, et constituait une domination militaire de première force, dont les intérêts sur la Baltique et sur le Danube menacent les deux serrures anglaises du Sund et des Dardanelles, l'une directement, l'autre, soit en immobilisant l'Autriche, en cas de guerre de la Russie contre la Turquie, soit en agiotant diplomatiquement à Bukharest et à Constantinople.

En 1870 enfin, le roi de Prusse et le tzar avaient, en juin, leur entrevue d'Ems, et le 9 juillet, le prince Gortschakoff disait à l'ambassadeur d'Angleterre :

« La Russie n'éprouve aucune alarme de la puissance de la Prusse. »

Ce fut également le cabinet de Pétersbourg qui força à la neutralité le Danemark, l'Autriche et, par suite, l'Italie, empêcha la formation de la *ligue des neutres*, et découragea toute action collective de l'Europe par les chancelleries.

C'est ainsi qu'Alexandre II vengea la défaite de Nicolas, en laissant frapper en 1864, en 1866 et en 1870, l'Angleterre dans les trois pièces principales de son jeu d'échec européen.

La guerre de Crimée, guerre antifrançaise que Napoléon III n'avait faite que dans un but personnel et gouvernemental, fut ainsi abrogée dans ses résultats.

En effet, le 29 octobre, le prince Gortschakoff, dans une circulaire adressée aux puissances signataires du traité de 1856, demanda la revision de l'œuvre du congrès de Paris.

Le 13 mars 1871, l'ambassadeur de la République française venait, à la conférence de Londres, signer l'annulation du traité de 1856, formalité inutile : les traités étant nuls par eux-mêmes, il suffisait de violer celui-là, sans cette comédie.

La Russie a acheté un peu cher cette radiation du traité de Paris ; car l'Allemagne, à peine née à la vie unitaire, a commencé par affirmer son adhésion aux vices du gouvernement général européen, par une spoliation successive de territoires, qui aura un jour son pendant aux dépens des provinces baltiques, et, plus tard, ses conséquences aux dépens de l'Allemagne elle-même, après des coups de canon sur le Danube.

Mais, en Asie, la politique russe a eu le champ plus libre, et s'exerçant d'une manière plus directe, elle n'a pas subi les exigences des cabinets intermédiaires. Pour ne citer qu'un fait, en 1858, le général Mourawieff signa avec la cour de Pékin le traité d'Aïgoun donnant à la Russie toute la rive droite de l'Amour, soit un territoire de deux millions de kilomètres carrés ; mais il est vrai de dire que le territoire chinois était occupé avant cette formalité.

Les bateaux à vapeur de la *Compagnie du fleuve Amour*, mettent la Russie en communication directe avec San-Francisco et les îles de l'Océan Pacifique, et, par cette route, il ne faut pas oublier que la politique voyage côte à côte avec l'économie, et que les Chinois s'entendent aussi bien, si ce n'est mieux que nous, à l'une comme à l'autre.

A ce propos, il n'est pas inutile de relater que, sur certains éventails de prix offerts, comme souvenirs, en Europe même, à des personnages par des dignitaires du Céleste Empire, on lit cette légende : *ordre aux soldats chinois qui prendront cette ville de respecter la maison dans laquelle ils verront cet éventail.*

La Chine ne fera certainement pas demain la conquête de notre

Continent; mais l'anarchie diplomatico-militaire de notre gouvernement général, en Europe comme en Asie, en Afrique, en Océanie et en Amérique, amènera certainement des complications, qui favoriseront la poussée du Céleste Empire sur nous, avec alliances européo-américaines et refoulement de l'Islam sur toutes les rives de la Méditerranée.

Or, si la constitution sociale du Céleste Empire est de taille à se placer, comme elle le fait déjà, en face d'une pareille éventualité, la constitution naturaliste et antisociale de l'Europe ne peut que faire le jeu des envahisseurs, comme je l'ai dit dans les chapitres I et VI.

Le moment où les cabinets anglo-russes heurteront, dans les Indes, leurs généraux et leurs soldats, commencera inévitablement la série d'éventualités que je viens d'indiquer.

L'anarchie européenne de ces cabinets remue en Asie tous les peuples musulmans.

Elle force la politique chinoise à s'occuper de la nôtre partout, depuis le Kachgar jusque dans les ambassades qu'elle a dans nos capitales ; de telle sorte qu'en Asie comme en Europe même, au nom d'un droit des gens absolument faux pour les Européens, la Chine comme l'Islam a ses roues d'engrenage installées dans notre système d'oppositions diplomatico-militaires entre États.

Si l'on veut bien remonter par la pensée à l'origine de ce système, on verra que, créé par la politique de soi pour soi, il a surtout profité à ceux des États qui n'ont pas coopéré à son institution, témoin la Russie et l'Angleterre, dont la politique opposée se joue à travers celle de toutes les autres puissances de notre Continent, témoin aussi la Prusse.

Si l'on veut bien réfléchir à tout ce qui précède, depuis nos considérations sur le traité de Westphalie, on comprendra également que, dans le système de l'équilibre des armées prédominantes et des fourberies diplomatiques, les seules puissances libres d'une action directe sont aux extrémités du fléau de cette balance de bouchers couronnés.

Or, par leur opposition diplomatico-militaire, l'Angleterre et la Russie accrochent forcément la Chine et les États-Unis aux deux bouts du fléau européen, au détriment final des intérêts anglo-russes, comme pour la ruine de tous les États, dont la chair à canon leur sert, en Europe, de poids complémentaires, diplomatiquement et militairement.

L'Angleterre ni la Russie ne peuvent modifier cet état de choses, qu'une constitution sociale de toutes les puissances européennes et qu'un gouvernement général régulier peuvent seuls abroger.

Dans toutes ces constatations, à partir du congrès de 1815 à 1822 jusqu'au congrès de Paris, j'ai fait porter l'observation du lecteur sur le cercle de la sphère politique de l'Europe ou plutôt sur la circonférence de l'ellipse dont Londres et Pétersbourg sont les deux foyers.

Mais, à l'intérieur de cette ellipse, se meut, enrobée dans ce mouvement, la vie de relations de tous les autres États d'Europe, que nous avons laissés de côté comme secondaires.

Il nous faut donc revenir sur nos pas, additionner à grands traits les actes publics de ces États, et en peser la portée, avant de nous résumer.

Le foyer dynastique de la politique russe, centre autocratique, rayonna, sous Nicolas comme sous Alexandre Ier, sa despotique influence sur les cabinets européens.

L'oligarchie anglaise, au contraire, tendit à contrecarrer ce mouvement, en répandant sur le Continent la propagande de ses institutions constitutionnelles.

C'est surtout à partir de 1827 et des traités d'Andrinople, que ce dualisme commence à se manifester nettement dans le gouvernement général.

L'impérialat des papes et les Bourbons étaient forcément entraînés dans l'orbite de l'autocratie ; mais la révolution de 1830 changea les attractions que subissaient les nations secondaires, en faveur du courant anglais.

L'Angleterre était tellement favorable à la révolution de France, bien que les tories fussent au pouvoir, qu'elle fut la première à reconnaître la royauté orléaniste.

En 1800 déjà, la politique anglaise avait, à Londres même, été pressentie, à ce sujet, par Talleyrand, lors de l'ambassade de Chauvelin.

En 1815, au congrès de Vienne, pendant les cent jours, Talleyrand avait renouvelé ses ouvertures, et enfin c'est lui encore que Louis-Philippe envoya comme ambassadeur à Londres, où il réorganisa la conférence, en y faisant entrer l'Autriche et la Prusse, le prince Esterhazy et le baron von Bulow.

Londres tendait ainsi à contre-balancer, parmi les cabinets européens, la dictature de Pétersbourg.

La révolution belge, les agitations de l'Italie, l'insurrection polonaise suivirent de près la secousse parisienne.

Nicolas répondit à la notification de l'avènement de Louis-Philippe, en qualifiant la révolution qui lui donnait le trône « d'événement à jamais déplorable », et rendit peu agréable auprès de lui la situation qu'occupèrent successivement MM. de Bourgoing, de Barante, Maison, et Casimir-Perier fils.

De plus, l'autocrate fit tout son possible pour reconstituer la Sainte-Alliance, manœuvra dans ce sens la Prusse et l'Autriche, déploya ses forces militaires, provoqua des congrès austro-prussiens, dans lesquels l'esprit d'Aix-la-Chapelle, de Carlsbad, de Laybach et de Vérone, réapparut moins mystique, mais tout aussi brutal.

En 1833, le congrès de Münchengraëtz poursuivit sans pitié le libéralisme au grand jour, ainsi que les associations et les sociétés secrètes qu'il expulsa d'Autriche, de Bavière et de Prusse ; il répondait aux faits des années 1831 et 1832.

En Italie, Gênes, le Piémont, Parme sont l'objet de répressions sanglantes, et la garantie de la monarchie pure se montre, encore une fois, dans la mort ; mais, à cette conspiration d'en haut, répondent Mazzini et Ramorino, qui fondent leur société secrète, ressuscitant, sous le nom de la *Jeune Italie*, l'idée et les moyens de Machiavel.

Aux 30 000 Autrichiens envoyés pour rétablir dans la Péninsule les gouvernements renversés, la France riposte par l'occupation d'Ancône, après Alger, et l'entrée dans le Tage.

Jusqu'en Irlande, l'impérieux instinct de la nationalité s'agite avec O'Connell ; mais bientôt, l'Europe officielle pourra appliquer à tous ces mouvements le triste mot prononcé par Sébastiani, au sujet de Varsovie, sauf en Belgique cependant, où la prise d'Anvers par les Français et la prudence politique de Louis-Philippe sauvent une existence nationale.

Deux ans après le congrès de Münchengraëtz, le dictateur européen de l'Est tint encore celui de Tœplitz avec les deux souverains allemands.

En 1838, les Autrichiens retirant leurs troupes des légations, la France retira les siennes d'Ancône.

C'est surtout en 1846 que la scission entre les deux groupes gouvernementaux de l'Europe continentale se montra, lorsque les troupes de la Russie, de l'Autriche et de la Prusse, entrèrent à Cracovie, en supprimèrent la république, et l'annexèrent à l'Autriche.

L'Angleterre et la France ne purent faire qu'une protestation platonique contre cette spoliation, et encore, en invoquant les traités de 1815, faible consolation, dont M. Guizot chercha, en 1847, à annuler l'effet, en se rapprochant de l'**Autriche**.

Comme pendant les guerres dites de religion, la France oscillait sur le Continent entre l'action et la réaction européennes.

C'est ainsi que, dans les affaires de Suisse, M. Guizot protestant se mit à la remorque de M. de Metternich, pour appuyer le Sonderbund et l'ordre des jésuites contre la Diète, que, seul à déjouer les plans de la coalition des cabinets de Vienne, de Paris, de Pétersbourg et de Berlin, Palmerston appuya, et sauva d'une intervention militaire.

En Italie, M. Guizot suivait également la politique de M. de Metternich, tandis que, désespéré d'en être l'agent contre une nationalité renaissante, le comte Bresson, ambassadeur de France à Naples, se coupait la gorge, le 2 novembre 1847.

Cette politique antinationale et conforme au Gouvernement général du Continent, amena la révolution de 1848, réponse des gouvernés à la république des cabinets prépondérants.

Mais n'oublions pas que les gouvernés sont des peuples, des nations ou des races, et non des individus.

Le but poursuivi par les nations divisées ou opprimées, fut partout, sauf en France, soit l'unité nationale à conquérir, soit un pacte des nations unifiées avec les dynasties locales.

Le moyen d'affranchissement, le pacte dont les libéraux, les démocrates et les unitaires firent partout leur maximum de revendication, fut la mise en vigueur des institutions représentatives.

Les Allemands réunirent le parlement de Francfort; les Slaves le congrès de Prague; l'Italie, à Milan, en Lombardie, à Venise, secoua le joug de l'étranger; la Hongrie se souleva à la voix de Kossuth; les principautés danubiennes, poursuivant l'unité roumaine, renversèrent leurs hospodars Bibesco et Stourdza ; les sociétés secrètes s'agitaient jusqu'en Pologne et en Russie.

Ce serait cependant une erreur de croire qu'il s'agit, dans tous ces mouvements, d'autre chose que d'unité et de constitution nationales.

Le manifeste diplomatique du 5 mars, rédigé par Lamartine, fit absolument fausse route à ce sujet : il n'y avait rien d'international dans ces agitations, sauf peut-être la propagande du libéralisme anglais, d'une part, et, de l'autre, la diplomatie et la république des dynastes absolus, considérés comme chefs des plus fortes armées permanentes.

Les Suisses et les Italiens, pas plus que les Allemands, les Slaves et les Hongrois, n'avaient aucunement comme idéal général la révolution philosophique du siècle précédent.

Il s'agissait pour eux de vivre et non de philosopher ; mais ils ignoraient ce qui les empêche de vivre, et croyaient leurs souverains ou leurs États en possession d'un pouvoir social et d'une liberté d'action qu'ils n'ont pas.

La jeune Italie de Mazzini était prête à se grouper autour de Charles-Albert ; l'Allemagne, au parlement de Francfort, nommait l'archiduc Jean vicaire général de l'Empire ; et si, à Berlin, les Prussiens promenaient sous les fenêtres du roi les cadavres que saluait Frédéric-Guillaume IV, leurs réclamations n'allaient pas plus loin qu'une réalisation loyale des institutions anglaises.

L'Allemagne tout entière était prête à donner la couronne impériale au roi de Prusse, pourvu qu'il lui garantît ce point.

C'était ignorer absolument l'essence du Gouvernement général, qui ne tarda pas à resserrer partout les freins du militarisme, après que la diplomatie eut porté partout le mot d'ordre réactif de la république antisociale des cabinets prépondérants.

Nicolas fut le dictateur de ce mouvement, comme Pitt, au commencement du siècle, comme Charles-Quint et Philippe II, deux siècles avant, comme les papes, avant la réaction espagnole du concile de Trente.

Le tzar empêcha le roi de Prusse d'accepter la couronne impériale, jeta une armée dans les principautés danubiennes, lâcha les troupes autrichiennes sur Milan et sur la Lombardie, pendant que les siennes, profitant de la contre-insurrection croate, faisaient signer au généralissime des Hongrois la capitulation de Villagos.

En France, il était inévitable que Louis Bonaparte voulût entrer dans la république antisociale des cabinets, par l'escalier de service de leur réaction sanglante.

De là, l'expédition de Rome, pour remercier l'empire clérical des papes de l'appui prêté à son élection, puis le coup d'État de Décembre, sur le mot d'ordre de Palmerston, intermédiaire du Gouvernement général, et ayant besoin d'un jeu continental, que la révolution dérangeait, du moment que le tzar en était vainqueur, à l'Orient et au centre de l'Europe.

De là aussi, la campagne de Crimée et ses conséquences anti-anglaises dans le Sleswig-Holstein, à Sadowa, puis en France et à Londres, en 1871, où la Russie déchira le traité de Paris.

Je suis revenu, à dessein, à l'ellipse anglo-russe, au grand cercle européo-asiatique du système gouvernemental, qui régit, comme secondaires, toutes les puissances du Continent.

J'entrerai maintenant dans une analyse sommaire des conséquences de ce système dans les cercles nationaux de l'Europe continentale, en Italie, en Allemagne et en France.

Quand Louis Bonaparte fit occuper Rome, il donna à l'intérieur, une satisfaction aux évêques, préfets de l'impérialat du saint Siège ; mais, au dehors, s'il n'avait pas adopté cette mesure, l'Autriche l'eût fait, pour prévenir la France.

L'Italie payait ainsi les frais des oppositions diplomatico-militaires du cercle austro-français.

De plus, pendant que la politique européenne de la France, pour s'équilibrer militairement contre celle de l'Autriche maîtresse de la Lombardie et de la Vénétie, occupait et devait occuper Rome, étant donnée bien entendu la constitution antisociale des rapports des grandes puissances, la Russie absolutiste occupait diplomatiquement le royaume de Naples, et, par conséquent, l'Angleterre constitutionnelle avait, au même titre, son agio près du roi de Piémont.

De sorte que le cercle diplomatique anglo-russe étreignait le cercle diplomatico-militaire franco-autrichien, et le tout ensemble, l'Italie.

On sent bien qu'il ne s'agissait nullement d'un ensemble d'intrigues ayant pour but le démembrement de la Péninsule, qui était fait depuis les papes, et, encore moins, son unité à faire, mais d'une force des choses supérieure à l'Autriche et à la France, et même à la Russie et à l'Angleterre, et qui les contraignait à agir ainsi, parce que le Gouvernement général de l'Europe, parce que la république antisociale des États prépondérants a été instituée, il y a près de trois siècles, comme un tripot ayant l'intrigue pour loi.

On se demandera pourquoi l'Angleterre et la Russie ne laissaient pas l'Italie tranquille : pour deux raisons : la première, parce que leur ellipse d'oppositions renfermait, sur ce point, comme puissances contenues, la France et l'Autriche ; la seconde, mobile de la précédente, parce que la Méditerranée est la route des Indes, et que maîtresse dans ces eaux d'une chaîne de sûreté composée de stations navales, l'Angleterre n'est pas plus disposée à en céder les clefs, à la Russie, à l'Autriche, à la France, à l'Italie, que la Russie n'est en humeur et en situation de se laisser enchaîner.

On se demandera encore pourquoi l'Angleterre, après réflexion, a laissé la France prendre l'Algérie : pour débarrasser la route des Indes des pirates barbaresques, et occuper médiatement l'Islam, sur ce point, et la France elle-même.

En Italie, aucune domination italienne, aucun État péninsulaire n'était et ne pouvait être libre de ses mouvements, depuis Charles-Albert et le pape, jusqu'au roi de Naples, tous étant pris dans l'engrenage diplomatique russo-autrichien, d'une part, anglo-français de l'autre.

Seuls, Mazzini et la jeune Italie correspondaient exactement, pour cette époque, aux besoins unitaires de la Péninsule, et étaient libres de leurs mouvements, pour servir ces besoins, en profitant des embarras diplomatiques et militaires du Gouvernement général de l'Europe, en saisissant l'opportunité de ses crises d'oppositions sanglantes, et en s'appuyant sur une dynastie locale, comme le fit la politique de Cavour, avec le concours du cercle anglo-français d'abord, du cercle russo-prussien ensuite.

Depuis l'unité italienne et le siège de la cour à Rome, les engrenages diplomatiques du Gouvernement général européen n'ont pas changé ; ils sont désormais à Rome même, et l'Italie en fait directement partie, corps et biens, politiquement et économiquement, sans que rien l'en puisse affranchir, si ce n'est un remaniement de la constitution de l'Europe entière.

Il est facile de voir par l'exemple qui précède que les trois remèdes, les trois pilules que les docteurs de la politique préconisaient, et offrent toujours aux maux des nations, soit en voie d'unité, soit en embarras de leur unité acquise : monarchie despotique, monarchie constitutionnelle et république, sont trois orviétans chimériques, et qu'il s'agit de tout autre chose que de ces formes de gouvernement.

Toute nation ne souffre, en Europe, que parce que le Gouvernement général est antisocial ; et chacune ne peut cesser de souffrir que grâce à des modifications dans les rapports des États européens.

Ces modifications ne doivent point être politiques, mais sociales.

En Allemagne, la situation politique était analogue à celle de l'Italie, et plus serrée encore dans les oppositions du système qui pèse sur tous les États.

Avec tous les libéraux du Continent, les démocrates et les unitaires allemands cherchèrent, depuis 1815, le remède à leurs maux dans la pilule anglaise des libertés constitutionnelles, et ne réussirent ainsi qu'à s'attirer de sanglantes réactions de la part de la république des trois cabinets de Pétersbourg, de Vienne et de Berlin.

Le vent constitutionnel de Londres, en passant par les révolutions de Paris, pouvait desserrer un peu les cercles européens en Italie, et faire le jeu du roi de Piémont et de l'unité nationale dont il était l'instrument.

En Allemagne, tout le poids du Gouvernement général, toutes les oppositions de ses engrenages diplomatiques, étaient d'autant plus difficiles à soulever et à écarter, que cette partie de l'Europe est centrale, par rapport aux autres.

Une dynastie était seule assez forte pour conspirer l'unité allemande contre tous les dynastes et contre tous les États prépondérants de la république athée et antisociale des dynastes, ou tout au moins des diplomates et des cabinets.

Naturellement cette dynastie devait croire qu'elle travaillait pour son propre compte (quitte à se tromper), et mettre en œuvre tout l'arsenal diplomatico-militaire de la ruse et de la violence.

Le mémorandum du docteur Kombst, ancien secrétaire de l'ambassade prussienne à Francfort, prouve, dès l'année 1835, date de sa publication, que la ligne de conduite du cabinet de Berlin fut tellement tracée, que le prince de Bismarck n'a eu qu'à continuer jusqu'au bout.

Cette pièce curieuse, rédigée en quittant le service, et d'après des documents qui n'ont point été contestés, fit, à cette époque, une certaine sensation, comme en 1866, la brochure du général de la Marmora.

Voici l'analyse de ce mémorandum :

La politique prussienne devait, en apparence, s'abstenir d'exercer aucune influence directe sur les États secondaires de l'Allemagne, et, en réalité, prendre sur eux une influence d'autant plus effective que ses moyens seraient indirects.

Voici quels devaient être ces moyens :

A Dresde, capitale du petit royaume de Saxe, il fallait former un parti d'agitation en faveur de l'annexion à la Prusse.

La légitimité et le droit divin du roi de Saxe n'entraient aucunement en considération ; car, si ces doctrines mystiques sont bonnes comme moyen gouvernemental, vis-à-vis des peuples, les membres couronnés de la république athée des États désunis d'Europe ne peuvent point entre eux, s'adonner à ces illusions, que tous leurs rapports d'État à État renversent radicalement depuis deux siècles.

En outre le mémorandum du docteur Kombst révélait l'emploi d'une tactique élémentaire, vis-à-vis des petits États allemands, et qui consistait à entretenir perpétuellement leurs querelles entre eux.

Grâce à ce moyen, ils prendraient l'habitude de soumettre leurs différends à l'Autriche et à la Prusse.

Cette dernière puissance devait, dès lors, s'en prévaloir pour éclipser la première avec ostentation, en s'opposant de temps en temps à quelque décision bien impopulaire des Hapsbourg ou de leurs représentants.

L'un des moyens préconisés était aussi de faire sonner haut les gloires de la Prusse, pendant les guerres de l'indépendance contre Napoléon, de la représenter comme la puissance allemande par excellence, comme la plus libérale et la plus éclairée.

En ce qui regarde le libéralisme, la tâche était assez facile, par opposition à la politique gouvernementale des Metternich et des Haynau.

Quant à la France, à son catholicisme romain, le cabinet de Berlin devait opposer les bienfaits du protestantisme, et, aux formes populaires du gouvernement français, la sagesse d'une administration, d'un fonctionnarisme ouvrant à tous les talents la carrière la plus conforme à leurs capacités.

Dans cette course au clocher, le seul État qui eût une chance de dépasser la Prusse d'une tête, et d'enlever le prix de l'opinion publique, en Allemagne, était le Wurtemberg, également protestant et, de plus, paré de la séduction des institutions représentatives, en opposition avec le fonctionnarisme prussien.

Pour écarter ce danger, le mémorandum dévoile le plan d'exciter secrètement l'Autriche à ramener le Wurtemberg à l'absolutisme, ce que le prince de Metternich était tout disposé à faire.

Telle fut la tactique suivie en Allemagne par l'État prussien, jusqu'en 1848, et il ne lui fallait rien moins que cette conspiration pour arriver à faire à son profit l'unité de l'Allemagne.

Quant à son jeu diplomatique à l'égard du cercle anglo-russe, il fut joué militairement en deux coups, dans le Sleswig-Holstein, avec l'Autriche, à Sadowa, contre l'Autriche.

Ces événements sont trop connus pour que j'entre dans les détails, et je me bornerai à résumer et à conclure.

C'est au nom de la confédération germanique que le prince de Bismarck eut l'audace de s'élever contre le traité de Londres de 1852, traité signé par les représentants diplomatiques d'Autriche, de Prusse, de Russie, de France, d'Angleterre et de Suède et transférant au duc de Sleswig-Holstein Glucksbourg le droit à la succession du roi de Danemark qui, sans enfants, avait lui-même provoqué cette disposition.

Lorsqu'en 1863, le roi Frédéric mourut, laissant au duc de Glucksbourg, Christian IX, le trône de Danemark, M. de Bismarck protesta contre l'annexion des duchés, dont l'armée austro-prussienne s'empara, de février à mai 1864.

On se demandera comment le Gouvernement général de l'Europe laissa faire, et le voici.

L'Angleterre n'avait pas d'armée continentale disponible, le cabinet de Vienne étant de connivence avec celui de Berlin, celui de Paris ayant une partie de son armée occupée au Mexique, celui de Pétersbourg réparant les blessures de la guerre de Crimée et aimant mieux voir forcer ainsi médiatement, la serrure du Sund, que de faire le jeu de l'Angleterre, en intervenant militairement contre la Prusse, la confédération germanique et l'Autriche.

Seule, une intervention diplomatique était possible, et le cabinet de Londres proposa une conférence; mais nous savons ce que vaut la diplomatie, quand elle n'est pas l'avant-garde ou l'arrière-garde de la guerre.

Sur cinq puissances, les diplomates anglais, russes et suédois défendirent les droits du Danemark ; les représentants de Prusse et d'Autriche, les droits du duc d'Augustenbourg, qui, ayant tenté, en 1848, de s'emparer des deux duchés, en avait été chassé par la Prusse et l'Autriche elles-mêmes.

Entre ces deux camps, la diplomatie française en établit un troisième, en demandant de consulter les populations des duchés.

C'était une excellente demande, mais trop en dehors des habitudes diplomatico-militaires du Gouvernement général de l'Europe, pour ne pas faire fermer la conférence.

Celle-ci admit cependant, et pour de bonnes raisons, la proposition en faveur du Holstein, mais la rejeta au sujet du Sleswig ; et le 25 juin, ce pseudo-congrès fut rompu, ayant le sort de tous ses semblables, et laissant le dernier mot aux généraux victorieux.

« Elle a duré six semaines, cette conférence, juste l'espace
» d'un carnaval ; affaire de masques et de mystifications. »

C'est avec cette légèreté que Disraëli s'en lavait les mains ne pouvant pas faire autrement, faute de cinq cent mille soldats franco-russes.

Pendant ce temps, les troupes austro-prussiennes s'emparaient du Jutland et de l'île d'Alsen, et, le 27 juillet, tout fut dit.

Quant à la confédération germanique, il n'en fut même pas question dans le traité qui mit, le 30 octobre, le sceau de la diplomatie austro-prussienne sur la spoliation militaire du Danemark.

Naturellement le duc d'Augustenbourg, prétexte et paravent désormais inutile, fut écarté et la Prusse occupa les duchés.

Le cabinet de Vienne, se voyant joué par celui de Berlin,

commença à comprendre, et une guerre faillit mettre aux prises les deux puissances spoliatrices ; mais la convention de Gastine, du 11 août 1865, remit la paix, pour quelques mois, entre les complices.

Un an plus tard, grâce à l'alliance italienne, le comte de Bismarck prenait l'Autriche entre deux feux.

Napoléon III qui avait, en 1859, commencé l'unité de l'Italie, ne pouvait pas s'opposer à ce que Victor-Emmanuel tentât de l'achever ; et se mettre alors contre la Prusse, eût été se mettre contre l'Italie.

Le cabinet de Berlin avait laissé faire celui de Paris en 1859 ; mais, tout en désintéressant de la cause de l'Autriche les libéraux de la confédération germanique, il avait poussé cette dernière à s'armer, et à rester en observation sur le Rhin.

Précipiter l'Allemagne dans la guerre était un moyen élémentaire, pour le cabinet de Berlin, de s'en emparer militairement.

Napoléon III, par la paix de Villafranca, avait paré ce coup ; mais en 1866, ce fut l'Autriche qui le reçut.

En 1865, le comte de Bismarck avait neutralisé à Biarritz, Napoléon, par des promesses vagues, puis, en Prusse, l'ambassadeur français par un projet de traité plus vague encore.

La brochure du général de la Marmora éclaire suffisamment le traité entre l'Italie et la Prusse.

Quant à l'Allemagne, la diète de Francfort sentait que la victoire, soit de l'Autriche, soit de la Prusse, donnerait la dictature militaire de tous les États allemands à l'une ou à l'autre de ces puissances.

C'est pourquoi, le 14 juin, la diète vota la mobilisation de l'armée fédérale après de longues délibérations, dont le comte de Bismarck profita, comme, sur le Continent, tout État despotique profite de sa rapidité d'exécution sur les États constitutionnels.

Cet homme d'État traita l'Allemagne, comme il avait traité la Prusse.

Pour s'emparer du roi, il lui avait fait secouer le faible joug des chambres, en se délivrant de celles-ci par des coups d'État.

Pour saisir la dictature de l'Allemagne, dès le 15 juin, dès la déclaration de guerre de l'Italie à l'Autriche, il fit prononcer par le roi de Prusse la double dissolution de la diète de Francfort et de la confédération germanique.

Du 15 au 29 juin, sans déclaration de guerre, les troupes prussiennes envahirent le Hanovre, conquirent les deux Hesses, Bade et la Saxe, et, se séparant en deux armées, entrèrent en Bohême, où, après les victoires de Munchengraetz, Jitschen Nachod, Bugersdorf, elles se réunirent le 29 juin entre Kœnigingraetz et Sadowa.

Le 30, la grande bataille que l'on connaît, donna le coup final à l'empire d'Autriche.

Le 23 août, le traité de Prague mit le timbre et l'enregistrement de la diplomatie sur les résultats politiques du carnage militaire.

L'Autriche fut exclue de l'Allemagne, et céda à la Prusse tout droit sur le Sleswig-Holstein, sous réserve que le Sleswig aurait la liberté d'opter pour le Danemark.

Il va sans dire que cette liberté ne fut pas accordée au Sleswig, qui, d'ailleurs, ayant le sabre de la Prusse dans la gorge, eût été embarrassé pour exprimer librement ses vœux.

Le 3 octobre, l'Autriche abandonna, par l'intermédiaire de Napoléon III, le royaume lombardo-vénitien à l'Italie, et cette cession fut accomplie le 19 octobre.

Quant à l'Allemagne, toutes ses forces militaires furent mises aux ordres du roi de Prusse et sous son commandement. Le royaume de Hanovre, l'électorat de Hesse-Nassau, les villes libres de Brême, Hambourg et Francfort, furent annexés.

Le traité de Prague avait stipulé que la confédération du nord serait formée de tous les États situés au nord du Mein, et qu'il y aurait une confédération du sud, comprenant les États situés au sud de cette même rivière : Bavière, Wurtemberg, Hesse-Darmstadt, Bade, Lichtenstein.

Il va sans dire que cette confédération du midi n'eut pas lieu, et que la politique secrète, dévoilée en 1835, dans le mémorandum du docteur Kombst, porta ses fruits.

Bade se rallia à la Prusse; la Bavière et le Wurtemberg, par des traités secrets, acceptèrent la dictature militaire de Berlin ; Hesse-Darmstadt, à cheval sur le Mein, entra dans la confédération du nord.

Voici comment, le 18 juillet 1865, la reine de Hollande, dans une lettre à Napoléon III, appréciait ces événements :

« Vous vous faites d'étranges illusions.

» Vous permettez de détruire les faibles ; vous laissez gran-
» dir outre mesure l'insolence et la brutalité de votre plus
» proche voisin.

» Je regrette que, parce que vous me croyez intéressée à la
» question, vous ne voyiez pas le danger d'une puissante Alle-
» magne et d'une puissante Italie.

» Telle est la vérité que vous reconnaîtrez plus tard. »

La faute première de Napoléon III ne fut nullement de favoriser l'unité de l'Italie ni de l'Allemagne, en tirant l'épée pour l'une, et en ne la tirant pas contre l'autre.

Toute la marche de l'Histoire européenne, depuis près de mille ans, tend à la constitution des nationalités, partout où il y en a les éléments ; et autant, comme Européen, Napoléon Ier est blâmable pour avoir méconnu cette vérité, autant Napoléon III ne l'est pas pour l'avoir entrevue.

Sa faute réelle fut de ne pas plus connaître que son oncle la nature du Gouvernement général, et de vouloir s'y implanter comme dynaste.

L'un attenta constamment aux nationalités ; l'autre n'en pressentit la loi virtuelle qu'à travers son intellectualité peu précise, sans fixité, comme sans puissance de combinaisons sur un champ aussi vaste et aussi compliqué que l'Europe; tous deux enfin ne visèrent guère plus haut qu'à siéger en parvenus dans la république antisociale des souverains, mais entre deux selles, entre une origine révolutionnaire récente et un principe monarchique qui ne peut être qu'électif, entre une république archéologique et un empire plus archéologique encore.

La conspiration anarchique des puissances militaires prépondérantes, l'oligarchie européenne des grosses intrigues de cabinet, des grands agios diplomatiques, joua Napoléon III comme elles avaient joué Napoléon Ier, par la simple raison qu'il aurait dû, loin de chercher à entrer dans cette conspiration, dans cette oligarchie et dans cet agio, les déjouer tout d'abord, en déclinant le périlleux honneur d'en être le complice.

Comme ce livre est une œuvre intellectuelle et non passionnelle, intégrale et non sectaire, je dois dire que Napoléon III, loin d'être déplacé parmi les souverains de son temps, fut un des plus honnêtes dans sa politique étrangère vis-à-vis d'eux; mais, dans la république athée et antisociale des États prépondérants, du moment qu'on y entre, une politique étrangère honnête, ressemble singulièrement à de la naïveté.

On rirait d'un philanthrope qui s'en irait évangéliser les étrangleurs et les pick-pockets avec une belle chaîne de montre, une tabatière en or enrichie de diamants, une bourse garnie de louis et un portefeuille bourré de billets de banque.

Le meilleur revolver à douze coups serait nécessaire pour appuyer cette candeur, ainsi qu'une poignée de solides détectives, pour surveiller les mains et les entreprises contre les poches.

De même, un puissant machiavélisme diplomatique et une imperturbable brutalité militaire, non vis-à-vis des peuples ni des souverains, mais vis-à-vis de l'anarchie intergouvernementale, eussent été indispensables à Napoléon III, pour servir efficacement, en Europe, la cause des nationalités à former, sans courir le risque d'en faire démembrer d'autres et la sienne surtout, si riche et si lucrative à spolier.

Au point de vue qui nous occupe, Napoléon III fut beaucoup plus victime de ses qualités que de ses défauts.

Le César clérical de Rome le joua perpétuellement, dans sa politique, tant intérieure et italienne qu'européenne ; l'Angleterre l'exploita en lui faisant faire la guerre de Crimée et celle de Chine ; l'intrigue mexicaine en l'enferrant au Mexique, comme le carbonarisme qui l'avait poussé à l'empire, en le contraignant à la guerre d'Italie.

Comme la plupart des souverains d'Europe, il ne dirigea pas les événements européens, il les subit, faute d'en saisir les lois, et quand il voulut introduire dans ces lois de ruse et de brutalité un tempérament constitutionnel, en demandant à la diplomatie de consulter au moins les peuples en cas d'annexion, il fit comme le philosophe dont nous parlions plus haut, et fut joué, faute de servir une bonne cause aussi énergiquement et d'une manière aussi fourbe que les cabinets spoliateurs la leur.

Les craintes exprimées par la reine de Hollande sur l'unité allemande et sur l'unité italienne n'eussent point été fondées, si Napoléon III s'y fût pris à temps pour arborer partout, en Europe, la politique des nationalités, en dégageant toutes les combinaisons pratiques qu'elle comporte, et cela, même sans sortir totalement de la double loi de ruse et de brutalité qui gouverne la totalité de nos États.

Mais il eût fallu s'y prendre dès 1864, en défendant militairement l'intégrité du Danemark.

Alors, ayant pour lui toute la puissance morale d'un principe, le souverain français devait ne pas s'en dessaisir, dépenser sur le Continent quelques millions de francs, pour y créer, dans ce sens, une agitation intellectuelle précise, menée par de bons agents secrets, faire entrer les petits États dans une ligue et dans un congrès de sauvegarde mutuelle, et les lier d'une manière défensive.

Il ne faut pas oublier, en effet, que, si les nationalités les plus grandes ont de grosses armées permanentes, les petites, à elles toutes, peuvent représenter un effectif total de plus de deux millions d'hommes, dont les officiers et les soldats sont tout aussi bons à la guerre que ceux des gouvernements prépondérants.

Il en est de même pour les flottes.

Dans le système actuel, au contraire, les petites nations dépendent absolument des grandes qui sont leurs pires ennemies, à cause de ce système même; et comme le prétendu Droit des gens ne protège au fond que les diplomates, la sécurité des petits États est sans aucune garantie pratique.

Ces petits États, dans la bergerie européenne, sont des moutons gardés, non par des pasteurs, mais par des loups;

et comme l'a dit ironiquement La Fontaine, la raison du plus fort est toujours la meilleure.

La Hollande, le Danemark ont de grandes étendues de côtes maritimes, la Suède d'excellents bois de sapin et de bonnes mines, et tout cela est une tentation.

La Roumanie est un grenier d'abondance, sa situation l'incline à être un État agricole et commercial de premier ordre, et tout cela est bien alléchant.

La Serbie, la Bulgarie, le Monténégro, la Bosnie, l'Herzégovine sont les petites barrières vivantes qui séparent les grandes puissances des provinces de l'empire turc, les plus belles de notre Continent, les plus richement douées par la nature.

Saint Antoine lui-même, s'il était le ministre des affaires étrangères de Russie, d'Autriche ou de Prusse, donnerait sa démission, de peur de succomber à la concupiscence d'une véritable boucherie, et de faire un mauvais coup, tôt ou tard.

Toute l'histoire du passé monarchique de l'Europe est, sous ce rapport, un enseignement légué à son avenir monarchique ou non.

L'impérialat clérical des papes, qui devait, soi-disant, paître les brebis ecclésiales, a tenté perpétuellement de s'en repaître lui-même.

Il n'a pas laissé une petite église vivre tranquillement sa petite vie nationale, tant qu'il a eu les dents assez longues pour étrangler l'agneau, depuis les provinces Baltiques jusqu'aux Ariens d'Espagne, depuis l'orthodoxie grecque jusqu'aux églises protestantes.

Charles-Quint et Philippe II n'ont pas dérogé sous ce rapport.

Enfin, depuis que le Gouvernement général est passé de la forme impériale à la forme républicaine, depuis 1648, jusqu'à nos jours, ce naturalisme légué aux États prépondérants par le césarisme clérical que représentait le nonce Chigi, n'a fait que croître en ruse et en voracité.

Les deux glaives de Boniface VIII sont devenus quatre ou cinq couteaux colossaux, les canons de l'Église romaine une artillerie de bronze à trouer la planète, une mâchoire de boulets, quasi sidérale, mâchant la chair humaine par millions de vies, broyant les territoires par centaines et par milliers de lieues, engloutissant l'or et l'argent par centaines de milliards, ruminant perpétuellement des spoliations continentales et coloniales.

La seule loi publique laissée à l'Europe, par le congrès de Westphalie, est le meurtre pour le vol ; et jamais cette loi n'a été abrogée, parce que, dans leurs rapports fonctionnels entre eux, les souverains et les États en sont les premiers forçats, à la chaîne comme les peuples.

Bien que je ne veuille point aborder l'Histoire contemporaine dans ce livre, j'indiquerai le plus sommairement possible les conséquences de la loi supra-continentale.

Dans toutes les nations du Continent, auxquelles le nombre des canons et des soldats donne le droit de siéger dans le Gouvernement général des collisions armées, ces conséquences sont les mêmes.

Nul souverain, nul État, nulle nation, sauf l'Angleterre (et encore), n'est et ne peut être libre de cette chaîne, de ce système de force brutale.

Russie, Autriche, Prusse, France, Italie, etc., le système total les asservit toutes despotiquement à son naturalisme athée et antisocial.

Tout ministre des affaires étrangères, à moins d'être aveugle ou traître à sa patrie, doit gouverner tyranniquement son souverain ou son État, ou tous deux ensemble, les yeux ouverts partout au dehors, à travers les regards de quelques milliers d'espions.

Au dedans, il faut qu'il gouverne tout, à travers un ministre de la guerre, devant les exigences duquel tout doit plier.

L'administration entière de l'État doit être subordonnée au ministère de la guerre, et tous les autres départements ministériels doivent lui céder le pas.

Aucune liberté publique réelle, aucun pouvoir social, soit religieux, soit juridique, soit économique, ne peut être laissé à la nation que, seul, le pouvoir exécutif doit tenir tout entière en main comme une épée.

C'est pourquoi clergé, magistrature, finance, tout l'organisme social doit être politiquement étranglé, monopolisé comme un seul et même moyen d'asservissement à la loi publique extérieure, à la force brutale, traduite en dedans par un fonctionnarisme homogène, noué comme une immense police de sûreté, comme une camisole de fou, sous un corset d'acier.

En Russie, tous ces pouvoirs sociaux annihilés s'appellent en bloc le *Tchin*, et toute la carrière du prince Gortschakoff n'a eu qu'un but : empêcher Alexandre II d'y toucher ; comme en Autriche, le prince de Metternich et sa politique suivie depuis 1815 jusqu'à 1859 ; comme, en Prusse, les premiers ministres prussiens, depuis la même date, le prince de Bismarck, depuis près de vingt ans ; comme, en France, le duc de Morny et M. Rouher, pendant son vice-impérialat.

Les qualités personnelles des souverains n'ont absolument rien à faire dans ces rapports fonctionnels entre eux ; et les premiers ministres ont plus peur des vertus de leurs maîtres que de leurs vices, de leurs qualités que de leurs défauts.

La bonté de cœur d'Alexandre II a toujours été le cauchemar du prince Gortschakoff, les rébellions morales de l'empereur Guillaume ont fait plus d'une fois le désespoir du prince de Bismarck, le libéralisme de François-Joseph, les idées démocratiques de Napoléon III ont eu le même sort, auprès des ministres qui représentaient véritablement, en Autriche comme en France, la pesée du système diplomatico-militaire qui domine ensemble tous les grands États.

Or, étant donnée la constitution antichrétienne, antijuridique et antisociale de la république européenne, ce sont les ministres féroces qui ont raison.

Depuis 1859, l'empereur François-Joseph voulut desserrer les rouages du despotisme dans son empire ; en Europe, en 1863, de concert avec la France et l'Angleterre, il intervint, pour modérer, en Pologne, la tyrannie de la Russie : en 1865, il fut joué par la Prusse ; en 1866, son empire fut broyé par elle.

De même, Napoléon III, à partir de 1859, se compromit au dehors, en imprimant à sa diplomatie et à ses armes un caractère humanitaire en faveur de l'Italie ; et, quand, au dedans, l'influence de M. Émile Ollivier prévalut sur celle de M. Rouher, le régime parlementaire sur le césarisme, l'emporocratie sur l'empire militaire, la chute de l'empire français et le démembrement de la France suivirent d'une année le sénatus-consulte du 8 septembre 1869.

Telles sont les conséquences primordiales du Gouvernement général de l'Europe dans chaque État prépondérant.

Si je voulais énumérer toutes les conséquences secondaires, tant politiques qu'économiques, il me faudrait donner ici une monographie de la Russie depuis Pierre-le-Grand, de l'Autriche depuis Ferdinand III, de la France depuis Louis XIII, de la Grande-Bretagne depuis Charles Ier, de la Suède depuis Christine, de l'Espagne depuis Philippe IV, de la Pologne depuis Jean Casimir, de la Prusse depuis Frédéric III, sans compter celle des petits États, enjeux sanglants du jeu des grands.

Chacune de ces monographies représente, à elle seule, un volume, qui sera publié dans chaque pays, si celui-ci trouve assez d'écho dans l'opinion pour y poser la question du Gouvernement général.

Le lecteur sentira facilement qu'avec la rigueur scientifique des principes qui ont inspiré ce livre, il me serait facile de tracer, ici même, la situation comparée de tous les États d'Europe, en 1881, et d'établir un calcul de probabilité, laissant peu de prise à l'imprévu, en ce qui regarde les collisions de ces États.

Si je ne le fais pas, c'est que, dans l'état actuel des choses, je crois inutile de soulever ce voile.

Dans ce qui précède, j'ai voulu faire sentir qu'on accorde généralement une trop grande importance aux personnes, ministres ou souverains, dans la critique historique des faits, et que les maux publics du Continent viennent d'une cause plus élevée, plus primordiale, et dont les lois, quoique difficiles à saisir, sont supérieures à l'exécution qu'en font les individus.

Tout ce livre n'a pour but que de démontrer ces lois, ce système général, intergouvernemental, qui, mauvais dans son essence, ne peut causer partout que le mal.

C'est pourquoi si, dans les premières assises politiques de l'Europe, et en en faisant le relevé, depuis les premiers papes jusqu'au concile de Trente, j'ai accordé peu de crédit à la critique des hommes en fonctions prédominantes, pour m'attacher exclusivement à l'analyse de ces fonctions et des plans dont elles relèvent, je suis exactement la même méthode, en ce qui regarde l'Europe, de 1648 jusqu'à nos jours.

Dans ce formidable problème que nous essaierons bientôt de résoudre, les mêmes personnes en fonctions souveraines peuvent tout aussi facilement servir le bien que le mal, et tout dépend de la façon vraie ou fausse, bonne ou mauvaise dont les rapports de ces fonctions entre elles seront constitués.

Avec une constitution européenne suffisante, les pires individus seront forcément de bons souverains; tandis que, avec la constitution européenne actuelle, les meilleurs individus ne peuvent être, comme souverains, que victimes ou agents du mal.

Ce mal n'est inhérent à aucune forme politique; mais à un reliquat, à un *caput mortuum* d'anarchie antisociale et féodale, remontant à plusieurs siècles, et, depuis ce temps, malgré tous nos progrès, régissant, sans aucune modification, la vie de relation des États, et les forçant de subordonner toute leur vie organique à la mauvaise systématisation de cette même vie de relations.

Ce dont il faut s'étonner le plus, c'est que, malgré la barbarie de ce système, la résurrection des nationalités ait pu s'accomplir; et c'est là le signe d'une des lois secrètes du Dieu Social qui fait jaillir la vie de la mort, en opposant entre elles les causes de la mort, tant qu'il est possible de le faire.

Ce dont il faut s'étonner aussi, c'est que les souverains prépondérants et leurs premiers ministres surtout n'aient pas encore fait plus d'abus de la situation mutuelle et antijuridique des grands États; et il faut admirer en cela la puissance de l'Esprit Social diffus, du Christianisme renfermé sous mille formes dans l'opinion publique Européenne et qui, sans institutions régulières ou régulatrices, ont pu cependant enrayer, dans une certaine mesure, un système antisocial, monté en vue de la collision des États.

Mais il ne faut pas se fier outre mesure à ces résultats inattendus, à ces bienfaits de l'Universelle Église laïque ; moins que jamais, il ne faut oublier qu'aujourd'hui comme il y a deux cents ans, forcés du dehors au dedans à une centralisation à outrance, les États dont les canons légifèrent l'Europe, se trouvent entre eux sur le même plan anarchique que les oligarchies féodales, dont ils ont aboli les guerres privées chez eux.

Si cet état de choses a été nécessaire, comme transition entre l'Europe impériale et l'Europe des nationalités, tout indique, aujourd'hui comme au seizième et au dix-septième siècle, une phase organique nouvelle.

De deux choses l'une : ou le Gouvernement général continuera ses errements, et fera partout le jeu final d'une liquidation révolutionnaire, ou les pouvoirs souverains des États auront enfin l'intelligence d'abroger entre eux les causes premières de la révolution, au profit de lois intergouvernementales qui, consacrant tous les faits accomplis, soient chrétiennes, légales et sociales.

Ces nouvelles lois, il faut les prendre dans ces organes essentiels que, dans chaque pays, l'état de siège européen, la cour d'appel du carnage et la fourberie diplomatique compriment, corrompent et détournent de leurs voies.

Les évêques, les magistrats, les économistes : voilà les représentants, dans chaque nation, du Christianisme, de la légalité et de la richesse, les délégués nés du triple organisme religieux, juridique et économique, qui peut, et doit former partout les nouvelles bases sociales et légales de la Constitution européenne.

Aujourd'hui, dans chaque nation prépondérante, ces formes sociales sont paralysées, comprimées, annihilées dans un fonctionnarisme politique et civil, qui change en instruments de despotisme militaire, ce qui, religion, droit, richesse, est, dans son essence, et doit être, en fait, la triple source vive de toutes les libertés nationales et européennes, de toutes les réformes, de tous les progrès, de toutes les améliorations sociales et de tous les affranchissements, depuis celui du souverain jusqu'à celui du dernier artisan.

Est-ce que la chute du césarisme clérical des papes n'est pas un indice certain du triomphe possible de l'Universelle Église, par la solennelle reconnaissance de l'égalité et de la fraternité religieuses de toutes les églises nationales, rendues à leur mission vivante?

Est-ce que l'unité de l'Italie et celle de l'Allemagne ne signifient pas hautement que l'ancien droit public de la force, césarienne sous les papes, oligarchique depuis la république inique de 1648, est périmé de fait, et appelle, du sein des magistratures nationales d'Europe, un code réel, ayant pour base l'égalité juridique et la paix sociale entre les États?

Est-ce que le développement des sciences appliquées à l'industrie, au commerce, à l'agriculture, aux communications, aux transactions, aux productions nationales et aux échanges, de Pékin, de Shanghaï et de Hong-Kong à San Francisco, New-York et Londres, ne sont pas une indication absolue, pour toutes les énergies nationales d'Europe, de secouer leurs chaînes d'airain, de cesser de jouer aux soldats, et de s'unir, pour lutter dans cette universalité d'efforts, sous peine de voir, peu à peu, se tarir toutes leurs sources de prospérité, et d'être tributaires et vassales des deux autres continents?

Si la marche des sociétés humaines porte, voilée, l'arche sainte de ses principes et de ses fins, il est impossible, en lisant d'une manière attentive l'Histoire de la Chrétienté européenne, de ne pas voir que le voile de l'arche se déchire, que des fins concordantes aux principes de Jésus-Christ apparaissent, et que l'Esprit Social commande à nos églises, à nos États, à nos nations, de s'arrêter dans leurs guerres mutuelles, et d'instituer la Souveraineté de la Paix sociale et de la liberté, là où règne encore la souveraineté de la force et de ses nécessités asservissantes.

Les souverains peuvent et doivent accomplir ces grandes, ces nobles, ces saintes choses, en libérant leurs forces vives intérieures, et ils peuvent plus sûrement le faire, là où ils règnent, que la révolution des peuples par en bas.

Le mal public dont ils sont les premiers agents, le plus souvent inconscients, aura été ainsi le chemin de traverse du bien, et l'Humanité, en travail du Règne de Dieu, leur pardonnera l'un, en faveur de l'autre.

Mais il faut qu'ils s'insurgent courageusement contre l'anarchie d'en haut qui les gouverne tous, contre la cour d'appel du carnage dont ils sont les huissiers, sous peine, avant vingt ans, d'être engloutis par l'anarchie d'en bas, pendant que leurs États se dévoreront entre eux, au profit définitif des autres races et des autres continents.

Je ne dois pas cacher en effet que, si l'on ne profite pas, d'ici à peu d'années, de la rectification à peu près achevée aujourd'hui, sauf quelques revisions, des unités divisionnaires de l'État Social européen sur le plan des nationalités, pour parfaire ce mouvement, et le couronner par un gouvernement général, chrétien, légal et pacifique, cette opportunité cessera d'exister.

Les cadres nationaux seront brutalement brisés, comme la Prusse, la Russie et l'Autriche l'ont fait en Pologne, comme la Prusse a recommencé à le faire en Danemark et en France, et les guerres de races se rouvriront par un égorgement mutuel des Slaves, des Germains et des Latins, foulant aux pieds, pêle-mêle, les grandes et les petites dynasties, les grandes et les petites nationalités.

Et tout cela ne s'accomplira qu'au profit ultérieur des Musulmans, des Chinois et des Américains, si peu redoutables aujourd'hui pour nous, qui n'avons, pour quelques années encore, à redouter que nous-mêmes, que la violence et la ruse qui gouvernent à la fois tous nos gouvernements.

Pour rendre sensibles les vices organiques qu'entraîne, dans chacune de nos nations continentales, du premier au troisième rang militaire, le poids diplomatique et guerrier de la constitution antisociale de leurs rapports, je prendrai comme exemple l'Australie.

L'Église, l'État, la force armée, n'y sont pas comme chez nous des moyens de gouvernement confondus dans un fonctionnarisme politique, opprimant les libertés et les spontanéités individuelles, mais des organes purement sociaux, garantissant à toutes les énergies normales la paix sociale qui leur permet de s'exercer librement.

Ce sont les volontés individuelles qui, emportant d'Europe la notion de l'Église, la notion de l'État juridique, la notion des sanctions exécutives de la loi, se servent de ce triple organisme pour se lier socialement par un pacte, et vaquer en paix aux affaires de leur choix, grâce à la liberté que leur assurent ces liens sociaux, ce pacte et cette paix.

En Europe, au contraire, le même organisme social, clergé, magistrature, armée, devient politique, et asservi à l'état de siège continental par la diplomatie, il asservit à son tour toutes les libertés, toutes les énergies, en servant au pouvoir exécutif de moyen de centralisation, sous forme de fonctionnarisme.

Notez que la forme du gouvernement importe si peu, au

fond, que la pression de l'état de siège européen s'exerce sur tout grand État continental exactement de la même manière.

Cet État a beau être nominalement républicain, constitutionnel ou monarchique, cette transmission d'anarchie européenne brutale y produit identiquement les mêmes effets antisociaux, guerre au dehors, dissociation et révolution violente au dedans, c'est-à-dire, latente ou patente, guerre partout.

Et si, au lieu d'un seul État, comme l'Australie unie à une métropole lointaine, sage et libre, notre observation se porte sur un groupe d'États unis comme ceux de l'Amérique du Nord, et non désunis et militairement opposés comme ceux d'Europe, nous retrouverons encore, comme en Australie, nos institutions européennes, servant aux libres énergies individuelles de commune garantie sociale, au lieu de les asservir politiquement à un gouvernement local, soumis lui-même à un état de siège général.

Voilà pourquoi par la seule puissance de la liberté, l'Australie et les États-Unis sont des forces sociales, très redoutables, économiquement, pour nous, Européens, qui ne sommes que des forces politiques, non seulement dissociées, mais systématiquement opposées et comprimées, depuis deux cent trente-trois ans, par l'institution de la brutalité militaire et de la fourberie diplomatique, seul gouvernement général de toute notre république européenne.

Voilà pourquoi aussi, souverains ou nations, nous n'avons pas de pire ennemi que ce système inique et absurde, cause de toutes nos guerres et de toutes nos révolutions, véritable coupe-gorge, constitution du mal permanent, institution du *struggle for life* armé, qui nous crie : la bourse, le territoire ou la vie.

Telle est la moralité de la guerre de 1870 et du traité de Francfort de 1871, traité inique comme tous nos traités de force, mais encore plus, à cette date; car il n'est plus permis, aujourd'hui, sans forfaire sciemment au Christianisme, à l'esprit public et à la conscience de toutes les nations d'Europe, de s'annexer, par la violence, les territoires, sans consulter, au préalable, les populations qui les habitent depuis des siècles, et qui les ont mis en valeur, de père en fils.

Les diplomates de 1648 ont agi mal, faute de savoir mieux ; mais on n'en peut pas dire autant de M. le prince de Bismarck, à une époque comme la nôtre.

Pour sa nation comme pour l'Europe entière, il aurait dû faire servir la force à une autre cause qu'à l'abus de la force.

Grâce à la recrudescence de brutalité apportée par cet homme d'État à la loi de force du système européen, l'unité de l'Allemagne et celle de l'Italie ne semblent à certains esprits clore l'ère des guerres de nationalités, que pour rouvrir la porte sanglante des guerres de races. Mais si l'anarchie intergouvernementale nous conduit, en effet, droit à un pareil avenir, l'expérience des siècles écoulés nous montre que ce sont les races du centre et du midi de l'Europe qui en seraient définitivement les victimes, après de longs égorgements militaires, suivis de révolutions et de ruines.

C'est pourquoi je ne vois pas d'autre garantie pratique pour toutes les races européennes que leur distribution en nationalités et le maintien intégral de ces dernières, sans aucune exception, pourvu que leur vie de relation cesse d'avoir pour seuls organes, d'État à État, les diplomates et les attachés militaires.

L'Europe actuelle est composée de dix-neu ou vingt nations, en comptant la Pologne, et elle a pour colonies directes ou détachées, une bonne partie de l'Asie et de l'Afrique, toute l'Amérique et presque toute l'Océanie.

Au point de vue religieux, elle est divisée en presque autant d'églises que de nations, et les oppositions mutuelles des cultes grecs, latins, protestants, font que ces nations n'ont pas de foi commune, ni de lien religieux.

C'est pourquoi toutes les églises d'Europe sont, dans leur totalité, régies par l'athéisme, et le concile du Vatican, du 8 décembre 1869, fut, comme celui de Trente, une nouvelle cause de nouvelles scissions.

Au point de vue politique, les États ne sont en rapport que par des institutions de ruse et de violence, et nous avons vu que les congrès diplomatiques ne peuvent, en rien, modifier cette anarchie armée.

Au point de vue social, la situation respective des églises et des États est la négation même de toute société commune.

Au point de vue gouvernemental, c'est la force brutale et l'intrigue seules qui gouvernent, dans leur totalité, ces dix-huit ou dix-neuf nations de la manière suivante :

Toute l'Europe est prise entre l'opposition anglo-russe, comme nous l'avons vu.

A l'Orient, la Pologne et tous les petits États, Roumanie, Serbie, Bulgarie, etc., sont pris entre la triple opposition de l'Allemagne, de l'Autriche, de la Russie et de l'empire ottoman soutenu par l'Angleterre.

Au Nord, la Suède, le Danemark, la Hollande sont enclavés dans la triple opposition russe, anglaise et allemande.

La Belgique est étreinte par le cercle allemand, français et anglais.

L'Italie par le cercle allemand, autrichien, français, espagnol et grec, cercle bloqué lui-même, comme tout le reste, par l'ellipse anglo-russe et ses cercles secondaires.

De sorte que des intrigues ou des coups de canon dans l'Asie centrale font mouvoir, jusqu'au dernier chaînon, tous ces enchaînements diplomatico-militaires aux dépens de tous les souverains et de toutes les nations.

Je n'ai pas mentionné l'État Ottoman, qui ne se soutient en Europe que grâce à toutes ces oppositions, qui ne sont que des compétitions armées et rivales.

Tout cet ensemble est gouverné, selon l'heure, par un dictateur européen à la tête d'une coalition ; par une conspiration perpétuelle des grandes puissances militaires les unes contre les autres, une fois la coalition dissoute ; par une conspiration à deux ou à trois, entre souverains militairement prépondérants, et que leur situation antijuridique, les uns vis-à-vis des autres, force à se tromper, à se trahir, à se spolier, qu'ils le veuillent ou non, alors même qu'ils s'embrassent.

Si un pareil Gouvernement général n'est pas le naturalisme le plus antisocial qu'on puisse voir, je demande à tout homme de bonne foi à quels signes positifs on reconnaît l'anarchie et l'état de nature, à quels caractères se jugent un gouvernement régulier et l'État Social.

Dans un pareil système, les petits États ont tout à craindre des grands, ceux-ci tout à redouter les uns des autres.

Mais, comme ce qui est en bas est semblable et proportionnel à ce qui est en haut, les germes des pires révolutions sont à l'œuvre dans toutes les grandes puissances, parce que l'anarchie d'en haut, sans forces sociales libres à l'intérieur de ces puissances, ne peut les gouverner que militairement, et y semer ainsi la dissociation des volontés et la destruction de l'État Social.

Il en résulte qu'en Europe, les conservateurs sont des révolutionnaires armés les uns contre les autres, et les révolutionnaires proprement dits sont ce que devraient être ces faux conservateurs, des agents universels de réformes radicales, qui valent ce que vaut la science pratique des politiciens sans religion sociale.

Seulement, faute de science sociale, les révolutionnaires désarmés cherchent à faire, dans les nations, un mouvement de liberté, dont l'obstacle principal est en haut, entre les nations, et non à la tête de chacune, comme ils le croient.

Cet obstacle, les écoles destructrices le voient dans la monarchie, et elles se trompent, car il réside avant tout dans le Gouvernement général, républicain, qui dissocie entre eux, depuis des siècles, les États monarchiques ou non, et, les opposant par la force et par la ruse, les condamne en dedans, à une politique intérieure ayant la force et la ruse pour principe, pour moyen et pour fin.

C'est pourquoi il y a cruauté à encourager les efforts révolutionnaires des gouvernés, puisqu'en tentant d'arracher à l'État des libertés publiques qu'il supprime et des pouvoirs sociaux qu'il paralyse, en les rendant politiques, ils s'exposent, s'ils affaiblissent leur gouvernement, à des canonnades du dehors et à une défaite nationale, ou si le gouvernement sent les dangers du dehors, et serre les freins au dedans, à des fusillades de sa part et à une recrudescence de répression violente, de fonctionnarisme, d'accablement et de corruption publique, qui tue la nation par elle-même.

Aussi ai-je voulu, dans ce livre, planter, entre la conservation et la destruction, au-dessus de toutes deux, un drapeau absolument différent, celui de la création.

Les organes de cette création existent, dénaturés, déviés, mortifiés dans toutes nos nations, et le chapitre suivant montrera comment ils peuvent et doivent être rappelés à la vie, à la liberté et à la paix sociale.

Je sais que le mot de liberté effraie, dans le désordre général des notions, où l'anarchie intergouvernementale nous plonge, depuis plus de deux cents ans sur le Continent.

Mais si l'on me demande comment peuvent se guérir les abus de la liberté, je répondrai pourtant : par plus de liberté encore ; car les institutions sociales sont d'autant plus fortes que la liberté générale les crée et les conserve pour sa défense, contre les abus sectaires de la liberté.

L'Angleterre, grâce à sa séparation géographique d'avec le Continent, est un exemple irrécusable de cette vérité, malgré les insuffisances de son dualisme constitutionnel.

Et sur le Continent, les premiers intéressés à la cause de la liberté continentale et aux moyens sociaux de la réaliser, sont, non seulement les nations, mais surtout ces mêmes souverains, premiers esclaves de la force brutale, premières victimes de leur commune anarchie, parce que, grâce à son naturalisme même, cette anarchie d'en haut les menace, tout aussi sûrement que celle d'en bas.

Quant aux situations acquises, c'est à la liberté elle-même d'en décider.

La Russie a sur les bras, outre les embarras de sa situation intérieure, un empire colonial asiatique, aussi riche que l'Amérique, et que l'Europe seule peut l'aider à mettre en exploitation et en valeur.

L'Angleterre, outre ses difficultés agraires du dedans, a un empire emporocratique, colossal, que l'Europe socialement unie est seule de taille à lui conserver.

La France a des colonies qui ne sont guère plus en valeur que celles de la Russie, à cause de son fonctionnarisme, et que l'Angleterre seule peut lui apprendre à rendre prospères et libres.

L'Allemagne a un trop plein d'énergies nationales laborieuses à déverser dans les colonies européennes, au lieu de les porter à l'Amérique du Nord.

L'Italie, comme l'Espagne et la Hollande, ont des trésors d'activité et de main-d'œuvre à utiliser dans le même sens, depuis le Sénégal jusqu'à l'Éthiopie.

L'Empire Ottoman, l'Égypte, l'Asie Mineure, sont déjà, virtuellement, des colonies européennes, où toutes les nations d'Europe ont leur place marquée à côté des musulmans, dans une application grandiose de nos sciences à une agriculture absolument nouvelle, à une viticulture immense, à mille industries encore inconnues, à un commerce dont celui des États-Unis et de l'Australie ne donne qu'une faible idée.

Toutes ces choses l'Europe socialement unie peut les mener à bien, sans aucune confusion des nationalités.

Au contraire la paix publique et la liberté permettront aux différents caractères nationaux de se développer et de se spécifier, comme jamais ils n'ont pu le faire, asservis qu'ils sont tous au même fonctionnarisme, au même militarisme, à la même camisole de fous, à la même mort sociale.

Liberté des mers, des canaux, des fleuves, des voies de

communication, des échanges, des associations, depuis l'Europe jusqu'à l'Afrique et jusqu'à l'Asie entière : tout cela peut être atteint, grâce à un Gouvernement général régulier.

Presque toutes nos races blanches, celtes, germains, anglo-saxons, scandinaves, latins, presque toutes nos nationalités, Angleterre, Allemagne, France, Hollande, Italie, etc., se trouvent représentées dans les États-Unis d'Amérique ; elles s'y coudoient avec les Israélites, avec les races asiatiques et africaines, et vivent en paix, grâce à une constitution peu sociale pourtant, mais qui est une œuvre de liberté plus forte que tous nos gouvernements actuels.

Mais si ces races, si ces individualités différentes n'étaient, là-bas comme chez nous, mises en rapport que par des institutions diplomatiques et militaires, les États-Unis seraient des États dissociés, en proie à une destruction systématique, à un fonctionnarisme ruinant toutes leurs énergies à jouer constamment aux soldats, comme les demi-sauvages du centre Afrique, ou comme les Européens du Continent.

Est-ce à dire que, lorsque la lutte armée est nécessaire, des États libres et unis ne savent pas, et ne peuvent pas l'entreprendre contre une minorité dissidente, aussi bien et mieux que les nôtres : la guerre de sécession a prouvé le contraire.

Si j'ai parlé, par comparaison, de l'Australie et de l'Amérique du Nord, ce n'est nullement par admiration pour leurs institutions, que je crois extrêmement défectueuses, incomplètes, et pour ainsi dire, à l'état naissant ; mais pour montrer la puissance de la liberté.

Assise sur d'autres plans historiques, l'Europe doit être organisée d'une manière autrement savante et puissante que l'Amérique du Nord, parce que les éléments à associer n'y sont pas les mêmes, parce que, plus complexes, ils ont subi, chez nous, depuis des siècles, le travail de décomposition d'une anarchie systématique ; mais l'expérience que les Anglo-Saxons ont faite dans le nouveau monde, n'est pas moins concluante en faveur d'une constitution sociale de l'Europe, toute différence gardée des éléments religieux, politiques et emporocratiques de notre Continent.

Puissent les pouvoirs souverains des grandes et des petites nations européennes comprendre, avec autant de certitude que la somme des faits historiques m'en donne, la nécessité de ce que je vais leur proposer.

Tous les souverains actuels y trouveront une réserve d'activité, une mission, à laquelle les circonstances présentes et tous les pronostics d'avenir, dont les signes révolutionnaires sont partout, ne leur permettaient pas de s'attendre.

Les révolutionnaires eux-mêmes, ou du moins ceux d'entre eux que la passion n'aveugle point, y verront, de plus en plus, le seul moyen possible de réaliser tous les *desiderata* des réformes qu'ils peuvent souhaiter.

Si ces derniers répugnent à l'idée d'admettre que ces réformes puissent et doivent venir d'en haut, l'Histoire elle-même et l'expérience de tous les États Sociaux du globe, sont là pour montrer qu'il n'en n'a jamais été autrement.

L'agitation des individus vers le progrès indéfini, si elle n'est pas contenue dans des institutions générales qui puissent le définir et le réaliser, ne peut aboutir qu'à une dissociation illimitée des volontés, qu'à une réduction de l'État Social en ses atomes, et à une reprise en dissolution de tous ses éléments, sans que les peuples qui traversent de telles phases, puissent jamais sortir de l'anarchie que par leur asservissement à d'autres peuples conquérants.

Quant à la compétition armée des dynastes, si, il y a trois cents ans, elle a eu une signification pratique, comme opposition à l'empire clérical des papes soutenus par l'empire militaire austro-espagnol, elle ne l'a plus, aujourd'hui que les nationalités reconstituées sont en possession, toutes d'un État leur appartenant, et la plupart, d'une Église nationale.

C'est pourquoi tout indique aux souverains la nécessité de reprendre l'œuvre européenne d'Henri IV et d'Élisabeth d'Angleterre, avec toutes les modifications qu'imposent les progrès accomplis depuis, dans l'Universelle Église, comme dans l'État Social européen.

SYNARCHIE EUROPÉENNE

CHAPITRE XII

CONCLUSIONS ET CONSTITUTION EUROPÉENNE

Le triple conseil européen. — Conseil des communes, économique ou emporocratique. — Conseil des États, judiciaire et politique. — Conseil des églises, théocratique et social. — Gouvernement général de la Chrétienté. — L'Empire de la Civilisation et l'Islam. — La Chrétienté et Israël. — Les Mongols. — La Synarchie européenne et ses conséquences dans les nations. — Adieu au lecteur.

La création européenne que je propose demande, pour s'accomplir, trois institutions distinctes, trois organes sociaux de la triple vie religieuse, politique, économique des peuples européens.

Voici, en procédant hiérarchiquement, l'ordre et le nom de ces organes à constituer pour fonder le Gouvernement général de l'Europe, et le faire passer de l'État antisocial, du *struggle for life* naturel, où il est, à l'État Social où il doit être :

1° Conseil européen des Églises nationales ;
2° Conseil européen des États nationaux ;
3° Conseil européen des Communes nationales.

Le premier Conseil doit représenter la vie religieuse et intellectuelle, la Sagesse et la Science.

Le second Conseil doit représenter la vie politique et juridique, l'Équité et la Justice.

Le troisième Conseil doit représenter la vie économique, la Civilisation et le Travail.

Tel est l'ordre hiérarchique des trois Conseils, une fois créés ; mais, pour les fonder, il faut procéder en sens contraire, et commencer par la base.

I. — Conseil des communes

J'entends le mot Commune dans son acception scientifique, indépendante des fausses doctrines, des mauvaises passions, des instincts révolutionnaires qu'engendrent les maux politiques.

Londres, Paris, Bruxelles, La Haye, Stockholm, Copenhague, Berlin, Saint-Pétersbourg, Athènes, Vienne, Berne, Rome, Madrid, Lisbonne sont les grandes Communes, les Cités-Mères, les grands centres de la vie civile et de la Civilisation de l'Europe.

Ce sont ces Capitales qu'il s'agit d'associer dans un Conseil européen, en prenant la vie économique comme base, seul moyen de les lier à la Paix publique et de les rendre à leur véritable rôle national comme universel.

Ce rôle réel des Capitales considérées comme centres de la Civilisation, est tellement considérable dans chaque pays, tellement universel dans toute l'Europe, qu'il représente, à lui seul, la synthèse et la somme des intérêts économiques des nations.

Ces intérêts sont aujourd'hui la base réelle de toutes les

Sociétés nationales, et nulle politique soit intérieure, soit étrangère, ne devrait pouvoir s'exercer, sans les consulter, et en recevoir un indispensable contrôle, une sage et précise pondération, et par suite, une garantie pratique de stabilité et d'obédience.

Au lieu de cela, le seul rôle laissé aux Capitales par le Gouvernement général de l'Europe, par la RÉPUBLIQUE ANTISOCIALE DES ÉTATS, ainsi que par sa loi, diplomatico-militaire, est dissolvant, irréel, anarchique.

Centre d'anarchie européenne, intergouvernementale, représentée partout par les ambassades et les attachés militaires, les Cités-Mères du Continent sont, en outre, chacune dans sa nation, le foyer de la centralisation armée, dans laquelle chaque État européen étreint et épuise la vie nationale, et l'accable en dedans, pour la risquer au dehors.

C'est pourquoi toutes les grandes Capitales du Continent étant des foyers de despotisme militaire, sont aussi des foyers révolutionnaires, ce qui cesserait d'avoir lieu, sans secousse et de soi, si, pour leur propre conservation, comme pour celle des nations qu'ils dirigent, les gouvernements osaient prendre l'initiative de la première création que je leur propose.

Cette création peut s'accomplir aisément sous la surveillance initiatrice des souverains ou des chefs des États.

Cette association des grandes Communes d'Europe peut et doit aboutir au désarmement, à la neutralité et à la liberté des Capitales.

Sur cette base seule peut s'édifier l'EMPIRE EUROPÉEN DE LA CIVILISATION.

Villes neutres, cités libres, liées à la Paix publique dans chaque nation comme dans tout l'Empire européen, sans autres soldats dans leurs murs que la police de leur propre État national, les Capitales pourront être ainsi toutes à leurs véritables œuvres.

Ces œuvres sont, la Civilisation, ses résultats économiques, l'organisation nationale, étranglés aujourd'hui par la Loi totale de l'Europe, par la Force militaire, et contraints à revendiquer leurs intérêts par voie politique, d'une manière plus ou moins révolutionnaire, mais en dehors des questions à régler, du but à atteindre et des moyens d'y parvenir.

Le Conseil des Communes d'Europe pourrait être recruté comme il suit :

Dans chaque capitale, des conseillers seraient nommés par une assemblée des économistes, financiers, industriels, agriculteurs et par les chambres soit syndicales, soit corporatives de chaque nation.

Le Conseil ainsi nommé se rassemblerait, à chaque session, dans une capitale différente, en commençant par Londres, cité par excellence des institutions libres.

L'objet des délibérations et du ressort du Conseil européen des Communes embrasserait toutes les questions suivantes, en prenant pour bases tous les traités, toutes les conventions internationales, relatives à ces questions.

Monnaies, Finances et Banque, Commerce, Industrie, Agriculture, Communications, Marine marchande, Chemins de fer, Postes, Télégraphes, Douanes, Consulats, Colonisation.

Ce Conseil serait formé en Jury et aurait pour juges, par chaque nation, les ministres des Finances, de la Marine marchande et des Départements ministériels englobant l'Industrie, le Commerce, l'Agriculture, les Travaux publics, les Communications, les Consulats et les Colonies.

La Présidence du Conseil appartiendrait aux souverains ou aux chefs des États, et serait déférée par eux avec le titre d'Empereur arbitral au chef de l'État national dans la Capitale duquel se réunirait le Conseil.

Les jugements ne feraient loi qu'après avoir passé par l'examen des deux autres Conseils, celui des États, celui des Églises et avoir reçu leur approbation.

Alors, ces jugements, comme lois, seraient enregistrés par le Conseil des États, consacrés par le Conseil des Églises, et mis sous la sanction de l'union des armées nationales de terre et de mer, confédérées, en cas d'infraction d'une nation, et après le procès européen de cette nation par les trois Conseils réunis.

Bien que je croie m'être expliqué clairement, je ne crains point d'entrer dans trop de détails, pour ne laisser aucune obscurité dans l'esprit du lecteur.

Le Conseil européen des Communes ne s'occuperait en rien de la vie économique intérieure de chaque nation, mais seulement des rapports économiques internationaux.

J'ai eu soin d'indiquer qu'il ne s'agissait pas d'appliquer dans ce Conseil des doctrines faites *a priori*, mais, en prenant pour bases les traités existants, de passer immédiatement à la pratique, et de laisser les intérêts communs s'exprimer eux-mêmes librement par des lois communes, valables pour un temps déterminé, et sans aucune entrave politique.

Mais, me dira-t-on, du côté des gouvernements, vous nous désarmez au dedans et au dehors, en neutralisant nos Capitales; vous nous suscitez une puissance qui nous anéantira, en constituant ainsi, à l'état de pouvoir législatif européen, le monde des intérêts économiques.

Je répondrai à cela en peu de mots.

En neutralisant vos Capitales je vous libère au contraire du Gouvernement général européen, dont la loi pèse fatalement sur vous du dehors, et vous constitue entre vous à l'état d'anarchie armée, sans aucune espèce de sécurité mutuelle.

C'est par cette RÉPUBLIQUE ATHÉE, par cette Constitution barbare et antisociale que vous êtes tous régis diplomatiquement et militairement, sans espoir de vous y soustraire.

Cette constitution décorée du nom d'*Équilibre européen* vous met à tous sur la tête cette fatalité permanente : la brutalité militaire, cette loi de l'animalité pure : *Struggle for life*.

Rois ou chefs d'État, vous n'êtes donc pas libres, ni socialement garantis entre vous, mais au contraire asservis, dans vos rapports mutuels, dans votre vie publique, comme premiers fonctionnaires européens, à une situation féodale, qui est la cause première de tous vos maux, de tous vos dangers, tant extérieurs qu'intérieurs.

A l'intérieur, prisonniers de guerre du Système militaire européen, vous êtes, sur le Continent, forcés de le subir dans vos nations, de les gouverner despotiquement et militairement si vous voulez les conserver et vous préserver.

C'est pourquoi, la révolution, le malaise général vous travaille tous dans vos gouvernements, monte partout, sous diverses formes à l'assaut de l'État et des pouvoirs publics que vous centralisez dans vos mains, et gagne contre vous un terrain politique sur lequel, le sentiment chrétien, diffus dans l'opinion publique de vos peuples, vous empêche de vous défendre, en vous couvrant des garanties de la Monarchie réelle qui sont encore une fois le meurtre et la mort.

Que cette révolution intérieure vous arrache des libertés constitutionnelles : sa seconde étape est de vous déposséder vous-mêmes du gouvernement.

Elle est impuissante elle-même, je le sais, à remédier à la situation européenne des États, à modifier, à l'intérieur des grandes nations continentales, les conséquences de cette même situation ; mais il n'en est pas moins vrai que tous les risques sont pour vous, soit que l'anarchie intergouvernementale de l'Europe vous écrase par la guerre, soit que la révolution intérieure vous exproprie à terme, en vous imposant une constitution, ou immédiatement en vous éliminant.

Le seul moyen pratique qui puisse vous garantir, est que vous subordonniez votre rôle militaire à celui de votre magistrature de droit commun, et que vous vous fassiez, comme Magistrats européens, les initiateurs, les missionnaires de réformes que je vous conseille radicales, parce que les demi-mesures vous perdent, et vous perdront de plus en plus.

Encore une fois, c'est dans la vie économique et emporocratique de vos peuples que vous devez chercher la base précise, les fondements exacts de l'édifice européen que je vous invite à construire, dans votre intérêt, comme dans celui des nations.

Le moment est d'autant plus propice que la somme des intérêts économiques n'a point encore été instituée ni constituée à l'état de puissance législative spéciale, et que si vous vous faites les mandataires européens d'une pareille force d'intérêts généraux, vous donnerez à la politique irréelle soit de la Guerre, soit de la Révolution, un si formidable contre-poids qu'elle sera forcée de s'arrêter, et de se subordonner à vous comme Magistrats suprêmes.

Comme tels, rois ou présidents de nations, vous devenez inviolables, ainsi que vos gouvernements eux-mêmes, dans vos Capitales neutralisées.

Vos personnes représentent du même coup un Gouvernement européen impersonnel, puisant les sources de sa vie dans les réalités économiques les plus inébranlables des Sociétés contemporaines ; et, premiers Magistrats d'un Droit public réel, vous verrez tout attentat, soit contre vos personnes, soit contre vos pouvoirs, relever du Tribunal de l'Europe entière.

Désormais responsables de la garde de vos personnes et de vos pouvoirs, les villes libres de l'Empire de la Civilisation feront leur propre police mieux que vos administrations elles-mêmes.

En pouvez-vous dire autant, depuis que la Guerre permanente et la Diplomatie vous constituent féodalement à l'état de République européenne, antijuridique et antisociale?

La hache a tué Charles d'Angleterre, la guillotine Louis XVI de France, la dynamite Alexandre II de Russie, et ces trois monarques étaient parmi les meilleurs de leurs temps.

Ce sort peut vous atteindre tous, et vous êtes tous solidaires dans le mal, sans pouvoir, en dehors de ce que je vous propose, vous rendre solidaires dans le bien, et prévenir de pareils crimes ou les châtier de commun accord.

Comme je vous l'ai dit, vous n'êtes pas les maîtres de vos Capitales militairement écrasées par les chaînes de fer de l'état de siège féodal du Continent. Vous en êtes les prisonniers de guerre; et dans les États de premier rang, dans ceux dont le poids militaire pèse, dans ce que vous appelez l'Équilibre européen, vous ne pouvez vous montrer qu'entourés d'une garde de soldats, tant que vous n'aurez pas accompli ce que je vous soumets ici.

Votre mission cependant est plus haute et plus grande encore.

La vie économique vous donnera la base, mais sur cette base vous devrez élever le *Conseil des États européens*.

II. — Conseil des États

J'entends par ce mot État l'organisme hiérarchique et impersonnel des pouvoirs publics dans chaque nation.

Cet organisme est, à peu de chose près, le même dans toutes les nations d'Europe.

Partout, excepté en Russie, ces pouvoirs sont plus ou moins mitigés par un tempérament, par un compromis constitutionnel entre le chef de l'État et la nation.

A l'État et à son chef, reviennent généralement le pouvoir exécutif et son moyen d'action, le pouvoir administratif, militaire et civil, à la nation le pouvoir soit délibératif, soit législatif, dont l'exécution et la sanction appartiennent à l'État et à son chef.

Mais il n'y a qu'en Angleterre et dans les petites puissances continentales que ce partage soit et puisse être réel, sans danger immédiat pour l'existence nationale, parce que l'Angleterre est géographiquement en dehors des débats militaires du Continent, et que les petites puissances y échappent plus ou moins par leur faiblesse même et par la compétition armée des grands.

Dans les nations de premier, de second, de troisième et même de quatrième rang comme la Russie, l'Allemagne, la France, l'Autriche, les constitutions sont forcément des irréalités dangereuses vouées au viol des gouvernants, s'ils sont forts, et dans le cas contraire, à l'assaut révolutionnaire des gouvernés.

Dans ces États armés jusqu'à l'épuisement, les deux chambres par lesquelles les gouvernements militaires sont soi-disant tempérés, ne peuvent être qu'un double mensonge, tant au principe monarchique qu'au principe républicain; car, ni l'énergie du chef de l'État, ni la volonté populaire ne s'y peuvent manifester ouvertement, puisqu'il est de leur essence de ne pouvoir se déléguer.

Le combat des deux principes se poursuit dès lors sourdement par des voies indirectes, hypocrites et démoralisatrices : police, corruption électorale, pression de la peur, d'un côté, exploitation de l'ignorance des multitudes, de l'autre.

Quant à la nature des deux chambres en elles-mêmes, elle est également illusoire.

Le Sénat n'est en réalité qu'une sorte de Conseil d'état déguisé, la Chambre des députés, espoir vain des multitudes, tend à n'être qu'une opposition au Gouvernement, un siège en règle du Ministère, un assaut de l'État lui-même et de ses cadres administratifs et budgétaires.

Toute loi devient un prétexte de bataille politique, et la politique elle-même n'est plus conçue que comme le jeu des passions, des instincts, des appétits, sur l'enjeu des intérêts nationaux en souffrance.

Attaqué comme suppôt du pouvoir exécutif, le Ministère est forcé de tomber, sans pouvoir être mieux remplacé, s'il cesse de se subordonner au militarisme diplomatique, et de courber la volonté nationale sous les nécessités écrasantes de l'état de siège européen.

Nous avons vu comment l'état de siège européen peut cesser, et faire cesser du même coup l'état de siège national, par la neutralisation des Capitales et la création du Conseil européen des Communes.

Nous avons montré que ce Conseil des Communes doit représenter la force légale et juridique des intérêts économiques internationaux, en prenant pour base pratique tous les traités actuellement en vigueur et relatifs à ces mêmes intérêts.

Nous allons indiquer ici le mode de recrutement et le rôle du Conseil européen des États, rôle purement politique, cette fois, dans le sens légal et juridique de ce mot.

Le Conseil des États d'Europe pourrait être recruté comme il suit.

Dans chaque Capitale seraient nommés des conseillers élus par tout le corps de la magistrature nationale.

L'objet des délibérations embrasserait les questions internationales suivantes : Droit Public, Code de l'Empire de la Civilisation, Justice internationale, revision des Traités généraux et partiels, réforme de la Diplomatie divisée désormais en Magistrature européenne assise et debout, Marine, Colonisation au point de vue juridique, neutralisation politique des Capitales, des Frontières, des Mers, des Iles et des Colonies, placées sous la sanction des armées et des flottes réunies, Code colonial.

Le Conseil des États d'Europe prendrait pour bases de ses premiers travaux tous les traités politiques, généraux et partiels actuellement observés, et, sans s'en tenir à la lettre, le Droit romain, en considérant les nations librement confédérées comme des Unités civiles et des Personnes morales.

Ce Conseil ainsi recruté, après avoir élaboré la Constitution européenne, le Droit public et le Code de l'Empire de la Civilisation, serait formé en Jury d'appel supra-national et supra-dynastique, et aurait pour juges un tribunal composé de Ministres nationaux.

Ces ministres, par chaque nation confédérée, seraient ceux de la Justice, de l'Intérieur et des Affaires dites, jusqu'à ce jour, étrangères.

Le Ministère public européen appartiendrait aux souverains et chefs d'États, et la présidence serait déférée par eux, avec titre d'Empereur arbitral, au chef de l'État dans la Capitale duquel se réuniraient les Conseils.

La Constitution européenne, le Droit public, le Code de l'Empire de la Civilisation ne feraient loi, ainsi que les jugements, qu'après avoir passé par l'examen des deux autres Conseils, celui des Communes, celui des Églises.

Alors, cette Constitution, ce Droit, ce Code, ces jugements, seraient enregistrés par le Conseil des Communes, mis sous la garde et la consécration solennelle du Conseil des Églises, et placés sous la sanction de l'Union des armées nationales de terre et de mer.

Cette sanction ne serait jamais appliquée qu'après arrêt édicté par les trois Conseils réunis et publié, au nom de Jésus-Christ, soit par le Souverain Pontife présidant le Conseil des Églises, soit par l'Empereur arbitral présidant le Conseil des États.

Je dois répondre ici à ceux des diplomates et des hommes de guerre qui pourraient se croire à tort lésés dans cette organisation, ou la discréditer, en disant, soit qu'elle est impossible, soit qu'elle anéantirait le patriotisme.

Comme je ne parle, dans ce livre, qu'aux intelligences capables de recevoir la vérité, je ne craindrai pas de la dire, certain que je suis que ce n'est pas en flattant les hommes, mais en faisant appel à leur conscience intellectuelle et morale qu'on les honore le mieux.

Je commencerai par m'adresser aux diplomates, et je séparerai complètement en eux les hommes d'État nationaux des diplomates proprement dits, et la fonction intérieure des premiers d'avec la fonction européenne des seconds.

Vous ne pouvez vous dissimuler que cette dernière est une fonction de ruse au service de la violence militaire.

Les traités n'ont jamais été votre œuvre, et vous les avez toujours écrits sous la dictée des généraux triomphants.

Greffiers de la Cour d'appel du carnage, vous enregistrez ses arrêts meurtriers, rien de plus.

Avant le meurtre militaire, votre rôle mixte est d'abord celui d'une police internationale, puis celui d'avoués intergouvernementaux, poursuivant la procédure féodale, soit des revendications homicides, soit de la force criminellement triomphante.

Après la guerre, vous êtes les notaires européens de l'assassinat et de la spoliation militaires des dynastes et des États nationaux.

Nul mieux que vous ne sait qu'il n'y a pas plus de Droit public que de Gouvernement général en Europe, que l'état de Nature, et non l'État Social, régit seul entre eux les gouvernements et les peuples.

L'idée seule qu'un congrès diplomatique puisse fonder en Europe la Paix publique vous fait sourire comme une naïveté, et vous avez raison d'être certains de votre impuissance, bien que vous ayez tort de ne croire qu'en votre scepticisme, fruit de votre irréalité professionnelle.

Les plus forts d'entre vous, les maîtres de votre art, secrétaires chamarrés des hommes de guerre de leur pays, n'ont jamais pu sortir des limites pratiques de ces maximes : méfiez-vous les uns des autres, trompez-vous les uns les autres, faites à autrui, comme mandataires de votre nation, ce que vous ne voudriez pas qu'il lui fût fait.

Ce cannibalisme supra-gouvernemental, tatoué de plus ou moins de civilisation individuelle, fait de vous, au-dessus de la Chrétienté, une caste internationale dont la religion, la morale, la politique professionnelles seraient en situation dans les tribus de la Polynésie, mais sont en désaccord de quatre ou cinq siècles avec l'Europe contemporaine.

Un pareil Système européen, qui date réellement du congrès d'Arras et de la Guerre de cent ans, est, en effet, la Force primant le Droit, par la simple raison que le Droit public n'est judiciairement ni institué, ni constitué comme Cour européenne d'appel et comme Gouvernement général.

Mais, du même coup, cette anarchie supra-gouvernementale, antireligieuse, antipolitique, anti-économique, anti-morale et antisociale, est une autorisation donnée d'en haut à la force brutale des multitudes, soit par voie de révolution, soit par voie de conspirations et d'attentats, au mépris de toute morale, de toute justice et de toute religion.

Si la hache, le couperet, le poignard, le plomb, la dynamite, le fulminate de mercure ne vous atteignent pas, ils frappent vos souverains.

Je vous ai signalé la cause première de la révolution et les moyens réels d'y remédier.

C'est pourquoi je vous engage à ne pas repousser *a priori* l'arche que je vous bâtis, car le déluge est proche, et ses signes sont partout.

Si j'ai signalé avec tant de force les vices originels de votre fonction, c'est parce que j'indique d'une manière précise les moyens de l'asseoir sur des bases pratiques, réelles, justes et bienfaisantes, et parce que le caractère personnel par lequel vous rehaussez cette même fonction est plus digne de ce que je vous propose, que de l'œuvre illusoire, impuissante et funeste à laquelle vous êtes séculairement condamnés.

Vous ne perdrez rien, ni honorifiquement ni matériellement à être transformés en Magistrats européens : au contraire ; vous y gagnerez de toute manière, et vos gouvernements, considérés dans leurs rapports mutuels, en seront du même coup réconciliés avec la Religion, la Justice, la Morale et l'opinion publique comme avec tous les intérêts généraux de la Civilisation.

Justiciers d'un code réel, d'un tribunal pratique, vous ne serez plus la Cour d'appel impuissante du Carnage féodal des gouvernements et des peuples, mais la plus haute expression du Droit subordonnant la Force à la Loi.

Je m'adresserai maintenant aux hommes de guerre.

C'est par vous que les dynasties ont fondé partout l'État, rappelé les oligarchies féodales à un droit commun intérieur, rendu au dehors à la nation ses limites plus ou moins naturelles, et jeté sa force dans la balance féodale de l'Équilibre européen.

Vous avez été dans cette grande œuvre sanglante l'incarnation même de la Patrie, de son courage, de sa volonté de vivre, de sa puissance de sacrifice, de sa foi en elle-même et de l'énergie de ses destinées.

Aujourd'hui, votre œuvre dans la Chrétienté est accomplie : les nations européennes — je ne compte jamais parmi elles l'Empire Ottoman, — les nations européennes, dis-je, sont constituées.

Toutes ont reçu en héritage la pratique gouvernementale de l'ancienne civilisation romaine : l'État et l'égalité devant la loi ; toutes ont reçu de Jésus-Christ, par ses plus humbles missionnaires, par les plus obscurs ministres de chaque culte, cette communion morale de l'Évangile, éparse dans l'opinion publique des peuples et vivante jusque dans les athées et les révolutionnaires, dont les revendications sont encore une déviation du sentiment chrétien.

Si le système des armées permanentes peut et doit être modifié par l'organisation que j'expose ici, la vocation, la science et l'art militaires n'en seront point atteints pour cela, pas plus que le patriotisme vrai. La première condition du patriotisme est de ne pas tuer la Patrie, en l'écrasant sous les conséquences politiques et budgétaires de l'état de siège européen, et en la condamnant à l'intérieur aux fièvres révolutionnaires qui minent son existence.

On ne devra désarmer systématiquement que lorsque les trois Conseils des Communes, des États et des Églises seront en fonction, et encore ne faudra-t-il agir qu'avec mesure, en ne réduisant les effectifs que peu à peu.

A l'intérieur de chaque nation, la force militaire devra subsister pour trois motifs : d'abord, pour assurer en dedans l'exécution des lois nationales, ensuite, pour donner, en Europe, une sanction à l'Empire de la Civilisation, enfin, pour lier aux lois de cet Empire, la Turquie, et, après elle, toutes les races et tous les peuples de l'Asie et de l'Afrique.

Le rôle des hommes de guerre, loin d'être terminé, commencera à s'exercer d'une manière juridique et sociale.

Subordonné à la Religion, à la Justice et à l'Économie de l'Empire de la Civilisation, il en deviendra d'autant plus grand dans chaque nation, dans cet Empire, ainsi que dans les deux autres Continents qu'il doit lier militairement à la Paix.

Il ne me reste plus maintenant qu'à indiquer comment, après les intérêts économiques et politiques, les intérêts intellectuels et religieux peuvent et doivent être institués, constitués et représentés, dans le Gouvernement général de la Chrétienté d'Europe.

III. — Conseil des églises

J'entends par ce mot, Église nationale, la totalité des corps enseignants de la nation, sans distinction de corps, de sciences, ni d'arts, depuis les universités laïques, les académies, les instituts et les écoles spéciales, jusqu'aux institutions de tous les cultes reconnus par la loi civile, la Franc-Maçonnerie y comprise, si elle se donne, soit pour un culte, soit pour une école humanitaire; depuis les sciences naturelles de la géologie à l'astronomie, et les sciences humaines de l'anthropologie à la théologie comparée, jusqu'aux sciences divines de l'ontologie à la cosmogonie.

Cette totalité des corps enseignants de chaque nation est ce que j'appelle l'Église nationale, et l'évêque national qui la consacrera dans sa patrie en sera le Primat catholique orthodoxe.

En effet, en dehors de cette concordance hiérarchique des sciences et de cette Paix sociale des enseignements, il ne peut exister que des sectarismes, éléments de divisions politiques, sans vérité d'orthodoxie, sans réalité de catholicisme, sans autorité comme sans puissance créatrice de Religion sociale.

Cette constitution intérieure des Églises nationales, où l'épiscopat investi du pouvoir des Apôtres n'aura qu'à consacrer la somme des intérêts intellectuels et vraiment religieux de chaque nation, sans les discuter, cette constitution, dis-je, il serait heureux que la papauté pût prendre l'initiative de la conseiller théocratiquement à toutes les nations européennes du Christ.

Mais posée à Rome sur son plan ethnique d'Impérialat clérical latin, il est radicalement impossible que la papauté soit libre d'exercer encore, dans ce sens, le Souverain Pontificat.

Tout ce que l'on peut espérer, c'est que la majesté de la tiare viendra, un jour, dans le Gouvernement général de la Chrétienté, couronner, au sommet de l'Église Universelle ayant pour piliers toutes ces Églises nationales, cet édifice catholique et orthodoxe, une fois bâti.

En attendant, il est loisible à tous les gouvernements européens où le chef de l'État est aussi le chef des cultes et des corps enseignants, d'opérer chez lui cette synthèse organique, à laquelle je donne le nom chrétien d'Église nationale.

Pour y arriver, il suffit, dans chaque État, d'accorder et d'imposer juridiquement à tous les corps enseignants, quels qu'ils soient, une institution organique commune, et d'en éloigner statutairement toute discussion étrangère aux questions pratiques de budget et autres.

Cette œuvre est beaucoup moins difficile qu'on ne le

suppose, et la majorité des meilleurs esprits y est beaucoup plus favorable qu'on ne saurait le croire.

Elle est du reste conforme aux traditions des conciles, où le monde civil et laïque était représenté, ainsi que les pouvoirs publics.

Voici maintenant comment pourrait se recruter le Conseil européen des Églises nationales.

Dans chaque capitale, le Primat, le Ministre de l'Instruction publique et le Ministre de la Guerre en seraient les membres de fait et de droit.

J'ai dit le Ministre de la Guerre, soit comme chef d'écoles spéciales, soit comme chef de l'armée, soit comme représentant des derniers sacrifices sanglants, parce que, désormais, c'est à la sagesse et à la science seules qu'il appartiendrait d'être armées des sanctions publiques, pour la défense de l'Équité et de la Justice, pour la protection de la Civilisation et du Travail, pour l'honneur et le triomphe de l'État Social européen de Jésus-Christ.

Ces conseillers siégeraient dans la Ville neutre et libre, où les deux autres Conseils seraient assemblés. D'abord sous le pouvoir impérial du Souverain de la Ville, puis sous l'autorité du Souverain Pontife, que celui-ci fût perpétuel ou, momentanément, le Primat, dans la Capitale duquel les Conseils seraient assemblés, ce Conseil des Églises aurait pour objet direct et pour ressort les questions internationales suivantes :

Consécration par la croix, la palme et l'épée, des trois Conseils, ainsi que des villes libres ;

Règlement des questions internationales se rattachant soit aux cultes, soit aux universités religieuses, civiles ou militaires, missions ;

Création de collèges ou d'ordres européens, sacerdotaux, universitaires ou militaires.

Ces ordres seraient ouverts, après longs examens, à tous les lauréats des Églises nationales.

J'entends par ces lauréats, ceux qui, dans leur pays, auraient passé par toute la hiérarchie des examens nationaux.

Ils siégeraient alors de droit, comme auditeurs, dans chacun des trois Conseils européens, à tour de rôle, et y formeraient les commissions d'étude des projets de lois.

Ils poursuivraient en outre des études spéciales réservées à l'Initiation.

Je continue à énumérer les attributions possibles du Conseil des Églises ;

Sacre des Souverains, conféréation des dignités et des grades européens, à tous les degrés de l'État Social, aux femmes comme aux hommes, et sur la proposition de chaque souverain ou chef d'État, ainsi que du Primat national ;

Détermination par les Collèges ou Ordres européens des principes ou des canons des sciences, des arts et des métiers ;

Initiative des concours, des fêtes, des fondations sociales ;

Patronages et aides à toutes les valeurs humaines, recherche, affranchissement et sélection de ces valeurs à travers toutes les nations d'Europe ;

Missions, expéditions religieuses, savantes et militaires en Asie et en Afrique ;

Conquêtes de l'Empire de la Civilisation, liant les races asiatiques et africaines à la paix de la Chrétienté d'Europe, *au Règne de Dieu*, par Jésus-Christ, *sur toute la Terre comme au Ciel;*

Initiative de l'égalité civile des femmes en Europe, comme en Asie et en Afrique, et en prenant pour base la loi russe, la plus libérale, sur ce point ;

Fondation et conservation des colonies européennes ;

Neutralisation et liberté de Constantinople, Jérusalem, Alexandrie, La Mekke, et de toutes les Capitales religieuses ou politiques des races asiatiques et africaines, une fois liées militairement, juridiquement, ainsi qu'économiquement, au ban de l'Empire européen de la Civilisation ;

Initiative de toutes les créations destinées à conjurer les maux sociaux : misère, ignorance, sectarismes, partis, révolutions, réactions, barbarie, invasions.

Ce Conseil des Églises ne serait pas divisé en juges ni jurés, comme les deux autres, mais en pères et en fils aînés des nations de la Chrétienté d'Europe.

Les Primats seraient ces pères, les chefs d'État et leurs assesseurs seraient ces fils aînés.

Le Conseil des Églises ne serait pas constitué en tribunal ; il représenterait l'Autorité et l'autorisation des deux autres Conseils, ainsi que la proposition ou l'acceptation des lois à voter ou votées, des mesures à prendre ou prises.

Ses propositions auraient à passer par les deux autres Conseils ; et celles de ces derniers auraient à passer par son acceptation.

Le Pouvoir exécutif n'appartiendrait qu'aux trois Conseils réunis, les deux premiers, celui des Communes et celui des États, le requérant, et le Conseil des Églises l'autorisant à agir.

Je vais exposer maintenant les objections que feront les sectaristes cléricaux de certaines Églises, et surtout de l'Église latine.

En Italie, en France, en Autriche, etc., les ultramontains proprement dits opposeront ce qui suit :

« Le pape est notre souverain infaillible, et nous formons
» avec lui ce tout indissoluble et immuable de doctrines et
» de discipline, cette unité hiérarchique qui est l'église
» catholique romaine.

» Nous ne pouvons nous déjuger, ni déroger, en siégeant,
» soit dans ce que vous appelez les Églises nationales, soit
» dans votre Conseil européen des Églises, à côté des schis-
» matiques, et des hérétiques, grecs, russes, bulgares,
» luthériens ou calvinistes allemands, suisses, hollandais,
» anglais, danois, suédois, à moins qu'ils ne fassent leur
» soumission au pape et à nos dogmes.

» Si nous le faisions, nous serions forcés de nous coudoyer,
» comme vous le dites, dans le Conseil européen, avec les
» rabbins juifs et les francs-maçons.

» Quant aux membres des corps savants que vous proposez
» de nous adjoindre, si nous acceptons J.-B. Dumas et
» Würtz, nous devrons accepter aussi Moleschott et Büchner,
» et pousser la tolérance jusqu'à Darwin, en passant par
» William Crookes : pourquoi pas aussi les spirites et les
» athées! »

Voici ma réponse :

Je vous ai démontré, l'Histoire à la main, que, dans l'Universelle Église, dans l'État Social chrétien, le pape, par cela
seul qu'il est romain, tête hiérarchique du clergé latin, n'a
jamais pu exercer la Théocratie ni le Souverain Pontificat,
mais seulement la monarchie impériale de votre clergé sectarisé.

Il a dû ainsi se subordonner politiquement vos conciles
généraux ou provinciaux, qui étaient de forme républicaine
et d'emprunt à l'empire romain, comme vos cadres et votre
hiérarchie.

C'est ainsi que, nés de votes à formes républicaines, dans

des cadres d'emprunt gouvernés d'abord par les empereurs de Byzance, vos dogmes ont été adoptés, puis immobilisés et isolés de la source politique dont ils sortaient.

Confondant les formes de votre culte avec la Religion de Jésus-Christ, vous prenez l'immobilité de ces formes pour un caractère religieux, et vous nuisez aux institutions que vous croyez servir, et qui sont : la Religion chrétienne, l'Universelle Église, seule catholique, seule orthodoxe, la papauté conçue comme Souverain Pontificat théocratique, comme Autorité purement sociale et antipolitique.

L'Histoire vous démontre cependant les conséquences de vos confusions de plans et du bronchement qu'elles entraînent dans les fonctions sacerdotales qu'elles asservissent à la politique.

Ces conséquences, encore une fois, sont la scission politique de l'église grecque, puis, sous le couvert de Luther et de Calvin, la séparation de toutes les églises du Nord, sans parler des mesures d'affranchissement que les dynastes et les États d'Autriche, de France et d'Espagne ont prises, pour se dégager, sans rupture éclatante, de l'Impérialat du saint Siège, et constituer, tant bien que mal, eux aussi, la nationalisation des cultes, le vôtre y compris.

Par la force des faits historiques, voilà aujourd'hui votre culte politiquement asservi, dans chacune de vos nations, à l'État national, à la loi laïque de la nation, et, loin d'avoir à y tolérer quoi que ce soit, vous êtes réduits à y invoquer la tolérance du droit civil, au même titre que les protestants, les orthodoxes grecs, les synagogues et les temples maçonniques eux-mêmes.

Partout, l'État vous réduit ainsi à son droit commun, et limite l'exercice de vos prétentions catholiques à une situation limitrophe des préfectures, en ce qui regarde les diocèses, des mairies et des pompes funèbres, en ce qui regarde les cures.

Quant au saint Siège, ses nonces et ses légats, dans les nations dites catholiques, n'y exercent pas d'autre fonction réelle, juridiquement parlant, que celle d'une diplomatie impériale du Vatican, tolérée au même titre que les ambassadeurs de l'empire ottoman, de l'empereur de la Chine ou du Mikado.

Voilà, ultramontains, votre situation juridique et sociale, dans la dissociation de l'Universelle Église, dans les États nationaux, dans la République athée et antisociale que forment entre eux ces États.

Examinons maintenant quelle est, à Rome même, la situation du pape, dans lequel je vénère le Souverain Pontife possible de l'Église Universelle à constituer, mais dans lequel aussi, les nations ne reconnaissent plus, en droit, le César clérical des cadres impériaux du clergé latin.

Évêque du diocèse de Rome, Primat de fait du royaume d'Italie, empereur international du clergé latin, Souverain Pontife nominal enfin : voilà toutes les fonctions confondues qui se combattent mutuellement dans la papauté romaine, aujourd'hui comme hier, demain comme aujourd'hui.

Comme Évêque du diocèse de Rome, comme Primat de fait du royaume d'Italie, le Pape se trouve vis-à-vis du roi Humbert, exactement dans la même situation qu'autrefois vis-à-vis de Théodoric, qu'aujourd'hui le Primat de Cantorbery vis-à-vis de la reine Victoria, le Synode russe vis-à-vis d'Alexandre III, le Patriarche de Constantinople vis-à-vis du sultan, le Primat des Bulgares vis-à-vis du roi de Bulgarie, sans aucune différence des plans ni des fonctions nationales.

Le plan sur lequel s'élèvent la monarchie et l'État italiens étant l'union juridique de toute la Péninsule, il est inévitable que la fonction gouvernementale, tête d'État national, monarque ou président de république, y subordonne tout, évêques et Primat y compris, à la loi commune de la nation.

Les excommunications n'y peuvent rien, si ce n'est démontrer que la tolérance légale, l'esprit chrétien pratique et la charité sociale sont du côté d'Humbert, comme elles étaient, avant lui, du côté du roi galant homme, comme elles furent, il y a plus de mille ans, du côté du sage Théodoric l'arien.

Mais comme pape, comme César international de son clergé latin, l'évêque du diocèse de Rome, le primat d'Italie, ne veut pas, ne peut pas, ne doit pas se sentir subordonné à la nation italienne, à l'État italien, au roi d'Italie.

Comme Souverain Pontife, même nominal, il le veut, il le peut, il le doit encore moins, parce que sa fonction, comme tel, est plus générale que le plan juridique national, auquel le gouvernement italien ne veut pas, ne peut pas, ne doit pas ne pas astreindre toutes les fonctions publiques s'exerçant en Italie.

Si vous continuez les errements de la politique, pour comprendre comment le saint Siège tend forcément à résoudre cette question impérialo-nationale, nœud gordien européen de l'enchevêtrement des problèmes des races et des nationalités dites chrétiennes, il n'y a qu'à ouvrir l'Histoire, ce procès-verbal des expériences sociologiques.

L'unité italienne de Théodoric brisée par l'épée des Francs, des Normands, des Germains, des Espagnols, l'appel séculaire de tous les peuples, des Turcs eux-mêmes à l'envahissement de la Péninsule : voilà ce que les expériences politiques du passé répondent à l'observation soucieuse de l'avenir.

Mais, à l'avantage de l'Italie comme au désavantage du plan romain de la papauté, se dressent les faits suivants : les nationalités, ces tempéraments pratiques des races, subordonnant juridiquement partout les cultes nationalisés et légalement séparés de la cour impériale et romaine du saint Siège, enfin l'indifférence religieuse du Gouvernement général de l'Europe, l'impuissance de la République athée, divisée contre elle-même, et dont les nonces et les légats, parties diplomatiques, ne peuvent invoquer qu'un droit de pure tolérance.

Ce n'est ni en Espagne, ni en France, ni même en Autriche que la papauté peut trouver une épée pour découper l'Italie en plusieurs juridictions politiques, afin de les opposer entre elles, et de n'en être pas dominée.

La papauté y cherchera en vain ce glaive; elle ne l'y trouvera pas.

La France est subordonnée à l'indifférence de sa loi civile, comme l'Espagne, comme l'Autriche.

De plus, ces trois nations travaillées à l'intérieur par tant de questions vitales, sont encore subordonnées au dehors, l'Autriche et la France au pouvoir militaire de l'Allemagne, l'Espagne, la France, l'Autriche et l'Allemagne elle-même, à l'étreinte de l'Angleterre et de la Russie, prises elles-mêmes dans l'étreinte lointaine des États-Unis d'Amérique et de l'empire de la Chine.

Pour ne pas sortir de ce qu'on appelle par euphémisme l'Équilibre européen, les deux extrémités du fléau de cette prétendue balance occupées par les poids diplomatico-militaires de l'empire Anglais et de l'empire Russe, décomposent de la manière suivante les poids intermédiaires et complémentaires des autres puissances continentales.

Pendant que l'État allemand tend à opposer à la France l'Italie et l'Espagne, à la Russie l'Autriche, l'Empire Ottoman et l'Angleterre, l'Angleterre tend à opposer à l'Allemagne la Suède, le Danemark, la France, l'Autriche, la Russie, et à la Russie l'Autriche, l'Empire Ottoman et l'Allemagne elle-même.

De son côté, la Russie tend à opposer à l'Allemagne la

France, à l'Autriche l'Italie et les petites puissances danubiennes, à la Turquie et à l'Autriche l'Allemagne, les puissances danubiennes et la Grèce.

Dans cette bagarre naturaliste, mais peu sociale, la papauté n'a nulle chance de trouver une épée disponible.

La seule qui aurait encore assez de force prépondérante pour exercer une dictature européenne, et agir, est dans les mains du prince de Bismarck.

Il est peu probable cependant que cet homme d'État, si occupé chez lui, s'efface devant le diplomate, et aille frapper l'hégémonie allemande, en frappant directement l'unité de l'Italie.

Agira-t-il d'une manière indirecte en opposant l'Italie et la France diplomatiquement et militairement et fera-t-il ainsi le jeu politique de la papauté?

La papauté n'a que cette dernière chance de pêcher encore une fois dans l'eau trouble de la diplomatie, puis dans le sang chrétien, si le Quirinal et l'Élysée ont la naïveté de se prêter aux combinaisons du césarisme laïque de Varzin et de l'Impérialat archéologique du Vatican.

Voilà, ultramontains, la situation politique, le schème réel de la papauté dans l'Équilibre européen.

La poussée des faits vous indique qu'il faut sortir de cette situation par la grande porte, celle de la Religion, et ne pas confondre cette puissance d'Ordre Social avec des formes dogmolâtres et cultuelles, qui sont, elles aussi, un résultat politique.

Ces formes, du reste, il faut laisser à chacun la liberté absolue de les accepter ou de les rejeter, mais il ne faut pas les mettre en avant, quand la Religion seule doit être en jeu, au point de vue purement social.

Jésus-Christ, l'Évangile, le pouvoir de consécration des évêques, voilà avec la Cosmogonie de Moïse et le Décalogue, le fond religieux sur lequel, à travers tous les cultes politiques de la Chrétienté, l'entente peut, et doit se faire.

J'ai le courage de vous le dire, ayez le courage et la foi religieuse de le comprendre.

Que diriez-vous, si aujourd'hui on soumettait au suffrage universel la table de Pythagore, les logarithmes, l'algèbre et les théorèmes d'Euclide ainsi que le calcul infinitésimal, les lois de la physique et de la chimie ?

Voilà pourtant comment vos dogmes ont été votés, dans des temps moins éclairés que les nôtres et sous la pesée, soit de la démagogie des conciles, soit du pouvoir absolu des empereurs de Byzance.

Laissez les sciences divines se développer aussi librement que les sciences humaines, les sciences naturelles et les sciences exactes, et la Religion de Jésus-Christ sera loin d'y perdre.

Si le Christianisme ordonne que tous les Chrétiens se comportent comme membres d'un même corps social, à plus forte raison les églises qui enseignent l'Évangile doivent-elles se conformer entre elles à la pratique de la Charité.

Si donc l'une jette la pierre à l'autre, l'excommunie et la maudit, la déclare schismatique et hérétique, sous quelque prétexte que ce soit, elle fait elle-même œuvre de schisme et d'hérésie.

Et si une église veut s'élever au-dessus des autres églises, et les dominer, elle prépare ainsi son propre abaissement.

Car Jésus-Christ n'a pas dit aux Apôtres : Dominez-vous ; mais il leur a dit : Aimez-vous les uns les autres ; et il leur a laissé le Saint Esprit, c'est-à-dire l'Esprit Social, d'où procède tout Ordre, toute Vérité, toute Vie, sur la Terre comme au Ciel, dans la Société des hommes comme dans celle des astres.

Vous m'objectez en vain vos dogmes : Jésus n'a pas érigé un seul dogme, hors l'Unité de Dieu et l'Unité du Genre Humain, et s'il a dit qu'il était fils de Dieu, il a dit également : Vous êtes tous des dieux.

C'est pourquoi, si vos dogmes divisent l'esprit religieux de la Chrétienté, vous devez les abroger, au nom du Christianisme ; car ce qui divise les Chrétiens ne saurait procéder du Christ.

Les lois civiles des nations se sont constituées malgré vous ; les sciences et les arts se sont institués malgré vous : ces lois, ces sciences, ces arts, sont, dans la Chrétienté, des moyens d'y répandre la vie intellectuelle, l'esprit de justice, de vérité et de beauté, les rayons de la Providence.

Le juge, le savant, l'artiste font partie de l'Universelle Église, aussi bien que vos sacerdoces, et vous devez siéger à leurs côtés, au sein des Églises nationales, comme dans le Conseil européen de ces Églises, non dans l'esprit de la domination et de la division, mais dans celui de la Paix sociale des esprits.

Entre l'âme qui fut ici-bas Mgr Dupanloup et celle qui s'appela sur cette terre Littré, celle qui fut parmi nous la plus éprise de science, de tolérance et d'Humanité, est

actuellement la plus haut montée dans l'État Social céleste
que préside, en pleine lumière divine, Jésus-Christ, Souverain Pontife.

Le magistrat qui accorde la même justice au Juif, au Musulman, au franc-maçon et à l'athée lui-même, qu'au Chrétien, fait une œuvre plus chrétienne, plus catholique, plus orthodoxe que vous, si vous leur dites : *Racca*.

Et si la maçonnerie admet, sans distinction de race, de culte ni de croyance, les hommes à une même assistance fraternelle, depuis le prince de Galles jusqu'aux parias de l'Inde, elle est, encore une fois, plus chrétienne, plus catholique, plus orthodoxe, aux yeux de Jésus-Christ, que vous, quand vous l'anathématisez.

Prenez garde, si vous ne suivez pas la voie que je vous indique, l'Histoire à la main, que cette même Institution, créée par des Israélites, n'accomplisse un jour, à votre place, les promesses de l'Ancien et du Nouveau Testament.

Au-dessus du trente-troisième degré maçonnique, il y a place pour un enseignement universel, dont les livres existent, bien qu'ils ne soient pas actuellement dans la maçonnerie.

Prenez garde, encore une fois, si vous n'accomplissez pas la Promesse, de subir le Jugement dernier, quand l'Esprit Social par la voix de l'Europe entière, vous dira : Vous étiez l'Unité possible, si vous aviez compris l'Universalité ; qu'avez-vous fait d'elle, qu'avez-vous fait de moi ?

Les nationalités chrétiennes sont aujourd'hui constituées, et nulle d'entre elles ne prévaudra impunément contre une autre.

Ne craignez pas, là où vous le pouvez, d'être l'âme de la

liberté morale, de la tolérance intellectuelle, dussiez-vous, vous confondant avec les nations, y perdre momentanément votre corps de doctrines et de discipline, cette forme que vous appelez l'église catholique romaine : elle en ressuscitera plus glorieuse et plus grande, plus religieuse et plus sociale.

L'Histoire elle-même, vérifiant certains poètes hébreux, certains prophètes inspirés, vous démontre que cette forme est déjà perdue, et que, dans la Chrétienté, l'Empire universel, aussi bien sur les Églises que sur les États, ne peut plus être exercé par la domination.

Le Catholicisme, dont vous avez, depuis saint Sirice, tenu le drapeau planté dans le municipe romain de Jules César, n'a été, jusqu'à ce jour, qu'une prophétie, qu'une espérance, que, seules, toutes les Églises nationales d'Europe, représentées dans un Conseil suprême, peuvent désormais réaliser.

Quelques-uns d'entre vous, entrevoyant la réalité, se demanderont ce que deviendra la papauté : il n'appartient qu'à l'assemblée de tous les primats nationaux d'Europe de statuer sur cette question.

Le pape, en vertu même du dogme de l'infaillibilité qui a choqué tant d'âmes, est désormais absolument libre d'agir comme bon lui semble, vis-à-vis de toutes les églises ; et s'il leur parle dans l'esprit de ce livre, ce ne sont pas celles du Nord qui se boucheront les oreilles.

Grâce à l'unité de l'Italie, le pape est délivré de la souveraineté temporelle qui le condamnait au sectarisme politique et à l'esprit de domination du césarisme latin.

Jamais la Papauté, frappée ainsi de mort politique, n'a été plus près de la vie religieuse, jamais le Souverain Pontificat n'a été plus près de renaître à l'Autorité, par cela même qu'il est plus loin du Pouvoir.

J'ai montré dans ce livre le poids actuel des faits accomplis, leur somme et leur signification présente, l'avenir que l'on en peut logiquement déduire.

Je me suis placé au seul point de vue de la Science et de l'Art organiques des Sociétés.

Si un pape, Léon XIII ou un autre, part de là, il n'aura pas une seule ville libre pour y abriter en paix la plus haute dignité sociale de la Terre, mais toutes les Capitales de la Chrétienté d'Europe, selon qu'il voudra choisir, en y comprenant Constantinople et Jérusalem, aussi bien que Londres, Saint-Pétersbourg ou Paris.

Enfin, comme l'œuvre, dont je me suis fait l'initiateur, est une création et non une destruction d'ordre social, si, dans le Conseil européen des Églises, le Souverain Pontificat n'était pas momentanément admis, j'aurai soin d'indiquer comment et pourquoi il doit être organiquement conservé, quoique avec une autre origine que l'élection.

Il me reste à aller ici au-devant de plusieurs interrogations.

J'ai exposé le but à atteindre, et la grandeur de ce but pourra sembler irréalisable, à cause de sa grandeur même.

Le Conseil des Communes, par exemple, la Fédération économique des Capitales, est le but premier qu'il faut atteindre, mais le point de départ et les commencements sont et doivent être des plus simples.

Soit que l'on choisisse tout d'abord une seule ville que l'Europe entière ait intérêt à neutraliser, soit que trois Capitales se fédèrent entre elles sous l'initiative de leurs États nationaux, il importe surtout que l'Institution fondée soit une institution ouverte, et que tous les États puissent librement s'y rallier.

J'ai indiqué les mesures à prendre vis-à-vis de l'Islam : il y en a d'autres toutes différentes que le Conseil des Églises devra adopter à l'égard d'Israël.

Ce dernier, mêlé, mais non régulièrement associé à toutes les œuvres de la Chrétienté, n'ayant pas, comme l'Islam, de corps politique armé à lui opposer, ne saurait sans une dangereuse iniquité, être traité comme l'État Social musulman.

Je vais entrer ici dans quelques détails spéciaux pour répondre, non à ceux des lecteurs que l'esprit de la Civilisation chrétienne suffit à convaincre, mais à ceux chez lesquels la dogmolâtrie a besoin d'être éclairée.

Sans prêtres consacrés, sans Grand Prêtre consécrateur, les Hébreux n'ont plus de pouvoirs sacerdotaux.

Au terme même de leur loi périmée, ils ne peuvent plus avoir de sacerdoce en Abraham, dans l'ascendance de leur race, mais seulement en Melchisédec, c'est-à-dire dans un sacerdoce voisin.

Ils sont, en un mot, dans la situation d'Abraham payant la dîme d'obédience à Melchisédec.

Quand il a fallu établir, en droit biblique, la situation sacerdotale de Jésus-Christ à côté du sacerdoce conservé dans la tribu de Lévi, saint Paul s'est appuyé sur ce précédent pour marquer, l'Histoire des Hébreux à la main, que Jésus-Christ, bien que n'étant pas issu de la tribu sacerdotale abrahamique, reprenait directement le Pontificat, devant lequel Abraham lui-même s'était incliné.

C'est ainsi que saint Paul a conclu, en disant que Jésus-Christ était Grand Prêtre et Souverain Pontife, selon l'ordre de Melchisédec.

Cet ordre, aujourd'hui, n'est régulièrement constitué, dans

le Dieu Vivant, dans le Dieu Social, que par Jésus-Christ, dont les pouvoirs sacerdotaux, transmis aux Apôtres, vivent actuellement dans les évêques.

Au contraire, depuis la dispersion des tribus, les pouvoirs sacerdotaux en Abraham sont interrompus, sans pouvoir être repris dans cet ordre de l'ascendance de la race.

L'esprit religieux et social des pouvoirs épiscopaux ne répugne nullement à l'association des Israélites, comme traducteurs de l'Ancien Testament, aux Églises nationales de la nouvelle Chrétienté catholique orthodoxe.

Cette association sera, au contraire, la conclusion et l'accomplissement de l'ancienne et de la nouvelle alliance, et l'un des signes annoncés de l'avènement du Règne de Dieu.

Il faudra toutefois se garder, en parlant aux rabbins, comme aux pasteurs protestants, de confondre la Domination avec l'Autorité, cette dernière étant inséparable de la tolérance intellectuelle et de la charité morale.

Les oiseuses controverses, les dogmes soi-disant théologiques, de même que les grimoires talmudiques, n'ont rien à faire dans cette grave question de droit théocratique pur et de paix sociale.

On devra se borner à reconnaître solennellement, de part et d'autre, que les Israélites, étant de fait et de droit membres civils des nations de la Chrétienté, s'associent religieusement à ses œuvres sociales.

Ainsi, le Catholicisme Orthodoxe s'ouvrira sacerdotalement comme les bras de Jésus-Christ, le Grand Prêtre en Melchisédec, s'ouvrent à tous les hommes de cette terre, à tous leurs cultes, à toutes leurs races, non pour les confondre dans une même domination, mais pour les unir dans le même Esprit Social.

Le résultat de cette solennelle reconnaissance devra être la proclamation sacerdotale de la troisième Alliance, celle de la paix religieuse en Iod-Hé-Vau-Hé, par l'Esprit Social de Jésus-Christ.

On m'objectera en vain que Caïphe et le peuple de Jérusalem ont crucifié Jésus.

Ce crime national est expié en Jéhovah par ses conséquences sociales : ruine de Jérusalem, mort du corps de la nation israélite, séparation de ce corps d'avec son âme organique qui était le sacerdoce en Abraham, dispersion des membres et des tribus de ce corps national à travers toutes les nations de la terre.

Comme ces membres dispersés n'ont plus, aujourd'hui, comme force organique de ralliement, que la Civilisation chrétienne, dont l'Europe est la tête et le centre, pour corps central que les nations de la Chrétienté, l'expiation d'Israël, accomplie selon les lois sociales de Jéhovah, ne peut, encore une fois, être arrêtée que par le sacerdoce chrétien.

Ainsi les Juifs, aujourd'hui à découvert, sans garantie de paix religieuse et sociale, seront couverts et garantis définitivement, comme membres ecclésiastiques et nationaux de l'Église Universelle, transfiguration d'Israël, de l'État Social chrétien, forme sociale de cette Église, de l'Empire de la Civilisation, forme juridique de cet État Social.

Si cette mesure est de bonne prévoyance et de sage prudence pour les Israélites, elle est telle aussi pour les Chrétiens.

Une force sociale, même éparse, comme l'archaïque

Israël, ne saurait être laissée errante, cherchant elle-même ses garanties et ses supports dans l'État Social européen, sans déterminer des jeux de mouvements imprévus.

Or, comme le Conseil suprême des Églises n'aura nullement qualité, en droit théocratique, pour être l'exécuteur des lois de Jéhovah, mais seulement le pacificateur, au nom de Jésus-Christ, il fera œuvre de sagesse et de science gouvernementale en Europe, en appliquant aux Israélites cette loi de paix, qui résume et conclut l'union des trois termes de la Trinité par ce mot sémitique : *Amen* ou *Aman*, VÉRITÉ, PARDON.

J'ai de très fortes raisons pour parler ainsi aux synagogues et aux églises, aux communes hébraïques et aux États.

Mais je ne dois exposer ici que ce qui peut être entendu par le niveau le plus éclairé des intelligences et des bonnes volontés religieuses et sociales, en Moïse comme en Christ, en Sem comme en Japhet, désormais possesseur des tabernacles de Sem.

En résumé : Israël est un majeur rallié de fait à l'Empire de la Civilisation ; l'Islam est un mineur armé contre cet Empire.

Il faut offrir au premier la jouissance régulière et assurée de son droit ; il faut lier le second, de gré ou de force, à la paix chrétienne sur toute l'étendue de l'Afrique et de l'Asie.

En ce qui concerne le rapport des questions religieuses et des questions de races, je n'ai plus qu'un mot à dire au sujet des Tatars.

Deux œuvres théocratiques sont au centre de ces masses humaines, dans des tribus que je pourrai désigner, et d'où part, depuis des milliers d'années l'inspiration terrible qui suscite périodiquement un empereur radical et un déluge humain.

Je ne nommerai qu'une de ces œuvres citées par Moïse dans son Sepher Boereshith : c'est *le livre des guerres de Jéhovah*, dont il avait sous les yeux un exemplaire appartenant aux archives sacerdotales de l'Égypte.

Il y aura, vis-à-vis de ces tribus, qui se ramifient, soit dans l'Islam et le Wahabitisme, soit dans les associations chinoises, des mesures à prendre, et il ne faudra pas oublier que la dynastie chinoise actuelle est tatare, et le prince héritier, Khong, anti-européen.

SYNARCHIE NATIONALE

La Constitution sociale des sommets gouvernementaux de l'Europe en trois Conseils suprêmes des Églises, des États, des Capitales ou Communes, entraînera dans les bases nationales des conséquences et des concordances que je déduirai plus loin.

Il nous faut tout d'abord nous résumer pour la dernière fois sur l'état de siège européen actuel.

Dans cette République athée et antisociale des États chrétiens, chaque nation subit, à l'intérieur, d'une manière déductive et inévitable, les conséquences, le poids de l'État de siège supra-continental, de la loi de violence et de ruse, de guerre militaire et diplomatique, qui lient, seuls aujourd'hui, nos États entre eux, par voie de contrainte et d'opposition.

Ce Gouvernement général, aussi antisocial, aussi naturaliste, que celui des tribus anthropophages, pèse sur chaque nation de la manière suivante :

1° Dans l'armée permanente, entretenue contre l'Europe ;
2° Dans les finances, qu'engloutit cette armée ;

3° Dans le gouvernement forcé du dehors à tout sacrifier à la centralisation militaire, pour le *struggle for life* de la nation ;

4° Dans l'étouffement organique des intérêts intellectuels, sociaux et économiques, que broie, au a ddans, cette constriction de boa, avant d'être forcée de les jouer au dehors;

5° Dans les déchirements antagonistes des sectes, des partis, des classes, résultats de cet écrasement ;

6° Dans la division de l'intelligence, de la conscience et de l'instinct nationaux, qui s'opposent entre eux, dans ce malaise, sans savoir d'où il vient, ni pouvoir s'opposer à sa cause, cause extérieure à la nation ;

7° Dans la Révolution enfin, c'est-à-dire dans la protestation antigouvernementale, contrainte d'avance à n'arriver au gouvernement, dans chaque nation, que pour y perpétuer elle-même toutes les causes secondes des conséquences relevées ci-dessus.

Quant à la cause première, aucune nation isolée ne peut l'atteindre par la force, comme a voulu le faire la Révolution française, sans la perpétuer et l'invigorer, en suscitant des coalitions armées.

Cette cause n'est ni dans une nation, ni dans une dynastie, ni dans une forme quelconque de gouvernement, ni dans un État, ni dans un groupe partiel d'États, mais uniquement dans cette loi primordiale et totale, qui asservit, en Europe, toutes les nations, toutes les dynasties, tous les gouvernements, quelle que soit leur forme, tous les États, à cette fatalité générale : la brutalité; à cette cour d'appel féodale : le jugement des procès internationaux par les armes ; à ce Gouvernement européen : la République athée et antisociale des États dits chrétiens.

Je sais que cette ornière sanglante semble à beaucoup d'esprits devoir conduire l'Europe à la constitution des États-Unis d'Amérique ; mais je sais aussi que, entre ces deux Mondes, il y a une différence aussi étendue et aussi profonde que l'Atlantique qui les sépare.

On ne peut franchir cette démarcation que par deux moyens pratiques : l'émigration des Européens en Amérique, ou l'invasion armée de l'Europe par les Américains.

L'Europe actuelle s'élève sur des bases historiques qui ont plus de vingt siècles de profondeur, et qui imposent à ses sommets la majesté de leur hauteur, si l'on y porte la vie sociale, ou le cataclysme et la lugubre magnificence des ruines, si l'on y laisse, longtemps encore, régner la mort féodale.

Ethnographiquement, l'Amérique, autrefois anglo-saxonne, est vouée à se remplir par le confluent des races blanche, jaune et noire.

Historiquement, ses bases récentes sont, dans le sens géométrique, une platitude, un plan, encore sans étages comme sans sommets, sur lequel se répand une alluvion politique et sociale en voie de formation.

En religion, les disciples de Fox et de Penn, en politique, les élèves de Franklin, ont tout appris, tout reçu de l'Europe, qui demeure et demeurera leur Continent Métropolitain.

L'édifice théocratique que nous constituerons ici, sur nos nations, d'après leurs assises séculaires, devra laisser en paix les États-Unis d'Amérique s'acheminer, à leur gré, de la République sans esclaves à l'Empire sans despotisme, d'une irréalité politique à une autre.

Chez nous, Européens, il s'agit de clore l'ère de la politique irréelle.

Et comme Jésus-Christ, vivant dans la puissance morale de l'opinion publique, y réprouve aussi bien l'esclavage que le meurtre, ce n'est ni la République pure, ni la Monarchie radicale, ni la destruction, ni la conservation de l'Europe de

1648 et de 1815 qui nous feront franchir nos temps de transitions, mais la Théocratie avec sa puissance religieuse et sociale.

Il ne s'agit aujourd'hui ni de détruire, ni de conserver sur les sommets de nos nations, au-dessus des États et des chefs monarchiques ou républicains de ces États, un ordre social quelconque, puisqu'il n'y en a pas : il faut donc le créer.

Or, on ne le créera pas sans puissance créatrice, et cette puissance n'est dans aucun gouvernement politique, quel qu'il soit, mais dans la Théocratie, seul gouvernement qui soit directement social.

Cette Théocratie ne se constituera pas, si elle n'émane pas de nos Nations mêmes, si elle ne consacre pas tout ce qui constitue leur vie intérieure, si, en un mot, elle n'est pas catholique orthodoxe dans toute l'acception d'Universalité, de tolérance intellectuelle, de charité morale que j'ai indiquée.

Cette Théocratie, appuyée sur les trois Conseils européens, que ceux-ci se réunissent dans une seule ville neutre, ou, tour à tour dans toutes nos Capitales, formera au-dessus de nos nations, de nos États, de nos gouvernements, quelle que soit leur forme, un Gouvernement général purement scientifique, dont le nom caractéristique est : Synarchie.

Les conséquences de ce Gouvernement dans chaque nation seront exactement le contraire de celles qu'entraîne la Loi publique athée et antisociale de 1648, sous la pesée brutale de laquelle, asservis à la politique illusoire et irréelle, conservateurs et destructeurs, souverains, présidents, églises, états, nations, nous saignons tous, impuissants à l'abroger.

Chacun de nos États européens est bâti sur le même modèle que nous a légué la civilisation romaine : hiérarchie des cadres civils, centralisés au sommet dans les départements ministériels de l'Intérieur, de la Justice, de l'Instruction publique et des Cultes.

Tel est l'État politique, et son organisme est bon en soi.

Ministères de la Marine marchande, du Commerce, de l'Agriculture, des Finances, des Travaux publics et des Communications : tel est l'État économique, et son organisme est également bon en soi.

Ministères des armées de terre et de mer et des Affaires dites Étrangères : telle est, dans chaque État, la représentation de l'État général européen, du Gouvernement supracontinental, gouvernant despotiquement le gouvernement intérieur, toute la vie politique, toute la vie économique de la nation.

Les hommes d'État sérieux de cette Europe, sont ceux qui, sachant bien cela, s'y conforment rigoureusement, et se font l'implacable et inhumaine incarnation de cette fatalité publique, s'appuient uniquement, à l'intérieur, sur un militarisme despotiquement exclusif de toute liberté, et écrasent la nation entière sous la nécessité d'en faire une manufacture de guerre.

Êtes-vous sans voisins comme l'Angleterre et l'Amérique, ou réduits au rôle des petites puissances : vous pouvez, jusqu'à un certain point, échapper à ce Gouvernement forcé de votre propre gouvernement, à cet état de siège de votre propre État.

Vous pouvez vivre votre propre vie nationale, comme autrefois les villes neutres ou libres d'Italie, d'Allemagne ou de Flandre, vivaient leur propre vie municipale, et vaquer librement à vos affaires, avec une sécurité relative, dans laquelle, toutefois, vous ferez sagement de ne pas vous endormir, si vous avez de grands biens-fonds et mobiliers, européens ou coloniaux.

Faites-vous, au contraire, partie du Continent, et voulez-vous que votre nation y garde le premier, le second, le troisième rang, et, avec son rang, qu'elle conserve ses terres et sa bourse : je vous défie d'échapper au gouvernement exclusif de votre meilleur homme de guerre et d'un ministre des affaires étrangères éprouvé et absolument soumis au premier.

Changez l'étiquette de votre État, mettez à la place d'un souverain, un soi-disant républicain, une chambre républicaine tout entière, si vous voulez, la bouche pleine de soi-disant réformes intérieures : à mesure que ces citoyens feront leur éducation politique à vos dépens, vous les verrez, s'ils ont assez de patriotisme, se borner à conserver précieusement l'outillage des monarchies, et il suffira parmi eux d'un patriote de bon sens, pour qu'ils laissent gouverner un ministre de la guerre, ayant aux affaires étrangères un secrétaire, qui pourrait être avec avantage, un officier d'état-major suffisamment instruit.

Ainsi, par amour de la Patrie, vos soi-disant républicains devront conduire la nation à la cour féodale du carnage, tout en l'endormant dans l'illusion d'une détente politique, d'une décentralisation administrative, d'une amélioration sociale intérieure, que les plus malins savent le mieux ne pouvoir pas accomplir, sans guerre au dehors ou révolution au dedans.

C'est ainsi que la soi-disant république fonctionnant, moins les écoles, comme une simple monarchie, continuera à maintenir dans le gouvernement, dans l'État, dans la nation, la centralisation armée avec toutes ses conséquences, la guerre et la révolution y comprises, et elle agira ainsi pratiquement, patriotiquement, car si elle ne le fait pas, elle est perdue, et la Patrie n'est pas loin de l'être.

Au lieu d'un État soi-disant républicain, mettez-en deux à côté l'un de l'autre, deux dont l'un ne soit pas, comme la Suisse, couvert par des traités généraux, c'est-à-dire par des coups de fusil et des coups de canon ; mettez deux États dits républicains, qui aient des intérêts rivaux, continentaux et coloniaux, un bon appétit et une bonne armée permanente ; mettez une pseudo-république italienne à côté d'une pseudo-république française, et vous verrez ce que deviendront les programmes humanitaires, l'universelle fraternité politique des peuples, les blocs enfarinés, les parades à la Plutarque, les boniments à la Brutus, les poses à la Caton, les machines électorales, les promesses anathématisant les errements des tyrans.

Et, si vous supprimez par la pensée toutes les dynasties d'Europe, si, « *du boyau du dernier des prêtres étranglant le dernier des rois* » vous supposez l'Europe ornée d'autant de républiques que de nations, vous pouvez compter sur des carnages, auprès desquels les guerres puniques, celles de Gaule et de Germanie, celles du Moyen âge et des temps modernes, celles enfin du siècle dernier et de celui-ci, n'ont été que des jeux d'enfants.

Les États-Unis d'Amérique ont été possibles, comme période première de la constitution d'un peuple de même race, sur un sol colonial assez grand pour que les Anglo-Saxons ne s'y étouffassent pas entre eux.

Ils ont cependant trouvé le moyen de s'y dévorer, en supprimant l'unique garantie de la République réelle : l'esclavage des noirs.

Mais il faut avoir la tête pleine d'archaïsme athéologique, de dogmolâtrie universitaire, pour croire, ou vouloir faire croire à de malheureux ignorants, qu'un pareil gouvernement élémentaire soit possible, en Europe, où la politique, frappée d'irréalité par la morale, n'est plus possible elle-même.

Douze ou quatorze États politiques, appartenant à cinq ou six races distinctes, celte, scandinave, germaine, slave, grecque, finnoise, latine, que les lois animales des races poussent à s'entre-dévorer, dans un espace où elles débordent les unes sur les autres, ne désarmeront jamais pour faire plaisir à une politique quelconque, ni républicaine, puisque c'est la République athée des États d'Europe qui les arme jusques aux dents, ni monarchique, puisque ce sont les monarchies qui, faute de Gouvernement général, religieux et social, ont été forcées par la politique de régler ainsi, féodalement, leurs rapports.

Deux seuls ordres de motifs sont assez puissants, assez universels, en Europe, pour amener le désarmement partiel et l'association des États :

1° La civilisation chrétienne, faite de science et de religion ;
2° L'intérêt économique de toutes nos nations et de chacune, sur notre Continent et dans ses colonies.

En deux mots c'est à l'essence et à la substance même de notre Civilisation qu'il nous faut faire appel et avoir recours, parce que c'est là notre véritable Religion européenne, notre vrai lien intellectuel et social, notre salut, soit général, soit national, soit individuel.

La Synarchie européenne aura partout pour conséquence, dans chaque pays, la Synarchie nationale.

La violence et la ruse, ces lois féodales qui gouvernent l'Europe actuelle, cesseront de gouverner le gouvernement intérieur des nations.

Neutre, libre, sacrée, garantie contre le despotisme et la révolution, contre l'état de siège européen, contre les maux nationaux qu'il engendre, chaque capitale pratiquera, dans chaque nation, un gouvernement purement social, ou, si l'on veut, de réassociation de tous les intérêts publics.

Partout, dans chaque nation chrétienne, la détente se fera d'elle-même entre la conservation et la destruction politiques, parce que partout la création de la paix sociale sera non seulement possible, mais la seule chose possible.

Ce sont les intérêts intellectuels, moraux et matériels du dedans qui deviendront le seul objet réel, le seul objectif pratique du gouvernement délivré des fatalités militaires et despotiques du dehors.

Au lieu de se heurter dans le dualisme de deux institutions parlementaires illusoires, ces intérêts se spécifieront, d'après leur nature même, dans trois Conseils nationaux.

Dès lors, nul antagonisme ne sera possible entre eux, car toujours l'un des trois viendra arbitrer le dualisme des deux autres, et empêcher la désunion.

Synthèse de l'esprit public de la nation, le clergé, par émulation même, en sera le porte-flambeau, et deviendra forcément le porte-parole des réformes.

Se touchant au coude dans une même chambre représentative avec tous les corps enseignants de la nation, il prendra d'eux l'esprit réel et pratique de la Science; et ils prendront de lui l'Esprit Universel et Social de la Religion.

Et comme, dans un corps constitué, il s'établit forcément une moyenne de raison commune, qui est l'esprit de corps, la Synarchie des doctrines et des enseignements s'établira peu à peu, sans acrimonie, le terrain n'étant point politique, l'Église étant ouverte au monde laïque, et parce que la grandeur pratique de l'œuvre aura d'avance relevé toutes les intelligences, et élevé ensemble les cœurs, au niveau de leur tâche sociale.

D'ailleurs, les règlements mêmes de cette Chambre devront prévenir toute discussion inutile.

Le Primat, comme le ministre de l'Instruction publique, comme le ministre de la Guerre, donnera facilement la mesure et le ton des délibérations que les intérêts mêmes de la première Chambre, et la constitution synarchique des pouvoirs publics de la nation, restreindront à la pratique seule.

La seconde Chambre nationale, chargée des intérêts juridiques, la troisième représentant les intérêts économiques, s'expliquent d'elles-mêmes, si on veut bien se reporter à ce que j'ai dit plus haut des trois Conseils européens.

Ces trois Chambres intérieures, siégeant dans la Capitale neutre, libre et sacrée de la Nation, seront inviolables comme la nation elle-même, comme l'État et le chef de l'État, et placées comme eux sous la sauvegarde de la Synarchie européenne.

Dès lors, de même qu'aura cessé, au-dessus des États européens, le règne de cette politique anarchiste, de cette opposition mutuelle par les armes, de même aussi la politique intérieure, l'anarchie résultant de la guerre civile des esprits, cessera dans chaque État, et sera réduite à l'équilibre réel des intérêts de tout ordre.

Dans les bases nationales, comme sur les sommets associés des États d'Europe, la seule politique possible sera celle qu'Aristote nomme la Science magistrale, et que je me permettrai d'appeler d'une manière plus précise la Science de l'État Social.

Cette Science est doublée d'un Art créateur ou organique, dont je ne veux indiquer dans ce livre que le premier moyen : la Synarchie; et ce moyen aboutit inévitablement à cette fin : la Synergie sociale.

Cette Science, cet art, ce moyen, cette fin, peuvent, seuls, prévenir la ruine commune de nos églises, de nos états, de nos dynasties comme de nos nations, et conjurer l'écroulement de notre civilisation chrétienne d'Europe dans le déluge de la barbarie révolutionnaire, dans les guerres civiles et étrangères et dans l'asservissement de notre Continent, après la perte de nos colonies.

Le Gouvernement que je propose est une création; mais elle ne détruit rien de ce qui existe, permet de tout conserver et, en innovant quelques organes indispensables, de tout transformer, sans secousse, d'assurer un progrès incessant, en réassociant tout dans la circulation universelle de la vie civilisée.

Ce gouvernement s'appelle la Théocratie.

J'ai osé le dire, et ceux qui m'ont compris n'en seront pas effrayés.

Avant de le proposer, j'ai attendu l'heure exacte, où, pour la première fois, depuis Jésus-Christ, les faits historiques permettaient de le faire comprendre et de le réaliser, sur des bases réelles, en consacrant tous vos souvenirs, toutes vos réalités présentes, et en dépassant toutes vos espérances.

Si le mot Théocratie vous effraie encore, c'est que vous ne comprenez pas bien sa signification.

Relisez mes définitions des formes de gouvernement, tout ce que j'ai osé dire de l'histoire de l'Église, ainsi que de la papauté, et vous verrez que la politique seule est responsable de ce que vous imputez, à tort, à la Religion.

Demandez-vous ensuite si la Monarchie radicale ou la République pure, ayant pour garanties inévitables, l'une le meurtre, l'autre l'esclavage, sont possibles dans la Chrétienté, si le combat de la conservation et de la destruction politiques, si la guerre européenne et la révolution internationale peuvent être arrêtées autrement que par l'effort, l'œuvre et les moyens que je vous propose.

Relisez alors mes conclusions, et consultez longtemps votre conscience intellectuelle et morale, avant de les repousser : car c'est l'Esprit Social du Christianisme que j'ai interrogé à travers l'Histoire avant de vous parler ainsi.

ADIEU AU LECTEUR

Nous avons parcouru ensemble l'Histoire de l'Europe depuis Jésus-Christ, et dans aucune de ses périodes organiques, nous n'avons vu la Religion chrétienne s'exercer, en dehors de l'évangélisation des individus.

Sur les États, l'impérialat clérical des papes y compris, l'action théocratique du Christianisme a été nulle et subordonnée au caractère exclusivement politique de tous les gouvernements européens.

C'est pourquoi ces derniers ont été livrés aux antagonismes interminables de leurs principes rivaux : l'énergie du monarque, la volonté populaire; qui, tour à tour, ont essayé de dominer exclusivement, en se saisissant des formes des cultes chrétiens.

Ces formes, monarchiques dans l'orthodoxie grecque comme dans le catholicisme latin, républicaines dans le protestantisme luthérien et calviniste, ne sont point religieuses, mais politiques.

Admises pour le salut des individus, leurs divisions mêmes et leurs oppositions ont fait qu'il est assez difficile de faire comprendre que la Religion chrétienne puisse et doive exercer une action réelle sur les Gouvernements, et les subordonner, tandis que c'est le contraire qui a lieu depuis près de dix-sept cents ans.

C'est pourtant dans le salut des États que la pensée de Jésus-Christ ferait éclater toute sa puissance intellectuelle et morale, toute sa force médiatrice et sociale, si l'ignorance et les passions permettaient aux hommes politiques une science et une sagesse assez grandes pour le comprendre et le vouloir.

Les monarchistes ne considèrent la Religion, qu'ils confondent avec le culte, que comme un moyen de gouvernement.

Les républicains, imbus de préjugés et d'erreurs aussi considérables, quoique en sens contraire, cherchent à isoler le culte et à le soumettre entièrement à la volonté des individus ; les libéraux louvoient entre ces deux manières de voir.

Cependant, quoique réduite à une action virtuelle sur l'opinion et la morale publiques des Chrétiens, la Religion de Jésus-Christ déjoue tous ces projets chimériques, et entraîne l'État Social tout entier vers une universalité de rapports, dont les conclusions précédentes ne sont que la somme et le total.

Ces conclusions aboutissant, en Europe, à la Synarchie religieuse, juridique et emporocratique de toutes les unités nationales, et, dans chaque nation, à la Synarchie nationale de l'Église, de l'État et de la Nation même, sauteront aux yeux des hommes suffisamment instruits, comme pratiques et réalisables.

Mais, comme il faut compter avec l'ignorance du plus grand nombre, il est nécessaire d'indiquer comment elle peut, et doit être progressivement éclairée.

D'ici à un an ou deux, tous les esprits ralliés à la Synarchie devront se compter et se concerter, en vue d'adopter un programme et des moyens d'action et de propagande.

De même que, dans les grandes périodes de l'Universelle Église, des Ordres nouveaux sont venus, à leur heure, répondre à de nouveaux besoins sociaux, de même aussi, entre les conservateurs et les révolutionnaires européens, l'Ordre des Synarchistes devra planter son drapeau d'arbitrage et de paix sociale.

Ses organes de propagande seront, dans chaque pays, un journal et une revue ayant pour titre, la Synarchie nationale d'Angleterre pour les Anglais, d'Allemagne pour les Allemands, etc., etc.

Et tous ces organes réunis formeront un journal synthétique, une revue universelle, ayant pour titre la Synarchie européenne.

Ainsi justifiée par tous les événements qui s'accompliront, par toutes les guerres, par toutes les révolutions qui ne manqueront pas d'éclater, notre lumière éclairera, et dissipera, peu à peu, les ténèbres intellectuelles, et, une fois les principes semés, le temps fera son œuvre comme dans toutes les créations.

En relisant mon travail d'un bout à l'autre, autant je sens, plus que jamais, la justesse des principes qui me l'ont fait entreprendre, autant aussi, je voudrais pouvoir le refondre, et lui donner une forme moins imparfaite.

Je prie donc le lecteur de suppléer à toutes les défectuosités de mon œuvre, et, surtout, de croire que, si, dans sa sincérité toute scientifique, elle n'a pas hésité à signaler le mal social, partout où elle l'a rencontré, elle l'a fait, sans aucune autre passion que celle du Règne de Dieu dans l'Humanité.

FIN

DIVISION DES CHAPITRES

CHAPITRE PREMIER
DÉFINITIONS

République. — Monarchie. — Théocratie. — Force morale du Christianisme. — Impossibilité de la République et de la Monarchie radicales dans la Chrétienté. — Dangers en Asie et en Afrique. — Tempéraments représentatif, constitutionnel. — Emporocratie. — Empire. — Longévité comparée des gouvernements. — La Religion. — Les Cultes. — L'Église. — L'État Social. — L'État. — L'Autorité. — Le Pouvoir. — Les Ancêtres. — Notre Ancêtre.

CHAPITRE II
L'ÉGLISE JUSQU'AUX PAPES

Ses phases : Société secrète, République démocratique, puis aristocratique, à tempérament constitutionnel et représentatif. — Origines de la hiérarchie ecclésiale. — Asservissement de la Religion à la Politique. — Diarchie d'églises. — Caractère monarchique de la papauté. — Son rôle dans l'unité italienne sous Théodoric.

CHAPITRE III
LA PAPAUTÉ EN FORMATION

Son rôle vis-à-vis de l'empire d'Orient. — La papauté est un Impérialat. — Elle n'est pas un Souverain Pontificat. — Comment elle pourrait l'être. — L'excommunication. — Le Catholicisme. — L'Orthodoxie. — Politique impériale des papes. — Pépin, Charlemagne. — Diarchie européenne d'empires, conséquence de la diarchie d'églises impériales. — Ignorance organique et sociale, pontificale et politique de la papauté et de Charlemagne.

CHAPITRE IV
LA PAPAUTÉ RÉVOLUTIONNAIRE

Renouvelle vis-à-vis de l'empire carlovingien sa conduite vis-à-vis de l'empire grec. — Réponses de l'épiscopat. — Caractère de la révolution féodale. — Combats judiciaires, sources de nos guerres européennes. — La légalité et la légitimité monarchiques devant la papauté.

CHAPITRE V

LA FÉODALITÉ A ROME

Ses conséquences à Rome même. — Ses conséquences dans l'empire ecclésial des papes. — Insurrection des évêques contre les papes. — Insurrection des papes contre les empereurs germains. — Comparaison de la papauté avec les anciens Pontificats. — Césarisme du saint Siège. — Sa politique impériale dans l'église romaine. — Comment elle entend la réforme de l'Église. — Hildebrand. — Grégoire VII.

CHAPITRE VI

LES PAPES EMPEREURS ET LES CROISADES

Ignorance gouvernementale de la papauté. — La municipalité romaine. — Son archaïsme républicain. — Analogie avec l'archéologie césarienne des papes. — Néant gouvernemental et social des Croisades. — Caractère antireligieux et antisocial des papes dans le gouvernement général. — L'invasion mongolique et le gouvernement général.

CHAPITRE VII

DIARCHIE DES EMPIRES EN OCCIDENT

Origine des monarchies divisionnaires ou royales. — Leur fonction générale dans la Chrétienté. — Leur tactique particulière en Espagne, en France, en Angleterre. — Procès féodaux entre dynastes. — Monarques de France et d'Angleterre. — Impuissance et chute de la papauté comme gouvernement général. — Guerre de Cent ans. — Congrès d'Arras. — La République européenne.

CHAPITRE VIII

LA RÉFORME DANS L'ÉGLISE LATINE

Caractère pseudo-républicain des Conciles de Constance et de Bâle. — Réponse monarchique des papes. — Despotisme des dynastes. — Nullité du saint-empire. Le Césarisme des papes recommence. — Réponse des nations et des dynasties non latines. — Luther. — Caractère politique du protestantisme dans la République européenne.

CHAPITRE IX

RÉACTION IMPÉRIALE DES PAPES

Aspect de l'Universelle Église. — Ses divisions en cultes hostiles. — Nullité religieuse de la papauté. — Erreurs de la critique française, depuis Montesquieu jusqu'à M. Lanfrey. — Démonstration de ces erreurs. — Caractère de la réaction européenne, impériale et latine, depuis le Concile de Trente.

CHAPITRE X

TRIOMPHE DE LA RÉPUBLIQUE EUROPÉENNE

Henri IV de France. — Élisabeth d'Angleterre. — Leur projet de gouvernement général. — Le Code des Nations. — Richelieu et Mazarin en Europe. — Le Congrès de Westphalie. — Son caractère irréligieux et antisocial. — Armées permanentes. — Diplomatie. — Fonctionnarisme. — Anarchie gouvernementale de l'Europe. — Ses conséquences dans les nations. — Révolution française. — Napoléon Ier.

CHAPITRE XI

L'EUROPE AU DIX-NEUVIÈME SIÈCLE

Résultats du Congrès de Westphalie. — Congrès de Vienne. — Gouvernement diplomatique de l'Europe. — Athéisme, immoralité et illusion de ce gouvernement. — La Russie, l'Angleterre. — Unité de l'Italie et de l'Allemagne. — Leurs conséquences générales et nationales — Réouverture possible des questions de race. — Révolution. — Danger du continent tout entier. — Nécessité d'en constituer le gouvernement général sur la base des nationalités. — Les souverains actuels.

CHAPITRE XII

CONCLUSIONS ET CONSTITUTION EUROPÉENNE

Le triple Conseil européen. — Conseil des Communes, économique ou emporocratique. — Conseil des États, judiciaire et politique. — Conseil des Églises, théocratique et social. — Gouvernement Général de la Chrétienté. — L'Empire de la Civilisation et l'Islam. — La Chrétienté et Israël. — Les Mongols. — La Synarchie européenne et ses conséquences dans les nations. — Adieu au lecteur.

FIN DE LA DIVISION DES CHAPITRES

www.ingramcontent.com/pod-product-compliance
Lightning Source LLC
Chambersburg PA
CBHW051819230426
43671CB00008B/767